JN133207

新編 下田歌子著作集

結婚要訣

監修　実践女子大学下田歌子記念女性総合研究所
校注　久保貴子

三元社

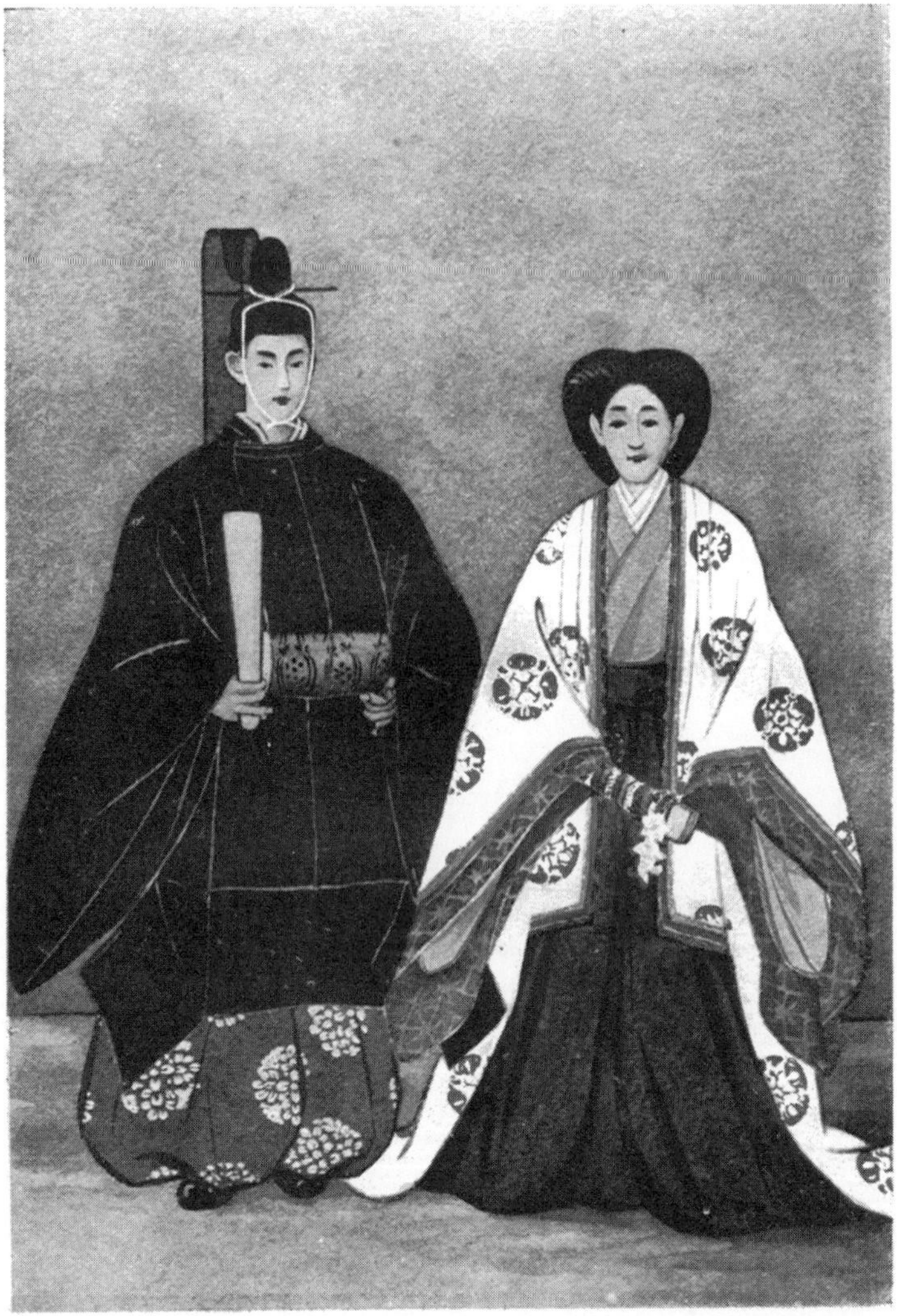

一は徳川時代中流武家輿入之圖

二は戰國時代中流嫁入之圖

婚禮式床飾及盃事器具

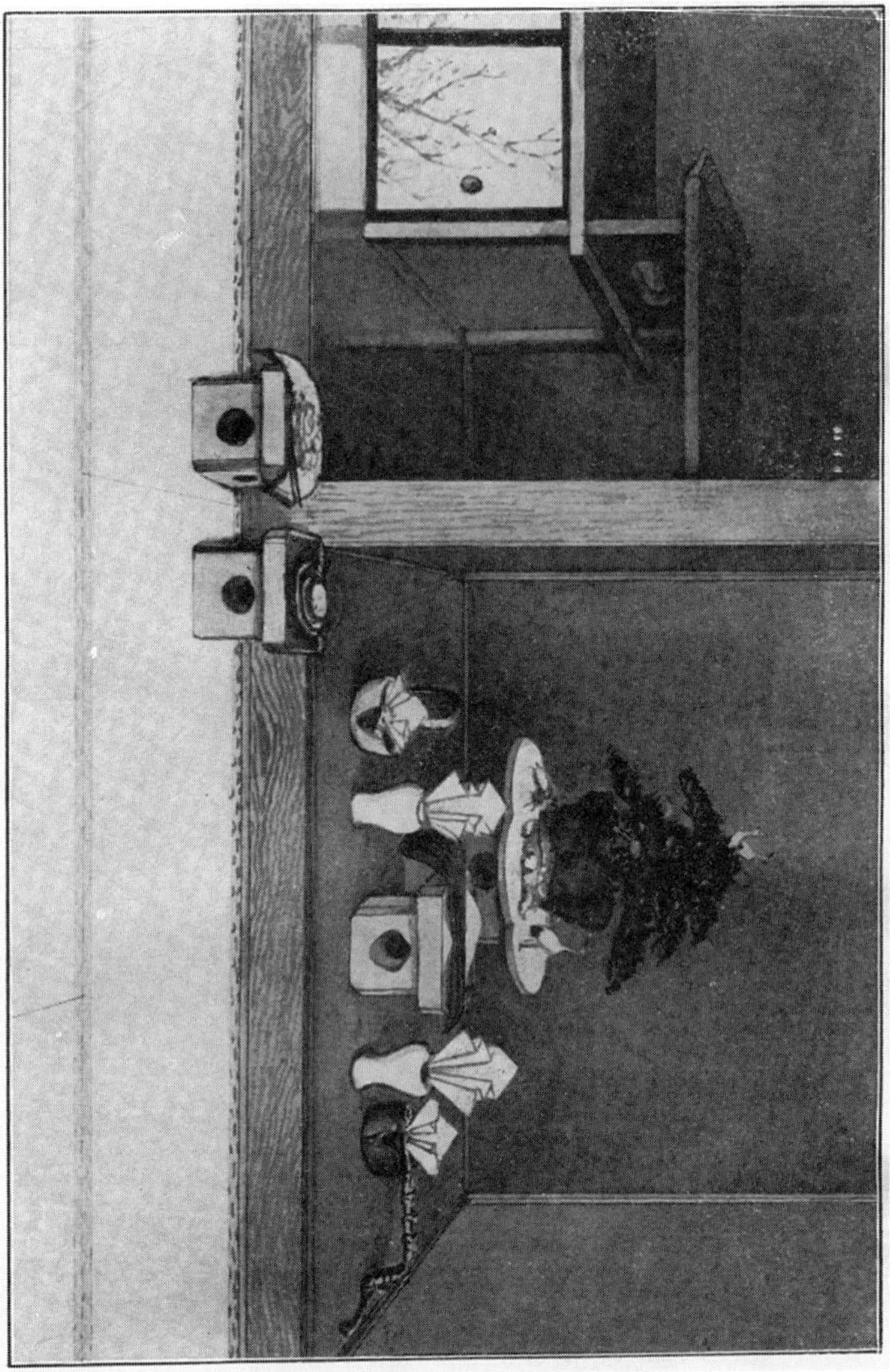

縁女衣服

結婚要訣　目次

第三章　内外結婚の異同　69

第六章　血族及び異人種結婚の當否　127

第七章　現代に行はれつゝある婚姻　141

第八章　適當なる結婚の方法と夫妻の覺悟

第九章　現今の婚禮式及び其の手續

凡例

一、本書の底本には『結婚要訣』（大正五・一九一六年、三育社、実践女子大学図書館蔵）一冊を用いた。
一、典雅な和文で著された原文を尊重し、漢字は旧字体のままの表記とした。
一、句読点、読み仮名（ルビ）、踊り字なども原文のまま活かし、旧仮名遣いのままとした。
一、「緒言」原文には、振り仮名が付されていないため、校注者が適宜旧仮名遣いで補った。
一、原文の明らかな誤植やルビの脱字などと校注者が判断したものは、適宜修正し改めたが、それを　特に注記はしていない。
一、注の内容が重複する場合、前掲の注を示し、省略した。
一、注に引用した和歌は、『新編国歌大観』（角川書店）所収本に拠り、巻数・部立・歌番号の順で表記した。

緒言

此《こ》の書《しょ》は余《よ》の知人《ちじん》が、近來結婚問題《きんらいけつこんもんだい》の世間《せけん》に喧《やか》ましくなるに連《つ》れ、且《かつ》は實際《じつさい》にも娘持《むすめも》てる親《おや》は、そも如何《いか》にせば、適當《てきたう》なる良縁《りやうえん》を得《え》らるべきか。將《は》た又是《またこれ》が形式《けいしき》其《そ》の他《た》の事《こと》も餘《あま》りに多種多様《たしゆたやう》なるからに、惑《まど》ひ易《やす》く定《さだ》め難《がた》ければそれらの方針《はうしん》も差示《さししめ》されたしと申《まを》されます。なる程《ほど》、余《よ》も多《おほ》くのをしへ子《ご》に親炙《しんしや》【1】し來《きた》りし事《こと》なれば、時《とき》としては其《そ》の親々《おや〱》より相談《さうだん》を懸《か》けらるゝ事《こと》もあり、又禮式《またれいしき》や仕度《したく》に就《つ》いての質問《しつもん》も受《う》くる事《こと》もありました。其《そ》の節《せつ》には、已《や》むを得《え》ず、卑見《ひけん》も述《の》べ、助言《じよげん》を致《いた》した事《こと》も、尠《すく》なくは無《な》かつたでありませう。其故《それゆゑ》、是等《これら》を記《しる》して世《よ》に公《おほや》けにする事《こと》を承諾《しやうだく》せよと云《い》はるれば、無下《むげ》に否《いな》

【1】親しく接すること。

とも拒《こば》みかねますけれ共《ども》、懇意《こんい》の中《なか》での咄《はな》しと、一班《いつぱん》【2】にするのとは、大分《だいぶ》其《そ》の趣《おもむ》きも異《こと》なる譯《わけ》でありますからと、一應《いちおう》も二應《におう》も達《たつ》て斷《ことわ》つて見《み》ましたが、又一方《またいつぽう》から考《かんが》へますると、斯《か》う云《い》ふ問題《もんだい》は、却々《なか〱》理論《りろん》ばかりでは解決《かいけつ》のつきかねる事《こと》が多《おほ》く、從《したが》つて兎《と》まれ經驗《けいけん》を積《つ》んだ人《ひと》に聞《き》き合《あは》せると云《い》ふ事《こと》は、從來《じゆうらい》の慣例《かんれい》でもあり、又便利《またべんり》でもありませう。其《そ》の點《てん》から申《まを》せば、隨分多數《ずいぶんたすう》の婚禮《こんれい》に出會《であ》うて居《ゐ》る事《こと》ですから、まだ經驗無《けいけんな》き若《わか》い方々《かた〱》の參考《さんかう》の一助《いちじよ》ともなるならば、老人《ろうじん》の役目《やくめ》に其《そ》のあらましでも記《しる》して見《み》ませうか。扨之《さてこれ》を記《しる》すとすれば、又例《またれい》のやうに、是等若年《これらじやくねん》の新夫婦《しんふうふ》に對《たい》しての婆心《ばしん》も附《つ》け加《くは》へて置《お》かうと云《い》ふ考《かんが》へも起《おこ》りまして、遂《つひ》に知人《ちじん》の懇篤《こんとく》なる勸《す》ゝめに從《したが》ふ事《こと》と致《いた》しました。けれ共《ども》日々《ひゞ》の用事《えうじ》に逐《お》はれつゝ、其《そ》の暇々《ひま〱》に綴《つゞ》つたのですから、まだ〱不完全不十分《ふかんぜんふじふぶん》だらけであります。此《こ》の點《てん》は宜《よろ》しく讀者《どくしや》の御宥恕《ごいうじよ》を請《こ》はねばなりませぬ。但《ただ》し結婚《けつこん》の禮式《れいしき》に就《つ》いては、拙著婦人禮法《せつちよふじんれいほう》【3】に概要《がいえう》は載《の》せてありますから、希《ねがは》くは其《それ》に就《つ》いて閲覧《えつらん》あらん事《こと》を望《のぞ》みます。

大正五年十一月初旬

述者しるす

【2】世間一般。

【3】実業之日本社、明治四四年（一九一一）七月。本書に先駆けた下田歌子の著書。「礼法に関する基本的注意」や「訪問及び対客の心得」など女性の礼法を詳細に説き、その手引書としたもの。

第一章　緒　論

一　婚姻《こんいん》の大義《たいぎ》【1】

凡《およ》そ世界《せかい》の人類《じんるゐ》は、男女兩性《だんぢよりやうせい》其《そ》の配《はい》【2】を選《えら》び、相婚《あひこん》して夫婦《ふうふ》となり、其《そ》の子孫《しそん》の繁榮發展《はんえいはつてん》の基礎《きそ》を作《つく》るのであります。然《しか》るに他《た》の動物《どうぶつ》は、唯兩性《ただりやうせい》相集《あひあつ》まり相寄《あひよ》りて、其《そ》の自然的情性《しぜんてきじやうせい》の命《めい》ずるままに、同種族《どうしゆぞく》の增殖《ぞうしよく》をなすに過《す》ぎませぬ。

故《ゆゑ》にある論者《ろんじや》は、吾等人間社會《われらにんげんしやくわい》には、男女婚儀《だんぢよこんぎ》を擧《あ》ぐるの事《こと》によりて始《はじ》めて他《た》の下等《かとう》

【1】進むべき正しい道。

【2】配偶。連れ添う相手。パートナー。

動物《どうぶつ》と相異《あひこと》なるを證《しよう》するを得《う》るのだ」と迄極言《まできよくげん》して居《を》ります。併《しか》し自分《わたくし》は、唯男女結婚《たゞだんぢよけつこん》の一事《じ》のみを以《も》つて、人間《にんげん》が萬物《ばんぶつ》の靈長《れいちやう》【3】たるを證《しよう》するに足《た》ると迄《まで》は斷言致《だんげんいた》しかねますけれ共《ども》、正《たゞ》しき結婚《けつこん》が人間《にんげん》の他動物《たどうぶつ》に異《こと》なる價値《ねうち》を證據立《しようこた》つる一つの例《れい》には、確《たし》かに引《ひ》くべきものであると申《まを》して差支《さしつか》へ無《な》からうと思《おも》ふのでございます。

吾が國初已に婚儀を重んぜり

　然《しか》れ共《ども》、國初混沌《こくしよこんとん》なる太古時代《たいこじだい》に於《お》いては、世界孰《せかいいづ》れの國《くに》に在《あ》りても、未《いま》だ人間《にんげん》なる高等動物《かうとうどうぶつ》と、他《た》の下等動物《かとうどうぶつ》との區別《くべつ》が、今日《こんにち》の文明社會程《ぶんめいしやくわいほど》、懸隔《けんかく》して居《を》りませぬので、野性的男女《やせいてきだんぢよ》の接近《せつきん》が多《おほ》く、從《したが》つて結婚《けつこん》の形式《けいしき》の如《ごと》きも、一向判然《いつかうはつきり》して居《を》らぬを常《つね》と致《いた》しますのに、ひとり吾《わ》が日本帝國《につぽんていこく》に於《お》いては、天地開闢《てんちかいびやく》【4】の時《とき》より幾程《いくばく》も無《な》く、始《はじ》めて陰陽《いんやう》の二神《にしん》【5】、諾 冊 尊《いざなぎいざなみのみこと》が出顯《しゆつけん》ましますと共《とも》に、先其《まづそ》の國造《くにづく》りの大業《たいげふ》に先立《さきだ》ちて婚姻《こんいん》の儀《ぎ》を擧《あ》げさせ給《たま》ひ、‖よしや、天《あめ》の御柱《みはしら》を廻《めぐ》りて言《こと》あげし給《たま》ふ等《など》、極《きは》めて簡單《かんたん》な事《こと》であつたにもせよ。‖且女《かつをんな》の男《をとこ》に先立《さきだ》つを不可《ふか》とし、改《あらた》めて以《も》つて男唱《をとことな》へ女隨《をんなしたが》ふの序《ついで》をさへ立《た》てさせられた事《こと》の、如何《いか》にも禮々《れい〳〵》しく心地《こゝち》よく感《かん》ぜらるゝではありませぬか。

夫婦室に居るの義

　支那《しな》に於《お》いても亦古《またふる》くより正《たゞ》しき結婚《けつこん》を以《も》つて大切《たいせつ》の事《こと》となし、孟子《まうし》【6】は、「夫婦室《ふうふしつ》に居《を》るは、人《ひと》の大倫《たいりん》【7】なり」と教《をし》へ、詩經《しきやう》【8】の小雅常棣《せうがじやうてい》の篇《へん》には、「妻子好《さいしよし》み合《あ》ふ、瑟琴《ひつきん》を鼓《こ》するが如《ごと》し」等《など》と謠《うた》ひましたので、是《これ》より夫婦伉儷《ふうふかうれい》【9】の睦《むつ》まじい事《こと》を琴瑟相和《きんひつあひやは》らぐ【10】などの語《ご》も出來《でき》たのでございます。

國家社會の新生命

又西洋《またせいやう》に於《お》いても、エレンゲイ女史《じよし》【11】は、「結婚《けつこん》は實《じつ》に人生《じんせい》の重大事件《ぢうだいじけん》にして、國家《こくか》社會《しやくわい》の爲《ため》に新生命《しんせいめい》を作《つく》り出《だ》す所《ところ》の關門《くわんもん》なり」と申《まを》して居《を》ります。又《また》ハッチエソン氏【12】は、「結婚《けつこん》は男子《だんし》の方面《はうめん》、若《も》しくは女子《ぢよし》の方面《はうめん》の何《いづ》れよりも見《み》るべき者《もの》にはあらずして、單《たん》に人種上《じんしゆじやう》より觀察《くわんさつ》すべきものなり。」と言《い》へるは、勿論生物學《もちろんせいぶつがく》の見地《けんち》から説《と》いたのではありますけれ共《ども》、是《これ》によつて見《み》ましても、如何《いか》に結婚《けつこん》が吾等國民《われらこくみん》を純正《じゆんせい》ならしめ善良《ぜんりやう》ならしめ、そして繁榮《はんえい》せしむるに、重大《ぢうだい》なるかを認《みと》められたであらうと言《い》ふ事《こと》は明《あき》かでありませう。

右《みぎ》に述《の》べました如《やう》に、人間社會《にんげんしやくわい》に於《お》ける結婚《けつこん》の最《もつと》も重大《ぢうだい》な事《こと》であると言《い》ふ點《てん》には、

【3】万物のなかで最も霊妙ですぐれたもの。人間。人類。

【4】天地の開けはじめ。

【5】伊弉諾《いざなぎ》・伊弉冉《いざなみ》の二柱の神のこと。

【6】中国、戦国時代の思想家。仁義王道による政治を説き、性善説・易姓革命説を唱えた。また、その言行や思想を記した書。（前三七二頃～前二八九）。

【7】人として踏むべき人倫の大道。

【8】中国最古の詩集。儒教で最も尊重される五つの経典「五経」の一つ。

【9】夫婦関係、夫婦の仲。

【10】夫婦仲が非常によいたとえ。

【11】エレン・ケイ（Ellen Key, 一八四九～一九二六）。母性主義思想の代表的な論客とされるスウェーデンの思想家。大正期の母性保護論争の時に平塚らいてうと山田わかが彼女の思想に依拠した。

【12】フランシス・ハッチソン（Francis Hutcheson, 一六九四～一七四六）。スコットランド啓蒙思想の祖、思想家。

夫婦の徳は天地に配す

今古東西《ここんとうざい》最早《もはや》何人《なんびと》も之《これ》を否定《ひてい》するものはありますまい。が、其《そ》の選擇《せんたく》の方法《はうはふ》や、其《そ》の目的《もくてき》の主要點《しゆえうてん》や、或《ある》ひは其《そ》の形式《けいしき》には、種々《いろ〳〵》の異同《いどう》がありませう。けれ共《ども》、戀愛《れんあい》を以《も》つて結婚《けつこん》の唯一主要件《ゆゐいつしゆえうけん》となし、眞意義《しんいぎ》なりとするの説多數《せつたすう》を占《し》むる西洋《せいやう》に於《お》いてさへ、「尊敬《そんけい》の伴《ともな》はざる戀愛《れんあい》は眞《しん》の戀愛《れんあい》にあらず」と申《まを》して居《を》ります。然《しか》らば則《すなは》ち尊敬《そんけい》の伴《ともな》ふ戀愛《れんあい》なるものは、蓋《けだ》し最《もつと》も嚴正《げんせい》なる結婚《けつこん》によつて求《もと》むべきものであると申《まを》さなければなりますまい。野合《やがふ》の‖今《いま》は之《これ》を自由結婚《じいうけつこん》とも申《まを》しませうが、‖夫妻《ふさい》には、到底互《たうていたが》ひに敬意《けいい》の加《くは》はりて、且《かつ》それが永續《ながつゞき》するものではありませぬ。

故《ゆゑ》に天《てん》の高遠《かうゑん》【13】にして森嚴《しんげん》【14】なるを男子《だんし》の徳《とく》に比《ひ》して乾徳《けんとく》【15】と稱《しよう》し、地《ち》の深厚《しんこう》にして潤澤《じゆんたく》なるを女子《ぢよし》の徳《とく》に比《ひ》して坤徳《こんとく》【16】と申《まを》します。

と申《まを》しましたならば、今《いま》の所謂男女同權論者《いはゆるだんぢよどうけんろんじや》は、或《ある》ひはそんな男尊女卑説《だんそんぢよひせつ》には、耳《みみ》を貸《か》す事《こと》は出來《でき》ないと言《い》はるゝかも知《し》れませぬが、若《も》し果《はた》して然《しか》りとするならば、其《それ》は近《ちか》いものを卑《いや》しとし遠《とほ》いものを貴《たうと》しとするの癖論《へきろん》ですから、こゝに云々《うんぬん》する必要《ひつえう》もありますまい。

扨此の清《きよ》く高《たか》く深《ふか》く厚《あつ》き敬愛《けいあい》の情相結合《じやうあひけつがふ》して、正《たゞ》しき婚姻《こんいん》のもとに成《な》り立《た》ちたる夫妻《ふさい》は、恰《あた》かも天地陰陽《てんちいんやう》【17】の和《くわ》、四時《しき》【18】其《そ》の宜《よろ》しきを得《え》たるが如《ごと》く、一家團欒《いつかだんらん》して孝子慈孫《かうしじそん》親睦繁榮《しんぼくはんえい》し、富屋《とみをく》を潤《うる》ほし徳身《とくみ》を潤《うる》ほし、以《も》つて國家《こくか》の進運《しんうん》を助長《じよちやう》するの基《もとゐ》を建《た》つるを得《う》るに至《いた》るでありませう。

二　婚姻《こんいん》の目的《もくてき》

ユーゼニックス派の目的

前述《ぜんじゆつ》の如《ごと》く世界《せかい》のあらゆる人類《じんるい》は男女兩性《だんぢよりやうせい》の結婚《けつこん》によりて其《そ》の種族《しゆぞく》の繁榮《はんえい》を圖《はか》ります。乃《すなは》ち其《そ》の種族《しゆぞく》をして益々《ます〱》優良《いうりやう》の者《もの》たらしめんとする、其《そ》の目的及《もくてきおよ》び方法形式《はうはふけいしき》の如何《いかん》によつて、文野《ぶんや》の程度《ていど》をも知《し》らるゝ事《こと》になつて居《を》るのでございます。

西洋《せいやう》の善種學派《ユーゼニツクスは》【19】の人《ひと》が言《い》ふ如《やう》に、唯吾人《たゞごじん》の種族《しゆぞく》を強健《きやうけん》にし賢明《けんめい》にし、最優良《さいいうりやう》の人種《じんしゆ》

【13】考えなどが広く深く、計り知ることのできないこと。

【14】秩序整然としていて、おごそかなさま。

【15】立派な徳。天皇の徳とも。乾は陽、天、男などの意。

【16】立派な徳。皇后の徳とも。坤は陰、地、女などの意。

【17】中国古代の思想で、天地間にあり、互いに対立し依存し合いながら万物を形成している陰・陽二種の氣。日・春などは陽、月・秋などは陰にあたる。おんよう。

【18】四季のこと。

【19】フランシス・ゴールトン（Francis Galton, 一八二二〜一九一一）が初めて唱えた優生学を支持する学派のこと。人類の遺伝的素質を改善することを目的にし、遺伝構造の良質なものを優先して保存継承していこうという考え方。日本へは、明治初期にダーウィンの進化論が紹介されたことに始まり、昭和初期にかけて展開した。

善種を欲する目的の結婚

たらしめんとするが爲《ため》には、進化論者《しんくわろんじや》【20】のワレース氏《し》【21】や、國家主義《こくかしゆぎ》【22】のプラトー氏《し》や、人種主義《じんしゆしゆぎ》【23】よりせるガルトン氏等《しら》の諸大家《しよたいか》も其《そ》の說《せつ》に多少《たせう》の差《さ》こそあれ、大禮《たいれい》【24】に於《お》いては、則《すなは》ち男女《だんぢよ》の年齡《ねんれい》に制限《せいげん》を立《た》てよとか、虛弱《きよじやく》の者低腦《ものていのう》の者《もの》には絕體《ぜつたい》に結婚《けつこん》を禁《きん》ぜよとか言《い》はるゝのです。なる程善種學《ほどユーゼニツクス》の見地《けんち》からしては左《さ》もあるべき筈《はず》、又國家《またこくか》と言《い》ふ上《うへ》から見《み》ては是《これ》に越《こ》した事《こと》はありますまい。其《それ》は旣《すで》に日本《につぽん》でも鎌倉時代《かまくらじだい》に於《お》いて、和田《わだ》義盛《よしもり》【25】や淺利與市《あさりのよいち》【26】は勇士《ゆうし》を生《う》ましめて天晴君國《あつぱれくんこく》の爲《ため》にしたいとて、捕虜《ほりよ》たる敵方《てきかた》の勇婦巴《ゆうふともえ》【27】や板額《はんがく》【28】を娶《めど》り、又時《またとき》の幕府《ばくふ》でも其然《それしか》るべしとて許《ゆる》して居《を》るではありませぬか。

＝よし其《それ》が或《ある》一部分《ぶぶん》の事《こと》なりとは言《い》へ。

又《また》スパルタ【29】の如《ごと》きは、公的教養所《こうてきけうやうじよ》を設《まう》け少年《せうねん》をして婦女《ふじよ》に遠《とほざ》け、家庭《かてい》より離《はな》して嚴格《げんかく》なる軍隊的教育《ぐんたいてきけういく》を行《おこな》ひ、その結婚《けつこん》の如《ごと》きも無論猛者《むろんもさ》を得《う》るの目的《もくてき》を以《も》つて一定《てい》の制裁《せいさい》のもとにせしめたやうであります。

又近來獨逸《またちかごろドイツ》が執《と》る所《ところ》の政策《せいさく》の如《ごと》きは、全《まつた》く彼同人種《かれどうじんしゆ》の減少《げんせう》を怖《おそ》るゝ餘《あま》りに、強制的《きやうせいてき》に男女《だんぢよ》の結婚所《けつこんしよ》が、男女《だんぢよ》の接觸《せつしよく》を勵行《れいかう》せしめんとするに至《いた》つたやうですが、斯《か》かる人倫《じんりん》の破壞情愛《はくわいじやうあい》の蹂躪《じうりん》【30】的實行《てきじつかう》は、到底永續《たうていえいぞく》すべきものでは無《な》く、又斷《まただん》じて永續《えいぞく》せしむべきものではありますまい。

則《すなは》ち高等動物《かうたうどうぶつ》なる人間《にんげん》は、下等動物《かたうどうぶつ》の其《そ》の如《ごと》く何《なん》でも後繼者《こうけいしや》たる子孫《しそん》さへ優良《いうりやう》になれば、人情《にんじやう》も何《なに》も他《た》は捨《す》て丶顧《かへり》みないと言《い》ふ譯《わけ》には參《まゐ》りませぬ。縦令《たとへ》其《それ》を或時代《あるじだい》に於《お》いて或大權力者《あるだいけんりよくしや》が壓制的《あつせいてき》に勵行《れいかう》せしめた所《ところ》で、其《それ》は必《かなら》ず一時的《いちじてき》のものであります。そして

【20】生物は初めて地球上に現れた単純微小な原始生命から次第に進化したという説を支持する人。ダーウィンが体系として確立。

【21】アルフレッド・ラッセル・ウォレス（Alfred Russel Wallace, 一八二三～一九一三）。一九世紀の進化理論家の一人。

【22】国家を人間社会最高の組織体と考え、国家権力が社会生活の全領域にわたって統制力を発揮することを認める立場。プラトーはギリシャの哲学者。プラトン（Platon, 前四二七～前三四七）。

【23】人種間には優劣の差異があるとする、人種差別を正統化する考え方。ガルトンは注19のゴールトンのこと。

【24】一生の中で最も重要な儀式・礼式。冠・婚・葬・祭の類。

【25】鎌倉前期の武将。平家追討・奥州征伐に軍功をあげた。のち北条義時の謀計にかかり北条氏を襲撃して敗死。久安三～建保元年（一一四七～一二一三）。

【26】鎌倉時代の武士。壇ノ浦の戦いで、平家方の武将仁井親清《にいちかきよ》の胸を遠矢にて貫き武名をあげた。久安五～承久三年（一一四九～一二二一）。

【27】平安末期の武将源義仲の側妾。義仲の乳父中原兼遠の娘。武勇にすぐれ、義仲が近江に敗走した際も従い奮戦し勇名をあげた。のち越後国石黒（新潟県高柳町）に移住し、尼となったと伝えられる。生没年未詳。

【28】平安末～鎌倉初期の女性。生没年不詳。越後の豪族城氏の一族。建仁一年（一二〇一）城長茂《ながもち》が京都で倒幕の兵を挙げ、死すると越後奥山荘鳥坂城ではその甥資盛が籠城して幕府軍と戦った。板額はこのとき城中にあって奮戦、幕府軍を悩ませた。

【29】アテネと並ぶ古代ギリシャの代表的都市国家。幼時から施したきびしい軍事訓練や教育、転じて、そのような厳格な教育法をスパルタ式教育という。

【30】ふみにじること。踏みつけること。

理知の判定のみを目的として可いか

詩人は結婚を美化せしむ

甚《はなは》た殘酷《ざんこく》な咄《はな》しで若《も》しも是《これ》が永《なが》く行《おこな》はれるやうでしたならば、社會《しやくわい》は全《まつた》く花《はな》の匂《にほ》ひも鳥《とり》の歌《うた》も無《な》い砂漠曠原《さばくくわうげん》の如《やう》な荒涼慘憺乾燥無味《くわうりやうさんたんかんそうむみ》の世界《せかい》と化《くわ》し去《さ》るでありませう。

併《しか》し雌《め》々しい情《じやう》に驅《か》られないで、單《ひと》へに理知《りち》の眼《め》を以《も》つて婚《こん》を選《えら》び國家社會《こくかしやくわい》の進歩發展《しんぽはつてん》の爲《ため》に、吾人《ごじん》の子孫《しそん》は優良《いうりやう》なる種族《しゆぞく》たらしめようと勉《つと》めなければなりませぬけれ共《とも》、是《これ》も亦中庸《またちうよう》を得《え》たる程度《ていど》に止《とゞ》めないと却《かへ》つて自我的沒人情的《じがてきぼつにんじやうてき》な人《ひと》ばかり出來《でき》る事《こと》になりませう。

で、兼好法師《けんかうはふし》の如《やう》に「色好《いろこの》まざらん男《をとこ》は玉《たま》の盃《さかづき》に底《そこ》無《な》きが如《ごと》し」[31]と歌《うた》つたり、詩人《しじん》ブローニング氏《し》[32]の如《やう》に、「戀情《れんじやう》は人間《にんげん》の熱望《ねつばう》を高《たか》め、精神《せいしん》を擴張《くわくちやう》す」と言《いつ》たり、スマイルス氏《し》[33]の如《やう》に、「戀愛《れんあい》あるが故《ゆゑ》に世界《せかい》は常《つね》に斬新《ざんしん》なり」などと、極端《きよくたん》に謳歌《わうか》して居《を》るのは其《それ》はいろ〳〵の原因《げんいん》がありませう。或《ある》ひは、上古《じやうこ》の掠奪的結婚《りやくだつてきけつこん》や氏族階級《しぞくかいきふ》の關《かん》係上《けいじやう》より餘儀《よぎ》無《な》くする結婚《けつこん》や、又《また》は前述《ぜんじゆつ》の如《ごと》く餘《あま》りに人種改善《じんしゆかいぜん》に重《おも》きを置《お》くとか、又《また》は同人種《どうじんしゆ》の繁殖《はんしよく》を謀《はか》らねばならぬ爲《ため》に義理人情《ぎりにんじやう》も顧《かへり》みないやうな自我的結婚《じがてきけつこん》‖單《たん》に自我《じが》と言《い》ふは少《すこ》し酷《こく》かも知《し》れませぬが、‖に反對《はんたい》した詩人《しじん》や、國家主義者《こくかしゆぎしや》の言《げん》の、唯《たゞ》其《それ》のみに重《おも》きを置《お》いて、他《た》を非難《ひなん》し排斥《はいせき》し、そして我《わ》が田《た》に水《みづ》を引《ひ》く所《ところ》の說《せつ》に一も二も無《な》く、左担《さたん》する譯《わけ》には參《まゐ》りますまい。

其《それ》ならば非常《ひじやう》に大切《たいせつ》な婚姻《こんいん》の最大目的《さいだいもくてき》とする所《ところ》は何《なに》であるかと申《まを》しますると、これに對《たい》しての答《こた》へは存外漠然《ぞんぐわいばくぜん》たる事《こと》を免《まぬ》がれますまい。其《それ》は其《そ》の筈《はず》の事《こと》で、結婚者自身《けつこんしやじしん》の位置境遇《ゐちきやうぐう》其《そ》の他《た》の差《さ》によつて何《ど》うしても其《そ》の目的《もくてき》を異《こと》にせざるを得《え》ないからでございます。

婚姻の目的も一様ならず

則《すなは》ち茲《こゝ》に申《まを》しました如《やう》に婚姻《こんいん》は各人各個《かくじんかくこ》の事情《じゞやう》によつて其《そ》の目的《もくてき》を異《こと》にするを免《まぬ》がれませぬ。けれ共婚姻《どもこんいん》は何《ど》うしても、男子《だんし》の方《はう》から申《まを》せば吾《わ》が内助《ないじよ》となり伴侶《はんりよ》となり、そして早晩《いつか》は滅亡《ほろ》び行《ゆ》くべき己《おの》れなる者《もの》の後繼即《あとつぎすなは》ち第《だい》二の我《われ》を作《つく》つて家《いへ》の血統《けつとう》を永遠《えいゑん》に傳《つた》へる事《こと》を以《も》つて目的《もくてき》とするのでありませう。又女子《またぢよし》の方《はう》から申《まを》せば婚姻《こんいん》は吾《わ》が終世《しうせい》を託《たく》するに足《た》るべき力《ちから》ある頼《たの》もしき夫《をつと》を得《え》て、克《よ》く之《これ》を内助《ないじよ》し子孫《しそん》の繁榮發展《はんえいはつてん》の基礎《きそ》となり、其《それ》が化育者《くわいくしや》とならん事《こと》を期《き》すべきものでありませう。

男子求婚の目的

女子求婚の目的

【31】「よろづにいみじくとも、色好まざらん男《おのこ》は、いとさうざうしく、玉の巵《さかづき》の当《そこ》なき心地ぞすべき。」（万事に優れていても、色恋の情緒を理解しない男は、たいそう物足りなく、玉の盃の底が抜けているような感じがする。）（『徒然草』鎌倉時代末期頃。）

【32】ロバート・ブラウニング（Robert Browning, 一八一二〜一八八九）は、イギリスの詩人。上田敏に影響を与え、『海潮音』（一九〇五年）の中では、ブラウニング「春の朝」が訳出される。また、芥川龍之介は、自ら「ブラウニング信者」と称している。

【33】サミュエル・スマイルズ（Samuel Smiles, 一八一二〜一九〇四）は、英国の作家、医者。江戸幕府留学生取締役として英国に留学した中村正直が、『西国立志篇』（一八七一年）として邦訳し、日本で出版した。その思想は近代日本の形成に大きな影響を与えたと言われる。

求婚目的の第一義は何

斯《か》う考《かんが》へて參《まゐ》りますると、結婚《けつこん》すべき男女《だんじよ》は孰《いづ》れも志操《しさう》の堅固《けんご》なる事《こと》、身體《しんたい》の強健《きやうけん》なる事《こと》、血統《けつとう》の純正《じゆんせい》なる事等《ことなど》が先《まづ》第《だい》一義《ぎ》に數《かぞ》へらるべきもので、其《そ》の他財産《たざいさん》とか容貌《ようぼう》とか藝能《げいのう》とか言《い》ふものは、何《ど》うしても第《だい》二義《ぎ》に置《お》くべき事《こと》であらうと思《おも》はれます。併《しか》し其《そ》の最《もつと》も大切《たいせつ》なる條件《でうけん》として擧《あ》げた後繼者《かうけいしや》‖即《すなは》ち子《こ》‖を得《う》る能《あた》はざる事《こと》は、是《これ》は決《けつ》して其《そ》の罪《つみ》を女子《ぢよし》にのみは歸《き》せられませぬ。

若《も》し其《そ》の責《せめ》を負《お》ふべきものとすれば其《それ》は男女《だんぢよ》共均《ひと》しく負《お》はなければならぬのであります。猶《なほ》委《くは》しくは後章《こうしやう》に申《まを》しませう。

第二章　結婚の沿革

一　内外結婚《ないぐわいけつこん》の沿革《えんかく》

彼我の異同

彼我の均しき點

吾《わ》が國《くに》の結婚《けつこん》に於《お》ける意義希望及《いぎきぼうおよ》び形式《けいしき》は、其《そ》の歴史的沿革《れきしてきえんかく》の經路《けいろ》が諸外國《しよがいこく》のそれに比《ひ》して餘程《よほど》の相異《さうい》あることを發見《みだ》すのであります。勿論是《もちろんこれ》と同時《どうじ》に又全《またまつた》く同樣《どうやう》な事柄《ことがら》のあつたと言《い》ふことをも否定《ひてい》する事《こと》は出來《でき》ないのでございます。

蓋《けだ》し【1】太古《たいこ》に在《あ》りては、其《そ》の禮儀形式《れいぎけいしき》の簡單《かんたん》であり疎野《そや》であつた事《こと》を免《まぬ》がれなかつた點《てん》や、倫理上《りんりじやう》から見《み》て正《たゞ》しく無《な》い骨肉間《こつにくかん》の結婚《けつこん》や多少掠奪的結婚《たせうりやうだつてきけつこん》や野合的結婚《やがふてきけつこん》【2】等《など》の

【1】たぶん。おそらく。

【2】正式の手続きによらず、夫婦になること。

あつた點《てん》は、各外國《かくぐわいこく》の未開時代《みかいじだい》と略相似《ほゞあひに》て居《ゐ》た事《こと》もあつたらしいのであります。

孰《いづ》れの國《くに》でも、太古國初《たいここくしよ》の當時《たうじ》に於《お》いては男女《だんぢよ》の自由的結婚《じいうてきけつこん》が行《おこな》はれ、そして少《すこ》しく上下《じやうげ》の階級《かいきふ》が出來《でき》、國家《こくか》の體裁《ていさい》が朧《おぼ》ろ氣《げ》ながら備《そな》はつて來《く》る時代《じだい》になると、無暗《むやみ》に男子《だんし》の權力《けんりよく》が強《つよ》くなつて來《き》て女子《ぢよし》は奴隷視《どれいし》せられ物質視《ぶつしつし》せられて、其《そ》の運命《うんめい》は全《まつた》く強者《きやうしや》たる男子《だんし》に左右《さいう》せらるゝを常《つね》とせられて居《を》りましたのに、吾《わ》が國《くに》に於《お》いては、太古《たいこ》から上古《じやうこ》に亘《わた》り、殆《ほとん》ど中世《ちうせい》の前半期《ぜんはんき》‖即《すなは》ち平安朝時代《へいあんてうじだい》の、‖迄《まで》は存外女權《ぞんぐわいぢよけん》が卑《ひく》く無《な》かつた爲《ため》でもありませうか、結婚《けつこん》の如《ごと》きも女子《ぢよし》の自由意思《じいういし》に任《まか》せた者《もの》と、父母《ふぼ》の意見《いけん》によつた者《もの》とが相半《あひなかば》して居《ゐ》たのであります。是《これ》は殆《ほとん》ど外國上古《ぐわいこくじやうこ》の結婚史《けつこんし》には發見《みいだ》す能《あた》はざる所《ところ》のものであります。で、當人《たうにん》の意思《いし》を全然無視《ぜん〲むし》した結婚等《けつこんたう》は寧《むし》ろ近古武門政治《きんこぶもんせいじ》になつてから行《おこな》はれたので、却《かへ》つて皇朝時代《わうてうじだい》【3】には頗《すこぶ》る稀有《けう》の事《こと》でありました。

二　太古上古《たいこじやうこ》の結婚《けつこん》

是《これ》より少《すこ》しく吾《わ》が國結婚《くにけつこん》の沿革《えんかく》に於《お》ける歴史《れきし》を掻《か》い摘《つま》んで述《の》べて見《み》ませう。太古《たいこ》即《すなは》ち神代史《じんだいし》を閲《み》ますると、男女合意《だんぢよがふい》の結婚《けつこん》も男子《だんし》より女子《ぢよし》に求婚《きうこん》したのも、女子《ぢよし》の方《はう》より男子《だんし》に對《むか》つて求婚《きうこん》したのもありまして、大抵《たいてい》は先男子《まづだんし》より女子《ぢよし》の方《はう》へ參《まゐ》つて婚《こん》するのが多《おほ》かつたやうでございます。

上古の結婚

それから、上古《じやうこ》に在《あ》りては、歌翟會《かゞきくわい》【4】によつて男女互《だんぢよたが》ひに相見相語《あひみあひかた》らひ、そして合意《がふい》の結婚《けつこん》が最《もつと》も盛《さか》んであつたらしいのでございます。

二尊の御誓詞

試《こゝろ》みに太古《たいこ》に於《お》ける男女合意的結婚《だんぢよがふいてきけつこん》の例《れい》を擧《あ》げますれば、畏《かし》これ共《ども》、伊邪《いざ》那岐伊邪那美《なきいざなみ》の陰陽《いんやう》の二尊《ふたみこと》は互《たが》ひに、さらば吾《われ》と汝《おんみ》と天《あめ》の御柱《みはしら》を廻《めぐ》りて結婚《みとのまぐはい》の式《しき》をあげようと御相談《おかたらひ》になつて、即《すなは》ち二尊合意《ふたみことがふい》にて相互相愛《さうごあひあい》せんと御誓《おちか》ひになりました事《こと》が古事記《こじき》【5】に載《の》せてあります。其《そ》の御誓言《おんせいごん》は男神《をかみ》は、「阿那邇夜志愛袁登賣袁《あなにやしえをとめを》」女神《めがみ》は「阿那邇夜志愛袁登古袁《あなにやしえをとこを》」と宣《のたま》うたとありまして男女均《だんぢよひと》しき御誓詞《ごせいし》でございます。

男女合意の結婚

又大國主命《またおほくにぬしのみこと》【6】の須勢理媛《すせりひめ》と御結婚《ごけつこん》になりましたのも、先大國主命《まづおほくにぬしのみこと》と須勢理媛《すせりひめ》と面會《めんくわい》し、そして媛《ひめ》から父《ちゝ》の尊《みこと》に大國主命來訪《おほくにぬしのみことらいほう》の由《よし》を告《つ》げられた事《こと》を、同《おな》じく古事記《こじき》に、「其《そ》

【3】王朝時代。天皇中心の政治が行われた時代。ここでは平安時代を指す。

【4】古代、男女が春や秋に山や市《いち》などに集まり、歌い合ったり、踊り合ったりして楽しんだもの。嬥歌《かがひ》、歌垣《うたがき》ともいう。

【5】奈良時代の日本最古の歴史書。三巻。天武天皇の勅命で稗田阿礼《ひえだのあれ》が誦習《しょうしゅう》した帝紀や先代旧辞を、元明天皇の命で太安万侶《おおのやすまろ》が文章に記録し、和銅五年（七一二）に献進。上巻は神代、中巻は神武天皇から応神天皇まで、下巻は仁徳天皇から推古天皇までの記事を収め、神話・伝説・歌謡などを含む。

の女《みむすめ》出《い》で見《み》て目合《まぐあ》ひして相婚《あひ》まして還《かへ》り入《い》りて其《そ》の父《ちゝ》に云々《うんぬん》と白《まを》す」といふやうに記《しる》してあるのを見《み》れば、矢張先男女合意《やはりまづだんぢよがふい》の結婚《けっこん》らしくあります。

男子よりの求婚

又同書《またどうしよ》に須佐之男尊《すさのをのみこと》【7】がやまたの蛇《をろち》を御退治《おたいぢ》になつて櫛稲田媛《くしいなだひめ》【8】を御救《おすく》ひにならうとする所に、「是汝《これいまし》の女《むすめ》ならば吾《われ》に奉《たてまつ》らんやと宣《の》り給《たま》ふ」とあり。又同書《またどうしよ》に天孫瓊々杵之尊《てんそんにゝぎのみこと》が笠沙御前《かささのみさき》【9】といふ處《ところ》を御散歩《ごさんぽ》の節柄《をりから》容貌美麗《かほよき》少女《をとめ》に御會《おあ》ひ遊《あそ》ばして吾《われ》に嫁《か》せよと命《おほ》せられましたが、少女《をとめ》は父《ちゝ》に告《つ》げて許《ゆる》しを得《え》なければ御答《おこた》へは出來《でき》ませぬと申《まを》し上《あ》げましたので、尊《みこと》は即《すなは》ち少女《をとめ》の父《ちゝ》大山津見《おほやまつみ》の命《みこと》のもとに御出《おい》で遊《あそ》ばして、その息女《むすめ》なる美人《びじん》木之花佐久夜比賣《このはなさくやひめ》【10】と御結婚《ごけっこん》になりました。乃《すなは》ち先尊《まづみこと》の方《はう》から、「吾汝《われいまし》に目合《まぐあ》ひせんと欲《おも》ふは如何《いか》に」と御問《おと》ひになつて居《を》ります。是《こ》は男子《だんし》よりの求婚《きうこん》であります。

女子よりの求婚

又同書《またどうしよ》に大國主命《おほくにぬしのみこと》の兄弟達《きやうだいたち》が皆稲羽《みないなば》の八上比賣《やがみひめ》【11】といふ美人《びじん》を娶《めと》らうとして、いろ／＼心《こゝろ》を盡《つく》しましたけれ共《ども》、比賣《ひめ》は是等《これら》には應《おう》ぜずして、寧《むし》ろ其《そ》の從者《じうしや》として召《め》し連《つ》れられた大國主《おほくにぬし》に自《みづか》ら進《すゝ》んで結婚《けっこん》を申《まを》し入《い》れました。乃《すなは》ち媛《ひめ》は、「汝等《みましたち》の言《こと》は聞《き》かじ。大穴牟遲神《おほなむぢのかみ》‖大國主《おほくにぬし》の命《みこと》‖に嫁《あ》はなんといふ」とあります。同書《どうしよ》に又《また》火折尊《ほをりのみこと》乃《すなは》ち彦穂々出見尊《ひこほゝでみのみこと》【12】‖が、兄《あに》の尊《みこと》の釣針《つりばり》を求《もと》めに龍宮《りうぐう》に御出《おい》でになつた時《とき》に、龍王《りうわう》の息女豐玉毘賣《むすめとよたまひめ》【13】が從婢《こしもと》【14】の報《しら》せにより出《い》でゝ火折尊《ほをりのみこと》を見奉《みまつ》り、父《ちゝ》に告《つ》げしめて結婚《けっこん》せられた所《ところ》にも「爾豐玉毘賣命《かれとよたまひめのみこと》奇《あや》しと思《おも》はして出《い》で見《み》て乃《すなは》ち見感《みめ》でゝ目合《まぐあ》ひし

男子女子の家に婚す

て」云々《うんぬん》とあります。是《これ》は女子《ぢょし》よりの求婚《きゅうこん》でございます。

又《また》、神武天皇《じんむてんわう》【15】は、‖是《これ》より人代《じんだい》と言《い》ふ、‖伊須氣余理比賣《いすけよりひめ》【16】を召《め》さる丶とて先比賣《まづひめ》の家《いへ》なる狭井川《さゐがは》【17】の上《ほと》りに行幸遊《みゆきあそ》ばされ、其《そ》の家《いへ》に御一泊遊《ごいっぱくあそ》ばされたとあります

【6】出雲神話の中心的な神。素戔嗚尊《すさのおのみこと》の子とも子孫とも。因幡（鳥取県）の白兎《うさぎ》を助け、須勢理毘売《すせりびめ》と結婚して国土を治めるが、瓊瓊杵尊《ににぎのみこと》（天照大神の孫）の高天原《たかまがはら》から地上への降臨によって、国を譲って隠退した。

【7】記紀・風土記などに見える神。天照大神の弟。その凶暴さによって高天原《たかまがはら》（天上）を追放され、出雲国（島根県）で八岐大蛇《やまたのおろち》を退治。稲田姫と結婚し宮を営む。

【8】記紀に見える神。出雲の国つ神。八岐大蛇《やまたのおろち》に呑《の》まれようとするのを、素戔嗚尊《すさのおのみこと》に救われ、その妻となる。稲田姫。

【9】鹿児島県薩摩半島の北西端にある野間岬の古称。

【10】記紀などに見える神。美しい容姿を天孫瓊瓊杵尊《ににぎのみこと》に好まれてその妃となり、火酢芹命《ほのすせりのみこと》、火明命《ほのあかりのみこと》、彦火火出見尊《ひこほほでみのみこと》を生む。

【11】日本の神話に登場する因幡国の姫。大国主神の最初の妃。大国主神との間に木俣神《きまたかみ》（別名御井神《みいかみ》）をもうける。

【12】記紀に見える神。瓊瓊杵尊《ににぎのみこと》の子。海幸山幸の話の山幸彦。母は木花開耶姫《このはなのさくやびめ》。海神の娘豊玉姫《とよたまひめ》と結婚して鸕鷀草葺不合尊《うがやふきあえずのみこと》をもうけた。火遠理命《ほおりのみこと》。

【13】日本神話で、海神豊玉彦神の娘。彦火火出見尊《ひこほほでみのみこと》（山幸彦《やまさちひこ》）の妻となり鸕鷀草葺不合尊《うがやふきあえずのみこと》を生む。

【14】貴人のそば近くに仕える女性。侍女。腰元。

【15】第一代と伝えられる天皇。父は彦波瀲武草葺《ひこなぎさたけうがやふき》不合尊《あえずのみこと》、母は玉依姫。名は神日本磐余彦尊《かんやまといわれびこのみこと》。記紀によれば、日向国（宮崎県）から東征して瀬戸内海を通り、難波に上陸、熊野から吉野を経て大和を平定し、橿原宮で西暦紀元前六六〇年に即位したという。明治以後この年を皇紀元年とした。

るし、又三輪山《またみわやま》【18】の大物主《おほものぬし》の神《かみ》【19】は、河内《かはち》【20】の美人活玉依媛《びじんいくたまのよりひめ》【21】の許《もと》に通《かよ》うたとも載《の》せて同書《どうしよ》にあります。

是等《これら》の例《れい》は皆太古《みなたいこ》に於《お》ける風俗《ふうぞく》を察《み》るに足《た》るもので、男子先往《だんしまづゆ》いて女子《ぢよし》の家《いへ》に婚《こん》しました。其《それ》が中世期《ちうせいき》の頃《ころ》まで繼續《けいぞく》して居《ゐ》たのであります。

嬥歌會

上古《じやうこ》の結婚《けつこん》を説《と》くに就《つ》いて、特《こと》に注目《ちうもく》すべきは嬥歌會《かゞひ》【22】‖歌垣《うたがき》ともいふ‖の事《こと》であります。是《これ》は男女日《だんぢよひ》を定《き》めて土地《とち》の名山又《めいざんまた》は曠原《くわうげん》などに集《あつ》まり、相互戀愛《さうごれんあい》の情《じやう》を歌《うた》に詠《よ》みて歌《うた》ひ上《あ》げます。そして相思《あひおも》へば婚《こん》を結《むす》びます。故《ゆゑ》に「かゞひ」なる詞《ことば》は、掛合《かけあひ》のつゞまつたもので、互《たが》ひに思《おも》ふ事《こと》を掛合《かけあひ》に歌《うた》ひ交《かは》すから申《まを》したのだといふ説《せつ》がありますが或《ある》ひはさうかも知《し》れませぬ。是《これ》は孰《いづ》れの國《くに》にも致《いた》した事《こと》らしいのですが、殊《こと》に東國《とうごく》では一層盛《いつそうさか》んであつたやうです。乃《すなは》ち筑波山《つくばさん》【23】の嬥歌會《かゞひ》といふのは、就中名高《なかんづくなだか》かつたものと見《み》えます。萬葉集《まんえふしふ》【24】に載《の》せてある嬥歌會《かゞひ》の歌《うた》には、

鷲《わし》の住《す》む筑波《つくば》の山《やま》の裳着津《もはぎづ》の、その津《つ》の上《かみ》に誘《いざな》ひて、女男《をむなをとこ》の往《ゆ》き集《つど》ひ、嬥《うた》ふ嬥歌會《かゞひ》
に他妻《ひとづま》に吾《われ》も交《まじ》はり、わが妻《つま》に他《ひと》も言問《こととと》ひ、この山《やま》に領《うしは》く神《かみ》の、初《はじ》めより禁《とゞ》めぬわ
ざぞ、今日《けふ》のみはめぐしもなみそ事《こと》も咎《とが》むな。

などゝ歌《うた》つて居《を》るのを察《み》ますると、随分淫猥《ずゐぶんいんわい》なそして熱狂的《ねつきやうてき》な遊戯《いうぎ》が大業《おほげふ》に行《おこな》はれたものと見《み》えます。又古事記《またこじき》の清寧天皇《せいねいてんわう》【25】の所《ところ》には、

平郡臣《へぐうのをみ》の祖名《おやな》は志毘臣《しびのをみ》、歌垣《うたがき》に立《た》ちてその袁祁命《をけのみこと》の婚《め》さんとする美人《をとめ》の手《て》を取《と》れり。其《そ》の嬢《をとめ》は菟田首《うだのおびと》等が女名《むすめな》は大魚《おほを》といへり。爾袁祁命《かれをけのみこと》も亦歌垣《またうたがき》に立《た》たしき。

とあります。して見《み》れば、當時《たうじ》は皇子《わうじ》や大官《たいくわん》なども歌垣《うたがき》に立《た》ちて、銘々《めい〳〵》の欲《ほっ》する美人《をとめ》に

【16】神武天皇の皇后（媛蹈鞴五十鈴媛《ひめたたらいすずひめ》）。『日本書紀』に登場する女神。『古事記』では、比売多多良伊須気余理比売《ひめたたらいすけよりひめ》とする。神武天皇に嫁いて皇后となり、二代天皇の綏靖《すいぜん》天皇を産んだとされている。

【17】奈良市を流れる能登川の別称と伝えられる。春日山に発し、西流して佐保川に合流する。また、桜井市三輪を流れる初瀬《はせ》川（大和川）の支流ともいう。

【18】奈良県桜井市三輪にある山。古代人の信仰の対象として尊ばれ、麓《ふもと》にはこの山を神体とする大神《おおみわ》神社がある。歌枕。

【19】奈良県大神《おおみわ》神社の祭神。大三輪神。大神《おおがみ》。

【20】旧国名の一。現在の大阪府南東部にあたる。河州《かしゅう》。

【21】陶津耳《すえつみみ》の娘。三輪の大物主神の妻。「古事記」の夜ごと訪れる男の衣に糸をつけ跡をたどって男の正体が神であったと知る三輪山伝説が有名。

【22】第二章注4参照。

【23】茨城県中央部にある筑波山地の主峰。山頂は男体《なんたい》山、女体《にょたい》山の二峰に分かれる。標高八七六メートル。筑波嶺《つくばね》。つくばやま。歌枕。

【24】奈良時代の歌集。全二〇巻。大伴家持《やかもち》が現存の形に近いものにまとめたとされる。成立年未詳。短歌・長歌・旋頭歌《せどうか》・仏足石歌・連歌の五体で、歌数四五〇〇余首。他に漢詩文が数編ある。仁徳天皇の皇后磐姫《いわのひめ》の作といわれる歌から、天平宝字三年（七五九）大伴家持の歌まで約四〇〇年にわたる全国各地、各階層の人の歌が収められる。東歌《あずまうた》・防人《さきもり》歌などを含み、豊かな人間性を素朴・率直に表現した歌が多い。表記はすべて漢字で、その音や訓を利用して日本語を表す万葉仮名《まんようがな》を多く用いている。

【25】記紀の所伝で、第二二代の天皇。雄略天皇の第三皇子。白髪武広国押稚日本根子天皇《しらかのたけひろくにおしわかやまとねこのすめらみこと》。母は葛城《かずらき》韓媛《のからひめ》。

結婚《けつこん》しようとして歌《うた》を詠《よ》みかけたり答《こたへ》を聞《き》いたり、一所《いつしよ》に踊《おど》り狂《くる》うて遊《あそ》び戯《たはむ》れたものと見《み》えます。

近來《ちかごろ》まで、各地方《かくちはう》では却々《なか〱》盛《さか》んに行《おこな》はれて居《を》りました盆踊《ぼんをど》りも、此《こ》の上代《じやうだい》の歌垣《うたがき》の餘波《なごり》であらうと申《まを》します。

全《まつた》く西洋《せいやう》の舞蹈會《ぶとうくわい》などは、吾《わ》が昔《むかし》の嬥歌會《かゞひ》の規律立《きりつだ》つたもの進化《しんくわ》したものであるとも言《い》はれませう。則《すなは》ち是《これ》は一《い》つの遊樂的會合《いうらくてきくわいがふ》で、そして當時《たうじ》の求婚者相互《きうこんしやそうご》の爲《ため》には絶好《ぜつかう》の見合場《みあひば》でありましたらうと思《おも》はれます。

又《また》、武烈天皇《ぶれつてんわう》【26】が皇太子《くわうたいし》であらせられた時《とき》も、美人影媛《をとめかげひめ》を嬥歌會《かゞひ》に御誂《おいど》みになつた事《こと》が見《み》えて居《を》ります。

然《しか》るに其《それ》よりずつと降《くだ》つて、桓武天皇《かんむてんわう》【27】の朝延暦《てうえんりやく》十七年《ねん》には、「西京幾内夜祭歌舞《さいきやうきないよまつりかぶ》を禁《きん》ず」等《など》の令《れい》を發《はつ》せられまして、嬥歌會《かゞひ》を禁止《きんし》せられましたのは餘《あま》りに其《それ》が大業《おほげふ》になり淫猥《みだら》になつたから、風教《ふうけう》【28】の爲不可《ためふか》なりとの議《ぎ》も起《おこ》つたからでもありましたらう。所《ところ》が、琉球《りうきう》には、全《まつた》くわが上古《じやうこ》の嬥歌會同樣《かゞひどうやう》の事《こと》が維新頃迄行《ゐしんころまでおこな》はれて居《ゐ》たとの事《こと》であります。

以上《いじやう》の如《ごと》く、上古《じやうこ》は大率嬥歌會《おほむねかゞひ》によつて求婚《きうこん》の機會《きくわい》を得《え》、そして男子《だんし》の要求《えうきう》に女子《ぢよし》が應《おう》ずれば、男子先女子《だんしまづぢよし》の家《いへ》に至《いた》つて結婚《けつこん》を致《いた》した事《こと》が多數《たすう》であつたらしうございます。

又一種錦木《またいつしゆにしきゞ》【29】を立《た》てる事《こと》によつて、男子《だんし》が女子《ぢよし》に求婚《きうこん》の徴《しるし》とする事《こと》もありました。其《そ》

にしき木の事

の方法《しかた》は男子《だんし》が某女子《ぼうぢよし》に求婚《きうこん》しようと致《いた》しますると、先其《まづそ》の女子《ぢよし》の家《いへ》に早天又《さうてんまた》は夜分《やぶん》に、密《そつ》と参《まゐ》つて門《かど》に錦木《にしきゞ》の枝《えだ》を立《た》てゝ置《お》きます。そして其《そ》の翌日《よくじつ》往《い》つて見《み》て、其《それ》が内《なか》へ取《と》り入《い》れてあれば女子《ぢよし》が承諾《しようだく》を意味《いみ》するのですから、更《さら》に正式《せいしき》に言納《いひいれ》【30】も致《いた》します。けれ共《ども》、其《それ》が幾日《いくにち》立《た》つても其《そ》の儘《まゝ》にしてあれば、女子《ぢよし》が拒絶《きよぜつ》を意味《いみ》するのであります。で、女子《ぢよし》の方《はう》では縦令《たとへ》許諾《きよだく》の心《こゝろ》があるとしても、却々《なか〳〵》一度位《いちどくらゐ》で内《うち》へ其《それ》を取《と》り入《い》れる事《こと》はしないのです。惟《おも》ふに是《これ》は度々《たび〳〵》男子《だんし》が門《かど》の外《そと》へ参《まゐ》りまするのを、内《うち》から其《そ》の擧動容態等《きよどうようたいなど》をも伺《うかゞ》ふのでありませう。詞花集《しくわしふ》【31】に載《の》せてある所《ところ》の、「思《おも》ひかね今日《けふ》立《た》て初《そ》むる錦木《にしきゞ》の千束《ちつか》も待《ま》たであふよしもがな」といふ歌《うた》【32】も此《こ》の事《こと》を

【26】第二五代天皇（在位四九八～五〇六）。名は小泊瀬《おはつせの》稚鷦鷯《わかさざき》。仁賢天皇第一皇子。母は春日大娘皇女。『日本書紀』には、凶暴な天皇として描かれている。

【27】第五〇代天皇。光仁天皇の皇子。天応元年（七八一）即位し、在位二五年。平城京から長岡京に、ついで延暦一三年（七九四）平安京に遷都。律令政治の再建に努めた。柏原帝。天平九～延暦二五年（七三七～八〇六）。

【28】徳をもって人々を教え導くこと。

【29】五色に彩った約三〇センチくらいの木。昔、奥州で、男が恋する女に会おうとするとき、女の家の前にこれを立て、女に迎え入れる心があれば取り入れ、取り入れなければ、男はさらに繰り返し、千本を限度として通ったという。

【30】結婚の申し込み。

【31】『詞花和歌集』。平安後期、第六番目の勅撰和歌集、一〇巻。崇徳《すとく》上皇の院宣により、藤原顕輔《あきすけ》撰。仁平元年（一一五一）頃成立か。それまでの勅撰集に採られない歌に留意しており、清新な歌風に、奇抜な比喩《ひゆ》の歌も見られる。

詠《よ》んだのであります。

政略的結婚

政略的結婚《せいりやくてきけつこん》の最《もつと》も甚《はなはだ》しく行《おこな》はれたのは、戰國時代《せんごくじだい》即《すなは》ち元龜天正《げんきてんしやう》【33】から其《そ》の前後《ぜんご》ですが、既《すで》に太古神代《たいこじんだい》の頃《ころ》、及《およ》び上古人皇時代《じやうこじんわうじだい》の初期《しよき》に於《お》いても多少《たせう》行《おこな》はれて居《を》りました。大國主命《おほくにぬしのみこと》の如《ごと》きも、至《いた》る所《ところ》の有力者《いうりよくしや》の息女《むすめ》を娶《めと》つて居《を》られますするし、‖是《これ》は一夫《ぶ》他《た》妻《さい》の風習《ふうしふ》でしたから‖人代《じんだい》になりましてからの、歷代《れきだい》の天皇《てんわう》も皆國家《みなこくか》の有勳者有力者《いうくんしやいうりよくしや》の息女《むすめ》を擧《あ》げて皇后皇妃《くわうごうわうひ》とせられ、又臣《またしん》下も婚姻《こんいん》を以《も》つて君寵《くんちよう》【34】を得《え》ようと勉《つと》めました事《こと》は、例《れい》を引《ひ》く迄《まで》も無《な》く古書《こしよ》に澤山散見《たくさんさんけん》して居《を》ります。が、後世《こうせい》の如《ごと》く甚《はなはだ》しくは無《な》かつた事《こと》を見《み》ても亦上古《またじやうこ》の人《ひと》の慾望《よくぼう》が誠《まこと》に淡泊《たんぱく》であつたといふ事《こと》を想像《そうぞう》するに難くはありますまい。

大實令の婚姻制度

男女婚嫁の年齢

令義解《れうのぎげ》【35】に言《い》ふ所《ところ》は、「凡《およ》そ男子《だんし》は十五女子《ぢよし》は十三以上《いじやう》婚嫁《こんか》を許《ゆる》す。凡《およ》そ女《ぢよ》を嫁《か》するには皆先《みなまづ》祖父母《そふぼ》父母《ふぼ》伯叔父姑兄弟外《はくしゆくふこけいていぐわい》祖父母《そふぼ》に由《よ》れ」とあります。是《これ》を以《も》つて見《み》れば男子婚《だんしこん》嫁の年齢《ねんれい》にも制限《せいげん》あり、又婚約《またこんやく》は必《かなら》ず父母《ふぼ》其《そ》の他近親《たきんしん》の相談合議許諾《さうだんがふぎきよだく》に由《よ》つて始《はじ》めて正式《せいしき》に成立《なりた》つべき制度《せいど》でありました。是《これ》によつて見《み》ますると、當時《たうじ》に於《お》いても男女《だんぢよ》の婚配《かんらひ》が風俗《ふうぞく》に影響《えいきやう》する所《ところ》の容易《ようい》ならぬと言《い》ふ事《こと》は當事者《たうぢしや》には深《ふか》く考《かんが》へられて居《を》つたと見《み》えまして、斯《か》くの如《ごと》き立派《りつぱ》な制度《せいど》が婚姻《こんいん》の上《うへ》にも立《た》てゝありましたけれ共《ども》、實際《じつさい》には何《ど》うも十分法令通《ぶんはふれいどほ》りに行《おこな》はれて居《を》らなかつたやうであります。

三、中古前半世紀の結婚

一寸《ちよつと》前後《ぜんご》致《いた》しましたが、自分《わたくし》は今便宜《いまべんぎ》の為吾《ためわ》が國《くに》の歴史《れきし》を太古上古中古近古《たいこじやうこちうこきんこ》及《およ》び現代《げんだい》の五つに分《わ》けまして、そして太古《たいこ》は神代《じんだい》をさし、上古《じやうこ》は奈良朝迄《ならてうまで》をさし、中古《ちうこ》は假《かり》に二分致《ぶんいた》しまして、中古《ちうこ》の前半世紀《ぜんはんせいき》とは桓武奠都以降安徳《くわんむてんといかうあんとく》の朝頃迄《てうごろまで》を、同後半世紀《どうこうはんせいき》とは後白河以降鎌倉幕府時代《ごしらかはいかうかまくらばくふじだい》より豊臣家滅亡迄《とよとみけめつぼうまで》を称《しよう》し、徳川将軍時代《とくがはしやうぐんじだい》より維新迄《ゐしんまで》を近古《きんこ》と

【32】『詞花和歌集』巻七・恋上・一九〇「堀河院御時百首歌たてまつりけるによめる　大蔵卿匡房　おもひかねけふたてそむるにしきぎのちつかもまたであふよしもがな」（恋しさに堪えかねて今日立て始める錦木が千束になるのを待たずに、あの人に逢う手立てがあったらなあ。）作者の大江匡房《まさふさ》は、長久二～天永二年（一〇四一～一一一一）。後三条・白河・堀河帝の侍読（天皇・東宮に仕え、学問を教授する学者）。

【33】「元亀」は、一五七〇～一五七三年。「天正」は、一五七三～一五九二年。織田信長、豊臣秀吉の活躍期。

【34】主君の寵愛《ちようあい》。主君から特に目をかけられること。

【35】養老令の官撰の注釈書。一〇巻三〇編、うち二編欠。清原夏野・小野篁《おののたかむら》らの撰。天長一〇年（八三三）成立。翌年から施行。令の解釈の公的規準を示し、本文に準ずる規制力をもった。「養老律令」は、養老二年（七一八）藤原不比等《ふじわらのふひと》らが大宝律令を一部改修して編纂《へんさん》した律・令各一〇巻の法典。天平宝字元年（七五七）施行。律の大部分は散逸したが、令は大半が「令義解《りようのぎげ》」などに収録されて残った。

稱《しよう》し、維新後即《ゐしんごすなは》ち明治大正《めいぢたいしやう》の御世《みよ》を現代《げんだい》と称《しよう》して居《を》る事《こと》と御承知《ごしようち》を願《ねが》ひたいのであります。

中古《ちうこ》の前半世紀《ぜんはんせいき》は皇朝《わうてう》の御隆盛《ごりうせい》に伴《ともな》ふ藤原氏全盛時代《ふじはらしぜんせいじだい》から漸次政権《ざんじせいけん》が武門《ぶもん》の手《て》に移《うつ》つて、やう〳〵凋落《てうらく》の現象《げんしよう》を呈する所迄《ところまで》でございます。

求婚消息の贈答

上代《じやうだい》に於《お》いては、嬥歌會《かゞひ》や錦木《にしきゞ》を立《た》つる事《こと》を以《も》つて男子《だんし》が求婚《きうこん》の階梯《かいてい》【36】とし、又稀《またまれ》には女子《ぢよし》から男子《だんし》へ婚《こん》を求《もと》むる事《こと》もありましたが、中古《ちうこ》に至《いた》りましては、女子《ぢよし》よりする事《こと》は先殆《さきほとん》ど無《な》いやうになりました。其《それ》は源氏物語《げんじものがたり》【37】の源典侍《げんないしのすけ》や近江《あふみ》の君《きみ》【38】の如《ごと》き、殆《ほとん》ど非常識《ひじやうしき》な女《をんな》がなした事《こと》は、皆世《みなよ》の物笑《ものわら》ひになつた程《ほど》でありました。源氏物語《げんじものがたり》は勿論《もちろん》作《つく》り物《もの》ですが、是《これ》に引用《いんよう》した事《こと》は殆《ほとん》ど事實《じじつ》であると申《まを》すほどですから茲《こゝ》にも時《とき》には引用《いんよう》致《いた》します。‖先男子《まづだんし》より女子《ぢよし》に文《ふみ》を送《おく》ります。其《そ》の中《なか》には皆詠歌《みなえいか》が入《はい》つて居《を》るを例《れい》と致《いた》します。其《それ》から當人《たうにん》の心《こゝろ》に承諾《しようだく》しても可《よ》いと考《かんが》へると、父母又《ふぼまた》は是《これ》に代《かは》るべき人《ひと》に謀《はか》つて、そして婚約《こんやく》が成《な》り立《た》ちまするが、此《こ》の間隨分長《あひだずゐぶんなが》く當人同士消息文通《たうにんどうしせうそくぶんつう》にての交際《かうさい》が續《つゞ》くのであります。

例外《くわい》は父母先承諾《ふぼまづしようだく》して子息《むすこ》や息女《むすめ》に勸《すゝ》める事《こと》もあり、父母《ふぼ》の許《ゆる》しを受《う》けずして、當人《たうにん》同志《どうし》のみ秘密《ひみつ》に行《おこな》はるゝ事《こと》もありますが、前者《ぜんしや》の如《ごと》きものを當時《たうじ》の求婚及《きうこんおよ》び許婚《きよこん》の手續《てつゞ》きの正式《せいしき》なるもの普通《ふつう》なるものと致《いた》したのであります。

勿論《もちろん》、女子《ぢよし》の家柄《いへがら》も良《よ》く地位《ちゐ》も資産《しさん》もあつて、當人《たうにん》が伶悧《れいり》で美人《びじん》でゝもあつたとすれば、所謂《いはゆる》引手數多《ひくてあまた》で求婚者《きうこんしや》を拒絶《きよぜつ》する事《こと》に寧《むし》ろ苦《くる》しま無《な》ければならぬ程《ほど》でありますけれ共《ども》、若《も》しも總《すべ》ては不十分《ふじふゞん》で、而《しか》も澤山《たくさん》の女子《ぢよし》を持《も》つてる親等《おやなど》は、其《そ》の朋友《はういう》や出入《でいり》の者《もの》や家來筋《けらいすじ》の者《もの》などをして、直接間接《ちよくせつかんせつ》に求婚者《きうこんしや》を誘致《いうち》するに却々《なか／＼》骨《ほね》を折《お》つたらしいのであります。

又女子《またぢよし》の方《はう》も立派《りつぱ》であつたとしても、非常《ひじやう》な有望《いうばう》な未婚《みこん》の青年《せいねん》に對《たい》しては、矢張同様《やばりどうやう》親等《おやなど》がいろ／＼心《こゝろ》を盡《つく》し手《て》を盡《つく》して求婚《きうこん》を致《いた》しました。

又男子《まただんし》の方《はう》は無論理想《むろんりさう》の女子《ぢよし》の爲《ため》には非常《ひじやう》に苦心《くしん》して、さま／゛＼の道《みち》を尋《たづ》ねて求婚致《きうこんいた》しました。一二の例《れい》を擧《あ》げて見《み》ませう。

後撰和歌集《ごせんわかしふ》【39】戀《こひ》の部《ぶ》に、「人《ひと》を言《い》ひはじむとて」といふ詞書《ことばがき》がありまして、兼覽王《かねみのおほきみ》が、

【36】物事の発展の過程。

【37】紫式部作、平安中期の長編物語。桐壺以下夢浮橋までの五四巻。成立年代は未詳。日本古典の最高峰とされる。注釈書の数も多く、後世に絶大な影響を与えた。源語。なお、下田歌子の『源氏物語』の講義は、坪内逍遥のシェークスピア講義と並ぶ名講義といわれた。

【38】共に『源氏物語』の登場人物で、物語世界の中での笑われ役。「源典侍」（桐壺帝時代の典侍）は、老齢で、好色な性格の高位の女官として「紅葉賀」「葵」の巻に登場。「近江君」（頭中将の側室腹の娘）は、早口で慎みもない娘として、賞賛される玉鬘と対比される。「常夏」～「行幸」・「真木柱」・「若菜下」の巻に登場。

「足引《あしびき》の山下《やました》しげくはふ蔦《つた》の尋《たづ》ねて戀《こ》ふるわれと知《し》らずや」と御詠《およ》みになつたのや、拾遺和歌集《しふゐわかしう》【40】戀《こひ》の部《ぶ》に「侍從《じゞふ》に侍《はべ》りける時女《ときをんな》に始《はじ》めて遣《つか》はしける」といふ詞書《ことばがき》で、くにまさといふ人《ひと》が、

「いかでかは知《し》らせそむべき人知《ひとし》れず思《おも》ふ心《こゝろ》の色《いろ》に出《い》でずば」。など、詠《よ》まれたのは、則《すなは》ち男子《だんし》から女子《ぢよし》のもとへ求婚《きうこん》の意《い》を始《はじ》めて通《つう》じた時《とき》の歌《うた》でありまするし、又同《またおな》じ集《しふ》に【41】「女《をんな》のもとに文遣《ふみつか》はしけるに。返事《かへりごと》もせず侍《はべ》りければ」

といふ詞書《ことばがき》にて、讀《よ》み人知《ひとし》らず。

「山彦《やまびこ》も答《こた》へぬ山《やま》の呼子鳥《よぶこどり》われひとりのみなきや渡《わた》らん」。とあるのや、後撰和歌集《ごせんわかしふ》【42】に、これも、讀《よ》み人《ひと》知らずとありて、「返事《かへりごと》せざりける女《をんな》の文《ふみ》を辛《から》うじて得《え》て」といふ詞書《ことばがき》で、

「あと見《み》れば心《こゝろ》なぐさの濱千鳥《はまちどり》今《いま》は聲《こゑ》こそ聞《き》かまほしけれ」。など、詠《よ》んであるのは、女子《ぢよし》の方《はう》が男子《だんし》の求婚《きうこん》に却々《なか〳〵》應《おう》じないので、男子《だんし》が煩悶狀《はんもんのじやう》が見《み》えて居《を》ります。

又女子《またぢよし》が特別《とくべつ》に優《すぐ》れて居《を》つた爲《ため》に、容易《ようい》の人《ひと》に婚《こん》を許《ゆる》さぬので求婚者《きうこんしや》なる男子《だんし》の非常《ひじやう》な苦心《くしん》の容子《ようす》や、餘《あま》りの馬鹿《ばか》らしい狂態《きやうたい》は、竹取物語《たけとりものがたり》【43】に見《み》る事《こと》が出來《でき》ます。其《それ》は勿《もち》論作《ろんつく》り物《もの》ですけれ共《ども》、是《これ》に類似《るゐじ》な事《こと》は、小町《こまち》【44】が傳記《でんき》によつても略想像《ほゞさうぞう》する事《こと》が出來《でき》るでありませう。

【39】第二番目の勅撰和歌集。二〇巻。天暦五年（九五一）村上天皇の勅命により、大中臣能宣《おおなかとみのよしのぶ》・源《みなもと》順《のしたごう》・清原元輔《きよはらのもとすけ》・紀時文《きのときふみ》・坂上望城《さかのうえのもちき》の「梨壷《なしつぼ》の五人」が撰する。成立は天暦一〇年（九五六）頃か。当時の高貴な貴族や女性達の私的贈答歌が多いために、詞書が長くなり、歌物語的要素が見られる点に特色がある。歌数約一四二〇首。

『後撰和歌集』巻第一〇・恋二・六〇五「人をいいはじめんとて　兼覧王
あしひきの山したしげくはふくずの尋ねてこふる我としらずや」（山の下の方に繁く這っている葛のように、絶えることなく、どこへでも探し求めて恋い慕っている私であるということをご存じないのですか。）兼覧王は、文徳天皇第一皇子惟喬親王の息子。承平二年（九三二）没。貫之、躬恒との深い共感の歌が残る。

【40】平安中期の三番目の勅撰集。二〇巻。撰者、成立ともに未詳。花山法皇を中心に寛弘初年（一〇〇五～一〇〇七）頃の成立か。歌数一三五一首。万葉歌や紀貫之、大中臣能宣、清原元輔の歌などが多い。三代集の一つ。拾遺集。

『拾遺和歌集』巻第一一・恋一・六三四「侍従に侍りける時、女にはじめてつかはしける　くにまさ
いかでかはしらせそむべき人知れず思ふ心のいろにいでずは」（私の恋の思いをあなたに打ち明けるきっかけが、どうして得られようか。もし心中ひそかに恋い慕っている思いが外に現れなかったならば。）源邦正は、生没年未詳。

【41】『拾遺和歌集』巻第一一・恋一・六四三「女のもとにをとこのふみつかはしけるに、返ごともせず侍りければ　よみ人しらず
山びこもこたへぬ山のよぶこどり我ひとりのみなきやわたらむ」（山彦も応答しない山の呼子鳥のように、私は自分一人だけ泣き続けるのだろうか。）

【42】『後撰和歌集』巻第一〇・恋二・六三五「返ごとせざりける女のふみをからうじてえて　よみ人しらず
跡みれば心なぐさのはまちどり今は声こそきかまほしけれ」（筆跡を見れば、心が慰みます。名草の浜の浜千鳥ではないが、今後は声が聞きたいものです。）

當時の結婚

結婚の年齢

當時《たうじ》の結婚《けつこん》は、畏《かしこ》き御《おん》あたり、即ち天皇陛下《てんわうへいか》や皇太子殿下《くわうたいしでんか》の御成婚《ごせいこん》と雖《いへど》も、其《そ》の御入内《ごじゆだい》の皇后《くわうごう》‖即《すなは》ち先女御《まづにようご》として‖や、皇妃《くはうひ》の御支度《おしたく》は非常《ひじやう》に仰山《ぎやうさん》なものであつて、所謂世《いはゆるよ》の中搖《なかゆす》り滿《み》ちての御響《おんひゞき》と言《い》ふ様《やう》な有様《ありさま》に比《ひ》しては、結婚《けつこん》の儀式《ぎしき》は何《ど》うも後世《こうせい》程《ほど》に禮々《れい〱》しい事《こと》は無《な》かつたらしくあります。そして其《それ》は天皇《てんわう》や皇太子《くわうたいし》に於《お》かせられてのみが、入内即《じゆだいすなは》ち女《をんな》がたより入輿《にふよ》せらるゝのでありまするが、最早皇室《もはやくわうしつ》と雖《いへど》も、他《た》の親王《しんわう》王等《わうなど》に至《いた》つては、必《かなら》ずしも女子《ぢよし》より入輿《にふよ》のみでは無《な》くて、寧《むし》ろ男子《だんし》の方《はう》から女子《ぢよし》の邸宅《やしき》へ婿入《むこいり》せられた位《くらゐ》ですから、其《そ》の他《た》の人《ひと》は、先大率嫁入《まづおほむねよめいり》は稀《まれ》の事《こと》であつて、婿入《むこいり》を普通《ふつう》の慣例《くわんれい》として致《いた》したものらしくあります。又男女結婚《まただんじよけつこん》の制度《せいど》が大寶令《たいほうれい》【45】に示されてあるにも關《かゝは》らず一條天皇《いちでうてんわう》【46】に入内《じゆだい》された道長公《みちながこう》の御息女彰子《おんむすめしやうし》【47】‖即《すなは》ち上東門院《じやうとうもんいん》は‖十二歳にして、女御《にようご》【48】となつて御參《おまゐ》りになつて居《を》ります。

婿入の形式

前述《ぜんじゆつ》の如《ごと》く嫁入《よめいり》の形式《けいしき》は稀《まれ》にはあつたとしても例外《れいぐわい》でありましたから、定《きま》つた慣例《くわんれい》を見出《みいだ》す事《こと》は至難《むづかし》いのであります。乃《すなは》ち江次第《ごうしだい》【49】にも婿取《むことり》の式《しき》を記《き》して、「中門《ちうもん》より入りて寢殿《しんでん》の腋階《えきかい》【50】より發《はつ》す。水取人《みづとりにん》【51】階《かい》を下《くだ》つて沓《くつ》【52】を執《と》る。件《くだん》の沓《くつ》は舅姑相共《きうこあひとも》に懐《ふところ》にして臥《ふ》す」とあります。是《これ》は當時《たうじ》の俗《ぞく》に、婿《むこ》の沓《くつ》を嫁《よめ》の父母《ふぼ》‖即《すなは》ち舅姑《きうこ》が‖懐《ふところ》に抱《いだ》いて寢《ね》て能《よ》く之《これ》を暖《あたゝ》めると、婿《むこ》が妻《つま》に對《たい》する情《じやう》が暖《あたた》かくなり、婿《むこ》の足《あし》が此所《こゝ》に止《とゞま》つて再《ふたゝ》び出《い》で去《さ》らなくなると言《い》ふ縁起《えんぎ》であつたのださうであります。又婿《またむこ》の方《はう》から燈《とも》して來《く》る

【43】作者未詳。平安初期の成立の物語。一巻。竹取の翁が竹の中から得た娘、なよ竹のかぐや姫が、五人の貴公子の求婚に難題を出して失敗させ、天皇の召しにも応ぜず八月十五夜に月の世界に去る。つくり物語の祖とされる。かぐや姫。

【44】小野小町《おののこまち》、平安初期の女流歌人。六歌仙、三十六歌仙の一人。出生は不明。仁明、文徳両天皇の後宮に仕える。繊細で情熱的な恋の歌が多く、「古今集」以下の勅撰集にみえ、家集に「小町集」がある。また美人の代表として伝説化され、謡曲、御伽草子などの題材となる。生没年未詳。

【45】大宝律令のうちの「大宝令」。大宝律令は、文武天皇の大宝元年（七〇一）に制定された法典。律六巻・令一一巻。忍壁《おさかべ》親王・藤原不比等らが編纂にあたった。律は刑法に相当し、令は行政法・訴訟法・民法・商法などを包含し、あわせて国家統治の根本法典となった。養老二年（七一八）には大宝律令を一部修正した養老律令が制定されたが、すぐには施行されず、天平勝宝九年（七五七）まで大宝律令が施行されていた。

【46】第六六代天皇（在位九八六～一〇一一）。円融天皇の第一皇子。名は懐仁《やすひと》。在位中は藤原道長の全盛時代、宮廷女流文学の最盛期にあたる。天元三～寛弘八年（九八〇～一〇一一）。

【47】一条天皇の中宮。父は藤原道長。母は源倫子。後一条・後朱雀天皇の母。父の権勢により、先に入内していた中宮定子を皇后にし、かわって中宮になり、万寿三年（一〇二六）上東門院の院号を賜わる。紫式部・和泉式部・伊赤染衛門らの才媛を従えて、女流文学全盛期の中心となった。永延二～承保元年（九八八～一〇七四）。

【48】天皇の寝所に侍する女性の地位の一つ。皇后・中宮の下で更衣の上。おおむね内親王・女王および親王・摂関・大臣の子女で、平安中期以後は、彰子のように次いで皇后に立てられるものも出た。桓武天皇の女御紀乙魚が初見。にょご。

【49】『江家次第《ごうけしだい》』。平安時代後期の有職故実書。作者は大江匡房（江帥《ごうのそつ》と号す）。二一巻（現存一九巻）。この時代の朝儀の集大成。

【50】階段の両脇。

【51】「沓取人」の誤植か。『江家次第』には「沓取」とある。

紙燭《しそく》の火《ひ》と嫁《よめ》の方《はう》の紙燭《しそく》の火《ひ》とを一所《いつしよ》にして、其《それ》を寝所《しんじよ》の燈籠《とうろう》に移《うつ》し其《そ》の當夜《たうや》から三日《みつか》は消《け》さないやうにして置《お》くと言《い》ふ故實《こじつ》もあつたと申《まを》します。

けれ共婿入《どもむこいり》から三日目《かめ》までは、先大抵《まづたいてい》餘《あま》りに行々《ぎやう〳〵》しくしないで、三日《か》の露顯《ろけん》【53】‖又《また》は處顯《ところあらは》し‖に於《お》いて、三日夜餅《かのよのもち》【54】を供《きよう》したり、親戚朋友《しんせきほういう》を招《よ》んだりして宴會《えんくわい》を開《ひら》いたものであります。併《しか》し其《それ》でも大行《おほぎやう》には致《いた》しませぬ。寧《むし》ろ産養《うぶやしな》ひ即《すなは》ち子女出産《しぢよしゆつさん》の時《とき》の方《はう》が宴《えん》を盛《さか》んに致《いた》しましたのです。其故右《それゆゑみぎ》のやうな場合《ばあひ》の時《とき》の贈答《ぞうたふ》が世々《よゝ》の勅撰歌集《ちよくせんかしふ》にも澤山《たくさん》出《で》て居《を》ります、例之《たとへ》ば古今和歌集《こきんわかしふ》【55】の戀《こひ》の部《ぶ》の詞書《ことばがき》に、

「業平《なりひら》の朝臣《あそん》紀《き》のありつねが、女《むすめ》に住《す》みける云々《うんぬん》」と記《しる》してあつたり、又同《またおな》じ集《しふ》に、「右《みぎ》の大臣《おほひまうちぎみ》住《す》まずなりにければ、典侍《すけ》よるかの朝臣《あそん》」【56】など、出《で》て居《を》ります。斯《か》かる形式《けいしき》で、此《こ》の間《あひだ》の歌《うた》の贈答《ぞうたふ》は公私《こうし》の歌集《かしふ》に許多《あまた》載《の》せてあるのでございます。そして此《こ》の「住《す》む」とか「住《す》まず」等《など》とかあるのは男即《をとこすなは》ち夫《をつと》が女即《をんなすなは》ち妻《つま》の家《いへ》に來《き》て同棲《どうせい》するの意味《いみ》であります。勿論是《もちろんこれ》は中以上《ちういじやう》の家《いへ》に於《お》いての事《こと》でありまして、中以下《ちういか》の下輩《げはい》に至《いた》りましては左様《さう》では無《な》かつたやうですが、其《それ》でも後世《こうせい》の嫁入《よめいり》とは趣《おもむ》きを異《こと》にして女《をんな》の方《はう》から男《をとこ》の方《はう》へ嫁《か》して行《ゆ》くにしても、相住《あひずみ》のやうな意味《いみ》であつたらしく、乃《すなは》ち是《こ》の風俗《ふうぞく》は一寸《ちよつと》現今《いま》の西洋《せいやう》の状態《じやうたい》に却《かへ》つて酷《よ》く似《に》て居《ゐ》た所《ところ》があつたかと思《おも》はれます。乃《すなは》ち當時《たうじ》の文章《ぶんしやう》に「男《をとこ》と相住《あひす》みける女《をんな》の」云々《うんぬん》など、記《しる》したものがあるのでございます。

後朝と後朝の文

後朝《ごてう》【57】とか後朝《ごてう》の文又艶書《ふみまたえんしよ》とも申《まを》しますが、是《これ》は後世《こうせい》に言《い》ふ全《まつた》く淫《みだ》らな書《ふみ》の意味《いみ》では當時《たうじ》のは無《な》かつたのです。即《すなは》ち始《はじ》めて婿入《むこいり》した夫《をつと》が、翌朝早《よくてうはや》く自宅《じたく》へ還《かへ》つて始《はじ》めて新妻《にひづま》の許《もと》へ送《おく》る文《ふみ》ですから、なるべく艶麗優美《えんれいいうび》な詞使《ことばつか》ひもし書《か》き方《かた》もし用紙《ようし》も選《えら》んだか

【52】履き物の一種。皮革、藁、糸、麻などを用いて足先全体を覆うように作った履き物。嫁の両親が沓を抱いて寝るのは婿にずっと通ってきてほしいという呪術的な行為。

【53】平安時代、結婚の成立を披露する宴。男が女のもとに通い始めて三日後に、女の家で婿とその従者をもてなし、舅と婿が対面した。

【54】平安時代、婚礼後三日目の夜に、妻の家で新郎・新婦に食べさせた祝い餅《もち》。また、その儀式。

【55】巻第一五・恋歌五・七八四「業平朝臣、きのありつねがむすめにすみけるを、うらむることありて、しばしのあひだ、ひるはきて、ゆふさりはかへりのみしければ、よみて、遣はしける　あま雲のよそにも人のなりゆくかさすがにめには見ゆるものから」。在原業平は、平安前期の歌人。六歌仙の一人。平城天皇の第三皇子阿保《あぼ》親王の五子。母は桓武天皇の皇女、伊都内親王。兄の行平とともに在原朝臣の姓を賜って臣籍となる。世に在五中将・在中将という。容姿端麗と情熱的な和歌の名手として名高く、『伊勢物語』の男主人公のモデルに擬せられている。色好みの美男子として、伝説化された。『古今和歌集』の仮名序にも紹介され、家集『業平集』がある。天長二～元慶四年（八二五～八八〇）。

『古今和歌集』は、平安時代前期の勅撰和歌集。全二〇巻。勅撰和歌集として最初に編纂されたもの。約一一〇〇首を収め、仮名序・五名序を添える。醍醐天皇の命により、紀友則、紀貫之、凡河内躬恒、壬生忠岑が撰集。

【56】巻第一四・恋歌四・七三六「右おほいまうちぎみ、すまずなりにければ、かのむかしおこせたりけるふみなどをとりあつめて、返すとて、よみて、おくりける　たのめこし事のは今はかへしてむわが身ふるればをき所なし」

【57】共寝の翌朝。

ら艶書《えんしょ》と申《まを》したのでありませう。其《それ》は又當時《またたうじ》は趣味偏重《しゅみへんちょう》【58】の時代《じだい》でしたから、艶《えん》と言《い》ふ詞《ことば》は種々《いろ〳〵》に用《もち》ひられてあります。「艶《えん》なる朝《あさ》ぼらけ」だの、「艶《えん》なる歌《うた》」だのと無暗《むやみ》に申《まを》してあるのでございます。扨後朝《さてごてう》と言《い》ふのは、新郎即《しんらうすなは》ち婿《むこ》が新婦《しんぷ》の許《もと》へ始《はじ》めて夜參《よるまゐ》つて朝《あさ》は自宅《じたく》へ還《かへ》り、又其《またそ》の晩《ばん》も其《そ》の翌晩《よくばん》も通《かよ》うて參《まゐ》るので、乃《すなは》ち三日目《みつかめ》の夜《よ》には三日《みつか》の夜《よ》の餅《もち》を新夫婦《しんふうふ》の枕《まくら》もとに供《そな》へたり、或《ある》ひは露顯《ろけん》などの祝宴《しゅくえん》もあるのですから、‖此《こ》の祝宴《しゅくえん》は必《かなら》ずしも三日目《かめ》にするとは極《きま》つては居《ゐ》ないやうですが、‖兎《と》に角新郎《かくしんらう》は三日丈《かだけ》は何《ど》う言《い》ふ差支《さしつか》へが起《おこ》つても、なるべく無理《むり》な都合《つごふ》をしても新婦《しんぷ》の許《もと》へ往《ゆ》くべきものとなつて居《を》ります。其《それ》で若《も》しも三日迄續《かまでつづ》けて來《こ》ない様《やう》だと、何等《なにら》か茲《こゝ》に故障《こしやう》が生《しやう》じたか、新郎《しんらう》が新婦《しんぷ》に對《たい》しての情愛《じやうあい》の薄《うす》いものとして、先父母《まづふぼ》が非常《ひじやう》に心配《しんぱい》を始《はじ》めたり當人《たうにん》も憂慮《いうりょ》するのであります。

後朝《ごてう》の文《ふみ》は、新郎《しんらう》が自宅《じたく》に還《かへ》るや否《いな》や書《か》いて特使《とくし》を遣《つか》はすので、其《それ》が早《はや》い程《ほど》、非常《ひじやう》に新婦《しんぷ》が氣《き》に入《い》つた兆《しるし》ですから、「朝露《あさつゆ》も乾《かわか》ぬ間《ほど》に」とか、「朝霧《あさぎり》を分《わ》けて」などゝ申《まを》して新婦《しんぷ》の方《はう》では滿足《まんぞく》するのであります。然《しか》るに其《それ》が晝頃《ひるころ》になつたり、猶晩方迄《なほばんがたまで》にもなつてから漸《やうや》く後朝《ごてう》の文《ふみ》が來《く》る程《ほど》であれば、甚《はなは》だ新郎《しんらう》の感《かん》じが面白《おもしろ》からぬ事《こと》を證據立《しょうこだ》てるのであります。其《それ》から若《も》しも新郎《しんらう》の文《ふみ》が直來《すぐき》ても新婦《しんぷ》は返事《へんじ》をする事《こと》を嫌《いや》がつたり、遲《おそ》くなる迄《まで》ぐづ〳〵して居《を》ると、又父母《またふぼ》や周圍《しうい》の人《ひと》は、「如何《いか》なる事《こと》にか」などゝ申《まを》して折合《をりあひ》の善《よ》く無《な》いのでは無《な》からうかなど丶心配《しんぱい》するのであります。

其《そ》の後朝《ごてう》の文《ふみ》には、大抵《たいてい》歌《うた》の添《そ》ふ事《こと》も亦一種《またいつしゅ》の慣例《くわんれい》の如《やう》になつて居《を》りました。例之《たとへ》ば、

拾遺和歌集《しふゐわかしふ》【59】に

「始《はじ》めて女《をんな》のもとへまかりてあしたに遣《つか》はしける。能宣《よしのぶ》」【60】と言《い》ふ詞書《ことばがき》で、歌《うた》には、

「逢《あ》ふことを待ちし月日《つきひ》のほどよりも今日《けふ》のくれこそ久《ひさ》しかりけれ」【61】とあります。

又後撰和歌集《またごせんわかしふ》にも、

「男《をとこ》の始《はじ》めて女《をんな》のもとへまかりて翌朝《あした》に雨《あめ》の降るに歸《かへ》りて遣《つか》はしける」と言《い》ふ詞書《ことばがき》にて、

「今《いま》ぞ知《し》るあかぬ別《わか》れの曉《あかつき》は君《きみ》をこひぢに濡《ぬ》るゝものとは」【62】と申《まを》す歌《うた》が載《の》せてあります。是等《これら》の例《れい》は、殆《ほとん》ど枚《かぞ》へ擧《あ》げ切れぬ程澤山《ほどたくさん》あるのでございます。

【58】みやびな趣向を重んじること。

【59】第二章注40参照。

【60】大中臣能宣は、平安中期の歌人。三十六歌仙の一人。「梨壺の五人」の一人、和歌所寄人として『万葉集』の訓読と『後撰和歌集』の撰集にあたった。家集に『能宣集』がある。

【61】巻第一二・恋二・七一四（逢うことを待っていた月日のころに感じた度合よりも、あなたと逢う今日の暮を待つ方が久しく思われる。）

【62】巻第九・恋一・五六七（今はじめて知りました。満ち足りぬ思いで別れた暁の道は、君を恋い慕う涙の雨によってできた泥土のために濡れるものでありますことを。）

夫婦の同棲と別居

そして、最初《さいしよ》は先夫《まづをつと》から妻《つま》の家《いへ》に通《かふ》つて居《を》る間《うち》に、子供《こども》なども生《うま》れたり何《なに》かして來《く》れば、相互相談《さうごさうだん》の上便宜上《うへべんぎじやう》夫《をつと》の家《いへ》へ妻《つま》の移《うつ》り住《す》むを普通《ふつう》とし、或《ある》ひは又妻《またつま》の家《いへ》へ夫《をつと》から移《うつ》つて往《ゆ》く事《こと》さへ稀《まれ》にはありまするが、是《これ》は相當《さうたう》の身分《みぶん》の人《ひと》であれば自宅《じたく》は舊《もと》の儘《まゝ》にして居《を》いて、別荘《べつさう》の様《やう》に時々《とき〲》行《ゆ》くのであります。又終生別居《またしうせいべつきよ》で通《とほ》す人《ひと》もあります。例之《たとへ》ば藤原兼家公《ふじはらのかねいへこう》【63】と其《そ》の夫人《ふじん》との如《やう》に終生別居《しうせいべつきよ》して了《しま》ふ人《ひと》もありました。乃《すなは》ち拾遺和歌集《しふゐわかしふ》に、「入道攝政《にふだうせつせい》まかりたりけるに門《かど》を遲《おそ》く開《あ》けゝれば立《た》ち煩《わづら》ひぬと言《い》ひ入《い》れてはべりければ」と詞書《ことばがき》にありまして、「右大將道綱母《うだいしやうみちつなのはは》」の歌《うた》が載《の》せてあります。

「歎《なげ》きつゝひとり寢《ね》る夜《よ》の明《あ》くる間《ま》はいかに久《ひさ》しきものとかは知《し》る」【64】此《こ》の歌《うた》は名吟《めいぎん》として聞《きこ》えて居《を》りまして、乃《すなは》ち定家卿《ていかきやう》【65】の撰《せん》の小倉《をぐら》百人一首《にんいつしゆ》【66】の中《なか》にも入《はい》つて居《を》ります。此《こ》の夫妻《ふさい》は中年頃《ちうねんころ》より餘《あま》り伉儷《かうれい》【67】が睦《むつ》しく無《な》くなつた様《やう》ですが、中《なか》には何《なん》の云々《うん〱》も無《な》くても、夫婦《ふうふ》の便宜上別居《べんぎじやうべつきよ》を長《なが》く繼續《けいぞく》して居《ゐ》た人《ひと》もあつたのでございます。斯《か》う言《い》ふ形式《けいしき》は何《ど》うしても男子《だんし》に在《あ》つては勢《いきほ》ひ畜妾等《ちくせふなど》の事《こと》が行《おこな》はれ易《やす》く、女子《ぢよし》も亦稍《またやゝ》もすれば其《そ》の德《とく》を二三《にさん》にする様《やう》な機會《きくわい》を作《つく》り易《やす》かつたものでありませう。從《したが》つて離婚《りこん》も容易《ようい》であつたらうと思《おも》はれます。ですから、斯《か》う言《い》ふ夫婦關係《ふうふくわんけい》の形式《けいしき》は面白《おもしろ》く無《な》い事《こと》と思《おも》はれまするが、唯茲《たゞこゝ》に一つ少《すこ》しく見《み》るべきものは、夫婦《ふうふ》が別居《べつきよ》して居《ゐ》て夫《をつと》が妻《つま》の家《いへ》に通《かよ》つて來《く》るものですから、妻《つま》は夫《をつと》の來《く》るのを待《ま》ち迎《むか》ふる爲《ため》に能《あた》ふべきだけ百事《ひやくじ》に注意《ちうい》をするし、夫《をつと》も妻《つま》の家《いへ》が珍《めづ》らしい如《やう》な考《かんが》へが夫婦相互《ふうふさうご》の間《あひだ》に新婚當時《しんこんたうじ》の如《ごと》き情愛趣味《じやうあいしゆみ》が比較的長《ひかくてきなが》く繼續《けいぞく》し、そして夫《をつと》が自宅《じたく》に在《あ》つて不時《ふじ》の用《よう》でも出來《でき》て妻《つま》の方《はう》へ往《ゆ》かれぬ時《とき》には、妻《つま》に文《ふみ》を送《おく》つたり歌《うた》を送《おく》つたり又妻《またつま》の方《はう》からも其《そ》の返事《へんじ》をしたり、物《もの》を贈《おく》つて慰《なぐさ》めたりしたの

【63】平安中期の公卿。右大臣師輔の三男。一条天皇即位の後、外祖父として摂政、ついで関白太政大臣となり、権力をふるった。延長七～正暦元年（九二九～九九〇）。妻の右大将道綱母が書いた『蜻蛉日記』は兼家が通ってこない悲しみを描いて有名。

【64】巻第一四・恋四・九一二（嘆きながら独り寝する夜の明けるまでの間が、どれくらい長くつらいものであるか、あなたはお分かりくださるだろうか。門戸を遅く開けただけで、不満を言われるあなたでは、私の思いを察することはおできになるまい。）

【65】藤原定家《ていか》。鎌倉初期の歌人、歌学者、古典学者。名は、「さだいえ」とも。父は俊成。母は藤原親忠の娘。正二位権中納言まで進んだ。法名、明静。『新古今和歌集』の撰者の一人で、『新勅撰和歌集』『小倉百人一首』の撰者でもある。新古今時代の代表歌人で、その和歌・歌論は以後の文芸や文化に深い影響を与えた。また、『源氏物語』など多くの古典書写や校訂などを行なって、以後の本文研究の規範となった。日記に、『明月記』、家集に『拾遺愚草』、歌学書に『近代秀歌』など、研究書に『顕註密勘』など多数の著作がある。応保二～仁治二年（一一六二～一二四一）。

【66】藤原定家が宇都宮頼綱（蓮生、その子為家の舅）の依頼で、蓮生の小倉山麓中院の山荘の障子に貼る色紙形の和歌として選んだといわれる百首の歌。天智天皇から順徳天皇までの、百人の歌人の秀歌を一首ずつ集めたもので、近世以降、歌ガルタとして広まった。定家が選んだ百人秀歌を、後年為家が改訂したものが今日伝わるものであるともいう。小倉百首。

【67】兼家と道綱母との夫婦関係。夫婦の仲。

で夫婦間《ふうふかん》の趣味《しゆみ》は却々《なか〳〵》深《ふか》かつたやうであります。

四　中古後半世紀頃《ちうここうはんせいきころ》の結婚《けつこん》

高倉安徳《たかくらあんとく》【68】の二朝《てう》を經《へ》て、後白河《ごしらかは》【69】の朝《てう》になん〳〵とする頃《ころ》は、既《すで》に四海騒然《かいさうぜん》【70】として、戰亂《せんらん》日《ひ》に相次《あひつ》ぎ一大革新《だいかくしん》の氣《き》が漲《みなぎ》つて參《まゐ》りますると、同時《どうじ》に舊習《きうしふ》は漸次退却《ぜんじたいきやく》して新空氣《しんくうき》が次第《しだい》に廣《ひろ》がつて行《ゆ》くに連《つ》れ、夫婦關係《ふうふくわんけい》の形式《けいしき》も亦何時《またいつ》の間《ま》にか變化《へんくわ》を來《き》たしたのであります。乃《すなは》ち求婚《きうこん》の形式《けいしき》も結婚《けつこん》の形式《けいしき》も、其《そ》の後夫婦《のちふうふ》が室《しつ》に居《を》る狀態《さま》も漸次舊狀《ぜんじきうじやう》を革《あらた》めて參《まゐ》りました。

求婚の形式

で、先《まづ》求婚《きうこん》の形式《けいしき》を見ましても、頼朝公《よりともこう》【71】が政子《まさこ》【72】に婚《こん》を求めたのは、全《まつた》く舊《ふる》い形式《けいしき》で、先内々《まづない〳〵》當人《たうにん》に消息文《せうそくぶん》を送《おく》つたのですが、同《おな》じく政子《まさこ》を懇望《こんばう》した山木《やまき》又八牧に作る兼隆《かねたか》は政子《まさこ》の父《ち》、時政《ときまさ》【73】に向《むか》つて意中《いちう》を告《つ》げました。乃《すなは》ち幕府創立以降《ばくふさうりついかう》の普通《ふつう》の形式《けいしき》であります。其《それ》は當《たう》人《にん》の親《おや》に申《まを》し込《こ》むか、或《ある》ひは仲人《ちうにん》をして言《い》ひ納《い》れたのであります。そして前者《ぜんしや》は此《こ》の場合萬已《ばあいばんや》むを得《え》ぬ境遇上《きやうぐうじやう》の權道《けんだう》に出《い》で、後者《こうしや》に普通《ふつう》に正當《しやうたう》の道《みち》を執《と》つたのであります。又朝頼《またよりとも》が義仲《よしなか》【74】の子息義高《むすこよしたか》に息女大姫《むすめおほひめ》の婚約《こんやく》を求《もと》めたのは、即《すなは》ち政策的結婚《せいりやくてきけつこん》と言《い》ふよりも、寧《むし》ろ人質《ひとじち》として義高《よしたか》を得《え》たかつたでありませうが、是《これ》より以降《いかう》足利《あしかゞ》【75】の暗黒時代《あんこくじだい》を通《つう》じて、戰國時代《せんごくじだい》に至《いた》る迄《まで》の求婚《きうこん》は、强制的求婚《きやうせいてききうこん》もあり、政略的求婚《せいりやくてききうこん》は最《もつと》も多數《たすう》でありました。前田犬千代《まへだいぬちよ》【76】が藤井《ふじゐ》へ對《たい》して、息女《むすめ》に求婚《きうこん》したり、德川家忠公《とくがわいへただこう》【77】の息女《むすめ》

【68】高倉天皇（一一六一～一一八一）は、第八〇代天皇。在位一一六八～一一八〇。後白河天皇の第七皇子。名は憲仁《のりひと》。後白河法皇の院政下に即位し、平清盛の娘徳子（建礼門院）を皇后としたが、法皇と清盛の不和を憂えて安徳天皇に譲位。安徳天皇（一一七八～一一八五）は、第八一代天皇。在位一一八〇～一一八五。高倉天皇の第一皇子。名は言仁《ときひと》。母は平清盛の娘建礼門院徳子。二歳で即位。源平の戦いで西国に逃げ、壇ノ浦で平家一族とともに入水。

【69】後鳥羽天皇（第八二代天皇、一一八〇～一二三九）の誤りか。後白河天皇は、第七七代天皇。

【70】国内、世の中また天下が騒がしいこと。

【71】源頼朝。鎌倉幕府初代将軍。義朝の三男。武家政権の基礎を樹立。建久元年（一一九〇）権大納言、右近衛大将に任ぜられ、同三年征夷大将軍となった。久安三～正治元年（一一四七～一一九九）。

【72】北条政子。源頼朝の妻。頼朝死後、幕政に参加。執権政治を確立、幕府実権を掌握して尼将軍といわれた。保元二～嘉祿元年（一一五七～一二二五）。

【73】北条時政。鎌倉幕府初代執権。時方の子。源頼朝に娘政子をとつがせ頼朝の挙兵をたすけて幕府創設に貢献した。保延四～建保三年（一一三八～一二一五）。

【74】木曽義仲。平安末期の武将。寿永二年（一一八三）、平氏を破って京都に攻め上り、のち、頼朝《よりとも》の命を受けた義経《よしつね》らの軍と戦って、近江《おうみの》国粟津《あわづ》（滋賀県大津市）で討死した。『平家物語』の主要人物の一人。

【75】足利幕府。延元元年＝建武三年（一三三六）足利《あしかが》尊氏《たかうじ》が京都に開いた武家政権。鎌倉幕府の制度をほぼ継承し、一五世紀の後半、応仁の乱で無力化して戦国時代を招き、天正元年（一五七三）一五代将軍義昭が織田信長に追放されて滅亡。室町幕府。

千姫《ひめ》を、豊臣秀頼《とよとみひでより》【78】に婚約《こんやく》したのは、强制的《きやうせいてき》でありましたらう。そして織田信長公《おだのぶながこう》【79】の齋藤龍興《さいとうたつおき》【80】の息女《むすめ》へ、又浅井《またあさゐ》の寡婦《かふ》小谷《をだに》の方《かた》【81】を、柴田勝家《しばたかついへ》【82】が主《きみ》たり兄《あに》たる織田公《おだこう》への懇請《こんせい》は政略的求婚《せいりやくてききうこん》を意味《いみ》して居《を》ります。

結婚の形式

木曾義仲《きそよしなか》が關白松殿《くわんぱくまつどの》【83】の息女松姫《むすめまつひめ》に求婚《きうこん》して、且結婚同棲《かつけつこんどうせい》した‖乃ち夫義仲《すなはをつとよしなか》の方《はう》から夫人松姫《ふじんまつひめ》の館《たち》へ通《かよ》へ住《す》んだ‖のは、義仲《よしなか》が京都假寓《きやうとかぐう》は所謂陣營同様《いはゆるじんえいどうやう》でありますから、萬已《ばんや》むを得《え》ない所《ところ》よりしての舊式《きうしき》でありましたらう。そして頼家將軍《よりいへしやうぐん》【84】、實朝將軍《さねともしやうぐん》【85】の夫人《ふじん》は、皆夫人《みなふじん》の方《はう》からの入輿《にふよ》【86】である事《こと》は、勿論《もちろん》でありまするし、東鑑《あづまかゞみ》【87】に、「二月小治承五年一日戊寅《ついたちつちのえとら》、足利《あしかゞ》三郎義兼《らうよしかね》、北條殿《ほうでうどの》の息女《そくぢよ》を嫁《か》す」とあるのも、矢張女子《やはりぢよし》から、夫家《ふか》へ入輿《にふよ》の形式《けいしき》を執《と》つたのであります。又求婚《またきうこん》の狀《じやう》に申《まを》した、北條《ほうでう》の息女政子《むすめまさこ》を、父《ち》、時政《ときまさ》は、頼朝《よりとも》との中《なか》の事《こと》は知《し》らぬ顔《かお》にて、山木《やまき》へ嫁《か》さしめたと言《い》ふ所《ところ》にも急《いそ》ぎ取《と》り調《した》、めて、行裝《ぎやうさう》あらまほしく仕立《した》て、山木《やまき》が館《たち》へ入輿《こしいれ》せしめたよしが記《しる》してあります。尚《なほ》又遠藤武者盛遠《またえんどうむしやもりとほ》【88】も、まだうら若《わか》い従妹《いとこ》の袈裟《けさ》をいち早《はや》くも渡邊亘《わたなべのわたる》へ嫁《か》せしめた事《こと》とて、叔母《おば》の衣川《ころもがは》を恨《うら》んだとありますれば、是亦女子《これまたぢよし》が直《たゞ》ちに夫家《ふか》へ入輿《にふよ》した事《こと》を思《おも》はれます。

足利時代と禮法

殊《こと》に足利幕府時代《あしかゞばくふじだい》に至《いた》つては、禮法《れいはふ》【89】の形式《けいしき》が嚴重《げんぢう》に備《そなは》つた事《こと》は、兎《と》まれ空前《くうぜん》であります。是《これ》は學識《がくしき》ある名僧達《めいそうたち》から始《はじ》まつた茶道《ちやだう》の禮《れい》が餘程手傳《よほどてつだ》つた事《こと》と存《ぞん》じます。

又諸侯《またしよこう》としての禮法家小笠原《れいはふかおがさはら》【90】の名《な》が世《よ》に顯《あらは》れた事《こと》も、是《こ》の時代《じだい》からでありまするし、

【76】前田利家。安土桃山時代の武将。加賀藩主前田氏の祖。織田信長に従い、各地で戦功をたてた。のち、豊臣秀吉に仕え、五大老の一人として秀頼の後見を託された。天文七～慶長四年（一五三九～一五九九）。

【77】徳川秀忠。江戸幕府第二代将軍。家康の三男。家康の死後はその遺命を守り、武家諸法度の制定など幕政の整備に努めた。天正七～寛永九年（一五七九～一六三二）。

【78】安土桃山時代の武将。秀吉の次男。六歳で家督を相続、前田利家に養育されたが、関ヶ原の戦いののち、六〇余万石の大名におとされた。のち、徳川秀忠の娘千姫と結婚したが、大坂夏の陣で敗れ、母の淀君とともに自刃。文禄二～慶長二〇年（一五九三～一六一五）。

【79】戦国・安土桃山時代の武将。将軍足利義昭《あしかがよしあき》を追放、天下統一を目前に京都本能寺で明智光秀の謀反にあい自刃。天文三～天正一〇年（一五三四～一五八二）。

【80】室町後期の武将。道三は法名。美濃一国を治めた。織田信長はその女婿。天文一七～天正元年（一四四八～一五七三）。

【81】織田信長の妹。初め近江小谷城主浅井長政に嫁ぎ、のちに柴田勝家と再婚。羽柴秀吉に居城北ノ庄を攻められ、夫とともに自刃。お市の方。天文一六～天正一一年（一五四七～八三）。

【82】安土桃山時代の武将。尾張国の人。妻は織田信長の妹。信長の没後、豊臣秀吉と対立し、越前に挙兵したが、賤ヶ岳の戦いに敗れて自刃。天正一一年（一五八三）没。

【83】藤原（松殿）基房。平安時代末期～鎌倉前期の公卿。藤原北家、関白藤原忠通の五男。『平家物語』の「殿下乗合事件」の逸話は有名。

【84】源頼家。鎌倉幕府二代将軍。頼朝の長子。母は北条政子。頼朝の死により家督を継いだが、北条氏に将軍の権限を押さえられ、北条氏討伐を企てたが失敗。伊豆修善寺に幽閉され、殺された。寿永元～元久元年（一一八二～一二〇四）。

【85】源実朝。鎌倉幕府三代将軍。頼朝の二男。母は北条政子。頼家が追放されたあとを継ぎ一二歳で将軍となったが、実権は北条氏が握っていた。鶴岡八幡宮で正月拝賀の際、頼家の子公暁に殺された。歌人としても名高い。家集に『金槐和歌集』がある。建久三～承久元年（一一九二～一二一九）。

豐太閤の婚儀を見るべし

戰國時代の夫妻の悲慘

方々《かた〴〵》婚禮式《こんれいしき》も整頓《せいとん》して參《まゐ》つたでありませう。且《かつ》家庭《かてい》の肅森《しゆくしん》に專《もつぱ》ら力《ちから》を用《もち》ひた鎌倉時代《かまくらじだい》を通《つう》じて、當時《たうじ》は餘程嚴《よほどおごそ》かになつて來《き》た所《ところ》から、婚姻《こんいん》には女子《ぢよし》が夫家《ふか》に入輿《にふよ》して、式《しき》を擧《あ》ぐるやうな事《こと》も定《きま》つて參《まゐ》るでありませう。

又彼《またか》の有名《いうめい》なる、豐太閤《ほうたいかふ》【91】が、まだ織田家《おだけ》の足輕《あしがる》として、後《のち》の北《きた》の政所《まんどころ》たる藤井家《ふじゐけ》の息女《むすめ》と結婚《けつこん》した狀態《ありさま》を見《み》れば、實《じつ》に夫婦《ふうふ》が膝《ひざ》を容《い》るゝにさへも難《むづか》しい程《ほど》の狹《せま》い穢《きたな》い小屋《こや》へも、妻《つま》の方《はう》から嫁入《よめいり》して參《まゐ》つたので、若《も》しも是《これ》が舊習《きうしふ》の行《おこな》はれ居《を》る時代《じだい》であつたならば兎《と》に角士分《かくしぶん》であつて家計《かけい》も乏《とぼ》しく無《な》い妻《つま》の家《いへ》にこそ婿《むこ》の藤吉郎《とうきちろう》は通《かよ》つて行《ゆ》く筈《はず》であるのに、之無《これな》きは既《すで》に、夫婦別居《ふうふべつきよ》が普通《ふつう》とせられて居《ゐ》た風俗《ふうぞく》は、殆《ほとん》ど變化《へんくわ》して、先大抵《まづたいてい》女《ぢよ》子方《したち》から夫家《ふか》へ嫁入《よめいり》するものとなつて居《ゐ》た事《こと》と思《おも》はれます。

況《いは》んや戰國時代《せんごくじだい》に於《お》いては、女子《ぢよし》は殆《ほとん》ど其《そ》の一生《いつしやう》の過半《くわはん》は獨空閨《ひとりくうけい》【92】を守《まも》つて、寂寞《せきばく》【93】たる歲月《としつき》を送り、夫《をつと》の戰死子《せんしこ》の負傷《ふしやう》、親兄弟《おやきやうだい》の離合《りがふ》の爲《ため》に、泣《な》きみ笑《わら》ひみはか無《な》き世《よ》を過《すご》した人《ひと》が多《おほ》かつたのであります。

五　近古《きんこ》の結婚《けつこん》

近古《きんこ》即《すなは》ち徳川将軍時代《とくがはしやうぐんじだい》に至《いた》つても、矢張政略的結婚《やはりせいりやくてきけつこん》、強制的結婚《きやうせいてきけつこん》も却々《なか〳〵》行《おこな》はれたのでありますが、何《なん》と申《まを》しても、求婚《きうこん》、結婚《けつこん》の形式《けいしき》も備《そな》はり、夫婦室《ふうふしつ》に居《を》る事《こと》に就《つ》いても、互《たが》ひに安心《あんしん》して一生《しやう》を送《おく》る事《こと》が出來《でき》るやうになりました。所《ところ》が、是等《これら》の情況形式《じやうきやうけいしき》に至《いた》つては、全《まつた》く上古《じやうこ》から中古《ちうこ》の前半紀頃迄《ぜんはんきごろまで》とは、漸次變化《ぜんじへんくわ》して參《まゐ》りまして、是《こ》の時代《じだい》には、比較的當人同士《ひかくてきたうにんどうし》の約束《やくそく》や意思《いし》に基《もとづ》く事《こと》は、先良家《まづりやうけ》の家庭《かてい》に於《お》いては、稀有《けう》【94】の事《こと》となりまして、多《おほ》くは親《おや》と親《おや》との約束《やくそく》に成立《なりた》つものとなつたのであります。斯《こ》う申《まを》して參《まゐ》りますると、此《こ》の状態《じやうたい》は、西洋《せいやう》の古代《こだい》の希臘《ギリシヤ》や羅馬《ローマ》の有様《ありさま》と同様《どうやう》の如《ごと》く思《おも》はれまするが、併《しか》し決《けつ》して左様《さう》ばかりではありませんでした。何故《なぜ》なれば、希臘《ギリシヤ》の古風俗《こふうぞく》には、女《むすめ》は父《ちゝ》の財産《ざいさん》の一部《ぶ》視《し》せられて居《ゐ》て、父《ちち》の便宜《べんぎ》の爲《ため》にのみ、婚嫁《こんか》せしめらるゝ事《こと》が多《おほ》かつたと申《まを》

【86】輿入れ。嫁入りのこと。

【87】鎌倉幕府が公的に編纂したと推定される史書。五二巻のうち、巻四五が欠ける。幕府の歴史を日記体に記述。鎌倉幕府研究の根本史料の一つ。

【88】遠藤盛遠。平安末期・鎌倉初期の真言宗の僧文覚《もんがく》の俗名。もと北面の武士。源頼朝の援助で神護寺を復興。頼朝没後、佐渡国（新潟県）、のち対馬国（長崎県）に流された。

【89】礼儀・作法のやり方やきまり。

【90】将軍・足利義満の時代に完成した武家の礼法（室町礼法）を伝承する家系の一つ。

【91】太政大臣になったところから、豊臣秀吉を呼ぶ敬称。

【92】相手がなくひとりで寝るさびしい寝室。孤閨《こけい》。空房。

【93】ひっそりしていてさびしいこと。また、そのさま。

【94】めったにないこと。珍しいこと。

血統家格を重んず

しますが、吾《わ》が國當時《くにたうじ》のは、如何《いか》にも婚姻《こんいん》は先大抵親《まづたいていおや》の意志《いし》によつて取《と》り結《むす》ばれたが、或例外《あるれいぐわい》の慘酷《ざんこく》な親《おや》か、又《また》は或餘義《あるよぎ》無《な》い場合《ばあい》を除《のぞ》くの外《ほか》は、親又《おやまた》は是《これ》に代《かは》る人《ひと》は、何《ど》の位《くらゐ》我《わ》が愛兒《あいじ》の爲《ため》に、配遇《はいぐう》の選擇《せんたく》に苦勞《くらう》したか解《わか》りませぬ。特《こと》に當時《たうじ》の血統家格《けつとうかゝく》を重《おも》んじた事《こと》は、實《じつ》に非常《ひじやう》のものでありました。

結婚に關する法令

徳川幕府創立以降《とくがはばくふさうりついかう》、慶長《けいちやう》二十年《ねん》に始《はじ》めて、武家諸法度《ぶけしよはつと》【95】を制定《せいてい》せられました。其《そ》の第二條《だいにでう》には婚姻《こんいん》の事《こと》が載《の》せてあります。則《すなは》ち、

「私《わたし》に婚姻《こんいん》を結《むす》ぶ可《べか》らざる事《こと》」云々《うんぬん》と云《い》ふがございます。そして又猶寛永《またなほくわんえい》十二年《ねん》の諸法度第《しよはつとだい》四條《でう》【96】には、更《さら》に前條《ぜんでう》を細別《さいべつ》して、

「國主《こくしゆ》、城主《じやうしゆ》、壹萬石以上《まんごくいじやう》、幷《ならび》に近習物頭者《きんしふものがしらは》【97】、私《わたくし》に婚姻《こんいん》を結《むす》ぶ可《べか》らず云々《うんぬん》」と見《み》えて居《を》ります。其《そ》の後《のち》も屢々《しゆん〳〵》同樣《どうやう》の事《こと》の細條《さいでう》が加《くは》へられ、就中《なかんづく》【98】公家《くげ》と武家《ぶけ》との婚姻《こんいん》には、餘程注意《よほどちうい》を拂《はら》はれて居《を》ります。これは結婚政略《けつこんせいりやく》に因《よ》つて、幕府反對者《ばくふはんたいしや》の結合等《けつがふなど》の出來《でき》る事《こと》を怖《おそ》れたものでありませう。それから寛永《くわんえい》十二年《ねん》の法度《はつと》の中《なか》には、

公家と武家との結婚

奢侈の禁戒

「近來小身《きんらいせうしん》【99】の輩《やから》に至《いた》るまで、甚《はなは》だ華麗《くわれい》に及《およ》べり。向後諸道具以下分《かうごしよだうぐいかぶん》に過《す》ぎたる結構《けつこう》を致《いた》さず、儉約《けんやく》を用《もち》ふべし。譬《たとへ》大身《たいしん》【100】と雖《いへど》も、長柄釣輿《ながえつりごし》【101】、三十挺《ちやう》、長持《ながもち》【102】五十棹《さを》に過《す》ぐ可《べか》らず。凡《すべ》て分限《ぶんげん》に應《おう》じ沙汰《さた》すべき事《こと》」云々《うんぬん》とあります。如何《いか》に當時《たうじ》の婚禮《こんれい》の仕度《したく》の過度《くわど》の驕奢《けうしや》に傾いて居《ゐ》たかゞ想像《さう〴〵》されます。

輿入の行列

又《また》、父《ちゝ》が槍《やり》を持《も》たせる格式《かくしき》の家《いへ》の息女《むすめ》は、婚禮《こんれい》の行列《ぎやうれつ》に長刀《なぎなた》を持《も》たせて然《しか》るべしといふ意味《いみ》が「青標紙《あをべうし》」【103】に見《み》えて居《を》ります。

乃《すなは》ち身分《みぶん》ある人《ひと》の息女《むすめ》の輿入《こしいれ》には、即《すなは》ち讀《よ》んで字《じ》の如《ごと》く、輿《こし》に乗《の》つて參《まゐ》つたのですが、是等《これら》も漸々《ぜん〳〵》昔《むかし》の質素《しつそ》の風《かぜ》が廢《すた》れて、驕奢風《けうしやふう》を爲《な》した事《こと》が諸書《しよ〳〵》に見《み》えて居《お》ります。落穂集《おちぼしふ》【104】に載《の》する所《ところ》を見《み》まするると、陪身《ばいしん》即《すなは》ち小身者《せうしんもの》の婚禮《こんれい》にも、縁女《えんぢよ》が輿《こし》に乗《の》つて來《く》るやうになつた事《こと》を、主人《しゆじん》が叱《しか》つた事柄《ことがら》が記《しる》してあります。そして慶長以前《けいちやういぜん》は、可《か》なり

負木の事

【95】慶長二〇年（一六一五）公布以来、朝廷の行動を制約する「禁中並公家諸法度」は江戸時代を通じて一度も改正されない。「武家諸法度」は、江戸幕府が、大名を統制するために公布した法令。江戸幕府の基本法。元和元年（一六一五）に発布され、その後若干の追加訂正が行なわれたが、八代将軍吉宗没後は天和三年（一六八三）制定のものを襲用した。文武の道に専念すべきことをはじめとして、築城、婚姻、参勤交替、造船、関所などについて規定され、将軍宣下ののち、諸大名に読み聞かせるのを慣例とした。

【96】江戸時代、幕府の定めた諸大名の守るべき法令。将軍家光が寛永一二年（一六三二）発令したもの。寛永令。

【97】武家時代、弓組・鉄砲組などの長。足軽頭・同心頭の類。武頭《ぶがしら》。物頭役。足軽大将。

【98】その中でとりわけ。特に。

【99】身分の低いこと。禄高の少ないこと。また、その人。

【100】身分の貴いこと。位が高く、禄高の多いこと。また、その人。

【101】輿の一種。駕籠《かご》のように轅《ながえ》でつり下げてかつぐもの。半切。

【102】服・調度品などを入れる、蓋《ふた》つきの長方形の大きな箱。多くは木製。運ぶときは両端の金具に棹《さお》を通して二人でかつぐ。

【103】江戸時代の法令や儀礼を集めた書。

輿入結婚式

高録《かうろく》の武士《ぶし》の婚禮《こんれい》にも、縁女《えんぢよ》は、其《そ》の家來《けらい》に負《お》はれて來《き》たので是《これ》には負木《おひぎ》とて腰掛《こしかけ》やうなものを家來《けらい》が負《お》ひ、其《それ》に後《うし》ろ向《む》きになつて、縁女《えんぢよ》は腰掛《こしか》けて居《を》るのであつたさうでございます。

縁女《えんぢよ》の輿入《こしいれ》には、紙燭《しそく》を持《も》つて行列《ぎやうれつ》の供《とも》を爲《な》し迎《むか》へる方《はう》でも紙燭《しそく》を以《も》つてしたのが、遂《つひ》に定紋《じやうもん》【105】を附《つ》けた提灯《ちやうちん》を携《たづさ》ふる事《こと》になりました。又迎《またむか》ふる方《はう》の家《いへ》では玄關前《げんくわんまへ》の兩側《りやうがは》に篝火《かゞり》を焚《た》いたものであります。

それから、輿《こし》の受取渡《うけとりわた》しから、盃事《さかづきごと》、里開《さとびら》き【106】、婿入舅入等《むこいりしうといりなど》の儀式《ぎしき》は、今《いま》も猶禮法家《なおれいはふか》には存《そん》して居《を》り、且是《かつこれ》を略舊例通《ほゞきうれいどほ》りに行《おこな》ふてゐるやうな處《ところ》も地方《ちほう》の舊家《きうか》などにはまだありまするし、尚又前項目《なほまたぜんこうもく》に大抵《たいてい》は記《しる》して置《お》きましたから、限《かぎ》りある紙數《しすう》を惜《をし》みまして、遺憾《いかん》ながらこゝには詳細《しようさい》を述《の》ぶる事《こと》を止《や》めました。其《そ》の形式作法《けいしきさはふ》を熟知《じゆくち》せられんとする方《かた》は、拙著《せつちよ》「婦人禮法《ふじんれいはふ》」【107】を閲覧《えつらん》あらん事《こと》を希《こひねが》ひます。

六　海外各國《かいぐわいかくこく》の結婚略史《けつこんりやくし》

西洋《せいやう》に於《お》いても、希臘《ギリシヤ》の隆盛時代《りうせいじだい》の女子《ぢよし》は、其《そ》の地位待遇《ちゐたいぐう》が、極《きは》めて卑《いや》しいものであ

希臘古代の婚約

つて、其《それ》は到底《たうてい》吾《わ》が國《くに》の太古上古時代《たいこじやうこじだい》には比《くら》べる事《こと》が出來《でき》ぬ程《ほど》であります。唯強《たゞし》ひて比較《ひかく》を取《と》れば、吾《わ》が戰國時代《せんごくじだい》には稍《やゝ》似《に》た所《ところ》がありませう。

先當時《まづたうじ》の希臘《ギリシヤ》では、女子《ぢよし》の結婚《けつこん》は無論自由意志《むろんじいういし》でする事《こと》などは、絕體《ぜつたい》に法律《はふりつ》の禁《きん》ずる所《ところ》であつて、大抵女兒《たいていぢよじ》の幼年時代《えうねんじだい》に其《そ》の父《ちゝ》の意思《いし》で、他《た》と女《むすめ》の婚約《こんやく》をするのみならず、女兒《ぢよじ》は父《ちゝ》の財産《ざいさん》として取《と》り扱《あつか》はれました。

當時の妻女の狀態

そして父《ちゝ》が遺言《ゆゐごん》せぬ間《うち》に死亡《しぼう》した場合《ばあひ》、女子《ぢよし》は皆最近親《みなさいきんしん》と結婚《けつこん》しなければならぬと言《い》ふ法律《はふりつ》の制裁《せいさい》に從《したが》はねばならなかつたのであります。そして、求婚《きうこん》すべき女子《ぢよし》は、其《そ》の體格《たいかく》も人格《じんかく》も調《しら》べるのでは無《な》くて、其《そ》の家格《かゝく》と資力《しりよく》とに重《おも》きを置《お》いたものゝやうでした。で、女《むすめ》も婦《つま》も唯家庭《たゞかてい》に閉居《へいきよ》して、他《た》の交際《かうさい》も娯樂《ごらく》も敢《あへ》てする事《こと》は出來《でき》ませんでした。

然《しか》るに羅馬《ローマ》の隆盛《りうせい》なるに及《およ》んで、女子《ぢよし》の地位《ちゐ》は大分《だいぶん》に高《たか》められて參《まゐ》りましたけれ共《ども》、

【104】大道寺友山（重祐）著。三〇巻（写本で伝わるため巻数は不定）。徳川家康を中心に諸家のことにも及び、聞書を引証して年代的に記録した書。開巻天文一一年（一五四二）家康の誕生に始まり、第三〇巻大坂落城、元和改元に終り、四八三ヵ条より成る。書名は、「孫や子のためともなれとひろひをく、しいなましりの落穂なれども」の自詠からでているともいわれる。

【105】家々で定まっている正式の紋。表《おもて》紋。また、個人がきまって用いる紋。

【106】里帰りに同じ。「かえり」ということばを忌みきらって、縁起のよい「ひらき」を用いたもの。

【107】緒言注3参照。

其《それ》でも、結婚《けつこん》は男子自身《だんじじゝん》の必要《ひつえう》に迫《せ》まられて爲《な》すので、女子自身《ぢよしじゝん》は其《そ》の希望《きばう》を言《い》ふ事《こと》も行《おこな》ふ事《こと》も出來《でき》ませんでした。當時《たうじ》の求婚《きうこん》も矢張當人同士《やはりたうにんどうし》の意志《いし》では無《な》くて、父《ちゝ》の希望《きばう》の儘《まゝ》に求婚致《きうこんいた》しました。偶々女子《たまたまぢよし》に意中《いちう》の人《ひと》があつたとしても、其《それ》は父《ちゝ》の自由《じいう》に排除《はいぢよ》して、決《けつ》して女《むすめ》の希望《きばう》を入《い》るゝ事《こと》が無《な》く、法律《はふりつ》は極力父《きよくりよくちゝ》の意思《いし》を助《たす》くる事《こと》にのみ、作《つく》られて居《を》りました。けれ共《ども》、婦《つま》たる人《ひと》の權利《けんり》や自由《じいう》は、希臘《ギリシヤ》の其《それ》に比して、雲泥《うんでい》の相違《さうゐ》で、當《たう》時《じ》の婦人《ふじん》は、自由《じいう》に外出《ぐわいしゆつ》もし交際《かうさい》もし、宴會《えんくわい》にも列《れつ》し、且奴隷《かつどれい》の指揮監督權《しきかんとくけん》も持《も》つて居《を》りましたが。

强制的再嫁

が、實父《じつぷ》の意思《いし》によつては、子迄擧《こまであ》げて、且伉麗《かつかうれい》【108】の殊《こと》に美《うつく》しい仲《なか》をも無理《むり》に引《ひ》き分《わ》けて、父《ちゝ》が便宜《べんぎ》の爲《ため》に、强《し》ひて他《た》へ再嫁《さいか》せしむる等《など》の事《こと》は、餘程吾《よほどわ》が戰國時代《せんこくじたい》に似《に》て居《を》りました。

羅馬滅亡の因

斯《か》くして羅馬《ローマ》の末路《まつろ》は實《じつ》に婦人《ふじん》の驕侈淫逸《けうしやいんいつ》の汚行《をかう》が、年々益々《ねん〲ます〲》多《おほ》きを加《くは》へ、其《そ》の國《こつ》家《か》の滅亡《めつぼう》の因《いん》も、又茲《またこゝ》に在《あ》ると言《い》はるゝ迄《まで》に至《いた》りました。茲《こゝ》に於《お》いて、基督教徒《キリストけうと》が極端《きよくたん》に男女《だんぢよ》の情交《じやうかう》を罪惡視《ざいあくし》して獨身者《どくしんしや》は清淨無垢《せいじやくむく》の者《もの》としたのも、亦誠《またまこと》に已《や》むを得《え》ざる時勢《じせい》の反動《はんどう》であらうと存《ぞん》じます。其《そ》の結果遂《けつくわつい》に一夫《ぷ》一婦《ぷ》の是《ぜ》を唱道《しやうだう》するやうになつたのでありませう。

一夫一婦の風起りし所以

騎士全盛時代よ

其《それ》より以降騎士《いかうきし》＝佛國《フランス》のシユウパリエー、英國《イギリス》のナイト＝の貴婦人崇拜熱《きふじんすうはいねつ》が盛《さか》ん

りの女子及び婚嫁

になつて以來《いらい》、美《び》にして賢《けん》なる女子《ぢよし》は、殆《ほとん》ど美《び》の神《かみ》として、最《もつと》も社會《しやくわい》から歡迎信賴《くわんげいしんらい》せられた所《ところ》の騎士《かれら》に渴仰《かつかう》せられたものですから、從《したが》つて次第々々《しだい〴〵》に一般《ぱん》女子《ぢよし》の意思《いし》も尊重《そんちよう》せられ、希望《きばう》も聽許《ちやうきよ》せらるゝやうになり、求婚《きうこん》及《およ》び結婚《けつこん》の狀態《じやうたい》も形式《けいしき》も變化《へんくわ》して參《まゐ》りました。

十八世紀以降の社會狀態と自由結婚

其《それ》から、十八世紀《せいき》に至《いた》りて、佛國《フランス》に於《お》ける大々的《だい〴〵てき》自由《じいう》の叫《さけ》びは、遂《つい》に女子《ぢよし》の心理狀態《しんりじやうたい》にも、非常《ひじやう》の影響《えいきやう》を及《およ》ぼし、又男子《まただんし》の是《これ》に對《たい》する考《かんが》へも變《かは》つて參《まゐ》りまして、漸次男女間《ぜんじだんぢよかん》にも自由結婚《じいうけつこん》が行《をこな》はるゝやうに迄《まで》なりました。

近世及び現代の自由結婚

で、近世《きんせい》より現代《げんだい》に至《いた》つては男女當人同士《だんぢよたうにんどうし》の婚約《こんやく》も結婚《けつこん》も自由《じいう》に行《おこな》はれて參《まゐ》りました。併《しか》し、父母又《ふぼまた》は是《これ》に代《かは》る權利者《けんりしや》の、絕體不同意《ぜつたいふどうい》である時《とき》は、當人《たうにん》が滿《まん》廿五歲《さい》に達《たつ》するまでは、表向《おもてむき》の結婚《けつこん》は出來《でき》ませぬが、此年齡《このねんれい》に達《たつ》すれば、當人同士《たうにんどうし》のみで、適宜《てきぎ》の寺院《じゐん》に至《いた》り、司敎者《しけうしや》なる牧師《ぼくし》の立合《たちあひ》を得《え》て、正式《せいしき》の結婚《けつこん》を爲《な》す事《こと》をも、法律上認《はふりつじやうみと》めらるゝやうになつたのであります。

親の遺産を受くる能はざる場合

さる代《かは》り、父母《ふぼ》の不承知《ふしようち》なるに關《かゝわ》らず、其《そ》の意思《いし》に反《そむ》いて結婚《けつこん》した者《もの》は、親《おや》の遺產《ゐさん》を受《う》くる事《こと》は出來《でき》ぬのが先通常《まづつうじやう》の掟《おきて》となつて居《を》ります。

【108】第一章注9參照。

エンゲージ

で、先彼《まづかれ》の近世及《きんせいおよ》び現代《げんだい》の結婚《けつこん》は當人同士《たうにんどうし》の意思《いし》の如何《いかん》を第《だい》一とし、次《つぎ》に父母及《ふぼおよ》び其《それ》に代《かは》るべき人《ひと》の協賛《けうさん》を得《え》、能《あた》ふべきだけ、相共同《あひきようどう》して、相互婚者《そうごこんしや》の人物體格《じんぶつたいかく》、知識《ちしき》、血統《けつとう》、財産《ざいさん》其《そ》の他《た》を調査《てうさ》し、且當人同士《かつたうにんどうし》の交際《かうさい》を始《はじ》めて、先互《まづたが》ひに是《これ》ならば可《か》なりと思《おも》ふ時《とき》に於《お》いて許婚《いひなづけ》【109】の約束《やくそく》がなり立《た》ちます。其《そ》の徴《しるし》には婿《むこ》たる男子《だんし》から、妻《つま》たるべき女子《ぢよし》へ許婚指環《エンゲージリング》を送《おく》る事《こと》になつて居《を》ります。

結婚式

其《それ》から、結婚《けつこん》の當日《たうじつ》は、新郎新婦《しんろうしんぷ》はかねて定《き》めたる寺院《じゐん》に於《お》いて、司教者《しけうしや》の立合《たちあひ》のもとに神前《しんぜん》に誓約《せいやく》して、新郎《しんらう》は新婦《しんぷ》の指《ゆび》に指環《ゆびわ》を箝《は》むると、其《それ》で結婚式《けつこんしき》は濟《す》みまして、參列者一同《さんれつしやいちどう》も退出《たいしゆつ》するのであります。

誓詞の變更

然《しか》るに、現今《げんこん》の所謂新《いはゆるあた》らしき婦人《ふじん》の中《なか》には、彼《か》の寺院《じゐん》の神前《しんぜん》に於《お》いての誓詞中《せいしちう》に、「妻《つま》は夫《をつと》に從《したが》ふべし」と言《い》ふ條文《でうぶん》を不當《ふたう》として、「妻《つま》は夫《おつと》を助《すけ》くべし」と變《か》へたいとて、いろ〳〵議論《ぎろん》の末《すゑ》、無理《むり》に斯《か》く言《い》ひ換《か》へて、婚儀《こんぎ》を行《おこな》つた人《ひと》もあると、傳聞《でんぶん》した事《こと》がありましたが、猶其《なほそれ》でもまだ不十分《ふじふぶん》だから、今少《いますこ》し夫婦對等《ふうふたいとう》の誓詞《せいし》に變更《へんかう》すべしと言《い》ふ説《せつ》さへ出《で》て居《を》るからであります。さうした所《ところ》で、矢張事實《やはりじじつ》が、圓滿《ゑんまん》に行《おこな》はれなければ、相互不快《さうごふくわい》なことでありませう。

支那の婚姻

支那《しな》の婚姻《こんいん》は往昔《むかし》は ‖ 特《とく》に周代《しうだい》【110】の ‖ 非常《ひじやう》な嚴肅《げんしゆく》なもので、又其《またそ》の意義形式《いぎけいしき》の如《ごと》きも、甚《はなは》だ見《み》るべきものが少《すく》なくありませんでした。近代及《きんだいおよ》び現今《げんこん》と雖《いへど》も、此《こ》の點《てん》はまだ往昔《むかし》の面影《おもかげ》を存《そん》じて、流石《さすが》に古代《こだい》の文明《ぶんめい》が世界《せかい》に冠《くわん》たる大國《たいこく》であつたと言《い》ふ事《こと》を首肯《しゆかう》ぜしむるものがあります。けれ共《ども》、彼《か》の國《くに》の事《こと》は、今《いま》は多《おほ》くは名《な》を存《そん》して實《じつ》を失《うしな》ひ形式《けいしき》が重《おも》んぜられて、其《そ》の精神《せいしん》は衰《おとろ》へ、其《そ》の末《すゑ》に走《はし》つて其《そ》の本《もと》を忘《わす》れたるかの憾《うら》みがあります。即《すなは》ち此《こ》の結婚式《けつこんしき》の如《ごと》きも、全《まつた》く上古《じやうこ》の意思《いし》は貫《つらぬ》いて居《ゐ》ないで、形《かた》ちのみが殘《のこ》つたのではあるまいかと思《おも》ふ程《ほど》、外形《ぐわいけい》に捕《とら》はれて居《を》ると存《ぞん》じます。併《しか》し、近頃《ちかごろ》では大分《だいぶん》形式《けいしき》の虚禮虚飾《きよれいきよしよく》に流《なが》れて殆《ほとん》ど家産《かさん》の多《おほ》くを、結婚儀式《けつこんぎしき》の爲《ため》に蕩盡《たうじん》する等《など》の事《こと》を全然《ぜん〴〵》廢《はい》した文明流《ぶんめいりゆう》の婚儀《こんぎ》を行《おこな》ふ人《ひと》も、漸々《ぜん〴〵》出來《でき》て來《き》たやうであります。是《こ》の國《くに》の事《こと》も今少《いますこ》し委《くは》しく記《き》す積《つも》りでありましたが、大分紙數《だいぶんしすう》が多《おほ》くなり過《す》ぎて、豫定《よてい》に超過《てうくわ》しさうですから遺憾《ゐかん》ながら、此《こ》の條《でう》は是《これ》で擱筆致《かくひついた》します。

【109】結婚の約束をした相手。婚約者。フィアンセ。

【110】中国古代の王朝。前一二世紀末に、文王の子武王が殷《いん》を滅ぼして建国。前二五六年（一説に前二四九年）秦《しん》に滅ぼされた。

第三章　内外結婚の異同

一　我《わ》が國《くに》は家《いへ》に嫁《か》す

吾《わ》が國往昔《くにわうせき》の結婚《けつこん》は、存外婚者相互《ぞんぐわいこんしやさうご》の合意《がふい》をもとゝして成立《なりた》つた事《こと》が、餘程現今《よほどいま》の西洋諸國《せいやうしよこく》の其《それ》に類似《るゐじ》して居《を》りますけれ共《ども》、猶其《なほそ》の當時《たうじ》に在《あ》りても、血統《けつとう》を重《おも》んじた事《こと》は非常《ひじやう》のものでありました。‖乃《すなは》ち其《そ》の當時《じだい》は家《いへ》と言《い》ふよりも血統《けつとう》の方《はう》です。‖是《これ》は其の筈《はず》で、何分萬國無比《なにぶんばんこくむひ》なる天孫《てんそん》の御末《みすゑ》が是《こ》の國土《こくど》に君臨《くんりん》まし〳〵たのであるから、「吾《あ》は天《あま》つ神《かみ》の子孫《こ》ぞ」と言《い》ふ御言《おんこと》は如何《いか》に國民《こくみん》をして崇拜敬慕《すうはいけいぼ》の念《ねん》を湧《わ》き立《た》たしめたかわかりませぬ。從《したが》つて是《これ》に近侍《きんじ》し補佐《ほさ》せらるゝ方々《かた〳〵》、左樣《さう》で無《な》くても公《おほや》けから相當《さうたう》の御會釋《ゑしやく》【1】を受《う》くる地方《ちはう》の重立《おもだ》つた人《ひと》は、又其相當《またそれさうたう》の尊敬《そんけい》を受《う》けたでありませう。

皇族の歡待

本家末家の等差

彼《か》の「大君來《おほきみき》ませ、婿《むこ》にせん。御肴《さかな》は何《なに》よけん、鮑《あわび》さたをかかせよけん。」【2】と謠《うた》つた地方《ちはう》の國風《くにぶり》を見《み》ても略想像《ほゞさう〴〵》がつくのであります。

其《それ》から段々《だん〲》其の氏族《しぞく》々々《〱》によつて職《しよく》をも援《たす》けられ、位《くらゐ》をも賜《たま》はりましたし、且《かつし》氏の長者即《ちやうしやすなは》ち宗家《そうけ》‖本家《ほんけ》とも‖といふものゝ勢力《せいりよく》は、其《そ》の末家《まつけ》に對《たい》しては、恰《あた》かも君《きみ》の臣《しん》に臨《のぞ》むがごとき等差《とうさ》さへ附《つ》いて居《を》りました。で、近松《ちかまつ》の作《さく》の太閤記《たいかふき》【3】等《など》にも、十次郎《じふじろう》は許婚《いひなづけ》の女初菊《ぢよはつぎく》に、「私《わし》が事《こと》は思《おも》ひ切《き》り、他家《たけ》に縁附《えんづ》きして下《くだ》され」と申《まを》して居《を》ります。乃《すなは》ち他《た》の人《ひと》にと言《い》はず、他《た》の家《いへ》へと申しました。是《こ》の慣例《くわんれい》は明治維新《めいぢゐしん》の頃迄續《ころまでつゞ》きました。ですから、現今《いま》、東京《とうきやう》あたりでこそ、餘程《よほど》すべての事《こと》が變《かは》つて參《まゐ》りましたが、まだ〳〵多數《たすう》の地方日本全國《ちはうにつぽんぜんこく》では婚《こん》を定《さだ》むるに先家《まづいへ》を精査《せいさ》する風《ふう》は盛《さか》んに行《おこな》はれて居《を》るのでございます。

蓋《けだ》し是《こ》の血統《けつとう》を重《おも》んじ家庭《かてい》を調《しら》ぶるのは、誠《まこと》に結構《けつこう》な事《こと》であります、遺傳《ゐでん》の輕々《けい〱》に看過《かんくわ》すべからざる説《せつ》は益々《ます〱》其の理《り》を確《たし》かめて參《まゐ》るやうですから、吾《わ》が國上古《くにじやうこ》より家系《かけい》に重《おも》きを置《お》いた點《てん》は、矢張《やはり》除《と》り去《の》けない方《はふ》が宜《よろ》しいと存《ぞん》じます。勿論是《もちろんこれ》は血統《けつとう》の事《こと》を主《しゆ》として申したので、家《いへ》の事《こと》は別《べつ》に更《さら》に申さなければなりませぬ。

然《しか》しながら、一も二も無《な》く家柄《いへがら》さへ可《よ》かつたならば、當人《たうにん》は二《に》の次《つぎ》でも、家族《かぞく》は何《ど》うでも亦當人同士《またたうにんどうし》の考《かんが》へは如何《どう》でも何《なん》でも關《かま》はぬと言《い》ふのは不可《いけ》ませぬ‖是《これ》は猶後《なほあと》に申

家一點張も不可

孝道と祖先崇拜

しませう。‖が、兎《と》に角《かく》、吾《わ》が既往《きわう》は勿論現在《もちろんげんざい》の結婚《けつこん》もまだ家《いへ》に嫁《か》する有様《ありさま》なるを免《まぬが》れませぬ。右《みぎ》に申したやうに、家一點張《いへいつてんばり》の結婚《けつこん》は勿論不可《もちろんいけま》せぬが然《しか》し孝《かう》を以《も》つて家庭《かてい》の基礎《きそ》とし、祖先崇拜《そせんすうはい》を以《も》つて、家訓《かくん》の中心《ちうしん》とする、吾《わ》が日本《につぽん》の風俗《ふうぞく》としては、また決《けつ》して極端《きよくたん》に是《これ》を排拆《はいせき》する事《こと》は宜《よろ》しく無《な》からうと思《おも》はれます。

其故《それゆゑ》、從來《これまで》は、媳《よめ》を撰《えら》び媳《よめ》を評《ひやう》するは、「彼《か》の女《をんな》は我《わ》が家風《かふう》に合《あ》はうか否《いな》と申し、離婚問題《りこんもんだい》の持《も》ち出《だ》される時《とき》には、「何《ど》うも宅《うち》の媳《よめ》は家風《かふう》に合《あ》はぬ」と申したものです。乃《すなは》ち是《これ》の家風《かふう》に合《あ》ふ合《あ》はぬといふ事《こと》が、重大問題《じうだいもんだい》であつたのであります。是《これ》を現今《いま》の所謂開化論者《いはゆるかいくわろんじや》から申したならば、「何《なん》だ今頃家風《いまごろかふう》が何《ど》うの斯《か》うのと言《い》ふ事《こと》があるものか。當人同士《たうにんどうし》が可《よ》ければ宜《よ》いでは無《な》いか。今一歩《いまいつぽ》を進《すゝ》めても舅姑《おや》にも異存《いぞん》が無《な》ければ結構《けつこう》で

【1】あいさつ。もてなし。

【2】我が家は　帳 帳《とばりちょう》も垂れたるを　大君来ませ　婿にせむ　御肴に　何良けむ　鮑《あわび》栄螺《さだを》か　石陰子《かせ》良けむ（私の家は　御簾や几帳を垂らして飾ってあります　大君さまおいでなさい　婿入りなさいませ　お酒の肴は何にしましょう　アワビかサザエか、それともウニがお好みですか）『梁塵秘抄・口伝集』巻第一二「催馬楽」我家。『梁塵秘抄』は、平安末期に後白河法皇によって編纂された「今様《いまよう》」と呼ばれる歌謡集。『源氏物語』「若菜・上」などに引用されてる。

【3】豊臣秀吉を中心とし、また、秀吉と関係ある人物が活躍する戯曲の総称。浄瑠璃に近松門左衛門の「本朝三国志」、歌舞伎に鶴屋南北の「時 桔 梗 出 世《ときもききょうしゅっせの》請 状《うけじょう》」など多数ある。ここは、近松作を指す。

破格の結婚

は無《な》いか」と申します。なる程是《ほどこれ》は最《もつと》もに聞《きこ》えます。そこで、舊式《きうしき》な貴族《きぞく》へ當世風《たうせいふう》の俄《には》か富源《ふげん》の女《むすめ》が嫁《い》つたり、嚴格《げんかく》な軍人等《ぐんじんなど》の所《ところ》から、華派《はで》な實業家《じつげふか》へ嫁《い》つたり致《いた》します。

所《ところ》が、斯《か》う言《い》ふ縁組《えんぐみ》は、えて紛々《ごた〳〵》が起《おこ》り易《やす》くあります。其《それ》も夫《をつと》や舅姑《しうと》が寛大《くわんだい》の人《ひと》であつたり、媳《よめ》なる女子《ぢよし》は忍耐力《にんたいりよく》の強い人《ひと》であつたりすれば、先數年間《まづすうねんかん》は何《いづ》れかゞ辛抱々々《しんぼう〳〵》で、耐《こ》らへて居《を》る間《うち》に、兩方《りやうはう》の色合《いろあひ》が混和《こんわ》して來《く》る、愛《あい》の羈絆《ほだし》【4】の子供《こども》も追々《おい〳〵》殖《ふ》えて來《く》ると言《い》ふので、先《まづ》はめでたし／＼と納まりがつくのですが、左樣《さう》で無《な》いと、兎角家庭《とかくかてい》に波風《なみかぜ》が立《た》ちて、破鏡《はきょう》の悲《かなし》み【5】を見《み》る事《こと》にもなります。是《これ》は強《あなが》ち孰《どち》らが惡《わる》いとも申されませぬ。所謂《いはゆる》其の家風《かふう》が違《ちが》ふからで、其《そ》の家《いへ》に合《あ》はぬ事《こと》になります。で、孰《どち》らかゞ我慢《がまん》して是《こ》の家々《いへ〳〵》に箝《は》め込《こ》むやうにしてくれゝば可《よ》いのですが、左樣《さう》で無《な》いと破裂《はれつ》してしまうのでございます。

假令《たとへ》ば、嚴格《げんかく》な家庭《かてい》から、洒落《しやらく》の家《いへ》に嫁《か》した媳《よめ》が、何時《いつ》も／＼三《み》つ指《ゆび》で、遊《あそ》ばせ言葉《ことば》で夫《をつと》や舅姑《しうと》に對《たい》すると彼等《かれら》は腕《うで》まくりや、蹲居《あぐら》で、「何《ど》うも宅《うち》の媳《よめ》は、里《さと》を笠《かさ》に着《き》て、無暗《むやみ》に虚禮《きよれい》を振廻《ふりまい》して人《ひと》に恥《はじ》を掻《か》かせる」とか、「窮屈《きうくつ》な思《おも》ひをさせて悦《よろこ》んで居《を》る」とか、飛《と》んでも無《な》い事《こと》をも言《い》はれます。すると、媳《よめ》の方《はう》では「長者《ちやうじや》に敬《けい》を盡《つく》し禮《れい》を行《おこな》へば、其《それ》が惡《わる》いと言《い》はれては何《ど》うも致《いた》しようが無《な》い」となります。況《いは》んや、是《これ》と反對《はんたい》に、夫《をつと》や舅姑《しうと》が常《つね》に整然《きちん》として居《を》る所《ところ》へ、來《き》たての媳《よめ》が寢間着姿《ねまきすがた》の、素肌《すはだ》に伊達卷《だてまき》か何《なに》かで、

牛は牛づれ

立膝《たてひざ》でもして、雑裁《ぞんさい》な物言《ものい》ひでもして御覧《ごらん》なさい。其《それ》こそ一朝《いつてう》にして、大騒動《おほさうどう》が始《はじ》まつて、直《すぐ》に仲人《ちうにん》に特使《とくし》が立《た》つといふやうな事《こと》にもなりませう。で、普通《ふつう》の人《ひと》が普通《ふつう》の家《いへ》に嫁《か》するのならば、所謂《いはゆる》「牛《うし》は牛連《うしづれ》」【6】といふ方《はう》が先穏當《まづおんたう》であるといふ事《こと》になります。けれ共《ども》、自分《わたくし》は必《かなら》ずしも牛《うし》は牛連《うしづれ》が何處々々《どこ〳〵》までも可《よ》い破格《はかく》の事《こと》は、全然《ぜん〳〵》不可《いけな》いと申すのではありませぬ。が、少《すく》なくも破格《はかく》な家《いへ》と家《いへ》との結婚《けつこん》は、餘程相互若《よほどさうごも》しくは一方《いつぱう》なりとも優《すぐ》れて居《を》る人《ひと》で、十分《じふぶん》の覺悟《かくご》があるか、然《しか》らざれば何等《なんら》か特別《とくべつ》の事情《じじやう》ある場合《ばあひ》で無《な》ければ面倒《めんどう》であると言《い》ふ事《こと》を申《まを》した積《つも》りでございます。ですから、始《はじ》めより其丈《それだけ》の覺悟《かくご》があれば、是《これ》も亦甚《またはなは》だ興味《きようみ》ある問題《もんだい》であらうと思《おも》ふのであります。

出雲《いづも》の社家《しやけ》のやうに、神代《じんだい》から男統《だんとう》が續《つゞ》いて居《を》ると言《い》はれたる舊家《きうか》の存在《そんざい》して居《を》るなどゝいふ事《こと》は、誠《まこと》に吾《わ》が國《くに》の誇《ほこ》りであります。珍奇《ちんき》であります。斯《か》かれば、家《いへ》も尊《たふと》いものではありませぬか。ですから、娘《よめ》も家《いへ》に嫁《と》ると申す事《こと》が、強《あなが》ち、無理《むり》とのみは申せますまい。故《ゆゑ》に是《こ》の結婚問題《けつこんもんだい》の如《ごと》きも新舊《しんきう》を折衷《せつちう》して、其の可《か》なるを存《そん》し不可《ふか》なる點《てん》は改《あらた》めてゆかねばなるまいと存《ぞん》じます。

【4】ここではきずな、つなぎとめるものの意。

【5】夫婦が離別しなければならない嘆きや悲しみ。破鏡の嘆《たん》。

【6】同類は自然と集まりやすいことのたとえ。

貴族は家をも貴ぶ

貴族も結婚ほゞ任意なり

二　西洋《せいやう》は人《ひと》に嫁《か》す

前述《ぜんじゅつ》の吾《わ》が國《くに》の結婚《けっこん》と反對《はんたい》に、西洋《せいやう》では家《いへ》に嫁《ゆ》くのでは無《な》くて、人《ひと》と婚《こん》するのであります。乃《すなは》ち甲《かふ》の男子《だんし》と乙《をつ》の女子《ぢょし》との婚約《こんやく》が成《な》り立《た》ちますれば、相互適宜《さうごてきぎ》の時《とき》を以《も》つて、新《あら》たに一家《いっか》を作《つく》りまして、そしてその男女《だんぢょ》の二人が一組《ひとくみ》の夫婦《ふうふ》となるのであります。

勿論《もちろん》、西洋《せいやう》と雖《いへど》も、上流社會《じゃうりうしゃくわい》に在《あ》つては、決《けっ》して家系《かけい》を全然蔑視《ぜんぜんべっし》して居《を》るのではありませぬ。ですから、一昨年遭難《いっさくねんさうなん》せられて薨去《こうきょ》になつた墺匈國《オーストリア》の皇太子《くわうたいし》の如《ごと》きも、某《ある》侍女《じぢょ》に懸想《けんさう》せられて、父帝《ちゝみかど》の意《い》に反《はん》し、家《いへ》の掟《おきて》に背《そむ》いて、強《し》いて彼《か》の女《ぢょ》を妃《ひ》とせられましたから、若《も》し帝位《ていゐ》に登《のぼ》られても妃《ひ》は皇后《くわうごう》には立《た》たせられぬといふ約束《やくそく》であつたと申します。其《そ》の他《た》、尊貴《そんき》の御身《おんみ》で、家柄《いへがら》の惡《わる》い者《もの》に婚《こん》せられた時《とき》には、或《ある》ひは其《そ》の貴《たふと》い家《いへ》の相續《さうぞく》を許《ゆる》されないとか、又《また》は親《おや》の財産《ざいさん》は分與《ぶんよ》せられぬとか言《い》ふ事《こと》になるのも少《すく》なからぬ事《こと》であります。が其《それ》も當人《たうにん》が承知《しょうち》で、家《いへ》は相續《さうぞく》しないでも可《よ》いと言《い》ひ、親《おや》の財産《ざいさん》は貰《もら》はなくても可《よ》いと申せば、彼等《かれら》が滿《まん》二十五歳《さい》に達《たつ》すれば、相互當人同士丈《さうごたうにんどうしだけ》の意思《いし》で、結婚《けっこん》する事《こと》の出來《でき》るやうになつて居《を》ります。況《いは》んや、普通一般《ふつういっぱん》の國民《こくみん》は男女成年《だんぢょせいねん》に達《たつ》すれば婚《こん》を求《もと》めて一家《いっか》を爲《な》す事《こと》ですから、全《まった》く己《おの》れが生《うま》れた家《いへ》と言《い》ふものは眼中《がんちゅう》にありませ

夫婦亡ぶれば家も亦滅す

衰へたる彼等は悲慘なり

ぬ。唯然《ただしか》るべき女子《ぢよし》を得《え》て婚《こん》すれば可《よ》いのでございます。勿論嫡子《もちろんちやくし》であれば、男子《だんし》の生《うま》れた家《いへ》を父《ちゝ》から貰《もら》ひ受《う》けて、住《す》むのは普通《ふつう》ですが、其の時《とき》は父母《ふぼ》は大抵別居《たいていべつきよ》するのが、是亦當然《これまたたうぜん》の事《こと》となつて居《を》ります。

要《えう》するに、西洋《せいやう》でも、貴族《きぞく》の舊家《きうか》は家《いへ》を貴《たふと》びます。其故假令《それゆゑたとへ》は、某家《ぼうけ》の姫宮《ひめみや》が、某家《ぼうけ》へ嫁《か》せられたと言《い》ふやうな事《こと》も彼等《かれら》の階級《クラス》では申しますが、是《これ》は社會一般《しやくわいいつぱん》に稱《しよう》するのではありませぬ。故《ゆゑ》に、新《あら》たに一家《いつか》をなした夫婦《ふうふ》に子《こ》が無《な》ければ、其《そ》の夫婦《ふうふ》の死《し》と共《とも》に家《いへ》は無《な》くなつても差支《さしつか》へありませぬ。其の遺産《ゐさん》は夫婦《ふうふ》の意志《いし》のまに／＼或處《あるところ》へ寄附《きふ》してしまはうが甥姪《おいめい》へ遣《や》らうが、勝手《かつて》であります。

斯《か》かる風俗《ふうぞく》は極《きは》めて簡單《かんたん》で、且自由《かつじいう》で、誠《まこと》に結構《けつこう》のやうですが、社會《しやくわい》の事《こと》は決《けつ》して完全《かんぜん》を許《ゆる》しませぬ。是等《これら》の人《ひと》の病氣《びやうき》した時《とき》や、‖其《それ》は裕《ゆた》かな人《ひと》は、早速病院《さつそくびやうゐん》にも入《い》り、名醫看護婦《めいゝかんごふ》にも頼《たの》みませうが。‖老後殊《らうごこと》に夫婦《ふうふ》の中《なか》の一人《ひとり》が缺《か》けてからなどは、誠《まこと》に寂寥《せきばく》な侘《わび》しげなものであります。是《これ》を思《おも》へば、家族主義《かぞくしゆぎ》で無《な》い家庭《かてい》は、其の若《わか》く華《はな》やかなる時代丈《じだいたけ》の幸福《かうふく》であつて、老《お》いて且衰《かつおとろ》へたる場合《ばあひ》は寧《むし》ろ悲慘《ひさん》であらうと存《ぞん》じます。

前述《ぜんじゆつ》の如《ごと》く、西洋《せいやう》では極少數《ごくせうすう》の貴族《きぞく》ばかりが、家《いへ》をも貴《たふと》びますから、從《したが》つて結婚《けつこん》も必《かなら》ずしも當人《たうにん》の意志《いし》でなくても、「是非當家《ぜひたうけ》は今度《こんど》は彼《あ》の家《いへ》から娘《よめ》は迎《むか》へねばならぬ」と言《い》ふやうな事《こと》もありますが、普通《ふつう》の人民《じんみん》では先右樣《まづみぎやう》な事《こと》は滅多《めつた》にありませぬ。けれ共《ども》、

彼等も嫌忌する系統の者あり

彼等が祖先を敬虔する念少なき謂れあり

日本帝國民は皆貴族とも言ひ得べき乎

吾等は自信力と自重心とを忘れてはならぬ

猶太《ジユー》と稱《しよう》して猶太人《ユダヤじん》を嫌《きら》ふ事《こと》は丁度吾《ちやうどわ》が國《くに》で、猶新平民《なほしんへいみん》を度外視《どぐわいし》するのと酷《よ》く似《に》て居《を》ります。して見《み》れば、彼《か》の家《いへ》といふものを尊敬《そんけい》せぬのは、種々《しゆ〴〵》の原因《げんいん》もありませうが、然《しか》し雜多《ざつた》の混合人種《こんがふじんしゆ》であつて、且所謂其《かついはゆるそ》の祖先《そせん》が、水草《すゐさう》を追《お》うて、放浪漂流《はうらうへうりう》した子孫《しそん》であつて見《み》れば、各自《かくじ》の心《こゝろ》にも己《おの》れが祖先《そせん》に對《たい》する敬虔《けいけん》の念《ねん》も左程厚《さほどあつ》く無《な》い等《など》の譯《わけ》もあつたか知《し》れませぬ。口穢《くちきたな》く申せば、何處《どこ》の牛《うし》の骨《ほね》か馬《うま》の骨《ほね》か解《わか》らぬから、探《さが》さぬ方《はう》が可《よ》いと言《い》ふやうな考《かんが》へがあつたかも解《わか》りませぬ。

併《しか》し、少數貴族《せうすうきぞく》の家柄《いへがら》を誇《ほこ》り、且却々是《かつなかなかこれ》を喧《やか》ましく言《い》ふ事《こと》を思《おも》ひますれば、矢張彼《やはりかれ》も亦家柄《またいへがら》の貴《たつと》いとか家系《かけい》の舊《ふる》いとか言《い》ふ點《てん》には重《おも》きを置《お》いて居《を》る事《こと》が解《わか》ります。

して見《み》れば、吾《わ》が日本帝國國民《にっぽんていこく〴〵みん》は殆《ほとん》ど皆混《みなまじ》り無《な》き貴族《きぞく》の末流《まつりう》であります。極言《きよくげん》すれば全國皆悉《ぜんこくみなこと〴〵》く貴族《きぞく》であるとも言《い》はれませう。即《すなは》ち吾人《ごじん》が紋《もん》を尋《たづ》ねて御覧《ごらん》なさい。皆其《みなそ》の本姓《ほんせい》が判《わか》ります。其《それ》はすべて源《みなもと》とか平《たいら》とか藤原《ふぢはら》とか、橘《たちばな》とか菅原《すがはら》とかの支流《しりう》であります。して見《み》れば、吾《わ》が國民《こくみん》の家《いへ》を大切《たいせつ》にして、女子《ぢよし》が家《いへ》に嫁《か》したと言《い》ふ事《こと》も、決《けつ》して謂《いは》れ無《な》き事《こと》ではありませぬ。是《これ》と同時《どうじ》に、吾等《われら》は、自信力《じしんりよく》と自重心《じちようしん》とを忘《わす》れてはなりませぬ。若《も》しも祖先《そせん》が此《こ》の上《うへ》も無《な》く貴《たつと》いのに、其の子孫《しそん》は譬《たと》へやうも無《な》い卑《いや》しい人格《じんかく》であつたら何《なん》と致《いた》しませう。實《じつ》に上《かみ》は祖先《そせん》に對《たい》して、誠《まこと》に恐縮千萬《きようしゆくせんばん》な處《ところ》では無《な》い。眞成《ほんとう》に泰然《じつ》としては居《を》られぬ程《ほど》、何《なん》とも申譯《まをしわけ》が無《な》いではありませぬか。故《ゆゑ》に、吾等《われら》の祖先《そせん》が貴《たつと》く家系《かけい》

省みて祖先に恥ぢざらんや

が立派《りつぱ》であると同時《どうじ》に、益々《ます〱》正當《せいたう》に奮勵邁進《ふんれいまいしん》【7】する覺悟《かくご》が無《な》ければなるまいと思《おも》ふのでございます。ちと、咄《はな》しが岐路《わきみち》に逸《そ》れましたから是《これ》で筆《ふで》を擱《さしお》きませう。

三　義《ぎ》の結合《けつがふ》と情《じやう》の結合《けつがふ》

彼我の根本相異

　吾《わ》が國《くに》の結婚《けつこん》は、或時代《あるじだい》に於《お》いては、餘《あま》りに當人同士《たうにんどうし》の意思《いし》を無視《むし》し、且現今《かついま》と雖《いへど》もまだ父母《ふぼ》や周圍《しうゐ》の人《ひと》の考《かんが》へにのみに一任《いちにん》する向《むき》の猶《なほ》あるとすれば、それは眞理《しんり》なりとは申されますまい。‖何《なに》を適當《てきたう》とするかといふ卑見《ひけん》は後章《こうしや》に申《まを》します。‖けれ共《ども》、我《われ》と彼《かれ》とは、此《こ》の結婚問題《けつこんもんだい》に就《つ》いての、根本《もと》が違《ちが》ふのであると言《い》ふ事《こと》を、先心得《まづこゝろえ》て置《お》かなければならぬのであります。

　即《すなは》ち其《それ》は何《なに》かと申しますれば、我《われ》の婚姻《こんいん》は、先義《まづぎ》を以《も》つて結合《けつがふ》しようとしたのです。彼《かれ》の婚姻《こんいん》は寧《むし》ろ情《じやう》を以《も》つて結《けつ》合するものと信《しん》じて居《を》ります。‖勿論西洋《もちろんせいやう》にも段々《だん〱》是《こ》の異論者《いろんしや》もありますけれ共《ども》、先大方《まづおほかた》は夫婦《ふうふ》は愛情《あいじやう》の結合《けつがふ》を以《も》つて唯一《ゆゐ》の條件《でうけん》として居《を》りま

【7】気力をふるい起こして、努め励み、目標に向ってひたすら進むこと。

義の結合には敬意加はる

兄弟は四肢の如し

夫婦は衣服の表裏の如し

義の結合には助け多し

す。

義《ぎ》の結合《けつがふ》には敬意《けいい》が加《くは》はつて居《を》ります。が、稍《やゝ》もすれば固《かた》くなり嚴《おごそ》かになり過《す》ぎます。其情《じやう》の結合《けつがふ》は愛《あい》が深《ふか》くありますが、一歩《いつぽ》を過《あやま》れば、だらし無《な》くなり、緩《ゆる》きに過《す》ぎます。其の孰《いづ》れにも長短《ちやうたん》はありまするが、何《ど》ちらが寧《むし》ろ破裂《はれつ》が少《すく》ないか、風波《ふうは》が起《おこ》らぬかと申したならば、其《それ》は寧《むし》ろ義《ぎ》の結合《けつがふ》の方《はう》が、却《かへ》つて平靜《へいせい》であり永久《えいきう》であります。然《しか》らば、何故《なぜ》情《じやう》の結合《けつごう》の方《はう》が是《これ》に反《はん》した結果《けつくわ》を見《み》るかと申しまするならば、是《これ》には種々《しゆ〴〵》の原因《げんいん》もありませうが、要《えう》するに、情一點張《じやういつてんばり》で結《むす》び合《あ》つたものには、何《だ》うしても敬意《けいい》が加《くは》はり悪《にく》うございます。所謂心易立《いはゆるこゝろやすだ》てが生じます。丁度一《ちやうどひと》つ所《ところ》で育《そだ》つた兄弟《きやうだい》は兎角常《とかくつね》に喧嘩口論《けんくわこうろん》をするやうな事《こと》が多《おほ》いのと同《おな》じです。所《ところ》が、兄弟《きやうだい》は同《おな》じ體《からだ》について居《を》る四肢《てあし》のやうなものですから、喧嘩《けんくわ》をしても容易《ようい》に全《まつた》く離れてしまふ事《こと》は出來《でき》ませぬが、夫婦《ふうふ》は昔《むかし》の人《ひと》も申《まを》したやうに全く衣服《いふく》の裏表《うらおもて》のやうなものですから、和合《わがふ》して居《を》る時《とき》は手《て》や足《あし》と違《ちが》つて密接《みつせつ》の關係《くわんけい》を以《も》つて居《ゐ》て誠《まこと》に親《した》しいものですが、一旦衣服《たんいふく》の裏《うら》と表《おもて》とをばら〳〵に解《と》いてしまへば最早互《もはやたが》ひに何《なん》の關係《くわんけい》も無《な》くなるのと同《おな》じ事《こと》で、甚《はな》だつまらぬものであります。然《しか》るに、夫婦相互《ふうふさうご》の破裂《はれつ》といふものは、互《たが》ひに敬意《けいい》の乏《とぼ》しきに因《よ》る事《こと》が少《すく》なくありませぬ。是《これ》は義《ぎ》の結合《けつがふ》よりも寧《むし》ろ情《じやう》の結合《けつがふ》の方《はう》に澤山其《たくさんそ》の例《れい》を見《み》る事《こと》であります。

先義《まづぎ》の結合《けつがふ》と申しまするは、親々《おや〴〵》が心配《しんぱい》をして、是《これ》ならば可《よ》からうとて定《き》めたとか、

義の結合は當人の覺悟固し

義の結合には愛は無いか否

乳母と里子との例

或《ある》ひは近親々友《きんしん〱いう》が探《さが》してくれたとか、世話《せわ》を焼《や》いたとか、又《また》は單《たん》に何等《なんら》かの義《ぎ》によつて、假令《たとへ》ば親友《しんいう》の遺族《ゐぞく》を娶《めと》つたとか言《い》ふやうなのは、當人同士《たうにんどうし》にしても、親々《おや〱》や其の他《た》の人《ひと》にしても、縱令多少《よしやたせう》不十分《ふ》《ぶん》の事《こと》があつても、先《まづ》なるべくは穩便《おんびん》に納《おさ》めたいと希《こひねが》ふのであります。

況《いは》んや當人《たうにん》に在《あ》りては、右《みぎ》からも左《ひだり》からも種々《さま〱》の注意《ちうい》や心得《こゝろえ》を與《あた》へられたり聞《き》かせられたりして見《み》れば、益々心《ます〱こゝろ》の緒《を》も緊張《ひきしま》つて居《を》る譯《わけ》であります。

其《それ》ならば、何等《なんら》かの義理《ぎり》、又《また》は正《たゞ》しき道《みち》によつて結《むす》ばれた縁同士《えんどうし》であれば、相互《さうご》に更《さら》に愛情《あいじやう》といふものは無《な》いやうに思《おも》はれませう。然《しか》らば、斯《か》かる夫婦《ふうふ》は唯義理《たゞぎり》一遍《いつぺん》に繫《つな》がれて、互《たが》ひに務《つと》め合《あ》つて居《を》るのかとも言《い》はれませう。が、其《それ》は一年か半《はん》年ならばいざ知《し》らず、一生《いつしやう》の苦樂《くらく》を共《とも》にするのに、左様々々《さう〱》務《つと》めて居《を》られたものではありませぬ。其《それ》はよく〳〵の事《こと》が無《な》ければ、不思議《ふしぎ》に相互間《さうごかん》に溫《あたた》かい情愛《じやうあい》は生《しやう》じて來《き》て、漸々《ぜん〱》是《これ》が深《ふか》く厚《あつ》くなつて往《ゆ》くものであります。

是《これ》は乳母《うば》の上《うへ》にも見《み》る事《こと》が出來《でき》ます。彼《あ》の乳母《うば》は、勿論給料《もちろんきふれう》を得《え》ようが爲《ため》に傭《やと》はれて來《く》るのです、哺乳《ほにう》せらるゝ赤兒《あかご》には勿論何《もちろんなん》の意《こゝろ》もありませぬ。然《しか》るに其《それ》が一年二年と哺乳《ほにう》して居《を》る間《うち》に、乳母《うば》は吾《わ》が親《しん》みの兒《こ》よりも養《やしな》ひ君《ぎみ》の方《はう》が鐘愛《いとほ》しくなり、大事《だいじ》になつて來《く》る事《こと》は、一向珍《いつかうめづ》らしからぬ例《れい》であります。又里子《またさとご》を預《あづか》つた里親《さとおや》は其《そ》の子《こ》に、馴《な》れ睦《むつ》

義より生じたる愛は清くして正し

情よりして義を生ずる事も無きに非ず

情の結合には助け少なし

むに従《したが》つて、吾《わ》が生《う》みの子《こ》よりも可愛《かあい》くなる例《れい》も亦決《またけつ》して尠《すく》なからぬのであります。

そして、義《ぎ》の結合《けつがふ》より生《しやう》じた愛《あい》は何《ど》うしても敬《けい》が加《くは》はつて居《を》ります。且其《かつそれ》は何《なん》となく清《きよ》らかであり正《たゞ》しくあります。

彼《か》の名利問題《めいりもんだい》や金錢問題以外《きんせんもんだいいがい》に結合《けつがふ》せる、君臣《くんしん》や朋友《ほういう》は、皆義《みなぎ》といふものが連鎖《れんさ》になり、根柢《こんてい》になつて居《を》ります。夫婦《ふうふ》の間《あひだ》と雖《いへど》も亦是《またこ》の範圍《はんゐ》は免《まぬ》がれぬのでございます。是則《これすなは》ち吾《わ》が國武門政治時代《くにぶもんせいぢじだい》の夫婦間《ふさいかん》は、大抵當人同士《たいていたうにんどうし》の愛情《あいじやう》から起《おこ》つて結《むす》び合《あ》ふたものは、極《きは》めて僅少《きんせう》であつたにも關《かゝわ》らず、存外《ぞんぐわい》に圓滿《ゑんまん》に平和《へいわ》に、而《し》かも其の相互《さうご》の情愛《じやうあい》は存外《ぞんぐわい》に却々淺《なか／＼あさ》からぬもの美《うるは》しいものであつた事《こと》も、多《おほ》くの例證《れいしよう》によつて知《し》る事《こと》が出來《でき》るのであります。

併《しか》し情《じやう》の結合《けつがふ》にも亦自《またおのづか》ら其所《そこ》に敬意《けいい》を生《しやう》じ、義《ぎ》を履《ふ》む事《こと》によつて、正しく清らかになつて往《ゆ》く事《こと》も稀《まれ》にはあります。けれ共《ども》、此《こ》の例證《れいしよう》は前者《ぜんしや》に比《ひ》して極《きは》めて僅少《きんせう》であります。且其《かつそれ》は其《そ》の夫《をつと》たる人《ひと》が優《すぐ》れた人物《じんぶつ》であつたが爲《ため》に、漸次《ぜんじ》其の妻《つま》をして敬服《けいふく》せしめたとか、或《ある》ひは又其《そ》の妻《つま》なる人《ひと》が貞淑《ていしゆく》な德《とく》の高い人《ひと》で、常《つね》に己《おの》れを愼《つゝし》んで、克《よ》く夫《をつと》に事《つか》へたとかの場合《ばあい》に、先見《まづみ》る事《こと》が出來《でき》るのみでありませう。

それから又《また》、後者《こうしや》は單《ひと》り當人同士《たうにんどうし》の心《こゝろ》がけや行《おこな》ひのみを攻《せ》める譯《わけ》には參《まゐ》りませぬ。若《も》しも男女相互《だんぢよさうご》の愛情《あいじやう》のみを以《も》つて結《むす》び合《あ》うた場合《ばあひ》には何《ど》うしても始《はじ》めから是《これ》に不承知《ふしようち》を

知情意の方面より見たる二個の結合

稱《とな》へた人《ひと》や、左樣《さう》で無《な》くとも何《なん》と無《な》く妬《ねた》ましいやうな心持《こゝろもち》で居《を》る人々《ひと〴〵》が、事《こと》あれかしと思《おも》ふやうにもなる所《ところ》の周圍《しうゐ》の空氣《くうき》が、稍《や》もすれば毛《け》を吹《ふ》いて瑕《きず》を求《もと》めようと致《いた》します。是等《これら》多方面《たはうめん》の攻擊《かうげき》を凌《しの》ぎ、萬難《ばんなん》を排《はい》して、其《そ》の全《まつた》きを得《う》る人《ひと》ならば、其《それ》は必《かなら》ず優《すぐ》れた人《ひと》、力《ちから》ある人《ひと》であります。然《しか》らざれば、何等《なんら》か特別《とくべつ》の助《たす》けがあらねばなりませぬ。

「結婚後數月若《けつこんごすうげつもし》くは一ヶ年の後《のち》には、必《かなら》ず結婚《けつこん》を悔《く》ゆる事《こと》あるべし」と米國《べいこく》の醫學《いがく》博士《はかせ》ナフヘース氏《し》【8】が言《い》つたり、又《また》「夫婦《ふうふ》の最大《さいだい》の幸福《かうふく》は結婚前數《けつこんぜんすう》ヶ月《げつ》の間《あひだ》なり」といふ。西洋《せいやう》の諺《ことわざ》の如《ごと》きは、即《すなは》ち彼等《かれら》の結婚《けつこん》が多《おほ》く情《じやう》の結合《けつがふ》から起《おこ》り、其《それ》は却《かへ》つて破《やぶ》れる事《こと》冷《さ》める事《こと》の速《すみや》かなる事《こと》を自白《じはく》して居《を》るのであります。是《これ》自由意思《じいういし》を尊重《そんちよう》した結婚《けつこん》の存外《ぞんぐわい》、其《そ》の希望《きばう》に反《はん》して、圓滿平和《ゑんまんへいわ》の終局《しうきよく》を見《み》る事《こと》が尠《すく》ない事《こと》になる譯《わけ》であります。

そして、義《ぎ》の結合《けつがふ》は何《ど》うしても、意思的方面《いしてきはうめん》の力《ちから》が強《つよ》くあります。從《したが》つて知的方面《ちてきはうめん》も明《あき》らかなる事《こと》を得《う》るのであります。然《しか》るに、情《じやう》の結合《けつがふ》は、何《ど》うしても是《これ》とは反對《はんたい》なるを免《まぬ》がれませぬ。乃《すなは》ち西語《せいご》に所謂《いはゆる》「戀愛《れんあい》は盲目《まうもく》である」が爲《ため》に知《ち》の光《ひかり》は曇《くも》ります。意思《いし》の力《ちから》は弱《よわ》くなります。故《ゆゑ》に情《じやう》の結合《けつがふ》には破綻《はたん》の生《しやう》じ易《やす》い道理《だうり》ではありませぬか。

【8】未詳。

四　彼我《ひが》希望《きばう》の異同《いどう》

東洋《とうやう》の思想《しさう》や風俗《ふうぞく》が、知《し》らず／＼の間《あひだ》に、西洋《せいやう》の其《それ》に接近《せつきん》し、西洋《せいやう》の思想風俗《しさうふうぞく》も亦《また》何時《いつ》の間《ま》にか東洋《とうやう》の其《それ》に混和《こんわ》しつゝ、行《ゆ》く今日《こんにち》に在《あ》つては、東洋《とうやう》の某人《あるひと》は全《まつた》く西洋風《せいやうふう》に、西洋《せいやう》の某者《あるもの》は殆《ほとん》ど東洋風《とうやうふう》に擬《ぎ》する向《むき》も漸々《ぜん／＼》生《しやう》じて來《き》たのでありますから、此《こ》の求婚《きうこん》の希望《きばう》を説《と》くにも判然《はんぜん》と彼我《ひが》を區別《くべつ》することは甚《はなは》だ困難《こんなん》でございます。

そして、東西求婚《とうざいきうこん》の希望《きばう》と申《まを》しましても、時代《じだい》によつて大分《だいぶん》の相違《さうゐ》があります。ですから、自分《わたくし》は茲《こゝ》に參考《さんかう》としたいと思《おも》ふ例證《れいしよう》は、便宜上《べんぎじやう》なるべく現代及《げんだいおよ》び現代《げんだい》に近《ちか》い時《とき》の事《こと》に致《いた》したいと存《ぞん》じます。

我等男子の求婚第一條件

彼等男子の求婚第一條件

扨吾《さてわ》が近世《きんせい》から明治《めいぢ》の頃迄《ころまで》の求婚者《きうこんしや》は、男子《だんし》からしては、矢張血統《やはりけつとう》‖乃《すなはち》家庭《かてい》を含《ふく》む‖の正《たゞ》しい、氣立《きだて》の良い、容貌《ようぼう》の美《うつく》しいと言《い》ふ事《こと》が第一《だいいち》の條件《でうけん》で、是《これ》に亞《つ》ぐものは、其《そ》の家《いへ》の財産地位《ざいさんちゐ》、其《それ》から教育《けういく》の程度《ていど》、體格《たいかく》の如何《いかん》といふ位《くらゐ》であつて、其等《それら》は殆《ほとん》ど第《だい》二條件《でうけん》でありました。西洋《せいやう》では、最近迄《さいきんまで》は、求婚者《きうこんしや》の第一希望《だいいちきばう》の條件《でうけん》は、先普通財産《まづふつうざいさん》、體格及《たいかくおよ》び教育《けういく》の程度《ていど》であります。そして是《これ》に亞《つ》ぐものは、容貌《ようぼう》、地位及《ちゐおよ》び性質《せいしつ》、血統《けつとう》でありませう。

則《すなは》ち彼《かれ》の先第《まづ》一に欲《ほつ》する所《ところ》は、愛情《あいじやう》であり、財産《ざいさん》であり、健康《けんかう》であり、教育《けういく》であります。是《これ》によつて見《み》ましても、如何《いか》に彼等《かれら》が結婚《けつこん》の根本義《こんほんぎ》に相違《さうい》のある事《こと》と、及《およ》びその社會《しやくわい》の生存競争《せいぞんきやうさう》が劇烈《げきれつ》であるかゞ解《わか》りませう。其《それ》は何《ど》うしても金力體力知力《きんりよくたいりよくちりよく》を以《も》つて、あらゆる競争《きやうさう》は打《う》ち勝《か》つて往《ゆ》かなければならぬからであります。其《それ》は最早《もはや》現今《いま》の社會《しやくわい》では、女子《ぢよし》は、夫《をつと》の活動《はたらき》に任《まか》せて、平然安然《へいぜんあんぜん》として居《を》る事《こと》が出來《でき》ぬからであります。そして我《われ》に愛深《あいふか》きや否《いな》やといふ事《こと》は勿論《もちろん》、彼等《かれら》にとりての大問題《だいもんだい》であります。是亦彼等《これまたかれら》は個人主義《こじんしゆぎ》の人達《ひとたち》でありますから、この條件《でうけん》が最《もつと》も大切《たいせつ》である事《こと》も首肯《しゆかう》せらるゝではありませぬか。

我等女子の求婚
第一條件

又《また》吾《わ》が女子《ぢよし》の方《はう》からの求婚希望《きうこんきばう》は ‖ と申《まを》しても是《これ》は當人《たうにん》といふよりも、寧《むし》ろ父母《ふぼ》等《など》からでありましたが、 ‖ 是亦血統《これまたけつとう》、人格《じんかく》が第一條件《だいいちでうけん》で、此《こ》の血統《けつとう》には、家柄《いへがら》の含《ふく》まれて居《を》る事《こと》は勿論《もちろん》であります。其《そ》の人格《じんかく》といふ事《こと》は、先正直《まづしやうぢき》な雄々《おゝ》しい事《こと》で、そして武士《ぶし》であれば、天晴《あつぱれ》【9】君《きみ》の御役《おやく》に立《た》つべき人《ひと》、庶民《しよみん》であれば、眞面目《まじめ》に家業《かけふ》に精出《せいだ》す人《ひと》と希望致《きばういた》しました。次《つぎ》が財産體質《ざいさんたいしつ》でありますが、女子《ぢよし》の方《はう》からでは、餘程點引《よほどてんびき》の人間《にんげん》が、浮《う》いた家業《かけふ》の女子等《ぢよしなど》で無《な》ければ、男子《だんし》の容貌《ようぼう》といふ事《こと》は、縦令思《たとへおも》うても、耻《は》ぢて口《くち》へは

【9】ほめたたえる気持ちを表すときに発する語。すばらしい。みごとである。

彼等女子の求婚第一條件

英國の紳士は溫順を意味す

彼我の希望反對の傾向を見る

出《だ》さなかつたのであります。

然《しか》るに、西洋《せいやう》では、求婚《きうこん》せる女子《ぢよし》其《そ》の者《もの》の注文希望《ちうもんきばう》が却々《なか〳〵》喧《やか》ましいのでございます。先《まづ》其の第一條件は、勿論《もちろん》、彼《か》の女《ぢよ》に對《たい》する愛情《あいじやう》であります。けれ共《ども》、財産《ざいさん》の豊富《ほうふ》と、健強《けんきやう》なる體格《たいかく》とは、彼《か》の女《ぢよ》の最《もつと》も重大《じうだい》なる希望條件《きばうでうけん》であります。そして、是《これ》に亞《つ》ぐ者《もの》は風采《ふうさい》の立派《りつぱ》な事《こと》、品行《ひんかう》の可《よ》い事《こと》、活《はた》らきのある事《こと》で是等《これら》も隨分喧《ずゐぶんやか》ましく申すのであります。彼《か》の女《ぢよ》が、夫《をつと》に對《たい》しての希望《きばう》は、能《あた》ふべきたけ、立派《りつぱ》な裝飾《さうしよく》や衣服《いふく》を着《き》せて、そして自由《じいう》を與《あた》へてくれよと言《い》ふのです。乃《すなは》ち享樂主義《きやうらくしゆぎ》、利己主義《りこしゆぎ》であります。故《ゆゑ》に、我《わ》が國《くに》の男子《だんし》が女子《ぢよし》に柔順《じうじゆん》を希望《きばう》すると同《おな》じやうに、彼等女子《かれらぢよし》は、男子《だんし》にも柔順《じうじゆん》なるを希望《きばう》したのであります。彼《か》の英國《えいこく》の紳士《ゼントルマン》なる者《もの》は、所謂柔順《いはゆるじうじゆん》であらなければならぬ。溫順《をんじゆん》でなければ即《すなは》ち紳士《ゼントルマン》では無《な》いのでございます。

然《しか》るに時勢《じせい》の變遷《へんせん》は實《じつ》に不可思議《ふかしぎ》なものであります。我《わ》が國《くに》の女子《ぢよし》は、全《まつた》く其《そ》の良人《りやうじん》の意《い》に唯是順《たゞこれしたが》ひて常《つね》に過《あやま》ち無《な》からん事《こと》を希《こひねが》うて居《ゐ》たのだが、近來《きんらい》は却々《なか〳〵》彼等西洋婦人《かれらせいやうふじん》にも負《ま》けない程《ほど》の條件《でうけん》を持《も》ち出《だ》して、やれ良人《りやうじん》の愛《あい》が薄《うす》いからつまらぬの、自由《じいう》を許《ゆる》さないから嫌《いや》だのと意張《いば》り出《だ》す人《ひと》がぽつ〳〵見《あらは》れて參《まゐ》りました。是《これ》に反《はん》して西洋《せいやう》では奇妙《きみやう》な現象《げんしやう》を呈《てい》して來《き》ました。其《それ》は今《いま》より二三十年はかり以前《いぜん》から徐々《そろ〳〵》聞《きこ》え始《はじ》めた事《こと》で、段々《だん〳〵》此の傾向《けいかう》は多《おほ》くなつて往《ゆ》くやうだと申《まを》します。そは何《なに》かと申しますると、佛蘭西《フランス》の巴里《パリー》つ子《こ》、即《すなは》ち巴里《パリー》の都《みやこ》の女子《ぢよし》の中《なか》には彼《か》の女《ぢよ》の求婚希望《きうこんきばう》が大層異《たいそうことな》つて來《き》て、彼等《かれら》の或者《あるもの》は申します、「自分《じぶん》は幾《いく》ら亂暴《らんばう》でも、多少愛情《たせうあいじやう》は薄《うす》くても可《よ》いから、男《をとこ》らしい強《つよ》い人《ひと》に嫁《ゆ》きたい。そして、其《そ》の良人《りやうじん》なる人《ひと》は、時々《とき〳〵》、自分《じぶん》が誤《あやま》つた事《こと》や、氣《き》に喰《く》はぬ事《こと》を見出《みい》だした節《をり》には、遠慮《えんりよ》無《な》く叱責《しつせき》して、少《すこ》し體罰《たいばつ》を加《くは》へる位《くらゐ》な、手暴《てあら》な事《こと》をして欲《ほ》しい。唯《たゞ》、妻《つま》の言《い》ふ事《こと》には逆《さか》らはず、惟々諾々《はい〳〵》と言《い》つて居《ゐ》たり、にや〳〵と笑顔《ゑがほ》ばかり見《み》せて居《を》るやうな温柔《やさし》げな男子《だんし》は嫌《いや》であるとの事《こと》です。

其例證

是等《これら》の傾向《けいかう》の實例《じつれい》を示《しめ》した咄《はな》しがあります。巴里《パリー》の某所《あるところ》の二階《かい》で、夜中《やちう》、女子《ぢよし》が悲鳴《ひめい》を擧《あ》げて居《を》る其《それ》に混《まじ》つて鞭《むち》つ音《おと》が聞《きこ》えるので、巡廻《じゆんくわい》の巡査《じゆんさ》が驚いて其《そ》の聲《こゑ》を尋《たづ》ねて往《い》つて驅《か》け上《あが》つて見《み》ると、夫《をつと》らしい男子《だんし》が杖《つゑ》を振《ふ》り上《あ》げて居《を》る。妻《つま》らしい女子《ぢよし》がひれ伏《ふ》して泣《な》いて居《を》りますから、巡査《じゆんさ》は其《そ》の中《なか》に割《わ》り込《こ》んで、「何《ど》う言《い》ふ事《こと》か知《し》りませんが、夫人《マダム》を鞭《う》つなんて飛《と》んでも無《な》い事《こと》だ。早《はや》く止《や》めなさい。止《や》めなければ拘引《かういん》しますぞ」と嚇《おど》しましたら、實《じつ》に意外《いぐわい》々々《〳〵》……意外《いぐわい》にも、鞭執《むちと》る男子《だんし》は何《なん》とも答《こた》へぬ間《うち》に打《う》たれつゝある婦人《ふじん》は屹《きつ》と巡査《じゆんさ》を睨《にら》んで、黄《き》いろい聲《こゑ》を振《ふ》り絞《しぼ》つて貴官《あなた》、何《なん》だつて他《ひと》の寢所《しんじよ》へ夜中《やちう》に蹈《ふ》み込《こ》みました。早《はや》く歸《かへ》つて下《くだ》さい。早《はや》く〳〵」と床《ゆか》を靴《くつ》の尖《さき》で堂々《どん〳〵》蹈《ふ》んで叫《さけ》びます。巡査《じゆんさ》は婦人《ふじん》の口《くち》からは、「マア御深切《ごしんせつ》に有難《ありがた》う」と、兎《と》に角先禮《かくまづれい》の辭《じ》を發《はつ》するだらうと思《おも》つたのに相違《さうゐ》して、自分《じぶん》を叱《しか》りつけるやうに申《まを》したので腹《はら》も立《た》ちましたが、是《こ》の婦人《ふじん》は屹度《きつと》狂人《きちがひ》だらうと考《かんが》へて更《さら》に物柔《ものやさ》しく、「貴婦《あな》氣《たき》を鎭《しづ》めて確乎《しつかり》なさい。又《また》何《なん》だつて此様《こん》な婦人《ふじん》を鞭《むちう》つのです。」と夫《をつと》に對《むか》つて言《い》ふや否《いな》や婦人《ふじん》は、「解《わか》らない人《ひと》ですネ。餘計《よけい》な御世話《おせわ》です。自分《わたし》の夫《をつと》はネ、豪《えら》い人《ひと》です。男《をとこ》らしい人《ひと》です。今《いま》自分《わたくし》が夫《をつと》に對《むか》つてつい失禮《しつれい》をいたしたので、自分《じぶん》を折檻《せつかん》して下《くだ》さるのです。實《じつ》に自分《わたくし》は、身體《からだ》を打《う》たれる傷《いた》さを、身《み》に浸《し》み〴〵と覺《おぼ》えると同時《どうじ》に、眞成《ほんとう》に是程迄《これほどまで》にして、自分《わたくし》を戒《いまし》めて下《くだ》さる良人《をつと》の深切《しんせつ》が今更《いまさら》に有難《ありがた》くて、思《おも》はず聲《こゑ》を出《だ》して泣《な》いたのです。」ネエ郎君《あなた》、有難《ありがた》いわネエ。」と言《い》ふなり婦人《ふじん》は夫《をつと》の足下《あしもと》に身《み》を抛《な》げて夫《をつと》の鞭《むち》に接吻《くちづけ》しながら復《また》をい〳〵と泣《な》き出《だ》しましたので、巡査《じゆんさ》は益々《ます〳〵》驚《おどろ》いて夢中《むちう》で階段《かいだん》を驅《か》け下《お》りてさつさと往《い》つてしまいました。後《あと》から右《みぎ》の巡査《じゆんさ》が調《しら》べて見《み》ると、此《こ》の婦人《ふじん》は全《まつた》く、西洋《あちら》の新《あた》らしい女《をんな》で手酷《てひど》くする男子《だんし》に嫁《か》したいと希望《きぼう》して嫁《とつ》いで來《き》たのだつたさうです。近所《きんじよ》の人《ひと》は、「あのやうな事《こと》は始終《しじう》ありますが、平生《ふだん》は誠《まこと》に〳〵仲《なか》の善《よ》ひ配偶《つれあひ》です」と申《まを》した由《よし》でございます。

西洋《あちら》の新《あた》らしい女《をんな》は、夫《をつと》に柔順《じうじゆん》になつて、日本《にほん》の新《あた》らしい女《をんな》は、夫《をつと》に不柔順《ふじうじうん》になつたとは一寸《ちよつと》奇妙《きみよう》な現象《げんしやう》ではありませぬか。

又《また》是《これ》は極近《ごくちか》い頃《ころ》の事《こと》です、或《ある》日本《につぽん》の實業家《じつげふか》某《ぼう》が米國《べいこく》の富豪《ふがう》で現《げん》に代議士《だいぎし》になつてる人《ひと》の宅《たく》を尋《たづ》ねました。久々《ひさ〴〵》であるからとて引《ひ》き止《と》められて暫《しばら》く咄《はな》しをして居《を》ると茶菓《ちやくわ》が出《で》ました。すると、「是《これ》は、妻《つま》であります」とて、主人《しゆじん》から紹介《ひきあは》された婦人《ふじん》は年齢《ねんれい》四十歳に近《ちか》からうと思《おも》ふ程《ほど》の人《ひと》でしたが、如何《いか》にも肅《つゝま》しやかに、俯伏《うつむ》きがちに、何《なに》くれと主客《しゆかく》の世話《せわ》をして、末座《まつざ》に腰掛《こしか》けて居《を》られまして、此方《こちら》から咄《はな》しかけねば、一向先方《いつかうあちら》からは咄《はな》しもせず、何事《なにごと》も夫《をつと》の指揮《さしづ》を待《ま》つて致《いた》して居《を》る工合《ぐあひ》が全《まつた》く日本《につぽん》の舊家庭《きうかてい》を見《み》るやうでした。其《そ》の日《ひ》は其《それ》で辭《じ》して還《かへ》つて、他日《たじつ》、其《そ》の人《ひと》の會社《くわいしや》へ往《い》つて用談《ようだん》が濟《す》んでから、「先日《せんじつ》は誠《まこと》に御好遇《ごかうぐう》に預《あづか》つて有難《ありがた》かつた。夫人《ふじん》には始《はじ》めて拜顔《はいがん》したが、貴下《あなた》の御家庭《ごかてい》は何《ど》うも吾《わ》が日本《につぽん》の家庭《かてい》のやうですが、夫人《ふじん》は矢張米國《やはりべいこく》の方《かた》ですか」と問《と》ひましたら、主人《しうじん》は、「左様《さやう》、矢張米国人《やはりべいこくじん》です。貴下《あなた》は妻《つま》の擧動《きよどう》や、家庭《かてい》の容子《ようす》に御氣附《おきづき》でしたか。其《それ》は有難《ありがた》い。自分及《わたくしおよ》び自分《わたくし》の妻《つま》は西洋《せいやう》の夫婦間及《ふうふかんおよ》び家庭《かてい》の風《ふう》が嫌《きら》ひで、言《い》はゞ東洋風《とうやうふう》即《すなは》ち日本風《につぽんふう》を慕《した》つて居《を》るのです。それですから妻《つま》は極《きは》めて柔順《じうじゆん》であり、自分《わたくし》は妻《つま》に對《たい》しては隨分嚴格《ずいぶんげんかく》でありますが、是《これ》で居《ゐ》て、家庭《かてい》は最《もつと》も圓滿《えんまん》です。吾等一斑《われらいつぱん》の夫婦間《ふうふかん》は、甚《はなは》だ不自然《ふしぜん》であります。夫《をつと》、唱《とな》へ妻隨《つましたが》ふ東洋《とうやう》の家庭《かてい》は寧《むし》ろ自然《しぜん》であります。米國《べいこく》でも近來《きんらい》は女子《ぢよし》が男《をとこ》らしい男《をとこ》と言《い》ふよりも、寧《むし》ろ剛頑《がうぐわん》【10】な男《をとこ》に嫁《か》したい妻《つま》は飽《あ》くまで夫《をつと》には服從《ふくじう》したいと希望《きばう》する者《もの》がぽつ〳〵出來《でき》て來《き》ました。と申したさうでございます。

して見《み》れば、彼我今後《ひがこんご》の趨勢《すうせい》は、何《ど》んな風《ふう》になつて行《ゆ》くかは、一寸解決《ちよつとかいけつ》し難《にく》うござい

【10】力が強く、いたって丈夫なこと。

彼等貴族の破格的結婚

ますが、要《えう》するに或程度迄《あるていどまで》は混合《こんがふ》したものが出來《でき》るであらうと存《ぞん》じます。が、餘《あま》りに、新風潮《しんふうてう》に心酔《しんすゐ》して、先方《せんぽう》で捨《す》てたものを、遲蒔《おそまき》を此方《こちら》で拾《ひろ》ふ等《など》の事《こと》の無《な》いやうに致《いた》したいものであります。勿論《もちろん》、彼我共《ひがとも》に取除《とりの》けのある事《こと》は勿論《もちろん》でありまするし、西洋《せいやう》の貴族《きぞく》社會《しやくわい》には、存外他《ぞんぐわいた》の美貌《びばう》や才知《さいち》の爲《ため》に眩惑《げんわく》されて、意外《いぐわい》な破格《はかく》な結婚《けつこん》を希望《きばう》する人《ひと》も、稀《まれ》にはあるのでございます。是《これ》は何《ど》うしても日本《につぽん》よりも、猶一層自由《なほいつそうじいう》の風《かぜ》が吹《ふ》き廻《まは》して居《を》る所《ところ》から、高貴《かうき》の方《かた》も卑賤《ひせん》の者《もの》にも近《ちか》づき易《やす》い等《たう》の譯《わけ》からでもありませう。

五　男女年齢《だんぢよねんれい》の相違《さうゐ》

彼我婚者の年齢

男女結婚《だんぢよけつこん》の年齢《ねんれい》は、從來《じうらい》の經路《けいろ》を見《み》ますると、概《がい》して先日本《まづにつぽん》は早婚《さうこん》の傾《かたむ》きがあり、西洋《せいやう》は晩婚《ばんこん》の風《ふう》でありましたが、是《これ》も亦相互《またさうご》漸々《ぜん〳〵》相接近《あひせつきん》し相混化《あひこんくわ》して來《く》るやうであります。是《これ》に就《つ》いて先法律《まづほうりつ》の許《ゆる》す所《ところ》の、彼我《ひが》の婚期《こんき》を左《さ》に掲《かか》げて見《み》ませう。

東西法定結婚《とうざいはふていけつこん》の年齢《ねんれい》

一、日本《につぽん》　男満《をとこまん》十七歳《さい》より、女満《をんなまん》十五歳《さい》より　明治三十一年六月發布民法七百六十五條による

二、英吉利《イギリス》　男満《をとこまん》十四歳《さい》より、女満《をんなまん》十二歳《さい》より　英國のが一番年少であるのは古き法律の儘だからである

三、露西亞《ロシヤ》　男滿《をとこまん》十八歳《さい》より、女滿《をんなまん》十六歳《さい》より
四、佛蘭西《フランス》　男滿《をとこまん》十八歳《さい》より、女滿《をんなまん》十五歳《さい》より
五、獨逸《ドイツ》　男滿《をとこまん》二十歳《さい》より、女滿《をんなまん》十八歳《さい》より

以上《いじやう》は東西各國《とうざいかくこく》の男女《だんぢよ》が、法律《はふりつ》によつて許《ゆる》されたる婚期《こんき》でありますから、是以下《これいか》の年齢《ねんれい》では婚嫁《こんか》する事《こと》は出來《でき》ないのであります。

英國《えいこく》の如《ごと》きは法律《はふりつ》の年齢《ねんれい》の極《きは》めて低《ひく》いのにも關《かゝは》らず、實際《じつさい》は寧《むし》ろ晩婚《ばんこん》に傾《かたむ》いてる程《ほど》であります。

世界の最早婚姻

又世界中《またせかいちう》で最早婚《さいさうこん》の國《くに》は印度《いんど》であります。是《これ》は熱帶地《ねつたいち》であるから、すべての物《もの》が早熟《さうじゆく》であるといふやうな關係《くわんけい》もあるのでせうが、近年《きんねん》は大分早婚《だいぶんさうこん》の風《ふう》が衰《おとろ》へつゝゆくと云《い》はれて居《ゐ》るにも關《かゝは》らず、統計《とうけい》の示《しめ》す所《ところ》では、其《そ》の二億餘《おくよ》の人口中《じんこうちう》で、九歳未滿《さいみまん》の既嫁婦《ひとづま》が三百萬人《まんにん》、十歳以上《さいいじやう》十四歳《さい》までが、六百萬人餘《まんにんよ》あると申します。

吾が國最近既婚婦の年齢及び員數

扨又吾《さてまたわ》が國最近《くにさいきん》の婦人結婚年齢《ふじんけつこんねんれい》と人員《じんゐん》を調《しら》べて見《み》ますると、最高率《さいかうりつ》の十八萬五千八百人といふが廿歳から廿五歳までの人で、次《つぎ》が十五歳から廿歳までが十一萬七千八百廿四人、次が廿五歳から三十歳までの三萬二千八百三十五人、三十五から四十歳までが一萬四千九十四人で、最低員數《さいていゐんすう》の四十七人は、七十歳以上の者ですが、是《これ》は一旦離婚《いつたんりこん》になつて居《ゐ》た者《もの》の復籍《ふくせき》らしく、五歳から十五歳までのは、大抵何等《たいていなんら》かの都合上入籍《つがふじやうにゅうせき》したにとゞ

まる者が多《おほ》いやうですが、併《しか》し四十歳以上五十五歳以下が千の位《くらゐ》に上《のぼ》りて居る事を思《おも》ふと、吾《わ》が國《くに》も大分晩婚《だいぶんばんこん》の風《ふう》が行《おこな》はるゝやうになつた事《こと》が解《わか》るのであります。

最古は早婚に非ず

抑《そもそ》も男女結婚《だんぢよけつこん》の年齢《ねんれい》は、未開《みかい》の國《くに》ほど早婚《さうこん》であり、文明《ぶんめい》になる程晩婚《ほどばんこん》になつて往《ゆ》くものだと申《まを》しますけれ共《ども》、強《あなが》ち左様《さう》ばかりは申されませぬ。吾《わ》が國太古《くにたいこ》より上古《じやうこ》の有様《ありさま》を見《み》ましても、當時《たうじ》は寧《むし》ろ嬥顔《かゞひ》會其の他《た》の方法《はうはふ》によつて、男女合意《だんぢよがふい》の婚《こん》が行《おこな》はれて居《を》りました頃《ころ》は、寧《むし》ろ男女《だんぢよ》の年齢《ねんれい》には相互左程《さうごさほど》の相違《さうゐ》が少《すく》なく、且女子《かつぢよし》も十分自己《じうぶんぢよし》の分別《ぶんべつ》も立《た》つやうになつてから婚《こん》を選《えら》んだ者《もの》が多《おほ》かつたらしい。左《さ》すれば女子《ぢよし》は決《けつ》して十三四の子供《こども》では無《な》かつた事《こと》と存《ぞん》じます。況《いは》んや男子《だんし》の掠奪的結婚《りやうだつてきけつこん》の如《ごと》きに至《いた》つては寧《むし》ろ青年《せいねん》時代《じだい》よりも壯年《さうねん》に達《たつ》した者《もの》が多《おほ》かつた事《こと》と思《おも》はれます。

中古以降の早婚

其《それ》から、社會《しやくわい》が漸々《ぜん〳〵》文明《ぶんめい》に趣《おもむ》いて、上下《じやうげ》の階級《かいきふ》も段々《だん〳〵》喧《やか》ましくなり、貧富《ひんぷ》の等差《とうさ》も次第《しだい》に甚《はなは》だしくなつて來《き》て、そして泰平《たいへい》の世《よ》が續《つゞ》くと、富貴《ふうき》の人《ひと》は何《な》にも活《はたら》かないで、大勢《おほぜい》の人《ひと》を使役《しえき》し、美衣美食《びいびしよく》に飽《あ》きて常《つね》に金殿玉樓《きんでんぎよくろう》【11】の裡《うち》にのみ居《を》るやうになりますれば、自《おのづか》ら奢侈淫逸《しやしいんいつ》の風《ふう》が盛《さか》んになつて參《まゐ》ります。左様《さう》すると、何《ど》うしても是等《これら》の人々《ひと〴〵》の間《あひだ》には、早婚《さうこん》の行《おこな》はれて來《く》ることは自然《しぜん》の趨勢《すうせい》であらねばなりませぬ。ですから、斯《か》う言《い》ふ世《よ》の中《なか》であつても、日夜勞役《にちやらうえき》に暇無《いとまな》い下等社會《かとうしやくわい》の者《もの》は、決《けつ》して早婚《さうこん》ではありませぬ。

徳川幕府時代の早婚

ですから、吾《わ》が日本《につぽん》でも、平安朝以降《へいあんてういかう》から、徳川幕府時代《とくがはばくふじだい》は、中流以上《ちうりういじやう》の人《ひと》は、概《がい》して早婚《さうこん》でありました。‖ 勿論《もちろん》、自由的結婚《じいうてきけつこん》の行《おこな》はれた、藤氏隆盛時代《とうしりうせいじだい》は、最上流《さいじやうりう》の方々《かた〳〵》の外《ほか》は、合意《がふい》の結婚《けつこん》が隨分行《ずゐぶんおこな》はれましたから、概《がい》して早婚《さうこん》であつたとは申されませぬが、‖ 就中《なかんづく》、徳川幕府時代《とくがはばくふじだい》に至《いた》りましては、武門仕官《ぶもんしくわん》の輩《やから》にも、隱居《いんきよ》、養子《やうし》の制度《せいど》が出來《でき》て參《まゐ》りまして、世《よ》は泰平《たいへい》が打《う》ち續《つゞ》いた所《ところ》から、新陳代謝《しんちんたいしや》の一方法《いちはうはふ》として、所謂若《いはゆるわか》い者《もの》に早《はや》く家督《かとく》を讓《ゆづ》るを以《も》つて、道《みち》を得《え》たるものとした風習《ふうしふ》から、四十を初老《しよらう》と稱《しよう》して、普通《ふつう》の人《ひと》は、五十歳位《ぐらゐ》で隱居《いんきよ》をなし、廿歳位《ぐらゐ》の子息《むすこ》は其の後《あと》を嗣《つ》いで、そして、廿歳になるやならずの男子《だんし》は漸《やうや》く十四五歳の女兒《ぢよじ》を娶《めと》るやうな事《こと》にもなりました。是《これ》は今一方《いまいつぽう》から申せば、其の當時《たうじ》に於《お》いては、專《もつぱ》ら舊例古格《きうれいこかく》を重《おも》んじて、新奇異數《しんきいすう》【12】の事《こと》は許《ゆる》さなかつた所《ところ》から、特《とく》に最《もつと》も大切《たいせつ》なるものとした所謂家風《いはゆるかふう》を其の後繼者《こうけいしや》に傳《つた》へるには、寧《むし》ろ成熟《せいじゆく》したある一《ひと》つの色形《いろかたち》の定《きま》つてしまつた女子《ぢよし》よりも、まだ眞《しん》の子供上《こどもあが》りの十代の者《もの》の方《はう》が宜《よろ》しかつたでありませう。此《こ》の年少《ねんせう》の女子《ぢよし》が娵《よめ》として參《まゐ》ると、姑母《しうとめ》は其《そ》の親《おや》となり師《し》となつて家風《かふう》の一切《いつさい》から長者《ちやうしや》に事《つか》へ方《かた》、下《しも》ざまの使《つか》ひ方《かた》のすべてをこの若《わか》き娵《よめ》に教《をし》へ込んだのであります。斯《か》う言《い》ふ都合上《つがうじやう》より見《み》ても何《ど》うしても其の時代《じだい》には早婚《さうこん》が便利《べんり》であつたものでせう。且《かつ》、世襲世錄《せしうせろく》の家《いへ》には、夫婦共稼《ふうふともかせ》ぎの要《えう》もありませぬ。又《また》

【11】金や宝玉で飾った宮殿。非常に美しくてりっぱな建物。

【12】ふつうとは違うさま。他に例のないこと。異例。

農工商《のうこうしやう》の諸民《しよみん》と雖《いへど》も、大動搖《だいどうえう》の少《すく》ない社會《しやくわい》に在《あ》りては、唯爲來《たゞしきた》りの事《こと》を間違《まちが》へぬやうに蹈襲《うけつ》いでゆけば可《よ》かつたものですから、矢張是《やはりこれ》も中流及《ちうりうおよ》び其以上《それいじやう》の所《ところ》では、平和《へいわ》に家督《かとく》の授受《じゆ〴〵》が行《おこな》はれそして先早婚《まづさうこん》が概《がい》して流行《りうかう》して居《を》つたのであります。

ある一種の晩婚

所《ところ》が、茲《こゝ》に一《ひと》つ取《と》り除《の》けがございます。其《それ》は徳川幕府《とくがはばくふ》の中葉頃《ちうえふころ》から最《もつと》も盛《さか》んになつて参《まゐ》りましたのは、良家《りやうか》の女子《ぢよし》の御殿奉公《ごてんほうこう》【13】といふ事《こと》です。是《これ》は中流《ちうりう》の上中下《じやうちうげ》を通《つう》じて行《おこな》はれた事《こと》で、丁度今《ちやうどいま》の良家《りやうか》の女子《ぢよし》は、女學校卒業位《ぢよがくかうそつげふくらゐ》は致《いた》させねば親《おや》の役目《やくめ》が濟《す》まぬと考《かんが》へるやうに、息女《むすめ》には一度《いちど》は御奉公《ごほうこう》をさせねばと言《い》ふ事《こと》になりましたから、是《これ》は都合《つがふ》よく参《まゐ》れば、廿歳から廿二三歳位《ぐらゐ》で下《さ》げて、他《た》へ嫁《か》させるのですが、殊《こと》によると廿四五歳以上《いじやう》三十迄《まで》も其以上迄《それいじやうまで》も下《さ》げられないやうな場合《ばあひ》も出來《でき》ました。茲《こゝ》に於《お》いて、「當時《たうじ》は、存外《ぞんぐわい》、男女同年輩及《だんぢよどうねんぱいおよ》び男子《だんし》が一つ二つ年長《ねんちやう》の妻《つま》をさへ持《も》つやうな事《こと》もありましたが、御殿奉公《ごてんほうこう》した女《をんな》は辛抱《しんぼう》が良《よ》い折りかゝみ【14】が良《よ》いとて、社會《しやくわい》から歡迎《くわんげい》されたものですから、扨《さて》こそ右様《みぎやう》の結果《けつか》をも生《しやう》じたのであります。

男女年齢の差

其《それ》から今一《いまひと》つは、血統家格《けつとうかかく》を重《おも》んじた當時《たうじ》の上流社會《じやうりうしやくわい》に於《お》いては、餘《あま》り範圍《はんゐ》の廣《ひろ》からぬ間《あひだ》で結婚《けつこん》しなければならないのであつて見《み》れば、左様々々《さう〱》、同じ家格《かかく》で、年齢《ねんれい》も都合《つがふ》の可《よ》い人《ひと》のみを得《う》る事《こと》が難《むつか》しい所《ところ》から、往々《わう〳〵》、夫婦《ふうふ》の年齢《ねんれい》に非常《ひじやう》の差《さ》のある事《こと》をも免《まぬ》かれませんでした。で、ある人《ひと》は、男子《だんし》が廿四五歳以上《いじやう》であつて、女子《ぢよし》は僅《わづ》かに八九歳の者《もの》を許婚《いひなづけ》する事《こと》があつたり、女子《ぢよし》は二十四五歳に達《たつ》して居《を》るのに、漸《やうや》く十四五歳の男子《だんし》に嫁《とつ》ぐ等《など》の事《こと》もありました。勿論是等《もちろんこれら》は大率上流社會《おほむねじやうりうしやくわい》に多《おほ》く行《おこな》はれる事《こと》でありましたから、孰《いづ》れも御部屋《おへや》さま＝所謂《いはゆる》、妾《せう》＝なる者《もの》があつたので、男子《だんし》の方《はう》では一向《いつかう》不都合《ふつがふ》をも感《かん》じなかつたらしいのであります。

然《しか》るに、明治維新《めいじゐしん》の大變化《だいへんくわ》に遇《あ》いて、吾《わ》が日本國全體《につぽんこくぜんたい》の事《こと》が俄然《がぜん》として、革《あらたま》りました。四民平等《しみんびやうどう》の社會《しやくわい》となりては、甲《たれ》も乙《かれ》も先大抵《まづたいてい》は自己銘々《じこめい〱》の力《ちから》に食《は》まなければなりませぬ。其《それ》は世襲《せしう》の祿《ろく》に離《はな》れた武士《ぶし》のみではありませぬ。農工商《のうこうしやう》と雖《いへど》も、從來《じうらい》の如《やう》に、唯爲來《たゞしきた》りの事《こと》をしてさへ居《を》れば可《よ》いと言《い》ふ譯《わけ》には參《まゐ》らなくなつたのであります。

最《もつと》も田畝山林《でんぽさんりん》を所有《しよいう》し、從來《じうらい》の商業《しやうげふ》を營《いとな》んで居《を》る人《ひと》は、全《まつた》く舊狀《きうじやう》を改《あらた》めた士族《しぞく》のやうではありませぬが、併《しか》し一班《いつぱん》の風潮《ふうてう》は何《ど》うしてもひとり免《まぬ》かれる事《こと》は出來《でき》ませぬ。大《おほ》きければ大《おほ》きいやうに小《ちひ》さければ小《ちい》さいやうに、都鄙上下貧富共《とひじやうげひんぷとも》に、學《まな》ばねばならぬ、活《はたら》かねばならぬ、務《つと》めねばならぬと言《い》ふ事《こと》になりましたから、男子《だんし》は先概《まづがい》して三十そこ〱にならなければ妻帯《さいたい》の期《とき》を得《え》ませぬ。女子《ぢよし》も廿歳を越《こ》えなければ先雑《まづざつ》と一人前《いちにんまへ》にはなれませぬ。其故《それゆゑ》、吾《わ》が國《くに》に在《あ》つても、早婚《さうこん》の風《ふう》は變《へん》じて漸次晩婚《ざんじばんこん》の風《ふう》に傾《かたむ》いて參《まゐ》りま

【13】御殿女中として大名家の奥向きなどに奉公すること。【14】立ち居振る舞い。行儀作法。折り屈み。

彼等が晩婚の理由

した。

併《しか》し欧米各國《おうべいかくこく》に於《お》ける科學《くわがく》の進歩《しんぽ》は全般《ぜんぱん》の事《こと》を精巧《せいかう》ならしめ便利《べんり》ならしむると同時《どうじ》に、日常生活《にちじやうせいくわつ》の程度《ていど》も、次第々々《しだい〳〵》に向上《かうじやう》し、從《したが》つて生計《せいけい》の困難《こんなん》を叫《さけ》ぶ聲《こゑ》は日々《ひゞ》に益々《ます〳〵》強大《きやうだい》になつて行《ゆ》きます。是《これ》が爲《ため》に或少數富裕《あるせうすうふいう》の輩《やから》を除《のぞ》くの外《ほか》は、男女相婚《だんぢよあひこん》して家《いへ》を爲《な》すと言《い》ふ事《こと》が却々容易《なか〳〵ようい》で無《な》くなりました。況《いは》んや是《これ》に加《くは》ふるに、女子《ぢよし》の虚榮心《きよえいしん》は益々甚《ます〳〵はなはだ》しくなり、其の奢侈《しやし》と我儘《わがまゝ》とも亦《また》、漸次其《ぜんじそ》の度《ど》を高《たか》めて參《まゐ》ります。

ですから、中等社會及《ちうとうしやくわいおよ》び、其以下《いか》にして、男子《だんし》の妻《つま》を娶《めと》る事《こと》が至難《しなん》になり、女子《ぢよし》も亦嫁資《またかし》を備《そな》ふる事《こと》が容易《ようい》で無《な》くなつて參《まゐ》りました。茲《こゝ》に於《お》いてか、男子《だんし》は四十歳を超《こ》えても、猶無妻《なほむさい》の者《もの》あり、女子《ぢよし》三十歳を過《す》ぎても未《ま》だ好配《かうはい》を得《え》ず乃《すなは》ち老嬢《オールドミス》は至《いた》る處《ところ》に頻年其《ひんねんそ》の數《すう》を增加《ぞうか》し、所謂内《いはゆるうち》に怨《うら》める女《をんな》無《な》き能《あた》はず、外《そと》に曠《むな》しき男亦尠《をとこまたすく》なからずなりつゝ行《ゆ》くのであります。

而《しか》して、是等《これら》の老嬢《オールドミス》は或一種《あるいつしゆ》の主義《しゆぎ》か將《は》た負惜《まけを》しみかは知《し》りませぬが、他《た》の愛情薄《あいじやううす》き男《をとこ》に配《はい》したり、周圍《しうい》の事情《じじやう》から、己《おの》れが希望《きばう》に添《そ》はぬ夫《をつと》を有《も》つたりする婦人《ふじん》は、全《まつた》く巾幗社會《きんかくしやくわい》の誇《プラウド》りを傷《きずつ》け、其《そ》の品格《ひんかく》に裏切《うらぎ》りする者《もの》となして、互《たが》ひに其《そ》の同性《どうせい》を譴責《けんせき》【15】致《いた》します。

女は猶弱き者なるか

けれ共《ども》、「弱き者《もの》よ、汝《なんじ》は女《をんな》なり」【16】といへる古語《こご》の意味《いみ》は其《そ》の強《つよ》かりさうな、新《あたら》しき女子《ぢよし》の血管《けつくわん》の中《うち》にも、孰《いづ》れかに潜《ひそ》んで居《を》るものと見《み》えまして、彼等《かれら》は壯年《さうねん》の意氣旺盛《いきわうせい》なるに任《まか》せて切々《せつせ》と活《はたら》いた結果《けつくわ》、先《まづ》は多少《たせう》の蓄財《ちくざい》も出來《でき》たといふ頃《ころ》には我《われ》を愛《あい》し我《われ》を慈《いつくし》んでくれた父母《ふぼ》も世《よ》を去《さ》り、我《われ》を親《した》しみ我《われ》を睦《むつ》んだ同胞《どうほう》も或《ある》ひは配《はい》を求《もと》めて一家《いつか》をなし、或《ある》ひは遠《とほ》く海外《かいぐわい》に去《さ》つて復《ま》た再《ふたた》び親密《しんみつ》の交《まじ》はりを為《な》す事《こと》も出來《でき》なくなります。懐《なつ》かしき親友《しんいう》の或者《あるもの》は最愛《さいあい》の夫《をつと》や子《こ》を擧《まう》けては、其《そ》の交情《かうじやう》も亦昔日《またせきじつ》の如《ごと》くならぬといふやうになつて參《まゐ》りますると、遂《つひ》に彼等老孃《かれらオールドミス》は急《きふ》に悲歡《ひくわん》になり寂寞《せきばく》を感《かん》じ、三十は愚《おろ》か四十を超《こ》え、五十に近《ちか》くなつてからさへ、自《みづか》ら配遇《はいぐう》を求《もと》めて結婚《けつこん》を敢《あへ》てするやうになるのであります。其《そ》の境遇《きやうぐう》や憫《あわれ》むべく、其《そ》の經路《けいろ》や將《は》た又同情《またどうじやう》に價《あたひ》すべきものがあるではありませぬか。‖勿論初《もちろんはじ》めから確乎《かくこ》たる信念《しんねん》のもとにか、又《また》は多大《ただい》の野心《やしん》があつて、終世獨立《しうせいどくりつ》して平然《へいぜん》たる婦人《ふじん》も、彼等社會《かれらしやくわい》には隨分《ずゐぶん》あるのですが‖是西洋《これせいやう》に於《お》ける社會《しやくわい》の生活難《せいくわつなん》や女子《ぢよし》が虚榮心《きよえいしん》の増長《ぞうちやう》の爲《ため》に婚期《こんき》が次第《しだい》々〳〵に後《おく》れて來《き》て、中以下《ちういか》には晩婚《ばんこん》の風《ふう》が盛《さか》んになつて來《き》た譯《わけ》であります。

勿論男子《もちろんだんし》に在《あ》りても、壯年《さうねん》にして元氣旺盛《げんきおうせい》の時代《じだい》には、大《おほい》に獨立主義《どくりつしゆぎ》を唱《とな》へて居《ゐ》た

【15】不正や過失をいましめること。叱り責めること。
【16】シェークスピアの「ハムレット」の一節。"Frailty, thy name is woman." 明治時代の小説家、坪内逍遥が「弱き者よ、汝の名は女なり」と訳したことで知られている。

吾が國も漸次晩婚の風を生ず

世界の風潮は更に早婚に傾けり

適當なる婚期年齢

人《ひと》が、妻帯主義《さいたいしゆぎ》に變化《へんくわ》して、俄《には》かに好配《かうはい》を求《もと》めるやうになるのは、矢張《やはり》四十過《す》ぎ五十の聲《こゑ》を聞《き》く頃《ころ》からが多《おほ》いのであります。是亦《これまた》己《おの》れの氣力《きりよく》が衰《おとろ》へると共《とも》に、何《ど》うしても家庭《かてい》に慰藉《いしや》【17】を欲《ほつ》したり、身邊《しんぺん》の扶助《ふじよ》を求《もと》めるやうになるのでありませう。が、此《こ》の例《れい》は比較的男子《ひかくてきだんし》よりも女子《ぢよし》の方《はう》が多《おほ》いやうであります。其《それ》は幾《いく》ら西洋《せいやう》だからとて、女子《ぢよし》は男子《だんし》よりも凡《すべ》ての事《こと》について自由《じいう》が聞《き》かぬからでもありませう。以上《いじやう》は主《しゆ》として西洋《せいやう》の事《こと》を申《まを》したのですが、吾《わ》が國《くに》に於《お》いても、生活《せいくわつ》の難易《なんい》が從來《じうらい》とは比較《ひかく》にならないやうな差《さ》が出來《でき》て參《まゐ》ると同時《どうじ》に、知《し》らず／＼男女相互《だんぢよさうご》の婚期年齢《こんきねんれい》が漸々《ぜん／＼》遅《おそ》くなつて行《ゆ》くやうであります。

然《しか》るに一昨年以來《いつさくねんいらい》の世界《せかい》の大戰《たいせん》は、其の必要上餘義無《ひつえうじやうよぎな》くせられて、既《すで》に獨逸《ドイツ》の如《ごと》きは昨年《さくねん》あたりより、十七歳以上《さいいじやう》の少年《せうねん》が戰線《せん／＼》に立《た》たねばならぬ事《こと》になると同時《どうじ》に、政府《せいふ》は彼等少年《かれらせうねん》に命令《めいれい》して、勉《つと》めて其の出征前《しゆつせいぜん》に結婚《けつこん》する事《こと》と致《いた》させました。そして孰《いづ》れの國《くに》に於《お》いても、漸次壯丁《ぜんじさうてい》の缺乏《けつばう》を感《かん》ずると共《とも》に、又同人種《またどうじんしゆ》の繁殖《はんしよく》を希望《きばう》し、盛《さか》んに晩婚《ばんこん》の風《ふう》を排《はい》して、寧《むし》ろ早婚《さうこん》を勸誘《くわんいう》して居《を》るやうでございます。

而《しか》して男女《だんぢよ》の婚期年齢《こんきねんれい》は孰《いづ》れが最《もつと》も適當《てきたう》なりやと言《い》はゞ、其《それ》は言《い》ふ迄《まで》も無《な》く相互《さうご》の身體《しんたい》が成熟《せいじゆく》した時代《じだい》が甚《はなは》だ宜《よろ》しいので、早過《はやす》ぎるのも遲過《おそす》ぎるのも宜《よろ》しくありませぬ。乃《すなは》ち男子《だんし》は滿《まん》二十八九歳より三十五六歳まで女子《ぢよし》は滿《まん》二十歳より二十四五歳迄《さいまで》

早婚と晩婚との生兒に於ける可否

を最適齢《さいてきれい》と致《いた》しまして、已《や》むを得《え》ざる事情《じじやう》で早婚《さうこん》するとしても、男子《だんし》は満《まん》二十四五歳《さい》以上女子《いじやうぢよし》は満《まん》十七歳以上《いじやう》、遅《おそ》きも男子《だんし》は満《まん》四十歳迄《まで》に、女子《ぢよし》は満《まん》三十歳迄《まで》になすが可《よ》いと存《ぞん》じます。併《しか》し當人《たうにん》が心身《しん〲》の發達《はつたつ》、及《およ》び周圍《しうい》の事情《じじやう》によつては、强《あなが》ちに琴柱《ことぢ》に膠《にかは》する【18】事《こと》の出來《でき》ないのは勿論《もちろん》であります。

が、種族《しゆぞく》の繁榮《はんえい》と言《い》ふ方《はう》から申せば、晩婚《ばんこん》よりも寧《むし》ろ早婚《さうこん》が宜《よろ》しいと申しますけれ共《ども》、其の生兒《せいじ》の腦力《なうりよく》、即《すなは》ち賢愚《けんぐ》と言《い》ふ方《はう》からは、早婚《さうこん》の間《あひだ》に生《う》まれた兒《こ》よりも晩婚者《ばんこんしや》の兒《こ》の方《はう》が寧《むし》ろ賢《かし》こいと言《い》ふ説《せつ》がありますから暫《しばら》く揭《かゝ》げて參考《さんかう》の一端《いつたん》と致《いた》します。

【17】苦しみなどを慰め助けること。

【18】物事にこだわって融通がきかないことのたとえ。（『史記』・廉頗藺相如法）

第四章　許《いひ》　婚《なづけ》

一　吾《わ》が國《くに》に於《お》ける許婚《いひなづけ》

許婚に二様あり

許婚《いひなづけ》に二様《やう》あります。一つは當人《たうにん》の親及《おやおよ》び其《それ》に代《かは》る人《ひと》で、‖往昔《むかし》は、主君《しゆくん》の命令的《めいれいてき》許婚《いひなづけ》もありましたが、‖一つは婚者當人同士《こんしやたうにんどうし》の約束《やくそく》であります。

而《さう》して、前者《ぜんしや》は從來最《じうらいもつと》も多《おほ》く行《おこな》はれた風《ふう》であります。就中《なかんづく》、彼《か》の元龜天正並《げんきてんしやうなら》びに其の前後《ぜんご》に於《お》ける、所謂戰國時代《いはゆるせんごくじだい》には、殊《こと》に政略的許婚《せいりやくてきいひなづけ》が盛《さか》んに行《おこな》はれたものでございます。

現今《いま》より以降《いかう》は、何《ど》うしても、當人及《たうにんおよ》び親《おや》との合意《がふい》の許婚《いひなづけ》が行《おこな》はるゝ事《こと》と存《ぞん》じます。

單《たん》に當人同士《たうにんどうし》の許婚《いひなづけ》は重《おも》に西洋《せいやう》に於《お》いて行《おこな》はるゝのであります。

上古の許婚

吾《わ》が國《くに》にも、太古《たいこ》より上古《じやうこ》に在《あ》りては、當人同士《たうにんどうし》、當人《たうにん》の親《おや》、又《また》は當人《たうにん》と親《おや》との合意《がふい》の許婚《いひなづけ》が行《おこな》はれて居《を》ります。彼《か》の大國主命《おほくにぬしのみこと》【1】と八上媛《やがみひめ》【2】とは當人同士《たうにんどうし》の婚約《こんやく》であり、彦火々出見命《ひこほゝでのみこと》【3】と豐玉媛《とよたまひめ》【4】とは當人同士《たうにんどうし》と親《おや》との合意《がふい》の婚約《こんやく》でありました。

須佐男命《すさのをのみこと》【5】と稻田媛《いなだひめ》【6】との許婚《いひなづけ》は當人《たうにん》と親《おや》との許婚《いひなづけ》でありました。

中古前半紀の許婚

そして奈良朝以降《ならてういかう》、平安朝《へいあんてう》、藤氏隆盛時代《とうしりうせいじだい》に於《お》いては、最高貴《さいかうき》の許婚《いひなづけ》は、親《おや》と親《おや》、當人《たうにん》と親《おや》との許婚《いひなづけ》が多《おほ》く、其《それ》より以下《いか》の社會《しやくわい》には、之《これ》に加《くは》ふるに當人同士《たうにんどうし》のみの許婚《いひなづけ》も隨分行《ずゐぶんおこな》はれたのであります。乃《すなは》ち一條天皇《いちでうてんわう》【7】と上東門院《じやうとうもんゐん》【8】との御許婚《おんいひなづけ》は、御當人《ごたうにん》と親御《おやご》との許婚《いひなづけ》であります。そして、當時《たうじ》の狀況《じやうきやう》を寫生《しやせい》した源氏物語《げんじものがたり》【9】の初巻桐壺《しよくわんきりつぼ》の巻《まき》【10】には、桐壺《きりつぼ》の帝《みかど》が、父《ちゝ》の左大臣《さだいじん》に息女葵上《むすめあをひのうへ》に許婚《いひなづけ》を遊《あそ》ばされます。即《すなは》ち親々《おや〳〵》との許婚《いひなづけ》であります。其《そ》の他《た》、最權力者《さいけんりよくしや》たる大臣《だいじん》は、必《かな》ず帝《みかど》なる御當人《ごたうにん》、若《も》しくは父帝《ちゝみかど》に對《たい》し奉《たてまつ》りて、己《おの》が息女《むすめ》との許婚《いひなづけ》を早《はや》くよりされまするが、是《これ》は殆《ほとん》ど强制的許婚《きやうせいてきいひなづけ》もあり、哀願的《あいぐわんてき》許婚《いひなづけ》もありました。其《それ》から上の中より以下《いか》の階級《かいきふ》では、大抵當人同士《たいていたうにんどうし》か、當人《たうにん》と親《おや》との合意《がふい》か、或《あるひ》は親々同士《おや〳〵どうし》の許婚《いひなづけ》も稀《まれ》にはありましたが、兎《と》に角《かく》其の當時《たうじ》、是等階級《これらかいきふ》に於《お》いては、男女當人同士《だんぢよたうにんどうし》の消息《せうそく》の往復《わうふく》が隨分長《ずゐぶんなが》く續《つゞ》いて、そして許婚《いひなづけ》が成立致《せいりついた》しますが、許婚《いひなづけ》の後《のち》は直《たゞ》ちに結婚《けつこん》する事《こと》もあり、又《また》は事情《じじやう》によつて、大分久《だいぶんひさ》しい間《あひだ》其《そ》の儘《まゝ》に在《あ》る事《こと》もございました。

中古後半紀の許婚

右《みぎ》の慣例《かんれい》は殆《ほとん》ど、後白河天皇《ごしらかはてんわう》【11】の頃迄續《ころまでつゞ》きましたが、鎌倉幕府創立以降《かまくらばくふそうりついかう》の、武門《ぶもん》の

近古の許婚

許婚《いひなづけ》は多《おほ》くは政略的許婚《せいりやくてきいひなづけ》でありました。乃《すなは》ち頼朝将軍《よりともしやうぐん》の息女大姫《むすめおほひめ》と、義仲《よしなか》の子息《むすこ》義《よし》高《たか》との許婚《いひなづけ》もさうであります。是等《これら》は其《そ》の最《もつと》も甚《はなは》しいものですが、左様《さう》で無《な》くても相互勢力附殖《さうごせいりよくふしよく》の爲《ため》に、豪族權門《がうぞくけんもん》と許婚《いひなづけ》する事《こと》は澤山行《たくさんおこな》はれました。其《それ》より此方名門《こなためいもん》の結婚《けつこん》には多《おほ》くは此《こ》の分子《ぶんし》が含《ふく》まれて居《を》る故《ゆゑ》に、從《したが》つて、當人同士《たうにんどうし》の意思《いし》の如何《いかん》に關《かゝは》らず、早《はや》くより親《おや》と親《おや》との許婚《いひなづけ》を行《おこな》つた場合《ばあひ》が尠《すく》なくなかつたのであります。

其《それ》から徳川幕府時代《とくがはばくふじだい》に移《うつ》つて、世《よ》は泰平《たいへい》になりましたが、此《こ》の政略的許婚《せいりやくてきいひなづけ》は、上流《じやうりう》社會程顯《しやくわいほどおびたゞ》しく、將軍家《しやうぐんけ》から、大諸侯《だいしよこう》へ對《たい》しての許婚《いひなづけ》の如《ごと》きは、其《そ》の年齢《ねんれい》の如何《いかん》にも係《かゝは》らず、命令的强制的《めいれいてききやうせいてき》に許婚《いひなづけ》を促《うなが》され、已《や》むを得《え》ずして、其《そ》の約束《やくそく》を爲《な》す等《など》の事《こと》も、決《けつ》して尠《すく》なくはありませんでした。

又中《またなか》には、藩主《はんしゆ》の命《めい》を以《も》つて、甲《かふ》の重臣《じうしん》と乙《をつ》の重臣《じうしん》との子供《こども》の婚約《こんやく》を命《めい》ぜられたり、

【1】第二章注6参照。

【2】第二章注11参照。

【3】第二章注12参照。

【4】第二章注13参照。

【5】第二章注7参照。

【6】第二章注8参照。

【7】第二章注46参照。

【8】第二章注47参照。

【9】第二章注37参照。

【10】『源氏物語』第一巻の巻名。光源氏の母桐壺の妻の死、源氏の臣籍降下、藤壺の入内、源氏と葵の上との結婚などを描く。

【11】第二章注69参照。

權臣《けんしん》【12】が强制的《きやうせいてき》に、同藩《どうはん》の士《さむらひ》の息女《むすめ》と許婚《いひなづけ》を敢《あへ》てする等《など》の事《こと》もありました。併《しか》し又一方《またいつぽう》には、親戚《しんせき》の孤兒《みなしご》を憐《あはれ》んで、是《これ》を扶育《ふいく》して、吾《わ》が子《こ》と許婚《いひなづけ》したり、親友及《しんいうおよ》び亡友《ばういう》の爲《ため》には其《そ》の交情《かうじやう》を篤《あつ》くしたさに、子供《こども》の許婚《いひなづけ》を爲《な》す等《など》の美《うつく》しい咄《はな》しもありました。

現今《いま》も猶都會《なほとくわい》よりも地方《ちほう》には、早《はや》くより許婚《いひなづけ》を爲《な》す風《ふう》が、まだ〳〵行《おこな》はれて居《を》るやうであります。

二　西洋《せいやう》に於《お》ける許婚《いひなづけ》

往昔の許婚は我國に類似す

西洋《せいやう》にも往昔《むかし》の許婚《いひなづけ》は、殆《ほとん》ど吾《わ》が邦《くに》の其《それ》に酷《よ》く似《に》て猶《なほ》其よりも峻烈《しゆんれつ》な殆《ほとん》ど殘酷《ざんこく》ともいふべき実蹟《じつせき》が傳《つた》はつて居《を》ります。其の政略的許婚《せいりやくてきいひなづけ》を子供《こども》が嫌《きら》つて、逃亡《たうばう》したり、自殺《じさつ》をしたりした事《こと》は、事實《じじつ》にも小說《せうせつ》にも、隨分散見《ずゐぶんさんけん》して居《お》るのであります。

普通の階級にも例外あり

現今《いま》は、自由《じいう》の空氣《くうき》が瀰滿《びまん》して居《を》りまする、彼等《かれら》の社會《しやくわい》には、滅多《めつた》に昔《むかし》のやうな事《こと》はありませんけれ共《ども》、其《それ》でも前述《ぜんじゆつ》の如《ごと》く、上流社會《じやうりうしやくわい》は其の範圍《はんゐ》が狹《せま》く制度《せいど》が嚴《きび》しくある故《せい》か、其のやうな悲劇《ひげき》も時々起《とき〳〵おこ》ります。又《また》、一般人民《いつぱんじんみん》の間《あひだ》に於《お》いても稀《まれ》には例外《れいぐわい》がありまして、昔《むかし》の如《ごと》き悲劇《ひげき》が起《おこ》る事《こと》もあります。

其《それ》は多《おほ》くは遺産相續《ゐさんさうぞく》の件等《けんなど》の、利害問題《りがいもんだい》から起《おこ》る事《こと》が多《おほ》いと申《まを》します。自分《わたくし》が在歐《ざいおう》中《ちう》【13】、斯《か》う言《い》ふ事《こと》がありました。某所《あるところ》に非常《ひじやう》に金持《かねもち》の未亡人《みばうじん》があつて、其の一人女《ひとりむすめ》は、甚《はなは》だ容貌《ようぼう》の醜《みにく》い我《わ》が儘者《まゝもの》でありましたが、其の未亡人《みばうじん》の兄弟《きやうだい》は我《わ》が子息《むすこ》の未《ま》だ幼年《えうねん》の時《とき》、此《こ》の子息《むすこ》と息女《むすめ》との許婚《いひなづけ》を親々《おや〳〵》の間《あいだ》で致《いた》してしまひました。そして、未亡人《みばうじん》は程無《ほどな》く亡《な》くなりましたから、叔父夫婦《をじふうふ》は親代《おやがは》り後見人《こうけんにん》として姪《めい》なる息女《むすめ》の世話《せわ》をして、時期《じき》を待《ま》つて居《を》つたのであります。所《ところ》が、子息《むすこ》も段々《だん〳〵》青年期《せいねんき》に達《たつ》しまするからとて、此《こ》の婚約《こんやく》の咄《はな》しを致《いた》しました所《ところ》が、意外《いぐわい》にも子息《むすこ》は何《ど》うしても、彼《か》の女《ぢよ》と結婚《けつこん》する事《こと》は嫌《いや》だと申しました。そして無理《むり》に外國《ぐわいこく》へ往《い》つて修學致《しうがくいた》しました。其《それ》から大學《だいがく》を卒《をは》る頃《ころ》に、某女《あるをんな》と想思《さうし》の間《あひだ》になり、國《くに》へは歸《かへ》らず、外國《ぐわいこく》で同棲《どうせい》して居《を》りますので、國《くに》からは父《ちゝ》が來《く》る母《はゝ》が來る、種々《しゆ〳〵》の人《ひと》が來《き》て、悟《さと》しますけれ共《ども》、何《ど》うしても許婚《いひなづけ》を履行致《りかういた》しませぬ。其の中《うち》に、一日子息《あるひむすこ》が外出中《ぐわいしゆつちう》、此《こ》の同棲《どうせい》の女子《ぢよし》は何者《なにもの》にか奪《うば》ひ去《さ》られてしまひました。子息《むすこ》は狂人《きちがひ》のやうになつて、其の行方《ゆくへ》を捜索《さうさく》しますけれ共《ども》、遂《つひ》に見當《みあた》りませぬ。

左様《さう》すると、又々《また〳〵》父母《ふぼ》や周圍《しうゐ》の人々《ひと〳〵》が、許婚履行《きよこんりかう》を責《せ》めまするので、是《これ》は彌々《いよ〳〵》父母《ふぼ》や皆《みな》の奸手段《かんしゆだん》に懸《かゝ》つたのに相違《さうゐ》ないとて、子息《むすこ》は益々《ます〳〵》悲歡《ひくわん》して、終局《しまひ》には是《これ》も亦《また》ふら

【12】権勢、権力をもった家来。

【13】下田歌子は、明治二六年（一八九三）九月一〇日渡欧、明治二八年（一八九五）八月一九日帰朝。

〳〵と家出《いへで》して何處《どこ》へか往《い》つてしまつたと言《い》ふ事《こと》を聞《き》きました。是等《これら》は黄金萬能主義《わうごんばんのうしゆぎ》【14】になつて居《を》る西洋《せいやう》には珍《めづ》らしい、如何《いか》にも昔《むかし》の小説《せうせつ》のやうな咄《はな》しですが、今《いま》でも稀《まれ》には斯《か》かる例外《れいぐわい》の許婚忌避情念遍重《いひなづけきひじやうねんへんちよう》の悲劇《ひげき》もあるのでございます。

許婚の形式及び期間

概《がい》して申しますると、西洋《せいやう》でも、親々《おや〳〵》が許婚《いひなづけ》をなすは上流社會《じやうりうしやくわい》に多《おほ》く、中流《ちうりう》は當人《たうにん》同士《どうし》のが多《おほ》いのですが、其《それ》でも當人同士《たうにんどうし》相思《あひおも》ふ時《とき》には、大抵《たいてい》は親《おや》と相談《さうだん》して、そして正式《せいしき》に許婚《いひなづけ》の成立《なりた》つ場合《ばあひ》が多《おほ》いのでありますけれ共《ども》、若《も》しも當人同士《たうにんどうし》の許婚《いひなづけ》は略成立《ほゞなりた》つても、親達《おやたち》が何《ど》うしても承知《しようち》しない時《とき》には、當人《たうにん》の孰《いづ》れもが滿《まん》二十五歳以上《いじやう》に達《たつ》するのを待《ま》ちます。其の年齢《ねんれい》に達《たつ》すれば、後見者《こうけんしや》‖父母等《ふぼなど》‖の許《ゆる》しが無《な》くても、正式《せいしき》に結婚《けつこん》する事《こと》が出來《でき》る制度《せいど》であるからです。

併《しか》し、斯《か》う言《い》ふ云々《うんぬん》のあつた結婚《けつこん》は、矢張幾《やはりいく》ら法律《はふりつ》では許《ゆる》しても、如何程自由《いかほどじいう》が行《おこな》はれる社會《しやくわい》だと申しても、兎角圓滿《とかくゑんまん》を欠《か》いて居《を》りますから、始終好都合《しじうかうつがう》に行《ゆ》くと言《い》ふ事《こと》は、却々《なか〳〵》少《すく》ないものだと申します。

其《それ》から此《こ》の許婚成立《いひなづけせいりつ》から結婚迄《けつこんまで》の期間《きかん》ですが、概《がい》して、佛蘭西《ふらんす》及《およ》び他《た》の大陸《たいりく》では左程《さほど》長《なが》く無《な》いやうです。勿論《もちろん》、是《これ》は人々《ひと〴〵》の事情《じじやう》によつて違《ちが》ひますから、一様《いちやう》には言《い》はれぬのであります。

英國《えいこく》では、概《がい》して許婚期《きよこんき》の長《なが》い方《はう》が多《おほ》いやうであります。‖勿論是《もちろんこれ》も一様《いちやう》には申されませぬが。‖自分《わたくし》が在英中《ざいえいちう》、某氏《なにがしし》は毎土曜日《まいどえうび》の午後《ごご》から日曜日毎《にちえうびごと》に蘇國《スコットランド》に往《ゆ》きます。其《それ》は其の友達《ともだち》の言《い》ふ所《ところ》によると、是《これ》で十年位續《ねんぐらゐつゞ》いて居《を》ると申します。則《すなは》ち彼《かれ》は許婚《いひなづけ》の女子《ぢよし》が蘇國《スコットランド》に在《あ》る爲《ため》で、そして、何故《なぜ》に斯《か》かる想思《さうし》の間《あひだ》でありながら、早《はや》く結婚《けっこん》せぬかと問《と》へば、其《それ》は互《たが》ひにまだ家《いへ》を爲《な》すに足《た》る丈《だけ》の資産《しさん》が無《な》いから、銘〳〵《めい〳〵》別々《べつ〳〵》の處《ところ》に働《はたら》いて資産《しさん》を作《つく》るので、最早大分貯蓄《もはやだいぶんちよちく》も出來《でき》たから來年《らいねん》あたりは、結婚《けっこん》するであらうとの事《こと》でありました。是等《これら》は英國《えいこく》でも珍《めづ》らしい長《なが》い期間《きかん》であると申しました。

許婚間の嚴格

英國《えいこく》では許婚《いひなづけ》が正式《せいしき》に成《な》り立《た》ちますると、父母《ふぼ》も許《ゆる》して、當人同士《たうにんどうし》の交際《かうさい》も致《いた》させ、同伴者無《どうはんしやな》しにも、兩人《りやうにん》の外出《ぐわいしゅつ》をも許《ゆる》します。けれ共《ども》、此《こ》の許婚者青年男女《きよこんしやせいねんだんぢよ》の間《あひだ》は、却々《なか〳〵》嚴格《げんかく》なもので、若《も》しも此《こ》の期間《きかん》に何等《なんら》か正《たゞ》しく無《な》い事《こと》があれば、男子《だんし》からでも女子《ぢよし》からでも確乎《かくこ》として許婚《いひなづけ》を取《と》り消《け》します。是《こ》の點《てん》は立派《りっぱ》なものであります。是《これ》も自分《わたくし》が在英中《ざいえいちう》に斯《か》う言ふ例《れい》がありました。

某所《あるところ》に許婚《いひなづけ》の青年男女《せいねんだんぢよ》がありました。時々《とき〴〵》手《て》を携《たづさ》へて外出致《ぐわいしゅついた》します。其《それ》が孰《どち》らも美《うつく》しい人《ひと》でしたから、近隣《きんりん》の人《ひと》の羨望《せんぼう》の的《まと》になつて居《を》りました。其《そ》の中《うち》にふつと、其《そ》の男《をとこ》の姿《すがた》が見《み》えなくなり、尋《つ》いで女《をんな》も何《いづ》れへか參《まゐ》つたとの事《こと》でしたが、後《のち》に聞《き》きますれば、

【14】世間いっさいのことは、すべて金銭の力によって解決できるという考え方、または信条。

一夕《いつせき》男子《だんし》は女子《ぢよし》を伴《ともな》うて郊外《かうぐわい》に散歩《さんぽ》しての歸途《かへりみち》、某所《あるところ》にて晩食《ばんしよく》をして、男子《だんし》が少《すこ》し醉《よ》うた紛《まぎ》れに、女子《ぢよし》に戲《たはむ》れたので、女子《ぢよし》は眞青《まつさお》になつて逃《に》げ還《かへ》り、直《たゞ》ちに父母《ふぼ》に告《つ》げて許婚《いひなづけ》の破談《はだん》を申《まを》し込《こ》みました。

斯《か》う言《い》ふ事《こと》に立《た》ち至《いた》れば、男子《だんし》の方《はう》では、遂《つい》に辨解《べんかい》の道《みち》も融和《ゆうわ》の方法《はうはふ》も無《な》いので破約《はやく》を承諾《しようだく》するより外《ほか》はありませぬ。左樣《さう》すると、交際社會《かうさいしやくわい》では、彼《かれ》は紳士《ゼントルマン》にあるまじき人《ひと》、淑女《しゆくじよ》に無禮《ぶれい》を敢《あへ》てする人《ひと》と言《い》ふ事《こと》になりますから、誰《だれ》も公然《こうぜん》との交際《かうさい》を致《いた》しませぬ。此所《こゝ》に於《お》いて、此《こ》の青年《せいねん》も居《ゐ》たゝまれなくなつて印度《いんど》とかへ往《い》つてしまつたと申《まを》します。斯《か》くも、女子《ぢよし》の己《おの》れを守《まも》るに嚴正《げんせい》なる點《てん》は、實《じつ》に胸《むね》の透《す》く程愉快《ほどゆくわい》ですが、可惜《あたら》青年《せいねん》を全《まつた》く社會《しやくわい》から葬《はうむ》つてしまう事《こと》は少《すこ》し酷《こく》なやうにもあります。けれ共《ども》、道德《だうとく》の綱紀《かうき》【15】が日々《ひゞ》に弛《ゆる》んで行《ゆ》きつゝある今日《こんにち》では、寧《むし》ろ學《まな》ぶべきでありませう。‖英國《えいこく》でも今《いま》は弛《ゆる》む傾《かたむ》きだと申《まう》しますが、‖要《えう》するに西洋《せいやう》では、未婚女子《みこんぢよし》の節操《せつそう》は極《きは》めて堅固《けんご》なやうであります。乃《すなは》ち英國《えいこく》では許婚者相互《きよこんしやさうご》の間《あひだ》に嚴重《げんぢう》な掟《おきて》があつて、社會《しやくわい》の制裁《せいさい》も十分《じうぶん》にあり、そして、存外或點迄《ぞんぐわいあるてんまで》は自由《じいう》を許《ゆる》されて居《を》るのですから、許婚期間《きよこんきかん》の長《なが》いのもこゝにあるのかも知《し》れませぬ。

此《こ》の許婚中《いひなづけちう》に故障《こしやう》が出來《でき》て破談《はだん》になつた時《とき》は、男女相互《だんぢよさうご》に取《と》り換《かは》した書狀《てがみ》も亦贈答《またとりやり》した品物《しなもの》も相互《さうご》から一切返《さいかへ》す事《こと》になつて居《を》ります。

又佛蘭西《ふらんす》あたりでは、英國《えいこく》のやうに、許婚者同士《きよこんしやどうし》左程《さほど》自由《じいう》が許《ゆる》してないやうであります。

是等《これら》の點《てん》からしても、除《あま》りに此《こ》の期間《きかん》が長《なが》くしない等《など》の事《こと》になるのかも知れませぬ。けれ共《ども》、右様《みぎやう》の事《こと》は唯理屈《たゞりくつ》ばかりで無《な》くて、長《なが》い間《あひだ》の習慣《しふくわん》とか、社會《しやくわい》や家庭《かてい》の事情《じゞやう》に起因《きいん》する事《こと》が多《おほ》いのですから、外國人《がいこくじん》の立場《たちば》から漫《みだ》りに可否《かひ》を論斷《ろんだん》する事《こと》は出來難《できにく》いのであります。

支邦の許婚

又支那《またしな》では、現今《いま》も尚許婚《なほいひなづけ》の風《ふう》が却々《なか〱》盛《さか》んに行《おこな》はれて居《を》ると申《まを》します。ですから、日本《につぽん》へ留學《りうがく》に來《く》る人《ひと》などの中《うち》には、男女大抵同年位《だんぢよたいていどうねんぐらゐ》の十三四から十四五歳《さい》ばかりの可愛《かあい》らしい、畫《ゑ》に見《み》る唐子《からこ》【16】の如《やう》なのが、二人《ふたり》づゝで參《まゐ》つた事《こと》も珍《めづ》らしくありませぬ。是《これ》は貴族富豪《きぞくふがう》の家《いへ》の人《ひと》に多《おほ》いやうであります。

朝鮮の許婚

朝鮮《てうせん》は特《こと》に許婚《いひなづけ》の風《ふう》が盛《さか》んであるやうです。其故《それゆゑ》二十歳位《はたちぐらゐ》の年齢《とし》に達《たつ》してもまだ許婚《いひなづけ》の約束《やくそく》もなり立《た》たない男《をとこ》は非常《ひじやう》に社會《しやくわい》から輕蔑《けいべつ》を受《う》けます。即《すなは》ち童男《チヨンガー》なる詞《ことば》は、一種《しゆ》の侮蔑《ぶべつ》を意味《いみ》します。けれ共《ども》、これらも、吾《わ》が國《くに》の範圍《はんと》に入《はい》りましたから、段々《だん〱》變《かは》つては參《まゐ》りませうが、併《しか》し長《なが》い習慣《しふくわん》と云《い》ふものは、兎《と》ても急《きふ》には改《あらた》まらぬものであります。

【15】規律。物事のしめくくり。

【16】唐子とは中国風の装いをした子供を言い、布袋和尚《ほていおしょう》の傍で遊び戯れている様子を描いた絵画などに見られる。

但《ただ》し支那《しな》でも朝鮮《てうせん》でも、此《こ》の許婚者《いひなづけ》の間《あひだ》は却々《なか〳〵》嚴格《げんかく》であつて、そして、女子《ぢよし》は許婚《いひなづけ》の男子《だんし》の死亡《しばう》するやうな場合《ばあひ》には、一生未婚《しやうみこん》の未亡人《みばうじん》として空閨《くうけい》を守《まも》るが如《ごと》き悲慘《ひさん》な事《こと》があると申《まを》します。女子《ぢよし》の貞操《ていそう》と申《まを》す方《はう》から見《み》ては、立派《りつぱ》とも俠氣《けなげ》とも稱《しよう》すべきでありませうが、餘《あま》りに悼《いた》はしくありますから、進《す》ゝんで眞似《まね》たくは無《な》いではありませぬか。

三　許婚《いひなづけ》の可否《かひ》

扨彼我《さてひが》今古許婚《こんこいひなづけ》の歴史《れきし》や、方法《はうはふ》や形式《けいしき》を辿《たど》つて見《み》て、一躰許婚《たいいいひなづけ》と言《い》ふ事《こと》は、男女《だんぢよ》結婚《けつこん》の成立《せいりつ》に就《つ》いて、致《いた》したが善《よ》いか惡《わる》いかと言《い》ふ事《こと》になりませう。又善《またよ》いとしたならば、何《ど》う言《い》ふ方法《はうはふ》により、如何《いか》なる形式《けいしき》を以《も》つて致《いた》したが可《よ》いであらうかと申《まを》す事《こと》になりませう。

許婚は餘り好ましからず

其《それ》は配遇《はいぐう》の選擇《せんたく》や結婚《けつこん》の形式《けいしき》が、各人各個《かくじんかくこ》に相違《さうゐ》があるのと同《おな》じ事《こと》で、一言《ごん》で其《そ》の可否《かひ》を論《ろん》じ去《さ》る事《こと》は出來《でき》ませぬが、先其《まづそ》の大體《だい〳〵》に於《お》いて、自分《わたくし》は先能《まづあた》ふべくんば、許婚《いひなづけ》と言《い》ふ事《こと》は致《いた》さない方《はう》が宜《よろ》しからうと存じます。勿論餘《もちろんあま》り長《なが》くない期間《きかん》に於《お》いて許婚《いひなづけ》が

適度の許婚期間

成立《せいりつ》し、相互《さうご》の事情上《じゞやう〴〵》、半年乃至《はんとしないし》一年《ねん》の期間《きかん》に結婚《けつこん》するならば、其《それ》は惡《わる》くはありますま

い。乃《すなは》ち期間《きかん》は先半《まづはん》ヶ年位《ねんぐらゐ》を適當《てきたう》とし、一ヶ年以上《ねんいじやう》に亘《わた》らぬ方《はう》が可《よ》いと存じます。餘《あま》り長《なが》いと兎角面白《とかくおもしろ》く無《な》い事《こと》の起《おこ》る場合《ばあひ》があります。魔《ま》は間《ま》なりといふやうに、空間《くうかん》があれば其《そ》の空間《くうはん》から種々《しゆ〴〵》の者《もの》が入《い》り込《こ》んで參《まゐ》ります。で、相互《さうご》十分《ぶん》に精《くは》しく調査《てうさ》して是《これ》ならばと定《きま》つたならば、直《すぐ》に結婚《けつこん》の準備《じゆんび》に取《と》りかゝつて、適當《てきたう》な時期《じき》に婚儀《こんぎ》を擧《あけ》年た方《はう》が可《よ》いと存《ぞん》じます。互《たが》ひに離《はな》れて居《を》れば人《ひと》は餘計《よけい》な事迄《ことまで》聞《き》き出《だ》して來《き》て、入《い》らざる口《くち》をも出《だ》すものであります。故《ゆゑ》に許婚《いひなづけ》してから餘《あま》り長引《ながび》く時《とき》は、兎角邪魔《とかくじやま》の起《おこ》り易《やす》いものであります。其《それ》は現今《いま》のやうに世間《せけん》に喧々囂々《けん〳〵がう〳〵》の多《おほ》い時代《じだい》に於《お》いては、殊《こと》に左様《さう》思《おも》ふのであります。

許婚者相互の覺悟

然《しか》し又《また》一方《はう》から申《まを》せば新郎《しんろう》の方《はう》が「宅《たく》では是々《これ〳〵》の事《こと》を要《えう》するから、入輿迄《こしいれまで》には何々《なに〳〵》の事《こと》を心《こゝろ》がけて置《お》いて貰《もら》ひたい」などゝ言《い》ふ注文《ちうもん》もありませう。

又其《またそ》の許婚者相互《きよこんしやさうご》の覺悟《かくご》は何《ど》うかと申《まを》しましたならば、縁《えん》あつて遂《つひ》に許婚《いひなづけ》が成《な》り立《た》つたならば、既《すで》に娶《めと》らずとも己《おの》が終生《しうせい》の伴侶《はんりよ》たる妻《つま》であります。嫁《とつ》がずとも最早《もはや》一生《しやう》の苦樂《くらく》を共《とも》にすべき夫《をつと》であります。縦令如何《たとへいか》なる事《こと》を人《ひと》が申《まう》したりとて、又何《またど》う言《い》ふ心《こゝろ》に染《そ》まぬ事《こと》が起《おこ》つたとて、決《けつ》して濫《みだ》りに心《こゝろ》を動《うご》かしてはなりませぬ。又都合《またつがふ》によつては何年《なんねん》でも時機《じき》を待《ま》つと言《い》ふ覺悟《かくご》も無《な》ければなりませぬ。そして、何《ど》う考《かんが》へても何《ど》う調《しら》べても全《まつた》く忍《しの》ぶ可《べか》らざるやうな場合《ばあひ》が到來《たうらい》したら、能《よ》く父母《ふぼ》や仲人《なかうど》に謀《はか》つて、適當《てきたう》の處置《しよち》を取《と》る可《べ》きでありますけれども、是《これ》とても能《よ》く〳〵冷靜《れいせい》に分別《ふんべつ》して道義《だうぎ》に當《あ》て箝《は》めて見《み》て、少《すこ》しも間違《まちが》つた事《こと》の無《な》いやうにしなければなりませぬ。其《それ》には、わが往昔《むかし》の許婚《いひなづけ》の間《あひだ》には、實《じつ》に美《うるは》しい咄《はな》しが段々《だん〳〵》殘《のこ》つて居《を》ります。則《すなは》ち、淸水冠者義高《しみづくわんじやよしたか》に＝義仲《よしなか》【17】の子《こ》＝許婚《いひなづけ》せられた大姫《おほひめ》の如《ごと》きは、許婚《いひなづけ》の後《のち》親々《おや〳〵》の交誼《かうぎ》が斷絶《だんぜつ》して、未來《みらい》の夫《をつと》は實父《じつぷ》の爲《ため》に無慘《むざん》の死《し》を遂《と》げた事《こと》を聞《き》き、健氣《けなげ》にも食《しよく》を斷《た》つて節《せつ》に死《し》んだのであります。又津田《またつだ》八彌《や》の許婚《いひなづけ》の女勝《ぢよかつ》【18】は、未來《みらい》の夫《をつと》が他《ひと》に暗殺《あんさつ》せられたのを悲《かな》しんで千辛萬苦《しんばんく》の結果《けつくわ》、遂《つひ》に敵《かたき》を討《う》ちました。

此《こ》の許婚《いひなづけ》の中《なか》の正《たゞ》しい事《こと》は、其《それ》は英國《えいこく》の處女《しよぢよ》に習《なら》つて然《しか》るべきであらうと存《ぞん》じます。但《たゞ》し許婚者《きよこんしや》に對《たい》する方法處分《はうはふしよぶん》の如《ごと》きは時宜《じぎ》に從《したが》はねばならぬ事《こと》は勿論《もちろん》であります。

【17】第二章注74参照。

【18】織田信行の侍女。婚約者の津田八弥を殺害した織田信長の家臣佐久間七郎左衛門を刺殺。禁固に処せられたが救出され、三河（愛知県）岡崎の徳川家康の家臣大須賀康高にかくまわれる。しかし、このことが織田・徳川両家の争いに発展しかねないことを憂えて自害。

第五章　配遇《はいぐう》の選擇法《せんたくはう》

一　父母《ふぼ》に一任《にん》する選擇《せんたく》

父母が要求の第一條件

青年《せいねん》の男女即《だんぢよすなは》ち配遇《はいぐう》を求《もと》めようとする人《ひと》が、婿《むこ》にもあれ嫁《よめ》にもあれ。其《そ》の選擇《せんたく》を父母《ふぼ》又《また》は是《これ》に代《かは》るべき長老《ちやうらう》に一任《にん》する事《こと》の可否《かひ》は何《ど》うでありませう。先其《まづそれ》が男子《だんし》ならば、「自分《わたくし》には解《わか》らぬから兩親《りやうしん》の可《よ》いやうに」と申《まを》しませう。すると、父母《ふぼ》や又《また》は長老《ちやうらう》は、大悦《おおよろこ》びで、急《いそ》いで娘《よめ》の選擇《せんたく》に取《と》り懸《か》ります。

そして、父母《ふぼ》の選擇《せんたく》する娘《よめ》の條件《でうけん》は、先其《まづそ》の容貌《ようぼう》の美《うつく》しい事《こと》と、‖勿論《もちろん》、當人《たうにん》の希望《きぼう》と雖《いへど》も、其《それ》が多《おほ》いには相違《さうゐ》ないが、‖從順《じうじゅん》なる性質《せいしつ》であらねばならぬ事《こと》とは、殆《ほとん》ど十中《ちう》の九分《ぶ》九厘迄《りんまで》は左樣《さう》であります。是《これ》は前者《ぜんしや》は親《おや》が選《えら》んで遣《や》るのであるから、

父母の選擇は先行届くもの

子息の意思に背馳する事あり

彼様《あん》なものをと言《い》はれたくない。そして、美人《びじん》で無《な》いと、又他《またひと》に心《こゝろ》を移《うつ》すやうな事《こと》があつてはならぬと言《い》ふのであります。後者《こうしや》は、勿論夫《もちろんをつと》に對《たい》しても從順《じうじゆん》であれかしと希《こひねが》ふのには相違《さうゐ》ありませぬが、又《また》一方《ぽう》には自分達《じぶんたち》の言《い》ふ事《こと》も唯々《たゞ〳〵》と能《よ》く聞《き》いて貰《もら》いたいと言《い》ふ譯《わけ》でありませう。

其《それ》から老年《としより》の親《おや》であれば、最《もつと》も血統《けつとう》といふ事《こと》に深《ふか》く注意《ちうい》を致すのであります。併《しか》し何《なん》と申《まを》しても、社會《しやくわい》の經驗《けいけん》をも多《おほ》く重《かさ》ねて居《を》り、吾《わ》が子《こ》を思《おも》ふ清《きよ》い深《ふか》い情愛《じようあい》をもとゝして、而《し》かも若《わか》い人同士《ひとどうし》の盲目的愛情《まうもくてきあいじやう》よりして選《えら》んだのでありませぬから、親達《おやたち》の選擇《せんたく》は比較的細《ひかくてきこま》かい精《くは》しい調査《てうさ》が行《おこな》はれるのでございます。

けれ共《ども》、父母《ふぼ》の選擇《せんたく》は稍《やゝ》もすれば、年齢《ねんれい》の長《ちやう》じた自己《じこ》の好《この》もしいと思《おも》ふ點《てん》を標準《へうじゆん》として致《いた》しますから、事《こと》によりますと、子息即《むすこすなは》ち夫《をつと》なる人《ひと》からは、「なる程妻《ほどつま》は容貌《ようぼう》も美《うつく》しい、氣立《きだ》ても柔順《じうじゆん》である。是《これ》と言《い》つて惡《わる》い所《ところ》も無《な》いが、然《しか》し一向活氣《かうくわつき》の乏《とぼ》しい活《はたら》きの鈍《にぶ》い女《をんな》だ。何《ど》うも面白《おもしろ》く無《な》い」といふやうな不平《ふへい》の起《おこ》る事《こと》があります。是《これ》を以《も》つて見《み》れば、容貌《ようぼう》の美必《びかなら》ずしも男子《だんし》の心《こゝろ》を繫《つな》ぎ得《う》るもので無《な》く、從順亦必《じうじゆんまたかなら》ずしも良人《をつと》の希望《のぞみ》に適《かな》ふものでも無《な》い事《こと》を思《おも》はねばなりますまい。其《それ》は勿論男子《もちろんだんし》は我《わ》が儘《まゝ》なのです。男子《だんし》が特別《とくべつ》孝心《かうしん》の深《ふか》い人《ひと》とか、心《こゝろ》の寛《ひろ》い人《ひと》とか、又《また》は男子《だんし》の希望《きばう》も大抵父母《たいていふぼ》に均《ひと》しいといふやうな場合《ばあひ》には、其《それ》こそ家庭《かてい》は全《まつた》く圓滿《ゑんまん》に行《ゆ》きますけれ共《ども》、男子《だんし》が當世風《たうせいふう》[1]の人《ひと》であつたり、

父母が仲人に信を置き過ぎること

才子肌《さいしはだ》【2】の人《ひと》であつたりすれば、先多《まづおほ》くは前述《ぜんじつ》の如《ごと》き云々《うんぬん》が生《しやう》ずるものであります。

其《それ》から今《いま》一つは、父母《ふぼ》が餘《あま》り世間《せけん》と懸《か》け離《はな》れて居《ゐ》て、交際《かうさい》の範圍《はんゐ》も狹《せま》い者《もの》であると、非常《ひじやう》に世馴《よな》れた上手《じやうず》の人《ひと》の仲人口《なかうどぐち》にふと乘《の》つて一も二も無《な》く、餘《あま》りに其《そ》の調査報告《てうさほうこく》を信《しん》じ過《す》ぎて、他《た》の助言《じよごん》や注意《ちうい》には、少《すこ》しも耳《みみ》に入《はい》らなくなる事《こと》があります、＝仲人《なかうど》の事《こと》は別《べつ》に申《まを》しますが、＝是等《これら》は、其《そ》の父母《ふぼ》たる人《ひと》が、特《とく》によく注意《ちうい》すべき點《てん》であります。

又是《またこれ》と反對《はんたい》に、父母《ふぼ》は最初《さいしよ》に、何《ど》うか貰《もら》いたいものだと希《こひね》ふた女《をんな》でも、仲人《なかうど》が何等《なんら》か自己《じこ》の都合上《つがうじやう》、或《ある》ひは何《なに》かの誤解等《ごかいなど》から、絶體《ぜつたい》に不可《いけな》いと申《まを》した爲《ため》に折角《せつかく》の良縁《りやうえん》を取《と》り損《そこな》ふ事《こと》もあります。ですから、愛兒《あいじ》の爲《ため》に婚《こん》を選《えら》ぶ人《ひと》は注意《ちうい》の上《うへ》にも注意《ちうい》しなければなりませぬ。

以上《いじやう》の二件《けん》は、愛孃《あいぢよう》の爲《ため》に婿《むこ》を選擇《せんたく》する場合《ばあひ》にも亦同樣《またどうやう》の注意《ちうい》を要《えう》すべき點《てん》でございます。

婿選擇の主要條件

又《また》父母《ふぼ》が愛孃《あいぢやう》の爲《ため》に婿《むこ》を選《えら》ぶ時《とき》には、往〳〵《わう〳〵》左《さ》の如《ごと》き事《こと》が主要件《しゆえうけん》として持《も》ち出《だ》される場合《ばあひ》が多《おお》いものであります。

則《すなは》ち「息女《むすめ》は何卒樂《どうぞらく》な處《ところ》へ遣《や》りたい婿《むこ》は何《ど》うか非常《ひじやう》に深切《しんせつ》な人《ひと》が選《えら》びたい」と言《い》ふ條《でう》

【1】その時代に流行の風俗・風習や考え方。今風。
【2】才子（才知にすぐれ、頭の働きのすばやい人）にありがちな気風を持っていること。

件《けん》であります。なる程《ほど》、婿《むこ》なる人《ひと》は如何程《いかほど》、豪《えら》い人《ひと》であつても、愛孃《あいぢやう》に冷酷《れいこく》では溜《たま》りませぬから、後者《こうしや》は最《もつと》もな條件《でうけん》ですが、前者《ぜんしや》は少《すこ》しく尚考《なほかんが》へる餘地《よち》がありませう。樂《らく》な處《ところ》といふ意味《いみ》は、家庭《かてい》に系類《けいるい》が尠《すく》なく、財産《ざいさん》も裕《ゆた》かであらねばなりませぬ。然《しか》るに系類《けいるい》の尠《すく》なきは、其《そ》の血統《けつとう》に長壽者少《ちやうじゆしやすく》なきを意味《いみ》します。委《くわ》しく言《い》へば、夫《をつと》の兄弟《きやうだい》、親《おや》の兄弟《きやうだい》も多《おほ》く無《な》いとか、皆無《かいむ》だとか言《い》ふ事《こと》になります。然《しか》らば、夫《をつと》も又早世《またさうせい》するかも知《し》れず、子供《こども》も無《な》いか或《ある》ひは少《すく》ないかも知《し》れませぬ。よし其迄《それまで》は心配《しんぱい》はしなくても可《よ》いとしても、餘《あま》り始《はじ》めから氣《き》がねの無《な》い家庭《かてい》には、稍《や》ゝもすると、互《たが》ひに我《わが》が儘《まゝ》が増長致《ぞうちやういた》します。夫婦間《ふうふかん》に云々《うんぬん》の起《おこ》るのは、存外差向《ぞんぐわいさしむか》ひで、他《ほか》に系類《けいるい》の無《な》い處《ところ》に多《おほ》いのであります。そして財産《ざいさん》の豐《ゆた》かな家《いへ》で、他《た》に長者《めうへ》も無《な》いと、若《わか》い男子《だんし》は往々我《わう〳〵わ》が儘《まゝ》であつたり、放縦《はうじう》であつたり致《いた》します。して見《み》れば、父母《ふぼ》は婿《むこ》の選擇條件《せんたくでうけん》の第一義《だいぎ》は猶《なほ》よく考《かんが》へる必要《ひつえう》があらうと存じます。

又父母《またふぼ》は、なるべく豪《えら》い人活《ひとはたら》きのある婿《むこ》を欲《ほつ》します。‖猶別項《なほべつこう》に申《まを》しますが、‖是《これ》は選擇條件《せんたくでうけん》としては、必《かなら》ず持《も》ち出《だ》されねばならぬ事《こと》ですけれ共《ども》、其《それ》も愛孃《あいぢやう》との釣合《つりあひ》をよく考《かんが》へなければなりませぬ。

父母の愛孃に對する注意

そして其《そ》の愛孃《あいぢやう》の爲《ため》に、婿《むこ》を選《えら》ばうとする父母《ふぼ》の、特《こと》によく注意《ちうい》をせられたい事《こと》があります。なる程古語《ほどこご》にも、「子《こ》を見《み》る事親《ことおや》にしかず」とありまする通《とほ》り、己《おの》れが生《う》み、且育《かつそだ》てゝ、旦夕《あさゆふ》一所《しよ》に起臥飲食《きぐわいんしよく》しつゝある子供《こども》の事《こと》は、一番《ばん》其《そ》の實父母《じつふぼ》が解《わか》つて居《を》る筈《はず》です。又解《またわか》つて居《を》らなければならない譯《わけ》でありまするが、女兒《ぢよじ》は特《とく》に妙齢《めうれい》に達《たつ》すれば、自《おのづか》ら羞恥《しうち》の情《じやう》を發《はつ》して、生《う》みの父母《ふぼ》と雖《いへど》も、包《つゝ》み隠《かく》す事《こと》が出來《でき》て參《まゐ》ります。其《それ》は自然《しぜん》であり、道理《だうり》であつて、是《これ》が又可憐《またかれん》な心《こゝろ》をも形《かた》ちをも附《つ》け加《くは》へて往《ゆ》くのであります。が、是《これ》と同時《だうじ》に、稍《やゝ》もすると、其《そ》の言《い》ふべき事見《ことあらは》すべき事《こと》さへも、兎角《とかく》に言《い》はず見《あらは》さず、押《お》し包《つゝ》み過《すぎ》るやうな癖《くせ》がついて、事《こと》によると、其《それ》が第《だい》二の性《せい》を作《つく》りなします。ですから、父母《ふぼ》が婿選《むこえら》みをするに際《さい》しても、「宅《たく》の女《むすめ》はまだ赤兒《ねんねい》ですから」とか「彼女《かのじよ》は柔順《じうじゆん》ですから」などと、獨斷《ひとりぎめ》してしまつて、父母《ふぼ》の選擇《せんたく》其《そ》の當《たう》を得《え》たりと、大喜《おほよろこ》びで、さつ〳〵と進《す》めてしまつた結婚《けつこん》に、其《そ》の場《ば》になつて、女《むすめ》の不承知《ふしようち》とか、又《また》は煩悶悲觀《はんもんひくわん》といふやうな事《こと》を、見出《みいだ》して急《きふ》に大惚《おほあは》てをするやうな事《こと》も、時《とき》には無《な》いとは言《い》はれませぬ。

前述《ぜんじゆつ》の如《ごと》く、男子《だんし》には稀《まれ》の事《こと》で、女兒《ぢよじ》には往々《わうわう》あり勝《がち》なる事《こと》です。乃《すなは》ち其《そ》の父母《ふぼ》にさへ伺《うかが》ひ知《し》る事《こと》の出來《でき》ない女《むすめ》の性格《せいかく》や、好惡《かうを》は、存外《ぞんぐわい》、最《もつと》も世話《せわ》になつた教師《けうし》とか、親友《しんいう》とかゞ知《し》つて居《を》る事《こと》がありますから、父母《ふぼ》は常《つね》に是等《これら》の人《ひと》より、其《それ》と無《な》く、其《そ》の知《し》り得《う》べき事《こと》だけは知《し》つて置《お》く必要《ひつえう》がありまするが、彌々婿《いよ〳〵むこ》の選擇《せんたく》に取《と》りかゝる時《とき》、又《また》は其《それ》が漸々進行《ぜん〳〵しんかう》して行《ゆ》く場合《ばあひ》には、今《いま》一度是等《どこれら》の人々《ひと〴〵》から其《それ》を聞《き》き取《と》るべきであります。よし其《それ》が全然中《ぜん〳〵あた》らないとしても、多少《たせう》は必《かなら》ず參考《さんかう》になるべき事《こと》であらうと存《ぞん》じます。

けれ共《ども》、現今《いま》の日本《にっぽん》の社會《しやくわい》にありては、婿《むこ》の選擇《せんたく》は何《ど》うしても、父母《ふぼ》が然《しか》らざれば是《これ》に代《かは》るべき年長老功《ねんちやうらうこう》の人《ひと》に任《にん》ずるが、最《もつと》も危險《きけん》で無《な》い先《まづ》な安全《あんぜん》な方法《はうはふ》であらうと存《ぞん》じます。が、併《しか》し斯《か》くもありたいと思《おも》ふ事《こと》は、更《さら》に後段《こうだん》に述《の》べる事《こと》と致《いた》しませう。

二　當人同士《たうにんどうし》に一任《にん》する選擇《せんたく》

當人自由の選擇は是か

當人同士《たうにんどうし》の自由《じいう》に一任《にん》する選擇法《せんたくはう》は、現今《いま》の西洋《せいやう》で隨分行《ずゐぶんおこな》はれて居《を》り、往昔《むかし》の日本《にっぽん》でも多少行《たせうおこな》はれた方法《はうはふ》であります。‖皆悉《みなこと〳〵》くと言《い》ふのでは、勿論《もちろん》ありませぬが、‖是《これ》は一寸考《ちよつとかんが》へますると、結婚者《けつこんしや》其《そ》の人《ひと》に取《と》りては、甚《はなは》だ好都合《かうつがふ》な、極《きは》めて自然的《しぜんてき》な方法《はうはふ》であるかのやうに思《おも》はれます。然《しか》るに、西洋《せいやう》の如《ごと》く、男女共《だんぢよとも》に教育《けういく》の程度《ていど》が高《たか》くなり、女子《ぢよし》と雖《いへど》も、却々理性《なか〳〵りせい》の力《ちから》が強《つよ》くなつて居《を》り、且《かつ》は彼等《かれら》が利害《りがい》に關《くわん》する考《かんが》へは非常《ひじやう》に深酷《しんこく》なものでありますから、勢《いきほ》ひ自己《じこ》が結婚問題《けつこんもんだい》に對《たい》しても、冷靜《れいせい》なる判斷《はんだん》を下《くだ》す事《こと》が出來《でき》る譯《わけ》であります。

況《いは》んや彼等《かれら》の年齡《ねんれい》は相應《さうおう》に長《ちやう》じて、理非《りひ》の判斷《はんだん》もつく頃《ころ》ほひに至《いた》りて、婚《こん》を選《えら》ぶ場合《ばあひ》が多《おほ》く、且又社會《かつまたしやくわい》の制裁力《せいさいりよく》も或點迄《あるてんまで》は確立《かくりつ》して居《ゐ》て、其《そ》の上男女交際《うへだんぢよかうさい》の機會《きくわい》も適當《てきたう》に

西洋の其さへ非なるものあり

吾が國にての取捨如何

得《え》らるゝものとすれば、其《それ》は當人《たうにん》の自由選擇法《じいうせんたくはふ》によるも宜《よろ》しからう。是《これ》は必《かなら》ず大抵幸《たいていかう》福《ふく》な結婚《けつこん》を爲《な》して圓滿《ゑんまん》な家庭《かてい》のみが作《つく》らるゝであらうと思《おも》はれるのであります。

然《しか》るに、活世間《くわつせけん》の事《こと》は、却々理屈道理《なか〳〵りくつだうり》に行《ゆ》きかねるもので、斯《か》くの如《ごと》き當人同士《たうにんどうし》の選擇《せんたく》に係《かゝ》る夫婦《ふうふ》にも存外破綻《ぞんぐわいはたん》を生《しやう》じ、却々圓滿《なか〳〵ゑんまん》に行《ゆ》かぬものが、尠《すく》なからぬのであります。其《それ》は斯様《かやう》な夫婦間《ふうふかん》には、得《え》て我《わ》が儘《まゝ》の起《おこ》り易《やす》いと言《い》ふ事《こと》も、一《ひと》つの理由《りいう》でありませうが、彼程學力《あれほどがくりよく》もあり、年齢《ねんれい》も長《ちやう》じ、分別《ふんべつ》も可《か》なりあると想《おも》ふ人々《ひと〴〵》でも、矢張不經驗《やはりふけいけん》の事《こと》には、やゝもすれば失敗《しつぱい》が生《しやう》じ安《やす》うございます。

其《それ》なればこそ、彼《か》の國《くに》の語《ご》に、「夫婦《ふうふ》の幸福《かうふく》は結婚以前《けつこんいぜん》にあり」等《など》と言《い》ふのでありませう。

況《ま》して現今《いま》の吾《わ》が國《くに》の如《ごと》き、社會《しやくわい》百般《ぱん》の事《こと》は、舊礎《ふるきいしづゑ》既《すで》に動《うご》きて新基《あたらしきもとゐ》未《ま》だ定《さだ》まらず、是《こ》の故《ゆゑ》に其《そ》の制裁力《せいさいりよく》の如《ごと》きは、甚《はなは》だ薄弱《はくじやく》なる事《こと》を免《まぬ》かれませぬ。從《したが》つて清《きよ》く正《たゞ》しき青年男女《せいねんだんぢよ》が交際《かうさい》の機會《きくわい》を作《つく》り出《だ》すが如《ごと》き事《こと》は、まだ〳〵前途遼遠《ぜんとれうゑん》【3】なりと言《い》はざるを得《え》ませぬ。よし又是《またこれ》が存外容易《ぞんぐわいようい》に出來《でき》得《う》るものだといふ輩《やから》があるとしても、自分《わたくし》は、彼《かれ》西洋社會《せいやうしやくわい》の誇《ほこ》りとする、所謂高潔圓滿《いはゆるかうけつゑんまん》なる男女《だんぢよ》の交際《かうさい》と雖《いへど》も、不幸《ふかう》にして、未《いま》だ容易《ようい》に

【3】はるかに遠いこと。ほどとおいこと。また、そのさま。

輕忽《けいこつ》【4】に贊成《さんせい》の意《い》を表《へう》したくはありませぬ。況《いは》んや吾人《ごじん》に於《お》けるをやです。是《これ》は何《ど》うしても穩健《おんけん》なる教育《けういく》の進歩《しんぽ》と、幾多經驗《いくたけいけん》の指導《しどう》とに借《か》すに、短《みじか》からぬ歳月《さいげつ》を以《も》つてせざれば、遂《つひ》に角《つの》を矯《た》めようとして牛《うし》を殺《ころ》し【5】、苗《なへ》を長《ちやう》ぜしめようとして、拔《ぬ》き枯《か》らすの愚《ぐ》に陷《おちい》るであらうと存《ぞん》じます。

將來にも熟考を要す

尚且將來《なおかつしやうらい》に於《お》いても、唯《たゞ》一つに當人同士《たうにんどうし》の選擇《せんたく》に任《にん》ずる事《こと》は、甚《はなは》だ危險《きけん》であると存《ぞん》じます。それゆゑ女子《ぢよし》では無《な》く、三十以上《いじやう》に達《たつ》した立派《りつぱ》な人《ひと》でも、自分一人《じぶんひとり》で選《えら》んだ配遇《はいぐう》は、數年《すうねん》ならずして、往々自《わうわうみづか》ら悔《く》ゆるの日《ひ》が來《く》る所《ところ》の例證《れいしよう》を幾《いく》らも見聞《けんぶん》して居《を》るからであります。

恰かも圍碁の如し

彼《か》の圍碁《ごうち》の戲《ぎ》を爲《な》す者《もの》に、「岡目八目《おかめはちもく》【6】」といふ語《ご》があります。是《これ》は、青年男女《せいねんだんぢよ》が配遇《はいぐう》に於《お》ける自由選擇《じいうせんたく》に當《あ》て箝《は》めたいと存《ぞん》じます。乃《すなは》ち碁《ご》を圍《かこ》む人《ひと》は、互《たが》ひに負《ま》けまい。勝《か》たう〳〵と焦《あせ》りますから、心《こゝろ》に冷靜《れいせい》を失《うしな》ひます。一度《ど》冷靜《れいせい》を失《うしな》へば盲目《まうもく》になります。所《ところ》が、岡目印《おかめすなは》ち傍觀《ばうくわん》して居《を》る者《もの》は、自分《じぶん》に直接《ちよくせつ》の利害關係《りがいくわんけい》が無《な》いから、心自《こゝろおのづか》ら冷靜《れいせい》なる事《こと》を得《う》るのであります。故《ゆゑ》に、岡目《おかめ》は當局者《たうきやくしや》よりも、八目《もく》も強《つよ》い位《くらゐ》に目《め》が善《よ》く見《み》えると申《まを》したものでございます。

乃《すなは》ち求婚者《きうこんしや》は、當人直接《たうにんちよくせつ》の問題《もんだい》ですから、勢《いきほ》ひ冷靜《れいせい》を失《うしな》ひます。且特《かつこと》に戀愛《れんあい》の情《じやう》さへ加《くは》はつて居《を》る問題《もんだい》ですから、尚更盲目的選擇《なほさらまうもくてきせんたく》をなす事《こと》を免《まぬ》がれますまい。此所《こゝ》に於《お》いて、

かゝる問題は女子は男子よりも聡明なり

結婚《けつこん》以後《いご》に其《そ》の不明《ふめい》を悔《く》ゆる時《とき》が到來《たうらい》する理屈《りくつ》でありませう。男女共《だんぢよとも》に、此《こ》の配遇選擇《はいぐうせんたく》の場合《ばあひ》に於《お》いて、先戀愛《まづれんあい》の霧中《むちう》に入《い》つたとすれば、其《それ》は男女《だんぢよ》何《いづ》れにても、盲目《まうもく》になつてしまいますから、無論左《むろんさ》の説《せつ》は當《あ》て篏《は》められませぬが、若《も》しも其《それ》が盲目的戀愛《まうもくてきれんあい》に陷《おちい》つたので無《な》ければ、孰《いづ》れかと申《もを》せば、男子《だんし》よりも寧《むし》ろ女子《ぢよし》の方《はう》が、男女《だんぢよ》の眞價《しんか》の高下《かうげ》を認《みと》める事《こと》に聡明《そうめい》なものであります。之《これ》には種々《しゆぐ》の原因《げんいん》もありませうが、女子《ぢよし》は男子《だんし》よりも細心《さいしん》であり緻密《ちみつ》であります。そして、男子《だんし》も結婚《けつこん》を大事《だいじ》であると思《おも》はない事《こと》はありませぬが、女子《ぢよし》の如《ごと》く一生涯《しやうがい》に一番《ばん》の大事件《だいじけん》であると迄《まで》は、何《ど》うも考《かんが》へない風《ふう》があります。其《それ》は不幸《ふかう》にして離婚《りこん》の悲境《ひきやう》に陷《おちい》つたとしても、男子《だんし》の再婚《さいこん》は容易《ようい》であり、當然《たうぜん》であると信《しん》ぜられて居《を》るのに反《はん》して、女子《ぢよし》は非常《ひじやう》の打撃《だげき》である等《など》の事《こと》にもよりませうが、未婚女子《みこんぢよし》が處女的節操《しよぢよてきせつさう》は殆《ほとん》ど當然《たうぜん》であり、未婚《みこん》の男子《だんし》が童貞《どうてい》の節操《せつさう》は寧《むし》ろ稀有《けう》であり、男子《だんし》は結婚《けつこん》によつて、益〱《ます〲》希望《きばう》の事業《じげふ》に進《す》む事《こと》が出來《でき》、女子《ぢよし》

【4】かるがるしく不注意なこと。

【5】曲った角をまっすぐにしようとしたら、牛が死んでしまった、すなわち少しの欠点を直そうとして全体をだめにする、枝葉の事にこだわって本体を損なうことのたとえ。

【6】傍目（岡目）はわきから見ること、傍観の意で、八目は囲碁の手数《てかず》をいう。囲碁の対局をわきから見る観戦者は、冷静に局面を判断して、八目先まで見通すことができる。その意から、傍観者の立場にたって判断するほうが、物事の真相や利害得失を、当事者よりかえって的確にとらえることができることのたとえ。

知力を以つてすれば劣者なり

は反對《はんたい》に結婚《けつこん》によつて先己《まづおのれ》の事《こと》はすてねばなりませぬ。是等種々《これらしゆ〲》の點《てん》からしても女子《ぢよし》が結婚《けつこん》を重大視《じうだいし》する事《こと》は、男子《だんし》の類《たぐい》ひではありませぬ。以上種々《いじやうしゆ〲》の理由《りいう》によつて、斯《か》くの如《ごと》くあるのかも知《し》れませぬ。

けれ共《ども》、若《も》しも男子《だんし》が女子《ぢよし》を謀《はか》らうとした時《とき》、即《すなは》ち知《ち》を弄《ろう》さるゝ場合《ばあひ》に在《あ》つては、其《そ》の經驗《けいけん》も知力《ちりよく》も劣《おと》つて居《を》る女子《ぢよし》は、兎《と》ても男子《だんし》の對手《あひて》ではありませぬ。一も二もなく、脆《もろ》くも男子《だんし》の捕虜《とりこ》となつてしまうのであります。茲《こゝ》になるに、往昔《むかし》の女子《ぢよし》の如《やう》に、女子《ぢよし》の節操《せつさう》は命《いのち》よりも大切《たいせつ》なりとし、之《これ》に傷《きず》けらる事《こと》あらば、死守《ししゆ》せよと教《をし》へられた當時《たうじ》の女性《ぢよせい》は強《つよ》かつたのであります。脆《もろ》くなかつたのであります。是則《これすなは》ち、一種《しゆ》の宗教的觀《しうけうてきくわん》念《ねん》を宿《やど》して居《ゐ》たからであります。

要《えう》するに、男女共《だんぢよとも》に、互《たが》ひに善《よ》い所《ところ》のみを示《しめ》さう。惡《わる》い所《ところ》は隱《かく》さうと勉《つと》めて居《を》る場合《ばあひ》には、却々其《なか〲そ》の欠點《けつてん》を見出《みいだ》し得《う》らるゝものではありませぬ。故《ゆゑ》に、當局者以外《たうきよくしやいぐわい》、所謂《いはゆる》岡目《おかめ》八目《もく》の助言《じよげん》を欲《ほつ》する所以《ゆゑん》であります。

三　父母《ふぼ》及び當人《たうにん》の合意選擇《がふいせんたく》

以上縷述《いじやうるじゆつ》したやうな次第《しだい》でありますから、配遇選擇《はいぐうせんたく》の方法《はうはふ》は、其《そ》の孰《いづ》れによつて行《おこな》つたが可《よ》いかと申《もを》しまするならば、是《これ》は矢張先從來《やはりまづじうらい》の習慣《しふくわん》によつて、父母《ふぼ》又《また》は其《それ》に代《かは》るべき年長老功《ねんちやうらうこう》の人《ひと》が、細心《さいしん》に深切《しんせつ》に、婿《むこ》なり嫁《よめ》なりを選擇《せんたく》し、そして、能《あた》ふべきたけ精細《せいさい》の調査《てうさ》を遂《と》げるべきであります。勿論此《もちろんこ》の調査《てうさ》といふ事《こと》を確實《かくじつ》にしようとするのは、却々《なか〱》容易《ようい》の事《こと》ではありませぬ。言《い》はゞ、表面的調査《へうめんてきてうさ》、遍頗的【7】調査《へんばてきてうさ》に先終《まづおは》るものと思《おも》はなければなりませぬ。何故《なぜ》なれば、表面的調査《へうめんてきてうさ》は、戸籍上《こせきじやう》に見《あらは》れたる事《こと》や、表向解《おもてむきわか》つてる財産《ざいさん》や、學歴《がくれき》などでありませう。其《そ》の他《た》は殆《ほとん》ど、仲間者《ちうかんしや》の口《くち》に頼《よ》るのですが、是《これ》が又却々《またなか〱》公明正大《こうめいせいだい》、不遍不黨《ふへんふたう》で、而《し》かも吾《われ》に深切《しんせつ》であるといふ人《ひと》は、容易《ようい》に得《え》られる者《もの》でありませぬ。殊《こと》によると、三人《にん》も五人《にん》もに依頼《いらい》して置《を》くと、五人《にん》が五人別々《にんべつ〱》の報告《はうこく》をなす事《こと》さへあります。

故《ゆゑ》に先吾《まづわ》が力《ちから》の及《およ》ぶだけの調査《てうさ》が出來《でき》たならば、何《ど》うしても自分《じぶん》で遇《あ》つて見《み》る必要《ひつえう》があります。此《こ》の二點《てん》が先出來《まづでき》たならば、其《それ》から當人《たうにん》に有《あ》りの儘《まゝ》の事《こと》を打《う》ち明《あ》けて話《はな》すのであります。

子息に對して

是《これ》が子息《むすこ》の方《はう》であれば、最早年齢《もはやねんれい》も大分《だいぶん》に長《ちやう》じて居《を》り、知識《ちしき》も相應《さうおう》に出來《でき》て居《を》り、

【7】かたよって不公平なこと。

分別《ふんべつ》も多少《たせう》は着《つ》いて居《を》る筈《はず》ですから、十分に其《そ》の意思《いし》を尋《たづ》ねた上《うへ》で、教訓《けうくん》も指導《しだう》も爲《な》し、そして能《よ》く其《そ》の熟考《じゆくかう》をも促《うなが》し、矢張然《やはりしか》るべき方法《はうはふ》を講《こう》じて、能《あた》ふべくんば、當人同士《たうにんどうし》の會見《くわいけん》も必要《ひつえう》と存じます。

息女に對して

又息女《またむすめ》であつて見《み》れば、格段《かくだん》の場合《ばあひ》、年齢《ねんれい》も長《ちやう》じて居《を》るとか、識見《しきけん》も備《そなは》つて居《を》るとか言《い》ふ例外《れいがい》は別《べつ》として、未《ま》だ却々《なか〳〵》自己《じこ》の分別《ふんべつ》も十分《ぶん》定《き》まるまいし、恥《はづ》かしさが先立《さきだ》ちなどして、父母《ふぼ》と雖《いへど》も、思《おも》ふが儘《まゝ》を言《い》ひ得《え》ぬ等《など》の事《こと》もありませうから、是等《これら》に就《つ》いては、間接《かんせつ》に直接《ちよくせつ》に十分其《じゆうぶんそ》の意《い》のある所《ところ》をも尋《たづ》ね知《し》りて、且解《かつわか》らぬ點《てん》は丁寧《ていねい》に說《と》き聞《き》かして置《お》く必要《ひつえう》があらうと存《ぞん》じます。

父母の慈愛と威嚴

けれ共《ども》、父母《ふぼ》は深《ふか》く厚《あつ》き慈愛《じあい》を以《も》つて、十分に其《そ》の愛兒《あいじ》の爲《ため》に好配遇《かうはいぐう》を選擇《せんたく》し、先是《まづこれ》ならば宜《よろ》しからうと思《おも》ふ時《とき》に當《あた》りて、其《そ》の子《こ》が何等《なんら》の理由《りいう》も無《な》しに、單《たん》に我《わ》が儘《まま》の爲《ため》に結婚《けつこん》を忌避《きひ》するとか、榮虛心《きよえいしん》の爲《ため》に非望《ひばう》の結婚《けつこん》を希望《きばう》するとか、其《そ》の外道義《ほかだうぎ》の上《うへ》に許《ゆる》すべからざる事《こと》、其《そ》の子《こ》の爲《ため》に不利益《ふりえき》なる事《こと》で、父母《ふぼ》の選擇《せんたく》を云々《うんぬん》するが如《ごと》き事《こと》のあつた時《とき》は、其《それ》こそ親權《しんけん》を以《も》つて、其《そ》の威嚴《ゐげん》を傷《きず》つけられぬやう、且《かつ》は愛兒等《あじら》の幸福《かうふく》を取《と》り失《うしな》はしめぬやうに、訓戒《くんかい》もし、勸告《くわんこく》もし、猶進《なほすゝ》んで命令的《めいれいてき》に決行《けつかう》しなければならぬ場合《ばあひ》もありませう。勿論是《もちろんこれ》は重《おも》に女兒《ぢよじ》に對《たい》しては、已《や》むを得《え》ぬ事《こと》であります。

併《しか》しながら婚約《こんやく》はもと兩家《りやうけ》の良緣《よしみ》を結《むす》び陰陽《いんやう》の和合《わがふ》を謀《はか》り、そして家庭《かてい》の圓滿《ゑんまん》、子孫《しそん》の繁榮《はんえい》を爲《な》すの基《もとゐ》を作《つく》るのでありますから、當人《たうにん》が不承知《ふしようち》であるのを、非常《ひじやう》に泣《な》かせたり怒《おこ》らせたり、怨《うら》ませたりして行《おこな》ふべきものではありませぬ。斯《か》かる場合《ばあひ》に、子供《こども》に我《わ》が儘《まゝ》を持《も》ち出《だ》させるやうな事《こと》は、既《すで》に平生《ふだん》に於《お》いて、父母《ふぼ》の威信《ゐしん》が家庭《かてい》に行《おこな》はれて居《を》らぬか、或《ある》ひは又其《またそ》の慈愛《じあい》が子女《しぢよ》に貫徹《くわんてつ》して居《を》らぬ等《など》の、何等《なんら》かの欠點《けつてん》がなるに相違《さうゐ》ありませぬ。

要《えう》するに父母《ふぼ》は其《そ》の子《こ》の爲《ため》に能《あた》ふべきだけ最善《さいぜん》の方法《はうはふ》を盡《つく》して、克《よ》く其《そ》の選擇調査《せんたくてうさ》を過《あやま》らぬやうにし、然《しか》る後《のち》に當人《たうにん》の意思《いし》をも尋《たづ》ね、希望《きばう》や不審《ふしん》の點等遠慮《てんなどゑんりよ》なく言《い》はしめ、又出來得《またできう》べくんば、當人《たうにん》との會見《くわいけん》をも爲《な》さしめ、而《しか》して、當人《たうにん》はもとより、相互兩家《さうごりやうけ》の幸福《かうふく》を增進《ぞうしん》するやうに、何《ど》うしても父母先《ふぼまづ》其《そ》の選擇《せんたく》の衝《しよう》に當《あた》つて、是《これ》が助《たすけ》たるべき、仲人《なかうど》の選擇《せんたく》をも亦過《またあやま》らざるやうに致《いた》したいものであります。

四　仲人《なかうど》の注意《ちうい》

以上《いじやう》述べました如《やう》に、吾《わ》が國《くに》の現今《いま》の有樣《ありさま》では、特《こと》に當人同士《たうにんどうし》の自由選擇《じいうせんたく》は、可《よ》くあるまいと致《いた》しましたならば、何《ど》うしても、先求婚者《まづきうこんしや》に在《あ》つては、其《そ》の選擇《せんたく》の衝《しよう》には、主《しゆ》として父母《ふぼ》が當《あた》るとしても、是《こ》の中間《ちうかん》に立《た》つて、相互《さうご》の問《と》ひ合《あは》せをしたり、意思《いし》を傳《つた》へたりする所《ところ》の、仲人《なかうど》を頼《たの》む必要《ひつえう》が起《おこ》るのであります。

そして此《こ》の仲人《なかうど》なる者《もの》は、先普通選擇《まづふつうせんたく》が出來上《できあが》つて、彌々結婚《いよ〳〵けつこん》を行《おこな》うと言《い》ふ迄《まで》に、相互《さうご》の傳達《でんたつ》や、調査《てうさ》に從事《じうじ》する者《もの》と、其《それ》から彌々結婚式《いよ〳〵けつこんしき》といふ時《とき》に、表向仲人《おもてむきなかうど》として立合《たちあ》ふ人《ひと》とを要《えう》する譯《わけ》であります。‖勿論《もちろん》、何《なに》もかも一所《しよ》に間《ま》に合《あは》せるやうな手輕《てがる》な階級《かいきう》や、或《ある》ひは又特別《またとくべつ》の間柄等《あいだがらなど》で、高德《かうとく》の人《ひと》や地位《ちゐ》ある人《ひと》が、自《みづか》ら進《すす》んで詳細《しやうさい》の事《こと》に迄當《まであた》る等《など》の例外《れいぐわい》は別《べつ》としてゞす。

仲人は如何なる人を要するか

併《しか》し、世間《せけん》には、往々世話好《わう〳〵せわず》きと稱《しよう》せらるゝ人《ひと》があります。是等《これら》の人《ひと》の言《げん》によれば、「人《ひと》は一生《しやう》に兩度《りやうど》は必《かなら》ず他《ひと》の仲人《なかうど》をしなければなりませぬ。其《それ》は吾等夫婦兩人《われらふうふりやうにん》が、公德《こうとく》に對《たい》しての御恩報捨《ごおんほうしや》であります。」又曰《またいは》く「仲人《なかうど》を多《おほ》くすれば後生《こうしやう》が善《よ》い」などゝ申《まを》します。所謂世話好《いはゆるせわず》の人《ひと》がございます。斯《か》ういふ人《ひと》であれば、利害問題以外《りがいもんだいいぐわい》にも、骨《ほね》を惜《をし》まず、勞《らう》を執《と》つてくれる譯《わけ》でありますから、依頼《いらい》する方《はう》からは誠《まこと》に都合《つがふ》の好《よ》い譯《わけ》であります。

併《しか》し斯《か》う言《い》ふ人《ひと》は、稍《やゝ》もすると、餘《あま》りに咄《はな》しが圓滿《ゑんまん》に過《す》ぎて、相互《さうご》の機嫌《きげん》の可《よ》いやうにと謀《はか》つたり、又《また》は少《すこ》しく事《こと》を誇張《こちやう》し過《す》ぎたりして、眞相《しんさう》の得難《えがた》い事等《ことなど》があるものです。

射利的媒介人

或《ある》ひは又《また》、餘《あま》りいろ／＼世話《せわ》の燒《や》き過《す》ぎで、他《た》の感情《かんじやう》を害《がい》する等《など》の事《こと》もあります。ですから、世話好《せわず》きなる人《ひと》に頼《たの》む事《こと》も、亦能《またよ》く注意《ちうい》しなければなりませぬ。

況《いは》んや、結婚《けつこん》の媒介《ばいかい》を、一種《しゆ》の射利的《しやりてき》【8】商法《しやうはふ》のやうに心得《こゝろえ》て居《を》るものがあります。是《これ》等《ら》に至《いた》つては、所謂仲人口《いはゆるなかうどぐち》で、孰《いづ》れにも善《よ》いやうな事《こと》ばかり言《い》ふ場合《ばあひ》が多《おほ》いのですから、一層注意《そうちうい》しなければなりませぬ。配遇《はいぐう》の選擇法《せんたくはふ》を過《あやま》る事《こと》は、往々《わう／＼》右様《みぎやう》な媒介人《ばいかいにん》に係《かゝ》つた場合《ばあひ》が多《おほ》いのですから、返す／゛＼も戒《いまし》め愼《つつし》むべき事《こと》であります。

結婚媒介の會社

又《また》一種結婚媒介《しゆけつこんばいかい》を以《も》つて、一つの商業《しやうげふ》として組《く》み立《た》てられて居《を》る會社《くわいしや》があります。現今《いま》の如《ごと》く、未知《みち》の海外住民《かいぐわいぢゆうみん》にさへ、婚嫁《こんか》しなければならぬやうな世《よ》の中《なか》になりましたから、此《こ》の種《しゆ》の社《しや》が、極《きは》めて眞面目《まじめ》に、十分《ぶん》の責任《せきにん》を負《お》うて、媒介《なかだち》をするならば、其《それ》は強《あなが》ち惡《わる》い事《こと》はありますまい。寧《むし》ろ世間《せけん》の狹《せま》い人等《ひとなど》に在《あ》りては、便利《べんり》かも知《し》れませぬが、是《こ》の種《しゆ》のものには、稍《やゝ》もすると、所謂羊頭《いはゆるやうとう》をかけて、狗肉《くにく》を賣《う》る【9】の輩《やから》が無《な》いとも言《い》はれませぬから、能《よ》く／＼注意《ちうい》して、輕々《かる／゛＼》しい選擇《せんたく》の過失《くわしつ》に陷《おちい》らぬやうにしないと意外《いぐわい》な後悔《こうくわい》をする事《こと》がありませう。

適當なる仲介人

要《えう》するに媒介人《ちうかいにん》として依頼《いらい》すべき人《ひと》は、最初《さいしよ》から其《そ》の人格《じんかく》を承知《しようち》し信用《しんよう》して居《を》る人《ひと》か、

【8】ただ利益だけを得ようとするさま。

【9】看板には羊の頭を掲げ、実際には犬の肉を売る。表面と内容が一致しないこと、宣伝は立派でも内実がそれに伴わないことのたとえ。

然《しか》らされば、世間《せけん》に十分信用《ぶんしんよう》ありて且經驗《かつけいけん》もあり、分別《ふんべつ》もある處《ところ》の老功《らうこう》の人《ひと》を選《えら》ばなければなりませぬ。そして、體質《たいしつ》は醫師《いし》の方面《はうめん》に、學力《がくりょく》や平素《ふだん》の言行《げんかう》は、學校教師及《がつかうけうしおよ》び友《とも》にといふやうにして、是等《これら》の多方面《たはうめん》を聞《き》き合《あは》せする爲《ため》に、仲人《なかうど》の心持《こゝろもち》を惡《わる》くしないやうに、かねて能《よ》く打《う》ち合《あは》せをも爲《な》して置《お》く必要《ひつえう》があるのでございます。

兎《と》にも角《かく》にも媒介人《なかうど》は、自分《じぶん》に對《たい》して最《もつと》も親切《しんせつ》な人《ひと》、注意深《ちういふか》い人《ひと》を善《よ》しといたします。猶言《なほい》へば、何等《なにら》か我《われ》に盡《つく》してくれらるべき縁故《えんこ》があるとか、義務《ぎむ》があるとかの人《ひと》で、そして其《そ》の人格《じんかく》の立派《りつぱ》な人《ひと》であれば最《もつと》も妙《みやう》でありますが、左《さ》はなくても利己的《りこてき》で無《な》いといふ事《こと》、虚僞《きよぎ》の人《ひと》で無《な》いといふ事《こと》が大切《たいせつ》であります。つまり、配遇者《はいぐうしゃ》の選擇《せんたく》は出來《でき》る限《かぎ》り、精《くは》しくする事《こと》で、且《かつ》それが餘《あま》りに中庸《ちうよう》を越《こ》えないやうにしなければなりませぬ。己《おのれ》が子《こ》の愛《あい》とか己《おの》れが情《じやう》とかの爲《ため》に、熱《ねつ》が過《す》ぐると冷靜《れいせい》なる判斷力《はんだんりよく》を失《うし》なつて、盲目的《まうもくてき》になるものである事《こと》を忘《わす》れてはなりませぬ。

第六章　血族《けつぞく》及《およ》び異人種《いじんしゆ》結婚《けつこん》の當否《たうひ》

上古に血族結婚の多かりし理由

一　吾《わ》が國《くに》上古《じやうこ》の血族結婚《けつぞくけつこん》

吾《わ》が國《くに》の上古《じやうこ》に在《あ》つては、血族間《けつぞくかん》の結婚《けつこん》が盛《さか》んに行《おこな》はれました。併《しか》し是《これ》は強《あなが》ち我《わ》が國《くに》に於《お》いてのみ然《しか》るのではありませぬ。孰《いづ》れの國《くに》に於《お》いても未開時代《みかいじだい》には血族結婚《けつぞくけつこん》が多《おほ》かつたのであります。其《それ》は已《や》むを得《え》ぬ事《こと》でありませう。先《まづ》第一《だい》人道《じんだう》の何者《なにもの》たる事《こと》も判然《はんぜん》しない當時《たうじ》に在《あ》つては、結婚《けつこん》が他人同士《たにんどうし》である方《はう》が正《たゞ》しいか、寧《むし》ろ縁者同士《えんじやどうし》の方《はう》が正《たゞ》しいかと言《い》ふ事《こと》も判《わか》りますまい。して見《み》れば、其《そ》の頃《ころ》の人《ひと》の考《かんが》へでは、寧《むし》ろ縁者同士《えんじやどうし》の結婚《けつこん》は益々《ますく》一族《ぞく》の親睦《しんぼく》を厚《あつ》くする道《みち》だなど〻、善意《ぜんい》に解釋《かいしやく》して考《かんが》へたかも知《し》れませぬ。

国家の發達は小

一躰國家發達《たいこくかはつたつ》の有様《ありさま》は、酷《よ》く子供《こども》の生長《せいちやう》の形状《かたち》に似《に》て居《を》るものですが、此《こ》の間《あひだ》も斯《か》

兇に似たり

う言ふ咄《はな》しを聞《き》きました。某氏《あるひと》の許《もと》で嫡子《ちやくし》の娘《よめ》を選《えら》ぶとて、種々《いろ〳〵》調査《てうさ》をしたが、何《ど》うも兎角思《とかくおも》はしいのが無《な》い。其處《そこ》で、兩親《りやうしん》や近親《きんしん》の人々《ひと〳〵》が寄《よ》り合《あ》つては、いろ〳〵相談《さうだん》して心配《しんぱい》して居《ゐ》ると、何時《いつ》の間《ま》にか、此《こ》の事《こと》を末男《すゑのこ》が‖八歳《さい》の‖耳《みみ》に狹《はさ》んで、「皆《みんな》は何故彼樣《なぜあんな》に、阿兄《にいさん》の御娘《およめ》が無《な》い〳〵と言《い》つて外《ほか》を探《さが》して居《を》るのだらう。阿兄《にいさん》の御娘《およめ》には阿姉《ねいさん》が一番可《ばんい》いぢや無《な》いか」と眞面目《まじめ》な顔《かほ》をして申《まを》したとの事《こと》でしたが、是則《これすなは》ち全《まつた》く上古《じやうこ》の人情《にんじやう》を談《かた》つて居《ゐ》るのであります。

最近親の結婚

上古《じやうこ》には、叔姪《をぢめい》と結婚《けつこん》し、尚且異母兄弟《なほかついぼけいてい》の配遇《はいぐう》さへありました。勿論是《もちろんこれ》は父母《ふぼ》を同《おな》じくした間《あひだ》には公然《こうぜん》とはありませぬ。必《かなら》ず異母兄弟《いぼけうてい》の間《あひだ》に限《かぎ》つたのでございます。

是《こ》の習慣《しふくわん》は奈良朝頃迄《ならてうのころまで》續《つゞ》いて居《を》りましたが、大化《たいか》の新政《しんせい》が發《はつ》せられた時分《じぶん》から、消滅《せうめつ》致《いた》しました。けれ共《ども》、皇朝時代《わうてうじだい》には、長《なが》く泰平《たいへい》が續《つゞ》いて居《を》り、そして奢侈淫逸《しやしいんいつ》[1]風《ふう》をなして居《を》りましたので、何《ど》うしても男女間《だんぢよかん》の事《こと》、結婚問題《けつこんもんだい》などに關《くわん》する點《てん》は、判然《はつきり》して居《を》りませんでした。

峻烈なる幕府の禁止

然《しか》るに、武門幕政《ぶもんばくせい》に代《かは》つてより此方《こなた》、男女間《だんぢよかん》の制裁《せいさい》は非常《ひじやう》に嚴《きび》しくなりまして、特《こと》に徳川幕府時代《とくがはばくふじだい》になりましては、縱令異母《たとへはらちがひ》であつても、叔姪及《をぢめいおよ》び同胞間《どうほうかん》に、秘密《ひみつ》の情交《じやうかう》を通《つう》ずる等《など》の事《こと》が、萬《まん》一あつてそれが判《わか》りますと、官府《くわんぷ》は是《これ》を以《も》つて、破倫《はりん》の甚《はなは》しきものとして、磔刑《はりつけ》の嚴刑《げんけい》に行《おこな》ひまして、其《そ》の刑《けい》を行《おこな》ふ前《まへ》に於《お》いて其《そ》の刑人《けいにん》を縛《しば》つて、市中《しちう》

上古の血族結婚の結果は左程惡しからず

を引き廻し、後來《こうらい》の見《み》せしめと致《いた》したものであります。

當時《たうじ》の刑罰《けいばつ》は餘《あま》り峻嚴《しゆんげん》【2】に過《す》ぎた點《てん》は慥《たし》かにありましたけれ共《ども》、亦《また》一方《はう》から申《まを》せば、斯《か》くの如《ごと》き制裁《せいさい》あるが爲《ため》に、中流以上《ちうりういじやう》の風紀《ふうき》は非常《ひじやう》に引《ひ》き締《しま》つて、社會《しやくわい》の秩序《ちつじよ》は整然《せいぜん》となつたのでございます。

併《しか》し、上古《じやうこ》の上流社會《じやうりうしやくわい》には、盛《さか》んに血族結婚《けつぞくけつこん》が行《おこな》はれたにも關《かゝは》らず、後世《こうせい》の如《ごと》く、斯《か》かる間《あひだ》に生《うま》れた子供《こども》が、虚弱《きよじやく》であるといふ結果《けつか》は、其《そ》の當時《たうじ》には餘《あま》り聞《き》きませんでした。＝最《もつと》も文献《ぶんけん》の徴《ちよう》するに足《た》るもの丶少《すく》ない時代《じだい》の事《こと》は、判然《はつきり》と論定《ろんてい》する事《こと》は出來《でき》ませぬが、＝此《こ》の血族結婚間《けつぞくけつこんかん》に生《うま》れられた上流《じやうりう》の、今猶《いまなほ》其《そ》の姓名《せいめい》の判《わか》つて居《を》らる丶方々《かた〲》にも、却々《なか〱》長壽《ちやうじゆ》の方《かた》も賢明《けんめい》な方《かた》もあつた事《こと》を思《おも》ひますれば、當時《たうじ》の如《ごと》く貴人《きじん》も、盛《さか》んに山野《さんや》を跋渉《ばつせふ》【3】せらる丶時《とき》は、身體《しんたい》も强壯《きやうさう》になり、從《したが》つて能力《のうりよく》も健全《けんぜん》であつたかも知《し》れませぬ。

【1】ぜいたくをし、限度を越えて遊興にふけること。
【2】非常にきびしいこと。また、そのさま。
【3】山をこえ、水をわたること。また、諸方をめぐり歩くこと。

孔子も君の爲に辨ぜず

百世の後ならでは同姓を娶らず

二　支那《しな》の同姓《どうせい》を娶《めと》らざりし事《こと》

吾《わ》が國上古《くにじやうこ》に於《お》ける最近親《さいきんしん》の結婚《けつこん》を云々《うんぬん》する者《もの》は、よく支那《しな》の上古《じやうこ》、即《すなわ》ち周制《しうせい》の、同姓《どうせい》を娶《めと》らずと言《い》ふ事《こと》を非常《ひじやう》に賞讃《しようさん》するのであります。論語述而《ろんごじゆつじ》【4】の篇《へん》にも、陳司敗《ちんのしはい》【5】が、魯《ろ》の昭公《せうこう》【6】を非難《ひなん》して、「君《きみ》、呉《ご》に娶《めとる》は、同姓《どうせい》たり。之《これ》を呉孟子《ごまうし》と謂《い》ふ。君《きみ》にして禮《れい》を知《し》らば、孰《た》れか禮《れい》を知《し》らざらん。」と冷評《れいひやう》した時《とき》には、孔子《こうし》も之《これ》に對《たい》して辨解《べんかい》をようせられませんでした。則《すなは》ち、孔子《こうし》の主君《しゆくん》なる魯呉《ろご》もともに姫姓《きせい》で、周《しう》の一門《もん》であるからでございます。

此《こ》の制度《せいど》は、同姓《どうせい》は百世《せい》の後《のち》でなければ娶《めと》る事《こと》はならぬと申《まを》すのでした。百世《せい》と申《まを》しますると、當時《たうじ》は人《ひと》一代《だい》を一世《せい》と數《かぞ》へたのですから、則《すなは》ち百代立《だいた》つた後《あと》で無《な》ければ、同姓《どうせい》の人同士《ひとどうし》の結婚《けつこん》は出來《でき》ないのであります。そして、一世《せい》を大凡《おほよそ》三十年《ねん》と概算《がいさん》して居《ゐ》たやうですから、‖其《それ》は其《そ》の人《ひと》が世《よ》を取《と》つて居《を》る間《あひだ》を見積《みつも》つて、‖して見《み》れば、百世《せい》と言《い》ふと、三千年《ねん》の長《なが》い〳〵歳月《さいげつ》を經《へ》なければならぬ事《こと》になりますから、先絶體禁止《まづぜつたいきんし》を意味《いみ》して居《を》つたのであります。

なる程《ほど》、右《みぎ》は誠《まこと》に嚴《おごそ》かな制度《せいど》であると申《まを》さなければなりますまい。是《これ》を賞《しやう》する人《ひと》は申《まを》

周制は果して完全といはれ得るか

します。「周《しう》の文明《ぶんめい》、周《しう》の道徳《だうとく》は實《じつ》に豪《えら》い進《すゝ》んだものであつた。周《しう》は既《すで》に三千年《ねん》の昔《むかし》に於《お》いて、早《はや》く同姓《どうせい》を娶《めと》らざる制度《せいど》を立《た》てゝ、人倫《じんりん》の道《みち》を明《あき》らかにし、結婚《けつこん》の制《せい》を正《たゞし》うし、且血族結婚《かつけつぞくけつこん》が其《そ》の子孫《しそん》に及《およ》ぼす腦力體力《なうりよくたいりよく》の損害《そんがい》を防《ふせ》いで居《を》る。」と申《まを》して居《を》ります。

如何《いか》にも、論者《ろんしや》の説《せつ》の如《ごと》く、周《しう》は文明《ぶんめい》であり、道徳《だうとく》も却々《なか〳〵》進《すゝ》んで居《ゐ》たであらうと肯《うなづ》かれる節《ふし》は那《ど》の點《てん》から申《まを》しても尠少《すくな》くありませぬ。尚言《なほい》はゞ支那《しな》といふ國《くに》の光華《くわうくわ》は、自分《じぶん》は周《しう》に於《お》いて、咲《さ》き盛《さか》つたもので、以後《いご》は何《ど》うも其程《それほど》で無《な》いとさへ言《い》ひたいと思《おも》ふ程《ほど》であります。さりながら、周《しう》の同姓《どうせい》を娶《めと》らざる事《こと》を以《も》つて、德育上《とくいくじやう》に於《お》けるも體育上《たいゝくじやう》に於《お》けるも、完全《かんぜん》のものであるのだと申《まを》すならば、其《それ》は如何《どう》だかと申《まを》さなければなるまいと存《ぞん》じます。

何故《なぜ》ならば、なる程《ほど》嫡夫人《おくがた》といふ者《もの》のみを見《み》れば、同姓《どうせい》を娶《めと》らぬのであるから、血族《けつぞく》

【4】中国の経書。二〇編。各編冒頭の文字をとって編名とする。述而篇は七番め。四書の一つ。孔子の言行や弟子・諸侯・隠者との対話を記したもので、孔子の生前から記録され、その没後、門弟によって編纂されたと推定されている。人間の最高の徳として「仁」をおき、そこにいたる道を礼と楽とを学ぶことに求める。儒教の原初的な理念、また周代の政治、社会情況を窺い知る上でも、最も基本的な資料。日本には応神天皇の時代に百済を経由して伝来したという。

【5】陳は周代の小国。司敗は司法長官の官名。姓名不詳。

【6】魯は周代・春秋・戦国時代の国。昭公は第二五代の君主。呉から妻を迎え、同姓であることから呉姫と呼ぶべきところを呉子学と呼んだ。

側室の血統は如何

姪娣の制度は如何

周末には已に亂る

蓋し美なり矣同姓を娶らざるの制は

の結婚《けつこん》は皆無《かいむ》でせうが、側室《そばめ》を置《お》くを以《も》つて、貴族《きぞく》の形式《けいしき》とした時代《じだい》に在《あ》りては、嫡《おく》夫人《がた》に男兒《だんし》が無《な》ければ、側室《そばめ》の男《こ》を以《も》つて、世嗣《よつぎ》と致《いた》します。此《こ》の側室《そばめ》には一向姓《かうせい》の判然《はんぜん》しない者《もの》も澤山《たくさん》あつたのであります。勿論《もちろん》、主《しゆ》として、嫡夫人《おくがた》に子《こ》の無《な》い時《とき》の用心《ようじん》に、姪娣《めい、とこ》を侍女《じぢよ》として連《つ》れて嫁《か》します。そして、其等《それら》が側室《そばめ》となりましたが、然《しか》し必《かなら》ずしも、側室《そばめ》は是等《これら》のみと限《かぎ》つては居《を》りませんでした。ですから、道徳《だうとく》の上《うへ》から見《み》ても、其《そ》の當時《たうじ》は誰《だれ》も怪《あや》しむ者《もの》も無《な》かつたでせうが、現今《いま》の一夫《ぷ》一婦制《ぷせい》さへ行《おこな》はれる時代《じだい》から見《み》ましては、夫人《ふじん》の姪《めい》や娣《いとこ》を夫《をつと》の側室《そばめ》に薦《すゝ》めるといふ事《こと》は、嚴重《げんぢう》なる道徳《だうとく》の行爲《かうゐ》だとは申《まを》されぬではありませぬか。況《いは》んや、妾腹《せふ、く》の子《こ》が其《そ》の母系《ぼけい》から受《う》ける血統《けつとう》の、判然《はつきり》しないと言《い》ふ方《はう》から申《まを》せば、矢張《やはり》嚴密《げんみつ》なる非血族結婚《ひけつぞくけつこん》が行《おこな》はれたのだとは申《まを》されますまい。のみならず、周末《しうまつ》に至《いた》りましては、上流《じやうりう》即《すなは》ち大諸侯《だいしよこう》【7】の間《あひだ》に於《お》いて、兄弟相姦《きやうだいあひかん》し、舅媳相通《きうそくあひつう》じたなどの破倫的行爲《はりんてきかうゐ》の故《ゆゑ》に、大亂《たいらん》を惹《ひ》き起《おこ》した例證《れいしよう》さへ、春秋《しゆんじう》【8】にも詩經《しきやう》【9】にも散見《さんけん》してあるのでございます。乃《すなは》ち文物燦爛德化洋々乎《ぶんぶつさんらんとくゝわやう〳〵こ》【10】たりし周《しう》の世《よ》も、東遷《とうせん》の後戰國《のちせんごく》の時代《じだい》には善惡邪正雜然錯然《ぜんあくじやしやうざつぜんさくぜん》として、停止《ていし》する處《ところ》を知《し》らなくなつたのであります。けれ共《ども》、自分《じぶん》は偶《たま》ま風浪《ふうらう》の逆卷《さかま》く時《とき》あるを以《も》つて、水《みづ》は靜《しづ》かなもので無《な》いと曲解《きよくかい》するものではありませぬ。兎《と》まれ、周《しう》の同姓《どうせい》を娶《めと》るを禁《きん》じたのは、實《じつ》に立派《りつぱ》な制度《せいど》であつたと賞讃《しやうさん》するに憚《はゞか》りませせぬ。よしや其《それ》は全然《ぜん〳〵》欠點《けつてん》の無《な》いものではなかつたにもせよ。

天地の化育は夫婦の道より始む

此所迄《こゝまで》進《すゝ》んで居《ゐ》た當時《たうじ》の文明《ぶんめい》を羨望《せんばう》せずには居《を》られませぬ。ですから三千年《ねん》の後《のち》に在《あ》りて、東洋《とうやう》の覇《は》を唱《とな》ふる事《こと》を、許《ゆる》されたる大日本帝國《だいにほんていこく》が、こよ無《な》き神明《しんめい》の冥助《みやうじよ》【11】に省《かへり》みても、層《そう》一層《そう》立派《りつぱ》な健全《けんぜん》な、徳義的社會《とくぎてきしやくわい》を形《かた》ち作《つく》らねばなりますまい。

是即《これすなは》ち先《まづ》、天地《てんち》の化育《くわいく》【12】は夫婦《ふうふ》の道《みち》より始《はじ》む底《てい》の限本《こんぽん》より改善整頓《かいぜんせいとん》して行《ゆ》かなければなるまいと思《おも》ふのであります。

前述《ぜんじゆつ》の如《ごと》く、周《しう》は既《すで》に三千年《ねん》の昔《むかし》に於《お》いて、同姓《どうせい》を娶《めと》らざる事《こと》を行《おこな》いましたが、其《そ》の以前《いぜん》は無論同姓《むろんどうせい》も相婚《あひこん》し、近親《きんしん》も相配《あひはい》して居《ゐ》たに相違《さうゐ》ありませぬ。

又西洋諸國《またせいやうしよこく》の如《ごと》きも、聖書《バイブル》にも古代歴史《こだいれきし》にも、近親《きんしん》、縁者《えんじや》の結婚《けつこん》は至《いた》る所《ところ》に行《おこな》はれて居《ゐ》た事《こと》が散見《さんけん》してあるのみならず、其《そ》の破倫荒淫《はりんくわういん》の甚《はなは》だしい事《こと》は、到底吾《たうていわ》が大古史《たいこし》には

【7】古代中国で、天子から封土を受け、その封土内の人民を支配していた人。

【8】『春秋』は春秋時代の歴史書。五経の一つ。孔子の作とされる。魯国を中心に紀元前八世紀～五世紀の歴史を記す。完本はなく、一部が引用されて伝わる。

【9】『詩経』は中国最古の詩集で、五経の一つ。三〇五編。撰者未詳。孔子が約三〇〇〇の古詩から選んだものともいう。ほぼ紀元前一一～六世紀間の詩と推定され、四言の詩型を中心として、くりかえしが多い。漢の毛亨《もうこう》が伝えた書が唯一の完本であるため「毛詩」ともいう。

【10】文物が光り輝き、君子の徳が国中に広まっているさま。

【11】目に見えない神仏の加護。

【12】天地自然が万物を生み育てること。

一つも比較《ひかく》するものが無《な》い程《ほど》であります。茲《こゝ》に於《お》いて、耶蘇《やそ》基督《キリスト》の如《ごと》きは殆《ほとん》ど男女性《だんぢよせい》慾《よく》を罪惡視《ざいあくし》し、其《そ》の徒弟《てい》は遂《つひ》に一夫《ぷ》一婦《ぷ》を叫《さけ》ぶにいたつた譯《わけ》であります。又《また》、西洋《せいやう》でも、未《いま》だに從兄弟《じうけいてい》の結婚《けつこん》は行《おこな》はれて居《を》ります。卽《すなは》ち彼《か》のウイクトリヤ女皇《ぢよわう》【13】も從兄弟《いとこ》のアルバルト親王《しんわう》と結婚《けつこん》せられました。併《しか》し現今《げんこん》は某所《あるところ》では稀《まれ》には既《すで》に從兄弟《いとこ》の結婚《けつこん》を禁《きん》じて居《ゐ》る向《むき》もあるやうです。

三　異人種《いじんしゆ》の結婚《けつこん》

餘りに掛け離れたる人種同士は不可

右《みぎ》二項《かう》に述《の》べました如《やう》に、近親《きんしん》の結婚《けつこん》は、未開國《みかいこく》の風習《ふうしふ》であり、同姓《どうせい》を娶《めと》らざるは立派《りつぱ》な事《こと》であると申《まを》しましたならば、其《それ》なら、異人種《いじんしゆ》乃《すなは》ち日本人《につぽんじん》と、歐米人《おうべいじん》、若《も》しくは亞弗利加人《アフリカじん》などゝの結婚《けつこん》は何《ど》うであらうかと申《まを》しますると、是《これ》は又《また》餘《あま》りに近《ちか》い血族《けつぞく》の結婚《けつこん》が可《よ》くないと言《い》ふと同時《どうじ》に、不可《いけな》いと申《まを》すのであります。

ダ氏の說

ダーウヰン氏《し》【14】は、其《それ》に就《つ》いて幾多《いくた》の實驗《じつけん》を經《へ》、精細《せいさい》なる觀察力《くわんさつりよく》を以《も》つて、此樣事《こんなこと》を申《まを》して居《を》ります。「著《いちじる》しく類似《るゐじ》せる個體《こたい》、甚《はなは》しく相違《さうゐ》せる種屬性《しゆぞくせい》を有《いう》する個體《こたい》は、孰《いづ》れも、其《そ》の餘《あま》り甚《はなは》しく相違《さうゐ》して居《を》らぬ所《ところ》のものよりも牽引力《けんいんりよく》の劣《おと》れるを證《しよう》す。然《しか》り斯《か》くの

動植物に於ける例

如《ごと》く、牽引力《けんいんりよく》の薄弱《はくじやく》なるにも係《かゝは》らず、此《こ》の間《あひだ》に於《お》いて生《しやう》ずる兒《こ》は、直《たゞ》ちに死滅《しめつ》するか、然《しか》らざれば、虚弱《きよじやく》なることを免《まぬが》れず」と言《い》ふ意味《いみ》を説いて居《ゐ》るのであります。

又《また》、動物《どうぶつ》にしても、植物《しよくぶつ》にしても、同種《どうしゆ》若《も》しくは極《きは》めて類似《るゐじ》のもの同士《どうし》は、種《たね》をかけても、接木《つぎゝ》をしても、甚《はなは》だ結果《けつくわ》が可《よ》いが、其《それ》が餘《あま》りに掛《か》け離《はな》れて居《ゐ》るものでは不可《いけま》せぬ。乃《すなは》ち鶏《にはとり》の如《ごと》きも、同胞同士《どうはうどうし》の産卵《さんらん》よりも、他種《たしゆ》の雌雄《しいう》の間《あひだ》に於《お》いてする方《はう》が、遙《はる》かに多數《たすう》を産卵《さんらん》するし、桃《もゝ》でも梨《なし》でも、芽生《めばえ》のまゝに成長《せんちやう》したのよりも、同科《どうくわ》の中《うち》の臺木《だいき》に、接木《つぎゝ》した方《はう》が、美味《おい》しいものが澤山《たくさん》出來《でき》るのがございます。

右《みぎ》の次第《しだい》でありまするから、日本人同士《にっぽんじんどうし》が、或《ある》ひは、東京《とうきやう》の人《ひと》と東北《とうほく》の人《ひと》と婚《こん》するとか、西國《さいこく》の人《ひと》が幾内《きない》の人《ひと》に嫁《か》するとかするならば、其《それ》は寧《むし》ろ同村同族中《どうそんどうぞくちう》の結婚《けつこん》より、遙《はる》かに優良《いうりやう》の子孫《しそん》を得《う》る事《こと》になりますけれ共《ども》、若《も》しも、日本人《にっほんじん》が佛蘭西人《フランスじん》、若《も》しくは、露細亞人《ロシアじん》、米國人《べいこくじん》と婚《こん》する時《とき》は、先《まづ》或《ある》ひ少數《せうすう》の例外《れいがい》を除《のぞ》いては、不結果《ふけつくわ》に終《おは》るものと思《おも》

【13】英国のヴィクトリア女王（一八一九～一九〇一）。在位一八三七～一九〇一。一八七七年からインド女帝を兼任。六四年に及ぶ治世の間は、資本主義の発達、全世界にまたがる植民地の獲得などを通して、ヴィクトリア時代とよばれる大英帝国の黄金時代となった。下田歌子は、渡欧の折に機会を得、女房装束（袿袴）を身に着け謁見している（明治二八年（一八九五）五月八日）。

【14】チャールズ・ダーウィン（Charles Robert Darwin, 一八〇九～一八八二）。イギリスの博物学者。自然淘汰による進化論を提唱。

はねばならぬのであります。
是等《これら》を綜合《そうがふ》して、實地《じつち》に就《つ》いて見《み》まするに、なる程《ほど》、日本人《につぽんじん》と西洋人《せいやうじん》との結婚者《けつこんしや》には、子供《こども》が少《すく》ないとか、弱《よわ》いとか申《まを》す方《はう》を餘計《よけい》に聞《き》くやうであります。勿論《もちろん》それは前述《ぜんじゆつ》の血族結婚中《けつぞくけつこんちう》に申《まを》したやうな、反對《はんたい》の好結果《かうけつくわ》も稀《まれ》にはある事《こと》でありませうが、兎《と》に角《かく》ダ氏《し》の説《せつ》は參考《さんかう》として見《み》る必要《ひつえう》があらうと存《ぞん》じます。

異人種の結婚には熟考を要す

四　血族結婚《けつぞくけつこん》の可否《かひ》

血族結婚《けつぞくけつこん》の不可《いけ》ないといふ事《こと》は、現今《いま》は大抵《たいてい》の人《ひと》が稱《とな》へて居《ゐ》る事《こと》であります。先《ま》づ、其《そ》の不可《いけ》ないと言《い》ふ近《ちか》い例《れい》を擧《あ》げて見《み》ますれば、東京盲唖學校《とうきやうまうあがくかう》【15】の調査《てうさ》によれば、先天的唖者《せんてんてきあしや》の半數以上《はんすういじやう》は、血族結婚者《けつぞくけつこんしや》の子《こ》で、後天的唖者《こうてんてきあしや》にも亦是《またこれ》が多《おほ》いと申《まを》します、又醫師《またいし》の報告《ほうこく》では、鼻《はな》の病《やまひ》は概《がい》して血族結婚者《けつぞくけつこんしや》の子弟《してい》に在《あ》ると申《まを》しまするし、低脳兒《ていなうじ》も亦同樣《またどうやう》で、即《すなは》ち是《これ》を禁止《きんし》しなければ、低脳兒《ていなうじ》の増加《ぞうか》を見《み》るの不幸《ふかう》を來《き》たすといふのであります。

低脳兒の増加

其《そ》の他家畜類《たかちくるゐ》に於《お》けるも、ずつと同系《どうけい》の子《こ》より子《こ》と繼續《けいぞく》せしめ、兄弟《きやうだい》ばかりの子同士《こどうやう》

同系動物の不結果

になつてしまふと、産卵若《さんらんも》しくは産子數《さんしすう》は段々減少《だん〴〵げんせう》して參《まゐ》りまするし、體格《たいかく》も劣《おと》つて行《ゆ》きまして、そして何《ど》うも病《やまひ》に罹《かゝ》り易《やす》いと申《まを》します。

其の例證

自分《わたくし》の存《ぞん》じて居《ゐ》る近縣《きんけん》の豪家某氏方《がうかぼうしかた》では、數代以前《ずうだいゝぜん》からして、血族結婚《けつぞくけつこん》が繼續《けいぞく》して居《を》りまして、乃《すなは》ち、當主《たうしゆ》も從兄弟《いとこ》であり、親《おや》も同樣《どうやう》で、祖父母《そふぼ》が再從兄弟《またいとこ》であると申《まを》します。然《しか》るに、當代《たうだい》に子女《しぢよ》が八名《めい》ありますが、半數即《はんすうすなは》ち三人《にん》が盲目《まうもく》で、一人《ひとり》が啞者《あしや》で、一人《ひとり》が精神病《せいしんびやう》に罹《かゝ》つたと申《まを》します。醫師《いし》は全《まつた》く血族結婚《けつぞくけつこん》が數代續《ずうだいつゞ》いた故《せい》だと申《まを》すさうであります。

又是《またこれ》は東京《とうきやう》の住人《ぢうにん》ですが、其《それ》も血族結婚《けつぞくけつこん》が二代續《だいつゞ》いて居《ゐ》る所《ところ》が、當代《たうだい》の從兄弟同士《いとこどうし》の夫婦《ふうふ》の間《あひだ》に、六人迄子《にんまでこ》を擧《あ》げたが、孰《いづ》れも早世《はやじに》で、今殘《いまのこ》つて居《を》るのは、たつた一人《ひとり》だと申《まを》します。

重縁の親戚間の不和

以上《いじやう》は血族結婚《けつぞくけつこん》の惡影響《あくえいきやう》が、肉體《にくたい》や精神《せいしん》に及《およ》ぼす不幸《ふかう》の例《れい》を擧《あ》げたのでありますが、此《こ》の重縁即《じうえんすなは》ち血族結婚《けつぞくけつこん》に伴《ともな》ふ、家庭《かてい》の云々《うんぬん》が、引《ひ》いて親戚《しんせき》の不和《ふわ》となる所《ところ》の不幸《ふかう》の例《れい》にも見《み》るのであります。

重縁《じうえん》の間柄《あひだがら》が圓滿《ゑんまん》に行《い》つた時《とき》には、父母《ふぼ》と父母《ふぼ》とが兄弟同士《きやうだいどうし》だとか、祖父母《そふぼ》と祖父母《そふぼ》

【15】明治一〇年代に設立された盲者と聾唖者の学校。大正一二年（一九二三）に、盲学校と聾学校に分離した。盲聾学校。

とが兄弟同士《きやうだいどうし》だとか申《まを》すのですから、所謂水入《いはゆるみづい》らずにて誠《まこと》に好都合《かうつがふ》でありませうが、扨是《さてこれ》が反對《はんたい》に一旦紛々《たんごた〲》が生《しやう》じますると、其《それ》は全《まつた》くの他人同士《たにんどうし》よりも、極《きは》めて面倒《めんどう》であります。此《こ》の間《あひだ》に立《た》つ新郎新婦《しんらうしんぷ》の如《ごと》きは、殆《ほとん》ど何《ど》うしたら可《よ》いかと、相談《さうだん》すべき近親《きんしん》が、皆渦中《みなくわちう》の人《ひと》なので、甚《はなは》だしく困難《こんなん》する事《こと》を、隨分聞《ずゐぶんき》くのであります。

種々《しゆ〲》の點《てん》から考《かんが》へましても、先大概《まづたいがい》は血族結婚《けつぞくけつこん》は避《さ》けた方《はう》が安全《あんぜん》でありませう。

血族結婚の贊成說

併《しか》し、近來《きんらい》一種《しゆ》の異說《いせつ》が起《おこ》つて參《まゐ》りました。血族結婚《けつぞくけつこん》は大體《だい〱》に於《お》いて、善《よ》く無《な》いやうであるけれ共《ども》、殊《こと》によると、是《こ》の間《あひだ》には非常《ひじやう》の偉人《ゐじん》が出來《でき》る事《こと》がある。

普通《ふつう》よりも劣《おと》つた者《もの》も出來《でき》る代《かは》りに、又非常《またひじやう》に優《すぐ》れた人《ひと》も出來《でき》た例《れい》がある。又多數《またたすう》の子供《こども》が健全《けんぜん》に出來《でき》て能《よ》く榮《さか》えて居《ゐ》る人《ひと》もあると、段々其《だん〱そ》の例《れい》も擧《あ》げてありましたが、今《いま》は一寸忘《ちよつとわす》れました。が、なる程《ほど》、ウイクトリア女皇《じよわう》も皇子女《くわうしぢよ》を大勢御持《おほぜいおも》ちになつて、そして皇太子《くわうたいし》‖即《すなは》ち先皇《せんくわう》‖も、アリス内親皇《ないしんわう》も、賢明《けんめい》の令聞《れいぶん》があらせられ、夫《そ》の御子孫《おんしそん》も益々《ます〱》御繁昌《ごはんじやう》でありますから、是《これ》も亦强《またあなが》ち不可《いけ》ないとのみは申《まを》されませぬ。

例外は此の限りにあらず

血族同士《けつぞくどうし》と雖《いへど》も、相方《さうはう》の體格《たいかく》も健全《けんぜん》で、能力《のうりよく》も十分《ぶん》であつたならば、其《それ》は全《まつた》く親戚間《しんせきかん》だからとて、絕體《ぜつたい》に忌避《きひ》しなくても宜《よろ》しからうと存《ぞん》じます。左樣《さう》いふ場合《ばあひ》には、能《よ》く確《たし》かな醫師《いし》や分別《ぶんべつ》あり經驗《けいけん》ある人達《ひとたち》と相談《さうだん》し、愼重《しんちよう》の調査《てうさ》も研究《けんきう》もした上《うへ》でならば、强《あなが》ち峻拒《しゆんきよ》【16】しなくても宜《よろ》しからうと思《おも》ふのであります。

メ氏とカ氏との遺傳法則

又《また》メンデル氏《し》【17】の説《せつ》によると、Dなる父《ちゝ》と、Rなる母《はゝ》とがDRなる子《こ》を生《しやう》じ、其《それ》が四人の孫《まご》を生《う》むとすると、即《すなは》ちDDが一人《にん》、DRが一人《にん》、RDが一人《にん》、RRが一人《にん》といふやうに生《しやう》ずる事《こと》がある。是《これ》はDとRとの兩性《りやうせい》が平均《へいきん》なる時《とき》は、父母《ふぼ》半々《はん〳〵》の者《もの》が出來《でき》、Dが優勢《いうせい》なれば、全《まつた》く父《ちゝ》に酷似《こくじ》し、Rが優勢《いうせい》なれば全《まつた》く母《はゝ》に酷似《こくじ》した者《もの》が出來《でき》るのだと論《ろん》じて居《を》ります。そして此《こ》の説《せつ》には大分左袒者《だいぶんさたんしや》【18】が多《おほ》くなつてゆくので、ガルトン氏《し》【19】の遺傳法則的《ゐでんはふそくてき》唱導《しやうだう》によつて世《よ》に顯《あらは》れて居《を》る所《ところ》の、父《ちゝ》を黑《くろ》とし母《はゝ》を白《しろ》とすれば、其《そ》の子《こ》は黑白等分《こくびやくとうぶん》となり、又其《またそ》の子漸々《こぜん〳〵》其《それ》が四半分《はんぶん》づつになり、其《そ》の次《つぎ》は八分《ぶん》の一に減《げん》じ以下《いか》も漸々《ぜん〳〵》之《これ》に準《じゆん》じて薄《うす》くなつてゆくと云《い》ふ説《せつ》の方《はう》は、贊成者《さんせいしや》が少《すく》なくなつてゆくと申《まを》します。なる程《ほど》是《これ》は前説《ぜんせつ》の方《はう》が實際《じつさい》に於《お》いて左樣《さう》でもあらうかと思《おも》はるゝ節《ふし》が多《おほ》いやうであります。

母系に勢力ありとの説

又《また》一種《しゆ》、昔《むかし》は父方《ちゝかた》の系統《けいとう》を重《おも》んじて母方《はゝかた》を輕《かる》く見《み》ましたから、忌服《きふく》の受《う》け方等《かたなど》は、今《いま》猶《なほ》父方《ちゝかた》が重《おも》くなつて居《を》る位《くらゐ》ですが、事實《じじつ》は是《これ》に反《はん》して、子《こ》は母《はゝ》の胎内《たいない》に居《を》る間《あひだ》の親炙《しんしや》

【16】きっぱりと拒絶すること。

【17】グレゴール・ヨハン・メンデル（Gregor Johan Mendel, 一八八二～一八八四）。オーストリアの植物学者。メンデルの法則とされる遺伝の法則を発見したことで有名。

【18】左の片肌をぬぐ。転じて、加勢する。味方する。漢の周勃《しゅうぼつ》が、呂氏《りょし》に味方しようとするものは右袒し、漢の天子劉氏《りゅうし》に味方しようとするものは左袒せよ、と叫んだら、まわりのものはみな左袒した、という故事にもとづく。（『史記』孝文本紀《こうぶんほんぎ》）

【19】第一章注22参照。

が父《ち、》に比《ひ》して多《おほ》い爲《ため》に、寧《むし》ろ父《ち、》よりも母《は、》に似《に》るものだといふ說《せつ》さへありますから暫《しばら》く揭《か、》げて參考《さんかう》の一助《じよ》と致《いた》します。

兎《と》に角《かく》是等《これら》種々《しゆ〳〵》の問題《もんだい》は、心理的《しんりてき》生理的《せいりてき》方面《はうめん》よりも今猶《いまなほ》研究中《けんきうちう》だと申《まを》しますから、暫《しば》らく其《そ》の結果《けつくわ》を待《ま》つべきものであり、尚且《なほかつ》銘々《めい〳〵》も常《つね》に研究《けんきう》を怠《おこた》らないやうに致《いた》したい事《こと》と存《ぞん》じます。故《ゆゑ》に實際問題《じつさいもんだい》に出會《であ》つた時《とき》には、前述《ぜんじゆつ》の如《ごと》き注意《ちうい》を以《も》つて、十分《ぶん》考《かんが》へた後《のち》に孰《いづ》れとも、適宜《てきゞ》の方法《はうはふ》を取《と》るべき事《こと》でありませう。

第七章　現代《げんだい》に行《をこな》はれつゝある婚姻《こんいん》

一　純然《じゅんぜん》たる舊習《きうしふ》の結婚《けっこん》

多種多様なる現代の世態

吾《わ》が國《くに》の現代《げんだい》の社會程《しやくわいほど》、雜然《ざつぜん》たる社會《しやくわい》の有様《ありさま》は、殆《ほとん》ど空前《くうぜん》でありませう。其《それ》は支那《しな》や印度《いんど》の文物《ぶんぶつ》が渡來《とらい》した時《とき》や、皇政《わうせい》が幕政《ばくせい》に變《かは》つた時《とき》にも、隨分奇妙《ずゐぶんきみやう》な混亂《こんらん》した世態風俗《せいたいふうぞく》を現出《げんしゆつ》したやうに、古書《こしよ》にも見《み》えてありますけれ共《ども》、惟《おも》ふに到底今日《たうていこんにち》の如《ごと》き甚《はなはだ》しいものでは無《な》かつたらうと思《おも》はれます。

何故《なぜ》なれば、德川幕府約《とくがはばくふやく》三百年の治世程《ちせいほど》、嚴重《げんぢう》なる鎖國主義《さこくしゆぎ》の行《おこな》はれた、そして舊例古格《きうれいこかく》の重《おも》んぜられた時代《じだい》は無《な》かつたのであります。此《こ》の時代《じだい》は、乃《すなは》ち小さくて固《かた》くありました。時《とき》の政綱《せいかう》【1】は、精細緻密《せいさいちみつ》でありまして、殆《ほとん》ど蟻《あり》の匍《は》ひ出ずる間隙《ひま》もあ

吾が國には確乎不抜の大御柱あり

りませんでした。其《そ》の小さい固《かた》い細《こまか》い密《みつ》な、幾《いく》百年《ねん》の堤防《ていばう》を、一朝《てう》に壊崩《くわいほう》して、大《だい》も小《せう》も、宇宙間《うちうかん》のすべての事《こと》が、彪然《ばうぜん》として入《はい》つて來《き》た。此《こ》の黒潮赤潮《くろしほあかしほ》【2】が渦《うづ》を巻《ま》いて、日本國中《につぽんこくちう》の有形無形《いうけいむけい》のものを搖《ゆ》り動《うご》かし押《お》し流《なが》すのでありますから、殆《ほとん》ど天地《てんち》もひつくり返《かへ》るやうな、大混亂大騒動《だいこんらんだいさうどう》を惹《ひ》き起《おこ》したのも、全《まつた》く無理《むり》はありませぬ。

若《も》しも是《これ》が、他《た》、外國《ぐわいこく》であつたら何《ど》うでせう。其《それ》こそ維新以降《ゐしんいかう》、三年《ねん》や五年《ねん》の間《あひだ》に、兎《と》まれ秩序《ちつじよ》を恢復《くわいふく》するやうな事《こと》は、到底出來《たうていでき》なかつたでありませう。其《それ》が誠《まこと》に有難《ありがた》い事《こと》には、萬國無比《ばんこくむひ》、萬世《ばんせい》一系《けい》の皇統《くわうとう》を戴《いたゞ》き奉《たてまつ》つて居《ゐ》る。則《すなは》ち大日本帝國《だいにつぽんていこく》の大機軸《だいきぢく》なる大御柱《おほみはしら》と存《おは》します現《あき》つ神《かみ》たる　天皇陛下《てんわうへいか》の國家《こくか》に君臨《くんりん》ましますが爲《ため》に、幾《いく》ら世海《せいかい》の激浪颶風《げきらうぐふう》が暴《あば》れても騒《さわ》いでも、其《そ》の大機軸《だいきじく》がびくともしなかつたものですから、大體《だい〳〵》に於《お》いては更《さら》に異變《いへん》を見《み》る事無《ことな》く、寧《むし》ろ御國運《ごこくうん》は益々《ます〳〵》開展進歩《かいてんしんぽ》して行《ゆ》くのであります。けれ共《ども》、是《これ》は丁度數萬噸《ちやうどすうまんとん》の大艦《たいかん》が大洋《たいやう》に錨《いかり》を下《おろ》して居《ゐ》るのと同《おな》じ事《こと》で、其《そ》の大艦《たいかん》こそ幾《いく》ら周圍《しうゐ》に風浪《ふうらう》が騒《さわ》いで居《ゐ》ても平然靜然《へいぜんせいぜん》として、浮城《うきしろ》の如《ごと》く鎭《しづ》まつて居《を》りませうが、一旦巻《たんま》き起《おこ》つた風浪《ふうらう》は何《ど》うしても、時《とき》が立《た》たなければ收《おさ》まりませぬ。其《それ》と同様《どうやう》で、君國《くんこく》の土臺《どだい》こそ更《さら》に動《うご》く所《ところ》なく、益々《ます〳〵》其《そ》の力《ちから》を見《しめ》すと雖《いへど》も、社會《しやくわい》の動搖《どうえう》はまだ〳〵全《まつた》く鎭靜《ちんせい》する事《こと》が出來《でき》ませぬ。

茲《こゝ》に於《お》いて、人倫《じんりん》の大本《たいほん》なる結婚問題《けつこんもんだい》、及《およ》び其《そ》の形式等《けいしきなど》に於《おい》ても、亦同《またおな》じ渦中《くわちう》に入《はい》つ

形式の定まらざる所以

て揉《も》まれて居《を》ります。故《ゆゑ》に或者《あるもの》は矢張舊習古式《やはりきうしふこしき》を嚴守《げんしゆ》して居《を》ります。或者《あるもの》は新様新式《しんやうしんしき》を學《まな》ばうと努《つと》めて居《を》ります。又或者《またあるもの》は、兩方《りやうはう》の長短《ちやうたん》を取捨折衷《しゆしやせつちう》しようと考《かんが》へて居《を》るのであります。

極端なる舊習勵行

乃《すなは》ち純然《じゆんぜん》たる舊習《きうしふ》と申《まを》せば、先婚者《まづこんしや》の選擇《せんたく》も全《まつた》く父母《ふぼ》又《また》は長老《ちやうろう》なる人《ひと》の任意《にんい》に取《と》り定《き》めてしまつて、「其《それ》から汝《おまへ》は某氏《なにがし》と結婚《けつこん》すべし、某氏《なにがし》へ婚嫁《こんか》すべしと」のみ申《まを》し渡《わた》しまして、其《そ》の準備《じゆんび》の如《ごと》きも、兩親《りやうしん》や近親《きんしん》の年長者《ねんちやうしや》がさつ〳〵と勝手《かつて》に搬《はこ》んでしまつて、「さあ何月幾日《なんがついくか》に婚禮《こんれい》をするのであるから、左様心得《さうこゝろえ》よ」と申《まを》すのであります。其《それ》から、婚禮《こんれい》の形式《けいしき》も、其《そ》の後《ご》の有様《ありさま》も、皆父母舅姑《みなふぼきうこ》の指揮《さしづ》の儘《まゝ》に、極端《きよくたん》の無理《むり》でも唯々《はい〳〵》と聞《き》き、全《まつた》く時勢《じせい》に背馳《はいち》して居《ゐ》る事《こと》でも、諾々《はい〳〵》と言《い》つてしなければならぬのであります。斯《か》う云《い》ふ極端《きよくたん》なる純舊式《じゆんきうしき》は、よしや女《むすめ》には強《し》ひて行《おこな》はれ得《う》るものとしても、男《むすこ》には行《おこな》はれまいと思《おも》はれまするが、併《しか》し其《それ》が稀《まれ》にはまだ行《おこな》はれて居《ゐ》るのであります。

子息に施したる結果の例

某邊鄙《あるへんぴ》の村《むら》に某氏《なにがし》と言《い》ふ金滿家《きんまんか》がありました。其《そ》の嫡子《ちやくし》は兎《と》に角私立《かくしりつ》の某専門學校迄《あるせんもんがくかうまで》卒業《そつげふ》したのでしたが、非常《ひじやう》に意思《いし》が弱《よわ》かつた爲《ため》に都會《とくわい》に居《ゐ》る間《あひだ》には善《よ》からぬ友《とも》に誘《さそ》はれて、恐《おそ》るべき暗黑面《あんこくめん》の婦人《ふじん》に魅《み》せられ、多少《たせう》の財《ざい》を消費《せうひ》した事《こと》がありました。是《これ》は卒業《そつげふ》

【1】政治の大綱。施政の重要な方針。　【2】ここでは明治維新の大改革のたとえ。

の一ヶ年程前《ねんほどまへ》の事《こと》でしたから、父母《ふぼ》は卒業《そつげふ》を待《ま》ち子息《むすこ》が歸省《きせい》するや否《いな》や、早々《さう〳〵》と其《そ》の配遇者《はいぐうしや》を取《と》り極《き》めてしまつて、婚禮《こんれい》の日取迄《ひどりまで》定《き》めてから、子息《むすこ》を呼《よ》びつけて嚴然《げんぜん》として、是《これ》を言《い》ひ渡《わた》しました。子息《むすこ》は是《こ》の前日迄《ぜんじつまで》、少《すこ》し體《からだ》が惡《わる》いとて、或温泉場《あるおんせんぢやう》へ往《い》つて居《ゐ》たので、一向《かう》その問題《もんだい》に觸《ふ》れませんでしたから、全《まつた》く寢耳《ねみゝ》に水《みづ》でありました。けれ共《ども》、同村《どうそん》の事《こと》であるから、己《おの》が妻《つま》とすべき女《むすめ》は全《まつた》く知《し》らない事《こと》はありませんでしたが、自分《じぶん》は何《ど》うも嫌《きら》ひだつたのであります。如何《いか》に自分《じぶん》に過去《くわこ》の不都合《ふつがふ》があつたとしても、餘《あま》りの壓《あつ》制《せい》だと思《おも》ひまして、父母《ふぼ》に異議《いぎ》を申《まを》さうと考《かんが》へて、一寸其《ちよつとそ》の顏《かほ》を見《み》ますと、父《ちゝ》も母《はゝ》も怖《こわ》い眼《め》をして、じつと自分《じぶん》を見据《みす》えて居《を》りますので、氣《き》の弱《よわ》い子息《むすこ》は遂《つひ》に何《なん》にも言《い》ひ得《え》ないで、無言《むごん》で引《ひ》き退《さが》りました。

すると、父母《ふぼ》は委細關《ゐさいかま》はず、豫定通《よていとほ》りに搬《はこ》んで、とう〳〵婚儀《こんぎ》も擧《あ》げてしまつたのであります。所《ところ》が、斯《か》う言《い》ふ結婚《けつこん》でありますから、如何《いか》に意思《いし》の薄弱《はくじやく》な子息《むすこ》でも、妻《つま》に對《たい》して滑《なめ》らかな溫《あた》かい情《じやう》を持《も》つ筈《はず》がありませぬ。又妻《またつま》は妻《つま》で、夫《をつと》は自分《じぶん》を嫌《きら》つてるが、舅《きう》姑《こ》には氣《き》に入《い》つて居《ゐ》るのだと思《おも》いますから、舅姑《きうこ》の機嫌《きげん》ばかり取《と》つて、夫《をつと》には冷淡《れいたん》でありました。

其故《それゆゑ》如何程《いかほど》腑甲斐無《ふがいな》い男《をとこ》でも、つい自暴自棄《やけ》になつて、又々《また〳〵》遊《あそ》びを始《はじ》めるやうになりました。で、家庭《かてい》は常《つね》に風波《ふうは》の絶間《たえま》なく、全《まつた》く敵同士《かたきどうし》の寄合《よりあひ》のやうになり、遂《つひ》に媳《よめ》は自分《じぶん》から離婚《りこん》を申《まを》し出《だ》して里方《さとかた》へ還《かへ》り、父母《ふぼ》は子息《むすこ》と別居《べつきよ》してしまいました。何《ど》うも凡庸《ぼんよう》の人《ひと》としては、是《これ》も已《や》むを得《え》ない結果《けつくわ》でありませう。其《そ》の後《のち》は何《ど》うなりましたか存《ぞん》じませぬが、孰《いづ》れ一生圓滿《しやうゑんまん》に愉快《ゆくわい》になるのは至難《むつかし》い事《こと》であらうと思《おも》はれます。

息女に施したる不結果の一例

又或地方《またあるちほう》の舊家《きうか》の女《むすめ》の結婚《けつこん》に斯《か》う言《い》ふ事《こと》がありました。其《そ》の息女《むすめ》は東京《とうきやう》の某女學校《ぼうぢよがつかう》の寄宿舎《きしゆくしや》へ入《い》れて置《お》きましたが、息女《むすめ》が首尾《しゆび》よく卒業《そつげふ》して還《かへ》つて見《み》ると、何《なに》やら家《いへ》の内《うち》が噪々《ざわ〳〵》して居《を》ります。何事《なにごと》であらうと思《おも》つて居《を》りまするると、其《そ》の翌日父母《よくじつふぼ》は、「汝《おまへ》には、良縁《りやうえん》があつたから、善《ぜん》は急《いそ》げと取《と》り定《き》めた所《ところ》が、先方《せんぽう》で非常《ひじやう》にお急《いそ》ぎだから、據《よんどこ》ろ無《な》く來何日《きたるなんにち》に結婚式《けつこんしき》だけ擧《あ》げて置《お》いて、披露《ひろう》は秋涼《すゞし》くなつてからする積《つも》りだから、左樣《さう》心得《こゝろえ》るやうに」との事《こと》でありました。息女《むすめ》は聞《き》いて居《ゐ》る間《あひだ》も、ほろ〳〵と涙《なみだ》を零《こぼ》して居《ゐ》ましたが、逸《つひ》に泣《な》き伏《ふ》してしまいました。

すると、母親《はゝおや》は不思議《ふしぎ》さうに、「汝《おまへ》は何故《なぜ》泣《な》くのです。親《おや》は汝《おまへ》の利益《ため》を思《おも》つて、復《また》と無《な》い良縁《よいえん》だから、取《と》り定《き》めたのだのに、不足《ふそく》らしく泣《な》かれて溜《たま》るものでは無《な》い。汝《おまへ》は殊《こと》に柔順《すなほ》で、是迄何一《これまでなにひと》つ親《おや》の言《い》ふ事《こと》に背《そむ》いた事《こと》は無《な》かつたから、勿論《もちろん》、今度《こんど》の事《こと》にも否《いな》やは言《い》ふまい。思《おも》ふまいと阿爺《とうさま》とも相談《さうだん》して定《き》めたのだのに、何《ど》うしたものか」と申《まを》しますので、息女《むすめ》は、「其《それ》は阿母違《かあさまちが》います。何時《いつ》もの事《こと》とは違《ちが》います。如何《いか》に親《おや》の命令《いひつけ》だからとて、結婚《けつこん》は一生《しよう》の一大事《だいじ》ですのに、幾《いく》ら良縁《りやうえん》だと言《い》つたつて、私《わたくし》に一言《ごん》のお咄《はな》しも無《な》しに、日子迄《ひどりまで》も取《と》り定《き》めておしまい成《な》されるのは餘《あんま》りです。いえ〳〵、私《わたくし》は其《それ》が善《よ》いの惡《わる》いのと申《まを》すのではありませぬ。私《わたくし》は五年《ねん》も六年《ねん》も、親《おや》の膝下《ひざもと》を離《はな》れて居《を》りましたから、せめて一年《ねん》か半年《はんねん》なりとも、宅《うち》に置《お》いて戴《いただ》きたかつたのです。父母《あなたがた》の御側《おそば》に居《を》らして貰《もら》いたかつたのです。餘《あんま》りです〳〵。」と言《い》つて泣《な》かれたので、兩親《りやうしん》は始《はじ》めて、其《それ》も左樣《さう》かと、ふつと、熱《ねつ》が冷《さ》めたやうになつて、大《おほ》いに當惑《たうわく》致《いた》しましたけれ共《ども》、今更何《いまさらなん》とも致《いた》し方《かた》が無《な》いので、とう〳〵息女《むすめ》に頼《たの》むやうにして、嫁《とつ》がせましたが、不幸《ふかう》にして、其《そ》の女《むすめ》は兎角體《とかくからだ》が弱《よわ》くなつて、一兩年《りやうねん》の後《のち》一子《し》を生《う》みましたけれ共《ども》、數年《すうねん》を出《い》でずして早世《はやじに》してしまいました。

是等《これら》も其《そ》の女《むすめ》が、德器《とくき》【3】に於《お》いて優越《いうゑつ》して居《ゐ》る人《ひと》ならば、何事《なにごと》も運命《うんめい》なりと諦《あきら》めて又《また》慰藉《ゐしや》の道《みち》をも求《もと》め、安神《あんしん》の方《はう》をも自《みづか》ら立《た》てるかも知《し》れませぬが、其《それ》を尋常人《なみびと》に求《もと》める事《こと》は無理《むり》でありませう。

なる程《ほど》、昔《むかし》は、唯父母《たゞふぼ》の命《めい》、是從《これしたが》つたものであつたのに、今《いま》の人《ひと》は非常《ひじやう》に我《わ》が儘《まゝ》になつたから、長者《ちやうしや》の命《めい》に從《したが》はず、寧《むし》ろ却《かへ》つて自《みづか》ら不幸《ふかう》を招《まね》き、煩悶《はんもん》を敢《あへ》てするのだと申《まを》します。誠《まこと》に左樣《さう》言《い》ふ場合《ばあひ》も隨分《ずゐぶん》あるには相違《さうゐ》ありませぬが、併《しか》し、昔《むかし》だからとて、何等《なんら》か已《や》むを得《え》ない事情《じじやう》とか、道義《だうぎ》とかの爲《ため》に、犧性的結婚《ぎせいてきけつこん》をも、勵行《れいかう》した例《ため》しは少《すく》なくありませんでしたらうが、唯單《たゞたん》に自分達《じぶんたち》が、子供《こども》の幸福《しあはせ》を謀《はか》る爲《ため》と言《い》ふのには、無暗《むやみ》に極端《きよくたん》な強壓的《がうあつてき》な處置《しよち》は、致《いた》したものではありませぬ。‖ 其《それ》は例外《れいぐわい》の親《おや》は偶《たま》にはあつたでせうが、‖ 其《そ》の上《うへ》、昔《むかし》の社會《しやくわい》のやうに、周圍《しうゐ》のすべてが、君《きみ》の爲《ため》、親《おや》の爲《ため》、將《ま》た夫《をつと》の爲《ため》などには、何事《なにごと》も、獻身的《けんしんてき》に爲《な》すべきものと信《しん》じ切《き》つて居《を》つた時代《じだい》と違《ちが》つて、君《きみ》といひ親《おや》、夫《をつと》と雖《いへど》も、餘《あま》りに無理《むり》なる事《こと》のみを爲向《しむ》ければ、周圍《しうゐ》の人《ひと》も亦《また》、餘《あま》りだと言《い》つて騒《さわ》ぎ立《た》てませう。斯《か》う言《い》ふ時代《じだい》になつては、如何《いか》に長者《ちやうしや》の命令《めいれい》には絶對《ぜつたい》に服從《ふくじう》するが可《よ》いと言《い》ひ、父母《ふぼ》の希望《きばう》には一も二も無《な》く添《そ》ふべきものだと申《まを》しました所《ところ》で、特別《とくべつ》の人《ひと》の外《ほか》は、先圓滿《まづゑんまん》には行《おこな》はれますまい。よしや完全《くわんぜん》の善《よ》い事《こと》であつても、實行《じつかう》が伴《ともな》はなければ何《なに》にもなりませぬ。況《いは》んや昔《むかし》と雖《いへど》も、右樣《みぎやう》な極端《きよくたん》な事《こと》は、矢張普通《やはりふつう》に行《おこな》はれたのではありませんでした。然《しか》らば到底右樣《たうていみぎやう》な事《こと》を現實《げんじつ》に決行《けつかう》し得《う》らるべきものでありませぬから、此《こ》の二つの例《れい》のやうな極端《きよくたん》な無理《むり》ならば、萬已《ばんや》むを得《え》ぬ何等《なんら》の事情《じじやう》のある場合《ばあひ》の外《ほか》は、行《おこな》はないやうにしなければなりますまい。

又舊習慣《またきうしふくわん》によつてのみ結婚《けつこん》する人《ひと》の非常《ひじやう》に大切《たいせつ》なる事《こと》として調《しら》べるものがあります。乃《すなは》ち是《これ》を相性《あいしやう》と申《まを》します。なる程相性《ほどあひしやう》も其《そ》の因《よ》つて起《おこ》つた所《ところ》に一《ひと》つの理《ことはり》はありませうが、世間《せけん》一般《ぱん》を見渡《みわた》して、實際《じつさい》に就《つ》いて察《み》ますと、殆《ほとん》ど同年月日に生《うま》れた人同士《ひとゞうし》が

【3】徳行と器量。身に備わっている徳と才能。

結婚《けつこん》して夫妻《ふさい》となつても、一方は非常《ひじやう》に榮《さか》え、一方《ほう》は甚《はなは》だしく衰《おとろ》へて居《を》るのもありますから、所謂《いはゆる》中《あた》るも八卦《けい》中《あた》らぬも八卦《けい》でせう。是等《これら》は希《こひねが》はくは餘《あま》り氣《き》にかけぬ方《はう》が宜《よろ》しからうと存《ぞん》じます。其《そ》の様《やう》な事《こと》を極端《きよくたん》に氣《き》にすると、遂《つひ》に何《なに》も出來《でき》ない事《こと》になります。けれ共《ども》、結婚《けつこん》の如《ごと》きは、兩家《りやうけ》新《あら》たに好《よし》みを結《むす》び、男女相和合《だんぢよあひわがふ》して、子孫《しそん》の繁榮《はんえい》を期《き》すべき事柄《ことがら》でありますから、如何《いか》に謂《いは》れなき事《こと》なりとも、最近親最長者《さいきんしんさいちやうしや》に異論《いろん》があるやうでは、つまりは不和《ふわ》の基《もと》になる譯《わけ》であります。故《ゆゑ》に、同《おな》じくは皆《みんな》が悅《よろこ》んで同意《どうい》するやうにありたいものです。其《それ》には、何《ど》う言《い》ふ事《こと》を相性《あひしやう》と言《い》ふのかも、少《すこ》しも知《し》らぬのは、矢《や》張《はり》其《そ》の迂濶《うくわつ》たるを免《まぬ》かれず、「知《し》りもしない癖《くせ》に」など丶言《い》はる丶のも妙《みやう》でありますまいから、一寸參考《ちよつとさんかう》の一助《じよ》として記《しる》し加《くは》へて置《お》きませう。

相性《あひしやう》とは例《たと》へば二十七歳《さい》の男子《だんし》が、‖この年齢《とし》は舊暦《きうれき》なり。以下《いか》も‖二十五歳《さい》の女子《ぢよし》と結婚《けつこん》する事《こと》によつて、其《そ》の相性《あひしやう》を調《しら》べるには、丙辰年《ひのえたつのとし》から二十七後《あと》へ繰《く》り戻《もど》すのである。左《さ》すれば此《こ》の男子《だんし》は庚寅年《かのえとらのとし》の生《うま》れと解《わか》る。すると、木性《きしやう》で‖松柏《しようはく》の‖ある是《これ》を納音《なふゐん》と唱《とな》へる。又女子《またぢよし》を同《おな》じく二十五後《あと》へ繰《く》り戻《もど》せば壬辰年《みづのえたつのとし》の生《うま》れで、水性《みづしやう》‖流《なが》れの‖と解《わか》る。即《すなは》ち水《みづ》は木《き》を生《しやう》ずと訓《くん》して、好《よ》き相性《あひしやう》と言《い》ふのです。又《また》九星《せい》を知《し》りたければ、是《これ》を男子《だんし》の生《うま》れ年《とし》より左《ひだり》へ辿《たど》つて見《み》ると、男子《だんし》は二黑《こく》の土《つち》で、女子《ぢよし》は九紫《し》の火《ひ》である。是亦《これまた》火土《ひつち》を生《しやう》ずとて、可《よ》いと言《い》ふ事《こと》になる。然《しか》るに男子《だんし》金性《かねしやう》

相性、九星

一白水	甲子 海金	癸酉 荒金	壬午 柳木	辛卯 松柏木	庚子 壁土	己酉 澤土	戊午 天上火
九紫火	乙丑 同	甲戌 山上火	癸未 同	壬辰 流れ水	辛丑 同	庚戌 釵金	己未 同
八白土	丙寅 爐火	乙亥 同	甲申 井戸水	癸巳 同	壬寅 箔金	辛亥 同	庚申 松柏木
七赤金	丁卯 同	丙子 雨水	乙酉 同	甲午 砂子金	癸卯 同	壬子 桑木	辛酉 同
六白金	戊辰 森木	丁丑 同	丙戌 屋根土	乙未 同	甲辰 燈籠火	癸丑 同	壬戌 海水
五黄土	己巳 同	戊寅 山土	丁亥 同	丙申 山火	乙巳 同	甲寅 谷水	癸亥 同
四緑木	庚午 途土	己卯 同	戊子 竈火	丁酉 同	丙午 池水	乙卯 同	
三碧木	辛未 同	庚辰 白金	己丑 同	戊戌 平地水	丁未 同	丙辰 砂子土	
二黒土	壬申 荒金	辛巳 同	庚寅 松柏木	己亥 同	戊申 澤土	丁巳 同	

判定

男子／女子	木性	火性	土性	金性	水性
木性	半吉	吉	吉	初吉後凶	大吉
火性	吉	大凶	大吉	大凶	大凶
土性	半吉	大吉	半吉	大吉	大凶
金性	大凶	大凶	大吉	凶	大吉
水性	大吉	大凶	大凶	大吉	半吉

可とするもの
木生レ火、火生レ土、土生レ金
金生レ水、水生レ木、木克レ土
（これのみを可とす）

不可とするもの
火克レ金、土克レ水、金克レ木
水克レ火

ハ氏ワ氏説の賛成者

で女子《ぢよし》が火性《ひしやう》であれば火金《ひかね》を克《こく》すと言《い》つて大凶《だいきよう》と申《まを》して居《を》ります。然《しか》るに木土《きつち》を克《こく》するは同《おな》じ克《こく》でも差支《さしつか》へ無《な》いと言《い》つてあります。乃《すなは》ち左《さ》の性《しやう》と星《ほし》と其《それ》から取《と》り除《の》けとして行《おこな》はれて居《を》るものも、參考《さんかう》の爲《ため》掲《かか》げて置《お》きませう。

併《しか》し、前《まへ》にも申《まを》した通《とほ》り決《けつ》して無暗《むやみ》に氣《き》に掛《か》けては不可《いけま》せぬ。唯《たゞ》、老人方等《らうじんかたなど》の心《こゝろ》を安《やす》むる爲《ため》に承知《しようち》して置《お》くと言《い》ふに止《と》ゞめられたいのであります。

二　純然《じゆんぜん》たる今様《いまやう》の結婚《けつこん》

以上《いじやう》は舊習《きうしふ》を學《まな》んで、而《し》かも從來《じうらい》行《おこな》はれたものよりも、一層《そう》無《む》意義《いぎ》な、極端《きよくたん》の例《れい》を擧《あ》げましたのでありますが、今度《こんど》は又《また》、新《あた》らしがつて、そして却《かへ》つて、其《そ》の當《たう》を失《うしな》つた例《れい》をも擧《あ》げませう。

先《まづ》純然《じゆんぜん》たる今様風《いまやうふう》[4]と申《まを》しましたならば、彼《か》の、西洋《せいやう》で多《おほ》く唱《とな》へらるゝやうに、ハッチエン氏《し》[5]の「結婚《けつこん》は愛《あい》の爲《ため》に爲《な》すべきもので、決《けつ》して他《た》の原因《げんいん》でなすべきもので無《な》い」といふ説《せつ》や、ワイニンゲル氏《し》[6]の、「相互《さうご》の性的牽引力《せいてきけんいんりよく》の最《もつと》も盛《さか》んなる結果《けつか》によつて、始《はじ》めて強健《きやうけん》なる子《こ》を擧《あ》ぐるを得《う》べし」といふ論《ろん》や、其《そ》の他《た》西洋《あちら》の人《ひと》の夫婦《ふうふ》の愛情《あいじやう》本意論《ほんゐろん》を羅列《られつ》するならば、殆《ほとん》ど際限《さいげん》が無《な》い程《ほど》でありませう。

無論《むろん》、極端《きよくたん》なる今様式《いまやうしき》では右《みぎ》の如《ごと》く考《かんが》へ、夫婦《ふうふ》は愛情本位《あいじやうほんゐ》であらなければならぬのであるから、當人《たうにん》が自分《じぶん》の氣《き》に合《あ》ふ者《もの》を選擇調査《せんたくてうさ》しなければならぬ事《こと》になります。そして自《みづか》ら選《えら》み出《だ》した人《ひと》は、若《わか》い華《はな》やかな、色《いろ》に同化《どうくわ》したものを一も二も無《な》く、可《よ》いと思《おも》います。そして唯《たゞ》一時的情熱《じてきじやうねつ》に驅《か》られて婚《こん》するのでありますから、不足《ふそく》なる事《こと》にも滿足《まんぞく》し、惡《わる》い點《てん》をも善《よ》いと誤認《ごにん》して、非常《ひじやう》な喜悦《きえつ》を以《も》つて結婚致《けつこんいた》します。

そして、其《そ》の順序形式《じゆんじよけいしき》に於《お》けるも、二十世紀式《せいきしき》と號《がう》して、當人同士《たうにんどうし》が互《たが》ひに往復《わうふく》して、全《まつた》く親友《しんいう》か兄弟《きやうだい》のやうな交際《かうさい》をして而《さう》して結婚致《けつこんいた》します。斯《か》う言《い》ふ時《とき》には、周圍《しうゐ》の忠告《ちうこく》や助言《じよげん》は決《けつ》して耳《みゝ》に入《い》りませぬ。で、彼等《かれら》の言《げん》によると此《こ》の樣《やう》に互《たが》ひに言《い》ひたい事《こと》も聞《き》きたい事《こと》も打《う》ち出《だ》して、十分氣心《ぶんきごゝろ》も知《し》り合《あ》つた上《うへ》で、配遇《はいぐう》したのであるから、相互何《さうごなん》の遠慮《えんりよ》も心配《しんぱい》も無《な》くて非常《ひじやう》に幸福《かうふく》であると申《まを》します。其《そ》の打《う》ち隱《かく》しも無《な》い氣心《きごゝろ》も知《し》り合《あ》つてると申《まを》した新夫婦《しんふうふ》が、半年《はんねん》か一年《ねん》の間《あいだ》に、大《だい》の仲惡《なかわる》になつたり、大騷動《だいさうどう》を惹《ひ》き起《おこ》したりして、遂《つひ》には幾《いく》ばくならずして、破鏡《はきやう》【7】の悲劇《ひげき》を演《えん》ずる人《ひと》さへ無《な》いとは言《い》はれませ

【4】今の世のやり方、はやり。現代風。当世風。
【5】第一章注12参照。
【6】オットー・ヴァイニンガー（Otto Weininger, 一八八〇～一九〇三）。オーストリアの哲学者。著書に『性と性格』（一九〇三年）。

ぬ。

結婚前の交際は當てにならぬ

是畢竟《これひつきやう》【8】、結婚前《けつこんぜん》の交際《かうさい》は互《たが》ひに形《かた》ちにも心《こゝろ》にも装飾《さうしよく》があつたのです。打《う》ち開《あ》け話《はな》しにも矢張幾分《やはりいくぶん》の装飾《さうしよく》を免《まぬ》がれませんのです。故《ゆゑ》に、眞《しん》に我《わ》が物《もの》と成《な》り、一所《しよ》に起臥《きぐわ》するやうになると、斯《か》う言《い》ふ筈《はず》では無《な》かつたがと、算用以外《さんよういぐわい》の事《こと》が生《しやう》じて來《く》るのであります。

結婚後の違算

敬意の欠乏

若《わか》い人同士《ひとどうし》が皮想《ひさう》【9】の選擇《せんたく》や考《かんが》へによつて結婚《けつこん》した夫婦《ふうふ》には、互《たが》ひに敬意《けいい》が欠《か》けて居《を》ります。凡《およ》そ敬《けい》の伴《ともな》はない愛《あい》に長續《ながつゞ》きのした例《ため》しはありませぬ。況《いは》んや斯《か》かる父母《ふぼ》が子《こ》を擧《あ》げ、且之《かつこれ》を教養《けうやう》して行《ゆ》かうといふ段《だん》になると、全《まつた》く子供《こども》に對《たい》して威信《ゐしん》も貫目《くわんめ》【10】も無《な》いのですから、其《そ》の結果《けつくわ》は想像《さう〲》するに固《かた》くありますまい。

輕侮と猜疑とが起る

是《これ》に伴《ともな》うて起《おこ》るものは、輕侮《けいぶ》と疑惑《ぎわく》との念《ねん》です。夫《をつと》が妻《つま》に對《たい》してのみならず、妻《つま》も亦夫《またをつと》に對《たい》して輕侮致《けいぶいた》します。且互《かつたが》ひに疑惑《ぎわく》の念《ねん》が起《おこ》ります。其《それ》は自分《じぶん》の過去《くわこ》に於《お》いて、自任《じまゝ》に自由《じいう》に相狃《あひな》れ相親《あひした》しんで、勝手《かつて》に婚約《こんやく》をした程《ほど》であるから、又他《またひと》とも睦《むつ》び親《した》しみはせぬか。他《ひと》に動《うご》かさるゝ事《こと》は無《な》からうかと言《い》ふ懸念《けねん》の生《しやう》ずる事《こと》を免《まぬ》がれませぬ。

我が儘になる

又《また》、互《たが》ひに輕《かろ》んじ侮《あなど》り、疑《うたが》ひ惑《まど》ふ仲《なか》であれば、何《ど》うも務《つと》めが足《た》りませぬ。妻《つま》が夫《をつと》に對《たい》しての務《つと》めの足《た》りない事《こと》は、其《それ》は如何程心善《いかほどこゝろよ》しの男子《だんし》と雖《いへど》も、遂《つひ》には憤怒《ふんど》を洩《も》らすやうになるものです。が、夫《をつと》と雖《いへど》も、妻《つま》に對《たい》して、其《そ》の形式《けいしき》こそ違《ちが》へ、敬意《けいい》の存《そん》する間柄《あひだがら》ならば、心《こゝろ》に於《お》ける務《つと》めが必《かなら》ずあります。例《たと》へば、夫《をつと》の歸宅《きたく》が毎晩遲《まいばんおそ》いのに、＝よし已《や》むを得《え》ざる事情《じゞやう》なりとも、＝妻《つま》は必《かなら》ず起《お》きて居《ゐ》て、すべて夫《をつと》の爲《ため》に待《ま》ちうけの準備《じゆんび》をして居《を》ると言《い》ふ事《こと》であれば、夫《をつと》も亦《また》、「毎晩《まいばん》の事《こと》だから、先《さき》へ寢《ね》よ」と申《まを》しませう。すると、妻《つま》は「何《ど》う致《いた》しまして、毎日御用多《まいにちごようおほく》で、お忙《いそ》がしいのでありますから、せめてお歸《かへ》りの節《せつ》には、お暖《あたゝか》いものでも、＝冬《ふゆ》ならば、＝と申《まを》す事《こと》になりませう。

其《それ》が今様式《いまやうしき》【11】では反對《はんたい》です。夫《をつと》は、「何《なん》だ、我《わし》が何《なに》も醉興《すゐきよう》で遲《おそ》く歸《かへ》るのではあるまいし、何《なん》の仕度《したく》もせずに、勝手《かつて》に先《さき》へ寢《ね》るといふ事《こと》があるものか」と申《まを》しませう。が、妻《つま》は妻《つま》で、「何《なん》だか解《わか》つたものか、毎晩々々《まいばん〳〵》の事《こと》、何時《いつ》お歸《かへ》りかも解《わか》らないのに、左様便々《さうべん〳〵》と待《まつ》て居《を》られますか。明日《あした》の事《こと》も考《かんが》へねばなりませぬ。」といふやうな事《こと》を申《まを》してさつさと伏《ふせ》つてしまいます。斯《か》うなれば何《ど》うしても云々《うん〳〵》が生《しやう》じて來《く》る筈《はず》ではありませぬか。で、極端《きよくたん》なる今様式《いまやうしき》の結婚《けつこん》は果《はた》して幸福《かうふく》でありませうか。否決《いなけつ》して幸福《かうふく》ではありませぬ。

【7】夫婦が離縁すること。離れて暮らすことになった夫婦が、鏡を二つに割ってそれぞれの一片を持ち、愛情のあかしとしたが、妻が不義を働いたためにその一片がカササギとなって夫の所へ舞い戻り、不義が知れて離縁になったという。（『神異経』）

【8】さまざまな経過を経ても最終的な結論としては。つまるところ。結局。

【9】皮相。うわべだけを見て判断し、物事の本質に至らないこと。また、そのさま。

【10】貫禄。

【11】現代風、当世風。

果して幸福なりや否や

不結果なる一例

是《これ》は西洋《せいやう》の事《こと》ですが、米國《べいこく》の或金滿家《あるきんまんか》【12】の男子《だんし》が例《れい》によつて、自己選擇《じこせんたく》で自由的結婚《じいうてきけつこん》を致《いた》しました。是《こ》の際家《さいいへ》の相談役《さうだんやく》になつてる老功《らうこう》の紳士《しんし》は、餘《あま》り良緣《りやうえん》では無《な》いと思《おも》ふから、熟考《じゆくかう》せよと忠告《ちうこく》したのも退《しりぞ》けて、彼《か》の男子《だんし》の希望通《きばうとほ》り、新婦《しんぷ》は美人《びじん》で多趣味多藝《たしゆみたげい》で、そして、生家《さとかた》も可《か》なりの財產家《ざいさんか》でありました。扨《さて》、新婚旅行《しんこんりよかう》も樂《たの》しく、滯《とゞこほ》り無《な》く濟《す》んで歸《かへ》りましたが、この美《うつく》しい若《わか》い妻《つま》は多《おほ》くの召使《めしつかひ》や、各種方面《かくしゆはうめん》の交際《かうさい》が面倒《めんだう》だから、今少《いますこ》し馴《な》れる迄《まで》、田舍《ゐなか》の別莊《べつさう》に居《ゐ》たいとの事《こと》で、夫《をつと》は一も二も無《な》く承諾《しようだく》して、夫《をつと》は三四時間《じかん》の汽車《きしや》を毎日《まいにち》々々《〱》其《そ》の別莊《べつさう》から通《かよ》つて本宅《ほんたく》へ參《まゐ》つて居《を》ります。然《しか》るに、妻《つま》は一日《あるひ》は淋《さび》しいから、今日《けふ》は都《みやこ》へ往《い》つては不可《いけな》いと申《まを》します。又餘義《またよぎ》ない用事《ようじ》で、約束《やくそく》の時間《じかん》より遲《おそ》くなると、妻《つま》の機嫌《きげん》が惡《わる》いのです。

是《これ》には夫《をつと》も少《すこ》し困《こま》りましたが、然《しか》し是程迄《これほどまで》に自分《じぶん》を思《おも》つてくれる、慕《した》つてくれるのだと解釋《かいしやく》して、矢張滿足《やはりまんぞく》して居《を》りました。所《ところ》が幸《かう》か不幸《ふかう》か、妻《つま》は早《はや》く姙娠《にんしん》して子《こ》を擧《あ》げ、又次々《またつぎ〱》にと、折《お》り掛《か》けて、三人《にん》の子供《こども》の母《はゝ》となりました。

所《ところ》が、此《こ》の出產《しゆつさん》の度每《たびごと》に、妻《つま》が苦《くる》しんで叫喚《きやうくわん》致《いた》しますのは、非常《ひじやう》なものでした。醫師《いし》や產婆《さんば》は、是《これ》は餘《あま》りに出產《しゆつさん》が近《ちか》いのと、姙娠中《にんしんちう》の運動《うんどう》が足《た》りないのだと申《まを》しました。然《しか》るに、子供《こども》は二人迄《ふたりまで》一年《ねん》足《た》らずで死《し》んで、一人丈殘《ひとりだけのこ》りました。勿論子供《もちろんこども》には皆《みな》娸母《ほゞ》がついて居《ゐ》て牛乳《ぎうにう》で育《そだ》てましたのです。けれ共《ども》、妻《つま》は申《まを》します。「子供《こども》は丈夫《じやうぶ》で機嫌《きげん》よくし

其の二

て居《を》る時《とき》は可愛《かあい》いけれ共《ども》、病氣《びやうき》であつたり、泣《な》いたりむつかつたりして居《を》る時《とき》は、自分《わたし》には何《ど》うして可《よ》いか解《わか》らないで、そして自分《じぶん》も悲《かな》しくなるから嫌《いや》だ」と言《い》つて、滅多《めつた》に子供《こども》の側《そば》へ寄《よ》りませぬ。其《それ》でも一人殘《ひとりのこ》つた子《こ》は最早《もはや》三つになりましたから、阿母々々《マヽ〳〵》と慕《した》ひ、是《これ》には如何《いか》な夫《をつと》も甚《はなは》だ不滿足《ふまんぞく》を感《かん》じまして、妻《つま》に「今少《いますこ》し子供《こども》を愛《あい》してくれ」と申《まを》しまするど、妻《つま》は甚《はなは》だ不機嫌《ふきげん》で、「郎君《あなた》は自分《じぶん》よりも子供《こども》の方《はう》が可愛《かあい》いのですか」と問《と》います。斯《か》くして、普通《ふつう》の母親《はゝおや》とは反對《はんたい》の事情《じゞやう》から、夫婦《ふうふ》の間《あひだ》に云々《うん〳〵》が起《おこ》り始《はじ》めました。而《さう》して遂《つひ》に妻《つま》は神經《しんけい》が益々《ます〳〵》高《たか》ぶりて、身體《しんたい》も漸々《ぜん〴〵》弱《よわ》りましたので、とう〳〵夫婦《ふうふ》協議《きようぎ》の上別居《うへべつきよ》する事《こと》になりました。其以降《それいこう》、夫《をつと》にも妻《つま》にも餘《あま》り香《かう》ばしく無《な》い評判《ひやうばん》が聞《きこ》えて居《を》りましたが、夫《をつと》も神經衰弱症《しんけいすゐじやくしやう》に陷《おちい》り、醫師《いし》の勸告《くわんこく》によつて、瑞西《スヰツツル》【13】へ轉地療養中《てんちれうやうちう》だと聞《き》きました。是等《これら》は、全《まつた》く若《わか》い男子《だんし》の淺薄《せんばく》な考《かんが》へに任《まか》せて、餘《あま》りに極端《きよくたん》なる今様式《いまやうしき》の結婚《けつこん》に過《あやま》られたのであります。

是《これ》は日本《につぽん》の或居留地《あるきよりうち》に近《ちか》い町《まち》に在《あ》つた事《こと》でございます。某商店《あるしやうてん》の一人女《ひとりむすめ》は、父《ちゝ》は五十を超《こ》え、母《はゝ》も四十近《ちか》くなつてから、始《はじ》めて擧《あ》げた子《こ》でありました。其故《それゆゑ》に、父母《ふぼ》の鍾《しよう》愛《あい》【14】一方《かた》ならず、特《とく》に母親《はゝおや》が子《こ》に對《たい》する愛《あい》と申《まを》したら、殆《ほとん》ど想像《さうぞう》に及《およ》はぬ程《ほど》で、傍《はた》から

【12】金持。財産家。富豪。
【13】スイス連邦共和国。英語名スイッツランド。
【14】大事にしてかわいがること。

見《み》ては、あれでは寧《むし》ろ女《むすめ》は我《わ》が儘者《まゝもの》になつてしまふであらうと評《ひやう》し合《あ》つて居《を》る程《ほど》でしたが、果《はた》して此《こ》の言《げん》が讖《しん》をなして、全《まつた》く氣隨氣儘《きずゐきまゝ》な者《もの》になつたのであります。妙齢《みやうれい》に達《たつ》するに從《したが》ひ、流石《さすが》の父母《ふぼ》も、到底自分達《たうていじぶんたち》の手《て》には及《お》へぬ子《こ》である。世嗣《よつぎ》は彼《あ》の女《むすめ》の自由《じいう》に選《えら》ばせて、どんな者《もの》でも辛抱《しんぼう》して養子《やうし》にするより仕方《しかた》が無《な》いと申《まを》して居《ゐ》たのであります。女《むすめ》は百事己《じおの》れが意《い》の如《ごと》くなるに從《したが》ひ、彼所《かしこ》の劇場《げきぢやう》此所《こゝ》の寄席《よせ》と遊《あそ》び歩《ある》いて居《を》ります間《うち》に、一人《ひとり》の若《わか》い男子《だんし》に親密《しんみつ》の交際《かうさい》を結《むす》ぶやうになり、遂《つひ》に自《みづか》ら父母《ふぼ》に紹介《せうかい》して、幾程《いくばく》も無《な》く養嗣子《やうじし》となし、愛《めで》たく結婚《けつこん》の式《しき》も擧《あ》げたのであります。其《そ》の男子《だんし》といふのは洋行歸《やうこうかへ》りだといふので、常《つね》に英語《えいご》などを無暗《むやみ》に使《つか》い、裝《なり》も全《まつた》く西洋《せいやう》の粹《すゐ》【15】を逐《お》うて居《を》りました。

ですから、婚禮式《こんれいしき》も女《むすめ》の好《この》みに任《まか》せて、會堂《くわいだう》で行《おこな》つて、其《そ》の日《ひ》から新夫婦《しんふうふ》は新婚《しんこん》旅行《りよかう》に出掛《でか》けてしまひました。そして二ヶ月餘《げつあまり》の後《のち》に、夫婦《ふうふ》は歸宅致《きたくいた》したのであります。父母《ふぼ》はかねて覺悟《かくご》の事《こと》ですから、此《こ》の婿《むこ》の素性《すじやう》もよく知《し》りませぬ。風采《ふうさい》こそ美《うつく》いが、兎《と》ても父母《ふぼ》に勤《つと》めるとか、店《みせ》の仕事《しごと》を手助《てつだ》はせるとか言《い》ふやうな望《のぞみ》は更《さら》に持《も》つて居《を》りませぬ。唯々《たゞ〳〵》、女《むすめ》が自稱《じしよう》する通《とほ》りに、女《むすめ》を愛《あい》してさへくれゝば可《よ》い。言《い》はゞ女《むすめ》の御傅《おもり》さへ出來《でき》れば可《よ》いと考《かんが》へて居《を》りました。所《ところ》が、案《あん》に相違《さうい》して、婿《むこ》は却々《なか〳〵》父母《ふぼ》によく事《つか》へます。又邪魔《またじやま》にならぬ程度《ていど》に於《お》いて、店《みせ》の助《たす》けも致《いた》します。そして、人《ひと》づきが誠《まこと》に善《よ》くて、萬事《ばんじ》に助才無《じよさいな》いのですから、始《はじ》めこそあれ、今《いま》では老《お》いたる父母《ふぼ》は女《むすめ》に劣《おと》らない程《ほど》、大《だい》の婿贔負《むこびいき》になつてしまいまして、「なる程《ほど》、當時《たうじ》の教育《けういく》を受《う》けた者《もの》は目《め》が高《たか》い。女《むすめ》は何時迄《いつまで》も子供《こども》だ／＼と思《おも》ひ、且唯《かつたゞ》我《わ》が儘者《まゝもの》だとのみ考《かんが》へたのに、親《おや》が心配《しんぱい》して探《さが》したより以上《いじやう》の、天晴《あつぱれ》なる婿《むこ》を尋《たづ》ね出《だ》したものだ」と大感心《おほかんしん》に感心《かんしん》して居《を》りました。で、此《こ》の頃《ころ》では、店《みせ》に對《たい》する全權《ぜんけん》も大概婿《たいがいむこ》に任《まか》せて見《み》ました所《ところ》が、益々《ます／＼》其《そ》の成績《せいせき》が可《よ》いので、父《ちち》は彌々《いよ／＼》安心《あんしん》し、自分《じぶん》は隱居《いんきよ》して家督《かとく》を此《こ》の婿《むこ》に讓《ゆず》り、且幾程《かついくばく》も無《な》くて病死《びやうし》してしまいました。

然《しか》るに、婿《むこ》は家督相續《かとくさうぞく》に尋《つ》いで、養父《やうふ》が病死《びやうし》した頃《ころ》から、少《すこ》しづゝ容子《ようす》が變《かは》つて參《まゐ》りました。其迄《それまで》は妻《つま》が自分《じぶん》に對《たい》して何《ど》の樣《やう》な無理難題《むりなんだい》を持《も》ち出《だ》しても、唯寛大《たゞくわんだい》な笑顔《えがほ》で迎《むか》へ、如何程《いかほど》我《わ》が儘《まゝ》のしたい放題《はうだい》を致《いた》しましても、全《まつた》く氣《き》のつかぬ風《ふう》をして居《を》りましたので、父母《ふぼ》は婿《むこ》を評《ひやう》して、「彼《かれ》は何《ど》の位胸《くらゐむね》の廣《ひろ》い人《ひと》か解《わか》らぬ。彼《かれ》は全《まつた》く女《むすめ》を愛《あい》して居《を》る。世《よ》に相縁奇縁《あひえんきえん》【16】といふ言《こと》があるが、實《じつ》に左樣《さう》である。親《おや》でさへ困《こま》ると思《おも》ふ程《ほど》の女《むすめ》を、何《ど》うしてあゝ優《やさ》しく面倒《めんだう》を見《み》てくれられるであらう。誠《まこと》に有難《ありがた》い事《こと》だ」と涙《なみだ》を零《こぼ》し

【15】西洋で流行していそうな身なりや態度。
【16】人と人とが互いに和合するのもしないのも、すべて因縁によるということ。

て居《ゐ》たのでした。けれ共《ども》、養父《やうふ》の忌《き》明《めい》【17】後婿《ごむこ》は巧《たく》みに養母《やうぼ》と妻《つま》とを說《と》いて、店《みせ》は人《ひと》に讓《ゆづ》り、或《ある》一大會社《だいくわいしや》を造《つく》るのだといふ事《こと》に搬《はこ》びました、其以來《それいらい》寄合《よりあひ》だとか何《なん》とか申《まを》して、婿《むこ》は一晩《ばん》も二晩《ばん》も外泊《ぐわいはく》するやうになりました。扨歸宅《さてきたく》すると、妻《つま》は火《ひ》の如《やう》になつて叫《たけ》り立《た》て、武者振《むしやぶり》つきますと、夫《をつと》は待《ま》つてたと言《い》つた樣《やう》に、妻《つま》を手荒《てあら》く打《う》ち据《す》ゑて、口穢《くちぎた》なく罵《ののし》り懲《こ》らし、養母《やうぼ》の止《とめ》るのも過《あやま》るのも聞《き》かず、又《また》さつさと出《で》て往《い》つてしまひます。斯《か》う言《い》ふ事《こと》が度重《たびかさ》なつて來《く》るので、從來《これまで》我《わ》が儘《まゝ》一杯《ぱい》にし馴《な》れて居《ゐ》た妻《つま》に、到底辛抱《たうていしんばう》の出來《でき》やう筈《はず》はありませぬ。不眠不食《ふみんふしよく》の續《つゞ》いた爲《ため》か、女《むすめ》は暫《しばら》くの間《うち》に、絲《いと》のやうに瘦《や》せ細《ほそ》つてしまひました。

母親《はゝおや》は泣《なき》の涙《なみだ》で、養子《やうし》に賴《たの》んで見《み》ても、何《なに》か言《い》へば、ふいと出《で》てしまつて、幾日《いくか》も〳〵も歸《かへ》りませぬから、とう〳〵親類會議《しんるゐくわいぎ》を開《ひら》いて、養子離緣《やうしりえん》の相談《さうだん》を持《も》ち出《だ》しました。親類《しんるゐ》の者《もの》は始《はじ》め獨斷《どくだん》に定《き》めた養子《やうし》ですから、誠《まこと》に面白《おもしろ》く無《な》く感《かん》じて居《を》りましたが、流石《さすが》に親戚《しんせき》の一大事《だいじ》ですから、嫌《いや》とも言《い》はれず、相談《さうだん》に乘《の》つて、段々《だん〳〵》咄《はな》しを進《すゝ》めて見《み》まするど、驚《おど》くべし。店《みせ》の一切《さい》と家邸《いへやしき》とを賣《う》つた代金《だいきん》も、其《そ》の他《た》の財產《ざいさん》も何時《いつ》の間《ま》にか烟《けむ》になつて居《ゐ》て、今其所《いまそこ》に殘《のこ》つてるものは、其《それ》でも老功《らうかう》な父《ちゝ》が、萬《まん》一の爲《ため》と、娘《むすめ》の化粧料《けしやうれう》として其《そ》の名儀《めいぎ》にして置《お》いてくれた數千圓《すうゐん》だけしかありませんでした。けれ共《ども》、婿《むこ》はかねて何時《いつ》破裂《はれつ》しても可《よ》いやうに、法律上《はふりつじやう》からは何《ど》うする事《こと》も出來《でき》ない

折衷果して完全か

事《こと》に、ちゃんと、會社《くわいしや》の創立《さうりつ》から、店《みせ》の讓渡《ゆづりわたし》から一切《さい》の事《こと》が、全《まつた》く目的違《もくてきちが》ひで失敗《しつぱい》したやうにしてあるので、如何《いか》んとも致《いた》し方《かた》がありませぬ。此《こ》の上《うへ》如何《どん》な憂目《うきめ》を見《み》るかも知《し》れぬから、生《い》きてさへ居《を》れば宜《よろ》しいと、心弱《こころよわ》い老母《らうぼ》の申《まを》し出《だ》しに賛成《さんせい》して、漸々《やう〳〵》の事《こと》で、頼《たの》むやうにして、婿《むこ》は離縁《りえん》をして戸主《こしゆ》の名義《めいぎ》を脱《ぬ》いたとの事《こと》でありました。愼《つゝし》むべきは、經驗《けいけん》無《な》き妙齡女子《みやうれいぢよし》の、輕卒《けいそつ》なる自由結婚《じいうけつこん》であります。恐《おそ》るべきは父母《ふぼ》の溺愛《できあい》と、子供《こども》の我《わが》まゝとであります。

三　折衷的現代《せつちうてきげんだい》の結婚《けつこん》

前述《ぜんじゆつ》の二項《かう》は、孰《いづ》れも極端《きよくたん》なる舊習《きうしふ》と、今様《いまやう》の結婚《けつこん》であると申《まを》すよりも、寧《むし》ろ新舊《しんきう》の弊《へい》に傾《かたむ》いたものと申《まを》さなければなりますまい。其《それ》ならば、此《こ》の兩様《りやうやう》を適宜《てきぎ》に折衷《せつちう》して行《おこな》つたならば可《よ》いでは無《な》いかと申《まを》す事《こと》になりませう。

なる程《ほど》、現今《いま》の結婚《けつこん》には、實際新舊兩様《じつさいしんきうりやうやう》を、銘々《めい〳〵》の便宜《べんぎ》に取捨折衷《しゆしやせつちう》して行《おこな》つて居《を》る向《む》

【17】喪に服する期間が終わること。いみあき。

きが少《すく》なくないやうであります。が、果《はた》して其《それ》で宜《よろ》しいでせうか。又其《またそれ》が中庸《ちうよう》に好都合《かうつがふ》に行《おこな》はれるものでありませうか。と申《まを》して見《み》ますると、是《これ》が又却々《またなか〱》さう口《くち》で言《い》ふやうに容易《たやす》く都合《つがふ》よくは出來惡《できにく》いものであります。

穩健とは

現今《いま》、社會《しやくわい》百般《ぱん》の事《こと》に就《つ》いて、穩健《をんけん》といふ詞《ことば》が流行《はや》ります。「穩健《をんけん》」何《なん》といふ美《うつく》しい詞《ことば》でせう。意味《いみ》でせう。穩《おだや》かにして健《つよ》いといふ事《こと》は、丁度威《ちやうどゐ》あつて猛《たけ》からずと言《い》ふ意味《いみ》に似通《にかよ》つて居《を》ります。然《しか》らば世間《せけん》悉《ことごと》く穩健《をんけん》なる詞《ことば》の通《とほ》りに行《おこな》はれて居《を》るものならば、又殆《またほとん》ど是《これ》に加《くは》ふるの必要《ひつえう》がありますまいが、穩健《をんけん》といふ詞《ことば》が事實《じじつ》になつて見《あらは》れる時《とき》は、先大抵《まづたいてい》鼠色《ねずみいろ》で、虻蜂《あぶはち》取《と》らず【18】で、所謂《いはゆる》毒《どく》にもならず、藥《くすり》にもならず。といふ如《やう》な結果《けつくわ》になる事《こと》が多《おほ》くはありますまいか。で、此《こ》の問題《もんだい》も或《ある》ひは右《みぎ》に類似《るゐじ》の結果《けつくわ》を見《み》なければ幸《さひけ》ひであります。かと申《まを》しても、現代《げんだい》の社會《しやくわい》に於《お》いては、其《それ》が如何程不徹底《いかほどふてつてい》であつても、不熟《ふじゆく》であつても、何《ど》うしても斯《か》う言《い》ふ問題《もんだい》には先折衷説《まづせつちうせつ》を採用《さいよう》するより致《いた》し方《かた》はありますまい。

先折衷説を採用すべし

ですから、是《これ》は能《あた》ふべき丈冷靜《だけれいせい》に研究《けんきう》して、兩方《りやうはう》の長《ちやう》を取《と》り短《たん》を捨《す》て、且又各自《かつまたかくじ》の地位貧富事情等《ちゐひんぷじやうなど》を考《かんが》へ、なるべく、突飛《とつぴ》な事《こと》や、不謹愼《ふきんしん》な事《こと》や、無作法《ぶさはふ》な事《こと》の無《な》いやうに注意《ちうい》し、所謂分相應《いはゆるぶんさうおう》に取《と》り行《おこな》ふといふ覺悟《かくご》があらまほしいと存《ぞん》じます。

但《たゞ》し此《こ》の項《こう》の承細《しようさい》は、現行問題《げんかうもんだい》でありますから、特《とく》に後章《こうしやう》に掲《かゝ》げようと存《ぞん》じますので、此所《こゝ》には先是《まづこれ》にとゞめて置《お》きます。

四　一夫《ぷ》一婦《ぷ》問題《もんだい》

扨結婚《さてけつこん》に就《つ》いて新舊《しんきう》に亘《わた》り、現代《げんだい》の事《こと》に亘《わた》つて其《そ》の概要《がいえう》を述《の》べましたから、次《つぎ》には何《ど》うしても、一夫《ぷ》一婦《ぷ》の問題《もんだい》に觸《ふ》れなければなりますまい。勿論是《もちろんこれ》を餘《あま》り理論的《りろんてき》に申《まを》しまする事《こと》は、本書《ほんしよ》の目的《もくてき》でありませぬから、先婚《まづこん》を選《えら》ぶ人《ひと》の爲《ため》に、又新《またあら》たに一家《か》を爲《な》す輩《やから》の注意《ちうい》までに、雜《ざつ》と卑見《ひけん》の概略《がいりやく》を述《の》ぶるに止《とゞ》むる事《こと》といたしませう。

一夫《ぷ》一婦《ぷ》の問題《もんだい》など、申《まを》しましたならば、其様《そん》な事《こと》は最早論《もはやろん》ずる迄《まで》も無《な》いではありませぬか。一夫《ぷ》一婦《ぷ》は夫婦《ふうふ》の道《みち》の先天的眞理《せんてんてきしんり》から申《まを》しても、至當《したう》である。唯是《たゞこれ》を如何《いか》にして完全《くわんぜん》に行《おこな》ふべきかといふ丈《だけ》が問題《もんだい》であると言《い》はれませう。然《しか》り、誠《まこと》に道理上《だうりじやう》から申《まを》せば、其《そ》の通《とほ》りであります。で、茲《こゝ》にも先《まづ》一夫《ぷ》一婦《ぷ》は自然《しぜん》の眞理《しんり》であると言《い》ふ點《てん》から述《の》べませう。

【18】あれもこれもと、両方をねらってどちらもだめになる。あまり欲を深くしてかえって失敗すること。

鶴の一雌雄

我が國初の一夫一婦

西洋最初の一夫一婦

强者弱者を凌ぎて男子多婦を納る

基教の流布と一夫一婦

萬物《ばんぶつ》の靈長《れいちやう》と言《い》はるゝ人類以外《じんるゐいぐわい》の動物《どうぶつ》は、皆《みな》雌雄《しいう》牝牡《ひんぼ》の間《あひだ》に道義的制定《だうぎてきせいてい》がありませぬ。けれども、諸鳥《しよてう》の王《わう》と言《い》はれて居《ゐ》る鶴《つる》は身然的《しぜんてき》に一夫《ぷ》一婦《ぷ》であります。又鴛鴦《またおしどり》の如《ごと》き、鴨《かも》の如《ごと》き大抵《たいてい》の水鳥《みづとり》は、大率《おおむね》一夫《ぷ》一婦《ぷ》であつて、殊《こと》に其《そ》の雌《めす》か雄《おす》を失《うしな》ふ等《とう》の事《こと》がある時《とき》は、孰《いづ》れも終生孤獨《しうせいこどく》の境界《きやうかい》に自《みづか》ら居《を》ると言《い》ふ實話《じつわ》も、屢々《しば〲》聞《き》くのであります。概《がい》して鳥類《てうるゐ》は一雌《し》一雄《ゆう》の性《せい》が天然《てんねん》に多《おほ》いやうであります。鷄《にはとり》の數雌《すうし》を伴《ともな》ふが如《ごと》きは、人間《にんげん》の慾《よく》を滿《み》たさんが爲《ため》に、後天的《こうてんてき》に雌《し》の數《かず》を段々《だん〲》多《おほ》くして産卵《さんらん》の多額《たがく》を謀《はか》つた所《ところ》から、遂《つひ》に第《だい》二の性《せい》を作《つく》つてしつたのでありませう。又我等祖先《またわれらそせん》の最初《さいしよ》の歴史《れきし》を溫《たづ》ねて見《み》ましても、吾《わ》が陰陽《いんやう》の二神《しん》、諾冊《いざなぎいざなみ》の尊《みこと》は、乃《すなは》ち一夫《ぷ》一婦《ぷ》生《あ》れまして、國造《くにづく》りましたのが始《はじ》めであります。西洋《せいよう》の神話《しんわ》なる、アダム、イブも亦《また》一夫《ぷ》一婦《ぷ》の男女《だんぢよ》を人類《じんるゐ》の祖先《そせん》だと申《まを》して居《を》ります。

所《ところ》が、人知《じんち》が進《すゝ》み、人慾《じんよく》が盛《さか》んになつて參《まゐ》りまして、道義《だうぎ》の威力《ゐりよく》が是《これ》を制《せい》する事能《ことあた》はざる時《とき》に在《あ》つては、孰《いづ》れの國《くに》に於《お》いても、大抵先膂力《たいていまづりよりよく》【19】の優《すぐ》れたる男子《だんし》が權《けん》を執《と》つて、躰力《たいりよく》の弱《よわ》い女子《ぢよし》を、意《い》の如《ごと》く我《わ》が有《いう》と致《いた》しました。是《こ》の時代《じだい》に在《あ》つては、女子《ぢよし》は、全《まつた》く弱者《じやくしや》であり、男子《だんし》は强者《きやうしや》でありますから、一夫《ぷ》一婦《ぷ》の實行《じつかう》は出來《でき》なかつた筈《はず》であります。

然《しか》るに、西洋《せいやう》では耶蘇《ヤソ》基督《キリスト》が出《で》て、其《そ》の教《をしへ》が道徳《だうとく》の基礎《きそ》となり、沛然《はいぜん》【20】として、諸國《しよこく》に流布《るふ》してより此方《こなた》、一夫《ぷ》一婦《ぷ》の說《せつ》を盛《さか》んに唱道《しやうだう》せられ、且是《かつこれ》を實行《じつかう》しなければならな

印度佛教祖の獨身主義

い事《こと》に迄《まで》なりました。‖ 勿論《もちろん》基督《キリスト》の聖典《せいてん》には、未《ま》だ一夫《ぷ》一婦《ぷ》の制《せい》を判然《はつきり》申《まを》しては無《な》いので、孰《どち》らかと申《まを》せば、獨身主義《どくしんしゆぎ》が最高最淨《さいかうさいじやう》であるやうに申《まを》して居《を》り、且若《かつも》し是《これ》を行《おこな》ふ能《あた》はずとせば、正《たゞ》しき結婚《けつこん》によつてのみ、男女《だんぢよ》は相接近《あひせつきん》すべきもので、野合《やがふ》【21】は絶躰《ぜつたい》に不可《ふか》と言《い》ふやうに申《まを》してあります。‖ 縦令西洋《たとへせいやう》の一夫《ぷ》一婦《ぷ》が表面的《へうめんてき》である事《こと》を免《まぬ》かれぬとしても、亦多少《またたせう》の弊害《へいがい》はあると申《まを》しても、一夫《ぷ》一婦《ぷ》の制《せい》が眞理《しんり》であり、實行《じつかう》は立派《りつぱ》であると言《い》ふ事《こと》に異論《いろん》を挾《はさ》む餘地《よち》はありませぬ。

又印度《またいんど》の佛教祖《ぶつけうそ》、即《すなは》ち釋迦《しやか》は、極端《きよくたん》な獨身主義《どくしんしゆぎ》でありまして、男女共《だんぢよとも》に性慾《せいよく》の禁止《きんし》を以《も》つて最上《さいじやう》の功徳《くどく》と申《まを》しました程《ほど》ですから、無論《むろん》一夫《ぷ》多妻多夫《たさいたふ》一妻《さい》の如《ごと》きものを不可《ふか》とした事《こと》は申《まを》す迄《まで》もありますまい。

然《しか》るに、吾《わ》が日本《につぽん》では何《ど》うか。何故《なぜ》、獨身主義《どくしんしゆぎ》や、一夫《ぷ》一婦《ぷ》主義《しゆぎ》を、最初《さいしよ》に叫《さけ》ぶ人《ひと》が無《な》かつたかと言《い》へば、其《それ》は、西洋《せいやう》や、彼《あ》の當時《たうじ》の印度《いんど》の如《ごと》き、男女間《だんぢよかん》の荒淫多慾《くわういんたよく》殆《ほとん》ど言《い》ふに耐《た》へぬ程《ほど》の事《こと》が、日本《につぽん》には無《な》かつたからであると言《い》ふ事《こと》は、少《すく》なくも多少《たせう》の理屈《りくつ》であらうと存《ぞん》じます。

戸締《とじま》りをしない村《むら》には、盗賊《たうぞく》が無《な》いからです。火《ひ》の無《な》い場所《ばしょ》には、消防《せうぼう》の準備《じゆんび》は要《い》り

【19】筋肉の力。うでの力。腕力。

【20】一度に勢力や活力などが湧きだすさま。

【21】第二章注2参照。

吾が國民性は慾淺く情淡し

一夫一婦の聲は現代の清涼劑

吾が皇室は特別なり

範を下民に垂れ給ふ現代の皇室

一夫一婦の配は眞の幸福

ませぬ。是《これ》を禁《きん》じ之《これ》を防《ふせ》ぐは禁《きん》ぜざる可《べか》らず、防《ふせ》がさる可《べか》らざる必要《ひつえう》に迫《せま》られて起《おこ》るものであります。一夫《ぷ》多《た》婦《ふ》を公然許《こうぜんゆる》されて居《い》た頃《ころ》でも、冨貴《ふうき》の人《ひと》に自《みづか》ら好《この》んで側室《そばめ》を退《しりぞ》けたり、又《また》は嚴格《げんかく》なる獨身主義《どくしんしゆぎ》を實行《じつかう》した人《ひと》も左程《さほど》珍《めづ》らしくはありませぬ。斯《か》かる國柄《くにがら》に於《お》いては、非常《ひじやう》に是《これ》を絶叫《ぜつきう》する必要《ひつえう》が無《な》かつたものでありませう。

けれ共《ども》、近來《きんらい》の如《ごと》く、男女間《だんぢよかん》の制裁《せいさい》が弛《ゆる》みに緩《ゆる》んで來《き》て、貪慾《どんよく》飽《あ》く事《こと》を知《し》らぬ人間《にんげん》が多數《たすう》になりつゝある今日《こんにち》では、一夫《ぷ》一婦《ぷ》の聲《こゑ》は誠《まこと》に清涼劑《せいりやうざい》であります。刺激劑《しげきざい》であります。双手《さうしゆ》を掲《あ》げて贊成《さんせい》しなければなりませぬ。

　併《しか》し吾《わ》が國《くに》に於《お》いては、天孫《てんそん》の後胤《みすゑ》と在《おは》します、萬世《ばんせい》一系《けい》の天皇《てんわう》が、長《とこし》へに君臨遊《くんりんあそ》ばされねばならぬ御玉體《おんぎよくたい》でありますから、特《とく》に畏《かしこ》き御邊《おんあた》りのみに在《あ》りては、皇嫡子《わうてきし》の在《おは》しまさぬ場合《ばあひ》には、皇庶子《わうしよし》を奉戴《はうたい》し奉《まつ》るべきは、萬已《ばんや》むを得《え》ざる次第《しだい》であります。然《しか》るに、現代《げんだい》の皇室《わうしつ》には、皇嫡子殿下《わうてきしでんか》の御繁榮《ごはんえい》、歴世實《れきせいじつ》に比《ひ》無《な》きの天祐《てんいう》を得奉《えまつ》らせられ、畏《かしこ》くも一夫《ぷ》一婦《ぷ》の範《はん》を下民《かみん》に示《しめ》させ給《たま》へる、乾坤兩義《けんこんりやうぎ》【22】の御徳《おんとく》を仰《あふ》ぎ奉《まつ》る光榮《くわうえい》と幸福《かうふく》とを思《おも》ひて、吾人《ごじん》は益々《ます〳〵》清《きよ》く正《たゞ》しき家庭《かてい》を作《つく》らねばならぬのであります。

　以上《いじやう》に於《お》いて自分《わたくし》は、一夫《ぷ》一婦《ぷ》の眞理《しんり》である事《こと》を申《まを》しました。何《ど》うしても間髪《かんぱつ》を入《い》れぬ夫妻《ふさい》の仲《なか》に於《お》いてこそ、眞《しん》の愛《あい》も眞《しん》の敬《けい》も湧《わ》き起《おこ》る譯《わけ》であります。家庭《かてい》の圓滿《えんまん》なる幸《かう》福《ふく》を思《おも》へば、宜《よろ》しく人《ひと》は一夫《ぷ》一婦《ぷ》を勵行嚴守《れいかうげんしゆ》すべき事《こと》でございます。此《こ》の間《あひだ》に生《う》まるゝ

然らば一夫一婦の家庭果して最善なるか

眞成なる好配遇

道徳者の配遇

一夫一婦を勵行されたる鷹山公

子女《しぢよ》の幸福《かうふく》も亦甚《またはなは》だ多大《ただい》なる事《こと》と思《おも》はねばなりませぬ。

　自分《わたくし》は今《いま》一夫《ぷ》一婦《ぷ》の眞理《しんり》であり、道徳的《だうとくてき》であり、且幸福《かつかうふく》である事《こと》を申《まを》しました。けれ共《ども》、實際《じつさい》に就《つ》いて見《み》ると實《じつ》に理外《りぐわい》の理《り》があります。昔《むかし》の一夫多婦《ぷたふ》の家庭《かてい》が存外《ぞんぐわい》に靜穏《せいをん》であり圓滿《ゑんまん》であり‖稀《まれ》には現代《げんだい》にも‖今《いま》の一夫一婦《ぷ》の家庭《かてい》が是《これ》と反對《はんたい》の現象《げんしやう》を呈《てい》する事《こと》の存外少《ぞんぐわいすく》なく無《な》い事《こと》を、一應研究《おうけんきう》して見《み》る必要《ひつえう》であらうと存《ぞん》じます。

　蓋《けだ》し、千歳《せんざい》の一遇《ぐう》とも言《い》ふべき好配遇《かうはいぐう》を得《え》た夫婦《ふうふ》の仲《なか》であるならば、其《それ》は幾《いく》ら他《ひと》が他意《よそごゝろ》あらん事《こと》を勸誘《くわんいう》したとて決《けつ》して動《うご》くものではありますまい。若《も》しも假《かり》に右様《みぎやう》なる事《こと》があつたとすれば、相互《さうご》の間《あひだ》は益々《ます〳〵》固《かた》く強《つよ》く深《ふか》く厚《あつ》くなつて行《ゆ》くでありませう。又夫《またをつと》なり妻《つま》なりが卓絶《たくぜつ》したる人柄《ひとがら》で、高《たか》き道徳《だうとく》の彼岸《ひがん》【23】に達《たつ》した人《ひと》であつたならば、必《かなら》ず一夫《ぷ》一婦《ぷ》の道《みち》を遂行《すゐかう》して、些少《させう》の不滿足《ふまんぞく》をも訴《うつた》へますまい。

　乃《すなは》ち上杉鷹山公《うへすぎようざんこう》【24】の如《やう》な方《かた》であつたならば、其《そ》の配遇者《はいぐうしや》が人並《ひとなみ》で無《な》くても、少《すこ》しも不滿足《ふまんぞく》を訴《うつた》へられる事《こと》も無《な》く、安神《あんしん》して圓滿《ゑんまん》な家庭《かてい》を作《つく》られて居《を》られるものでありませ

【22】天皇と皇后のこと。

【23】絶対の、完全な境地、悟りの境界に至る修行。また、その悟りの境地。

【24】江戸時代中期の出羽国米沢藩主。高鍋藩主秋月種美の次男だったが、米沢藩主上杉重定に嗣子がなかったので、その養嗣に迎えられた。倹約・殖産興業政策などで、藩政改革に努めた。宝暦元～文政五年（一七五一～一八二二）。

う。夫人幸姫《ふじんゆきひめ》は心身共《しんしんとも》に不具者《ふぐしゃ》であつたにも係《かゝは》らず、鷹山公《ようざんこう》は克《よ》く之《これ》を愛《あい》し之《これ》を教《をし》へて、恰《あた》かも慈母《じぼ》が愛兒《あいじ》に對《たい》するが如《ごと》き至情《しゞやう》を盡《つく》されました。が、幸《かう》か不幸《ふかう》か幸姫《ゆきひめ》は公《こう》に先立《さきだ》ちて病死《びやうし》せられました。其《そ》の時始《ときはじ》めて養父重定公《やうふしげさだこう》は、愛女《まなむすめ》の心《こゝろ》も體《からだ》も不具《ふぐ》であつて、到底普通《とうていふつう》の夫婦《ふうふ》たる事実《じじつ》さへ上《あ》げる事《こと》が出來《でき》なかつた事《こと》を始《はじ》めて知《し》り、且驚《かつおどろ》き且感《かつかん》じて其《そ》の侍者重臣《じしやぢうしん》を詰《なじ》り、「何故《なにゆへ》に早《はや》く側室《そばめ》をだに勸《すゝ》めなかつたか」を申《まを》された所《ところ》が、臣下《しんか》は「其《それ》は始《はじ》めより屢々《しばゝゝ》御勸《おすゝ》め申《まを》したれど、若殿《わかどの》には更《さら》に御聞《おきゝ》入《い》れ無《な》く憐《あは》れなる夫人《ふじん》に尚《な》ほ此《こ》の上《うへ》の心遣《こゝろづか》ひをさするに忍《しの》びぬ。子《こ》の有《あ》る無《な》しは皆神事《みなかみわざ》であるものを、豈人力《あにじんりよく》の及《およ》ぶ所《ところ》ならんや。余不幸《よふかう》にして後無《のちな》くとも、養父君《ちゝぎみ》には甥姪猶在《をひめひなほおは》す、何《なん》ぞ深《ふか》く憂《うれ》ふるに足《た》らんや。とて、決《けつ》して御採用《ごさいよう》にならぬのみならず、此《こ》の事露《ことつゆ》ばかりも養父君《ちゝぎみ》に洩《も》らす事勿《ことなか》れ。と堅《かた》く〱御禁止《ごきんし》になりましたから、臣等《しんら》は如何《いかん》ともする事能《ことあた》はなかつたのでございます。」と答《こた》へました。で、重定公《しげさだこう》は暗涙《あんるゐ》に咽《むせ》んで若殿《わかどの》の仁慈高徳《じんじかうとく》に感激《かんげき》せられ忌明《いみあけ》の後《のち》、強《し》ひて一人《ひとり》の側室《そばめ》を薦《すゝ》められたとの事《こと》であります。

隆景と孔明

又《また》、吾《わ》が小早川隆景《こばやかはたかかげ》【25】や、支那《しな》の諸葛亮孔明《しよかつりやうこうめい》【26】は好《この》んで醜《しう》にして賢《けん》なる夫人《ふじん》を娶《めと》り終生他意《しうせいたい》ある事無《ことな》く、深《ふか》く其《そ》の妻《つま》を愛《あい》したと申《まを》します。人《ひと》あつて隆景《たかゝげ》に「賢《けん》なる妻《つま》を選《えら》ぶは其《そ》の意《い》を得《え》たり。何故《なにゆゐ》に殊更《ことさら》に醜《しう》なるを希《こひねが》はるゝか」と問《と》ひましたらば、「美人《びじん》は多く驕慢心《けうまんしん》を有《いう》し、且誘惑《かついうわく》に係《かゝ》り易《やす》きもの、醜《しう》なるは謙遜自《けんそんみづか》ら居《を》り、他《た》の誘惑《いうわく》に遇《あ》ふ事《こと》無《な》し。是男子《これだんし》四方《はう》の志《こゝろざし》を爲《な》して、名《な》を百世《せい》の後《のち》に耀《かゞや》かさんと欲《ほつ》する者《もの》の、毫《がう》も内顧《ないこ》の憂《うれひ》無《な》からん事《こと》を期《き》する用意《ようい》なり。見《み》よ。新田公《にったこう》【27】の戰機《せんき》を過《あやま》り、鹽谷高貞《えんやたかさだ》【28】が其《そ》の身《み》其《そ》の家《いへ》を亡《ほろ》ぼしたるは、皆美人《みなびじん》を妻《つま》とせしによる。義貞《よしさだ》が夫人勾當内侍《ふじんこうたうのないじ》、高貞《たかさだ》の室西《しつにし》の對《たい》の御方《おんかた》は、均《ひと》しく美《び》にして賢《けん》なる者《もの》なり賢《けん》なる者《もの》すら既《すで》に然《しか》り、況《いは》んや賢《けん》ならずして美《び》なる者《もの》をや。且醜《かつしう》にして賢《けん》なる妻《つま》を娶《めと》りて、夫若《をつとも》し之《これ》を愛《あい》する事深《ことふか》くば、彼必《かれかなら》ず感奮《かんぷん》して克《よ》く貞節《ていせつ》を盡《つく》すべし。斯《か》くして相信《あひしん》じ相愛《あひあい》せば、形體《けいたい》の美《び》何《なに》かあらん。惟《おも》ふに他《た》に見《み》る事能《ことあた》はざる精神《せいしん》の美《び》を發揮《はっき》すべし」と答《こた》へられたと申《まを》します。是等《これら》は夫賢《をつとけん》なるが故《ゆゑ》に好《この》んで一夫《ぷ》一婦《ぷ》を實行《じっかう》したのであります。其《それ》こそ眞《しん》に樂《たのし》んで一夫《ぷ》一婦《ぷ》を實行《じっかう》した人《ひと》

【25】安土桃山時代の武将。毛利元就《もうりもとなり》の三男。安芸の小早川家を継ぐ。織田信長の中国攻略に羽柴秀吉と戦ったが和解、秀吉の信を得て五大老の一人となる。天文二～慶長二年（一五三三～一五九七）。

【26】中国、三国時代の蜀漢国の丞相で、代表的な忠臣とされる。本名は亮《りょう》で諸葛亮としても知られるが、字の孔明のほうが有名。襄漢陽の隆中に隠れていたが、蜀漢の劉備の三顧の礼に応じて仕え、戦略家として活躍。（一八一～二三四）。

【27】鎌倉末期から南北朝初期にかけての武将、新田義貞。元弘三年（一三三三）に北条高時を鎌倉に破り、建武新政で功臣として武者所の頭人となる。やがて足利尊氏と対立、のち越前藤島で討死した。正安三～暦応元＝延元三年（一三〇一～一三三八）。

【28】鎌倉時代末期から南北朝にかけての武将。妻顔世御前の美貌に横恋慕した高師直の計略にかかり、高貞の一族が滅ぶにいたったという伝承がある。塩冶《えんや》高貞。?～興国二年＝暦応四年（?～一三四一）。

憶良の歌

優しき夫に何故に妻は不遜なるか

達《たち》であります。然《しか》し是等《これら》は精神《せいしん》の美《び》を得《え》たのですから、高尚《かうしやう》なる慰藉《ゐしや》を十分《ぶん》得《う》る事《こと》が出來《でき》たでせうが、鷹山公《ようざんこう》の如《ごと》きは眞《しん》に道《みち》を樂《たの》しむもの〻、既《すで》に安神立命《あんじんりつめい》の地歩《ちほ》を占《し》めた人《ひと》で無《な》ければ出來《でき》無《な》い事《こと》でありませう。

又日本《またにつぽん》でも上古《じやうこ》の人《ひと》は純朴《じゆんぼく》でありの儘《まゝ》でしたから、夫《をつと》も妻《つま》に對《たい》しての情愛《じやうあい》を打《う》ち隱《かく》しなく、他《ひと》にも申《まを》して居《を》ります。萬葉集《まんえふしふ》に載《の》せてある山上憶良《やまのへのおくら》【29】の歌《うた》に「おくら〻は今《いま》かまからん子《こ》泣《な》くらん、其《そ》のかの母《はゝ》も吾《われ》待《ま》つらんか。」【30】といふのです。此《こ》の歌《うた》を意釋《いしやく》して見《み》ますれば、「自分憶良《わたくしおくら》は今《いま》お暇致《いとまいた》しませう。吾《わ》が子《こ》が泣《な》いて居《を》りませうから。吾《わ》が子《こ》が泣《な》いて阿爺《とうさま》〱とむづかつて居《を》りますれば、其《そ》の母親《はゝおや》も亦同《またおな》じやうに自分《じぶん》を待《ま》つて居《を》るであらうと思《おも》ひますから。」といふ意味《いみ》であります。何《なん》と美《うつく》しい夫《をつと》の妻子《さいし》に對《たい》する情愛《じやうあい》ではありませぬか。

然《しか》るに、茲《こゝ》に不可思議《ふかしぎ》なるは、現代《げんだい》の吾《わ》が社會《しやくわい》に於《お》いては、憶良《おくら》のやうな風《ふう》に妻《つま》を思《おも》ひ、鷹山公《ようざんこう》のやうに妻《つま》を大切《たいせつ》に取《と》り扱《あつか》ひまする家庭《かてい》では往々《わう〱》妻《つま》が非常《ひじやう》に我《わ》が儘《まゝ》になり、其《そ》の夫《をつと》に對《たい》して不遜不敬《ふそんふけい》の振舞《ふるまい》をするのみならず、甚《はなはだ》しきに至《いた》りては夫《をつと》は品行方正《ひんかうはうせい》であるのに、妻《つま》の方《はう》が反對《はんたい》に不貞《ふてい》の行爲《かうゐ》を爲《な》し、是《これ》に對《たい》して夫《をつと》が忠告《ちうこく》をしたり戒飾《かいしよく》をしようとすると、妻《つま》は却《かへ》つて益々《ます〱》亂暴《らんばう》な事《こと》を言《い》つたり行《おこな》つたりする。其《そ》の上夫《うへをつと》は改悛《かいしゆん》【31】の實《じつ》さへ上《あ》げれば宥《ゆる》すと言《い》ふにも係《かゝは》らず、妻《つま》から離婚《りこん》を申《まを》し込《こ》んだといふ事實談《じじつだん》を耳《み》にし

其の理由

た事《こと》さへあります。右《みぎ》の如《ごと》きは、其《そ》の最《もつと》も甚《はなはだ》しきもの、例外《れいがい》の事《こと》としても、概《がい》して夫《をつと》の品行《ひんかう》が方正《はうせい》で、妻《つま》に優《やさ》しくするとか、深切《しんせつ》であるとかの家庭《かてい》に在《あ》つては、妻《つま》の不遜《ふそん》である事《こと》は殆《ほとん》ど十中《ちう》の七八に居《を》ると申《まを》します。是《これ》はまた何《ど》う言《い》ふ譯《わけ》でありませう。其《それ》には種々《しゆ〴〵》の理由《りいう》もありませうが。一體人間《たいにんげん》は我《わ》が儘《まゝ》な慾《よく》の深《ふか》いものであります。是《こ》の自我《じが》や貪慾《どんよく》を制止《せいし》して、中庸《ちうよう》を得《う》るに至《いた》る事《こと》は、其《それ》は道徳《だうとく》の威力《ゐりよく》であります。人間《にんげん》は萬物《ばんぶつ》の靈長《れいちやう》だと申《まを》しますけれ共《ども》、正《たゞ》しい教育《けういく》も施《ほどこ》さず、善《よ》い習慣《しふくわん》も附《つ》け無《な》いで置《お》いたならば、矢張下等動物《やはりかとうどうぶつ》と餘《あま》りに相去《あひさ》る事《こと》が遠《とお》くは無《な》いかも知《し》れませぬ。けれ共《ども》、教《おし》ふれば改《あらた》まる、習慣《しふくわん》つくれば進《すゝ》むと言《い》ふ點《てん》が、即《すなは》ち人間《にんげん》の豪《えら》い所《ところ》なのです。女子特《ぢよしこと》に日本《につぽん》の女性《によせい》は、教育《けういく》と習慣《しふくわん》との力《ちから》によつて、男子《だんし》よりも遙《はる》かに我《わ》が儘《まゝ》で無《な》く男子《だんし》よりも尚辛抱強《なほしんばうつよ》く、将《は》た男子《だんし》よりも特《こと》に貞操《ていさう》が固《かた》くあるのでございます。‖貞操問題《ていさうもんだい》は更《さら》に申《まを》しませう‖で、夫《をつと》には柔順《じうじゆん》なれ。服従《ふくじう》せよと教《をし》へられ、能《よ》く自《みづか》ら戒《いまし》めて我《わ》が儘《まゝ》を出《だ》すな。辛抱《しんばう》せよ。

【29】奈良時代の万葉歌人。遣唐少録として入唐。思想性の濃い主題の歌（「貧窮問答歌」など）を作った。他に漢詩、漢文、『類聚歌林』の編著がある。斉明天皇六～天平五年頃（六六〇～七三三頃）。

【30】『万葉集』巻第三　雑歌・山上憶良・三四〇（三三七）「山上憶良臣　宴を罷る歌一首　憶良らは　今は罷らむ　子無くらむ　それその母も　我を待つらむぞ」。『万葉集』は第二章注24参照。

【31】犯した罪を悔い改めること。

と諭《さと》されました。況《いは》んや女子《ぢよし》の貞操《ていさう》を守《まも》るが如《ごと》きは、普通《ふつう》の事《こと》として見《み》なされたのであります。是《これ》が殆《ほとん》ど遺傳的《ゐでんてき》に歴代《れきだい》の習慣《しふくわん》となつて行《おこな》はれて居《を》りましたのですから、我《われ》も人《ひと》も怪《あやし》まずして今日迄圓滿《こんにちまでえんまん》に推移《すゐい》して來《き》たのでございます。

けれ共《ども》、女子《ぢよし》と雖《いへど》も若《も》しも我《わ》が儘《まゝ》をしても可《よ》いもの、辛抱《しんぼう》をせずとも何《ど》うにか行《おこな》はれて行《ゆ》くものとすれば、其《それ》は屹度徐々《きつとそろ〳〵》窮屈《きうくつ》な制裁《せいさい》の範圍《はんゐ》を脱《だつ》して、男子《だんし》と同樣《どうやう》の勝手《かつて》な行《おこな》ひを爲《な》すのみならず、寧《むし》ろ堰《せ》き留《と》めて置《お》いた水《みづ》が柵《さく》を破《やぶ》つて一時《じ》に流《なが》れ出《で》る如《やう》な、非常《ひじやう》な勢《いきほ》ひを以《も》つて、何物《なにもの》をも崩壞《ほうくわい》して進《すゝ》むに均《ひと》しき結果《けつくわ》をさへ見《み》るものでありませう。是《これ》は丁度強壓抑制《ちやうどきやうあつよくせい》して居《ゐ》た專政々府《せんせい〳〵ふ》が顚覆《てんぷく》した時《とき》には、人民《じんみん》の自由的叫《じいうてきさけ》びは全《まつた》く狂瀾怒濤《きやうらんどたう》よりも烈《はげ》しく、殆《ほとん》ど停止《ていし》する處《ところ》を知《し》らなくなると同《おな》じで、其《そ》の例證《れいしよう》は幾《いく》らもありまするが、彼《か》の佛蘭西《フランス》の恐怖時代《きょうふじだい》【32】や、英國《えいこく》のクロンウエル【33】の酷烈《こくれつ》なる行爲《かうゐ》に於《お》いても徴《ちよう》する事《こと》が出來《でき》ませう。是其《これそ》の自我私慾《じがしよく》を逞《たく》ましうする事《こと》の出來得《できう》る境界《きやうかい》に置《お》かれると、柔順貞肅《じうじゆんていしゆく》なるべき女子《ぢよし》も變《へん》じて、忽《たちま》ち放縱亂暴《はうじうらんばう》なる男子《だんし》の其《それ》に均《ひと》しい行《おこな》ひを敢《あへ》てするやうにもなるのであります。

妻の覺悟が大切

そこで現代《げんだい》の文明社會《ぶんめいしやくわい》に於《お》いて、一夫《ぷ》一婦《ぷ》の實行《じつかう》を贊成奬勵《さんせいしやうれい》すると同時《どうじ》に、先大《まづおほ》いに其《そ》の妻《つま》たる婦人《ふじん》を戒飭《かいしよく》せねばなりませぬ。從來《これまで》であつたならば、身分《みぶん》あり財産《ざいさん》ある家庭《かてい》には、妾《せふ》は大抵《たいてい》あるものといふことは覺悟《かくご》しなければなりませんでしたのに、現今《いま》では中流以上《ちうりういじやう》の家庭《かてい》と雖《いへど》も、先左様《まづさやう》な者《もの》は無《な》い方《はう》が正當《せいたう》と見做《みな》されて居《を》ります。偶《たまた》ま之《これ》あるとするも、夫人《ふじん》に對《たい》して無情《むじやう》の行爲《かうゐ》があれば、周圍《しうゐ》の人《ひと》のみならず、社會《しやくわい》の一般《ぱん》が夫《をつと》の行爲《かうゐ》を批難《ひなん》して、妻《つま》に同情《どうじやう》を持《も》つでありませう。

右《みぎ》の次第《しだい》でありますから、夫《をつと》が品行《ひんかう》を正《たゞ》しくして克《よ》く其《そ》の妻《つま》を愛《あい》してくれるやうな幸福《かうふく》な家庭《かてい》でありましたらば、其《そ》の妻《つま》たる者《もの》は宜《よろ》しく夫《をつと》に對《たい》しては、滿腔《まんこう》【34】の感謝《かんしや》と敬愛《けいあい》との至情《しじやう》を捧《さゝ》げて、精《せい》一杯に心《こゝろ》の限《かぎ》りを盡《つく》すべきであります。苟且《かりそめ》にも恩《おん》に狃《な》れ情《じやう》に甘《あま》へて、不遜《ふそん》我《わ》が儘《まゝ》の事《こと》があつてはなりませぬ。不遜《ふそん》や自我《じが》といふものは、すればする程《ほど》增長《ぞうちやう》して停止《ていし》する所《ところ》を知《し》らず、而《し》かも其《それ》に馴《な》れゝば少《すこ》しも愉快《ゆくわい》なものではありませぬ。能《あた》ふべき丈克巳抑制《だけこくきよくせい》して然《しか》る後《のち》に、偶《たまた》ま自由《じいう》を得《え》た時《とき》こそ非常《ひじやう》な愉快《ゆくわい》を感《かん》ずるものであります。例之《たとへ》ば朝寝《あさね》でも晝寝《ひるね》でも左様《さう》ですが、眠《ねむ》いから眠《ねむ》り起《お》きたくないから起《お》きないと言《い》つて、克巳《こくき》しないで是《これ》を續《つゞ》けて御覽《ごらん》はさい。夜寝《よるね》つかれなくなつたり、夜中《やちう》に數々《しば〳〵》

【32】フランス革命時、ロベスピエールを中心とするジャコバン派（山岳派）が行った統治のこと。投獄、殺戮、等の苛烈な手段によって、反対者を弾圧した。

【33】オリヴァ＝クロムウェル（Oliver Cromwell, 一五九九～一六五八）。イギリスピューリタン革命（一六四二～四九年）の指導者。庶民院（下院）議員として議会派に加わり、指導者として頭角を現し、議会派の中の教会の独立と共和政を主張する独立派を率いて革命を達成、王政を廃止し、共和政を実現した後、護国卿となって最終的には独裁的な権力を握った。

【34】胸いっぱい。からだじゅう。全身。

目《め》が覺《さ》めたりして困《こま》りませう。又《また》、好《すき》な物《もの》を其《そ》の欲する儘《まゝ》に、何時《いつ》と言《い》ふ事無《ことな》しに貪《むさぼ》り食《しよく》して御覽《ごらん》なさい。其《それ》が爲《ため》に腸胃《ちやうゐ》カタル【35】を起《おこ》して苦《くるし》むなど丶言《い》ふ事《こと》になりませう。よし其程《それほど》で無《な》くても、後《あと》から〳〵と食《しよく》すれば如何《いか》に好《すき》な品《しな》でも終《しまひ》には一向《かう》美味《おいし》いとも感《かん》じなくなるものであります。

で、冷靜《れいせい》に考《かんが》へて見《み》れば、傲慢不遜《がうまんふそん》な人《ひと》、自我貪慾《じがどんよく》の人程憫然《ひとほどびんぜん》なものはありませぬ。自《みづか》ら傷《きず》けて自《みづか》ら苦《くる》しみ、そして他《ひと》からは擯斥嫌惡《ひんせきけんを》せらるゝのであります。

夫の注意も亦大切

右《みぎ》は妻《つま》たる人《ひと》の爲《ため》に其《そ》の注意《ちうい》を申《まを》しましたが、夫《をつと》たる人《ひと》も亦此所《またこゝ》に克《よ》く心《こゝろ》を用《もち》ひねばなりませぬ。則《すなは》ち自《みづか》ら品行《ひんかう》を正《たゞ》しくして、克《よ》く其《そ》の妻《つま》を愛《あい》すると共《とも》に、之《これ》を教《をし》へ戒《いまし》めて所謂恩威並《いはゆるおんゐなら》び行《おこな》ひ緩嚴宜《くわんげんよろ》しきを得《う》るやうに注意《ちうい》すべきであります。古《いにしへ》に「妻《つま》を教《をし》ふるは其《そ》の第《だい》一日《にち》に在《あ》り」といふ語《ご》があります。又彼《またか》の「夫婦別《ふうふべつ》あり」の古語《こご》は、其《そ》の親睦《しんぼく》が間髪《かんぱつ》をも入《い》れないやうであつても、或時《あるとき》は嚴《おごそ》かに或場合《あるばあひ》には親《した》しくあるべきで、何時《いつ》でも誰《だれ》の前《まへ》でも其《そ》の親睦《しんぼく》の度《ど》が中庸《ちうよう》を超《こ》えて、恰《あた》かも遊冶郎《いうやらう》【36】が暗黑面《あんこくめん》の女子《ぢよし》と狃《な》れ戲《たは》むるゝやうな狀態《ありさま》であつてはならぬといふ事《こと》と教《をし》へたものであります。

ルーマニアの皇太后の言

ルーマニアの皇太后《くわうたいごう》の書《か》かれた「鐵砧《てつちん》の火花《ひばな》」【37】といふ隨筆《ずゐひつ》の中《なか》に「夫婦《ふうふ》の愛情《あいじやう》も或《ある》時期《じき》に於《お》いては、友情《いうじやう》と變化《へんくわ》すべきもの、若《も》し是《これ》を悟《さと》らざる夫婦《ふうふ》は不幸《ふかう》なり」と、謂《い》はれて居《を》ります。是《これ》は何時《いつ》も新婚當時《しんこんたうじ》のやうな華《はな》やかな浮々《うき〳〵》した心持《こゝろもち》で居《を》つてはならぬ。

夫婦の心得

既《すで》に子供《こども》を擧《あ》げるとか左程《さう》で無《な》くても、夫婦《ふうふ》が追々《おひ〳〵》年齢《ねんれい》をも重《かさ》ねて行《ゆ》くに從《したが》つては、内《うち》に對《たい》し外《そと》に對《たい》しての心遣《こゝろづか》ひも、將來《しやうらい》の覺悟《かくご》も、漸々《ぜん〳〵》着實《ちやくじつ》になつて行《ゆ》かなければならぬので、例之《たとへ》ば、新婚當時《しんこんたうじ》は花《はな》の咲《さ》いたやうな時《とき》であり、其《それ》が三年《ねん》五年《ねん》と立《た》つて行《ゆ》けば、實《み》を結《むす》ぶ事《こと》にならなければならない。左程《さう》で無《な》いと花《はな》は一時《じ》奇麗《きれい》に咲《さ》いても忽《たちま》ち凋落《てうらく》してしまつて、殘《のこ》る所《ところ》のものは返《かへ》らぬ過去《くわこ》の憧憬《どうけい》と、現在《げんざい》に生《しやう》ずる悔恨《くわいこん》とのみになるであらうと言《い》ふ意味《いみ》を申《まを》されたのでありませう。

女子は自然的に貞操を守るべきものあり

のみならず、其《そ》の花《はな》の盛《さか》りの時代《じだい》に於《お》いて、既《すで》に實《み》を結《むす》ぶ時期《じき》の用意《ようい》も覺悟《かくご》もして置《お》かなければなりませぬ。彼植物《かれしよくぶつ》の葉《は》を振《ふる》ふ時《とき》、早《はや》く來年《らいねん》の準備《じゆんび》の芽《め》を持《じ》して居《を》り、花《はな》の開《さ》く時《とき》には已《すで》に實《み》の出來《でき》て居《を》る事《こと》を見《み》ましたならば、有情《いうじやう》の人間《にんげん》にして此《こ》の覺悟《かくご》無《な》きは、實《じつ》に愧恥《しうち》に耐《た》へぬ次第《しだい》ではありませぬか。

終《をわ》りに臨《のぞ》んで今《いま》一つ婦人《ふじん》の爲《ため》に申《まを》して置《お》かなければならぬ事《こと》があります。前述《ぜんじゆつ》の如《ご》く一夫《ぷ》一婦《ぷ》は誠《まこと》に立派《りつぱ》な制度《せいど》であり、男子《だんし》も其《そ》の徳《とく》を二三にせぬ事《こと》が、尊敬《そんけい》すべき行爲《かうゐ》であるには相違《さうゐ》ありませぬけれ共《ども》、生理上《せいりじやう》から見《み》て且是《かつこれ》に伴《ともな》ふ性慾《せいよく》の制裁力《せいさいりよく》に於《お》いて、

【35】胃炎および腸炎をあわせてよぶ俗称。
【36】酒色におぼれて、身持ちの悪い男。放蕩者。道楽者。
【37】エリザベタ・ア・ロムニエイ（Elisabeta a Românei, 一八四三〜一九一六）、ルーマニア王カルロ一世の王妃。筆名カルメン・シルヴァ（Carmen Sylva）。『鐵砧の火花』は一九一三年に出版された。

女子《ぢよし》は決《けつ》して男子《だんし》と同《どう》一視《し》する事《こと》は出來《でき》ませぬ。此《こ》の自然的使命《しぜんてきしめい》に於《お》いて、女子《ぢよし》は苟且《かりそめ》にも、貞操《ていさう》の疑《うたが》はしき事《こと》を赦《ゆる》されず、又是《またこれ》を嚴守《げんしゆ》する事《こと》は左程至難《さほどしなん》で無《な》い點《てん》に於《お》いても、一夫《ぷ》一婦《ぷ》の道《みち》を嚴重《げんぢう》に固守《こしゆ》すべき事《こと》は論《ろん》を俟《ま》ちませぬが、事情《じゞやう》のある已《や》むを得《え》ざる場合《ばあひ》には如何《いか》に廿世紀《せいき》の社會《しやくわい》だからとて、極端《きよくたん》に迄男子《までだんし》を責《せ》むるに女子《ぢよし》と同様《どうやう》なれと申《まを》す事《こと》は、其《それ》は言《い》ふべくして尋常人《じんじやうじん》には行《おこな》ふ可《べか》らざる事《こと》と存《ぞん》じますから、是《こ》の點《てん》に於《お》いて女子《ぢよし》は始《はじ》めから、其《そ》の自《みづか》らを處《しよ》するに就《つ》いても、亦男子《またゞんし》に對《たい》する心《こゝろ》がけに就《つ》いても、克《よ》く分別《ふんべつ》もし覺悟《かくご》もして置《お》かなければなりませぬ。

かと申《まを》しても、自分《じぶん》は男子《だんし》に之《これ》を許《ゆる》すといふ意味《いみ》ではありませぬ。夫《をつと》は宜《よろ》しく自《みづか》ら制《せい》し自《みづか》ら守《まも》るべきも、さうしないからとて妻《つま》が眞甲《まつかふ》から其《それ》を攻撃《かうげき》する事《こと》は勞《らう》して功《こう》なき【38】のみならず、寧《むし》ろ自《みづか》ら損害《そんがい》を蒙《かう》むるものであると申《まを》す事《こと》を承知《しようち》して欲《ほ》しいと思《おも》ふのであります。そして、其《そ》の夫《をつと》たる人《ひと》をして品行方正《ひんかうはうせい》ならしむる方法《はうはふ》は猶別《なほべつ》に講《こう》じたい。又《また》講《こう》じ得《え》て功《こう》あるべきものであると、深く信《しん》ずるものであります。是《これ》は猶後《なほのち》に申《まを》しませう。

【38】苦労したのに報われず、何の得もないということ。

第八章　適當《てきたう》なる結婚《けつこん》の方法《はうはふ》と夫妻《ふさい》の覺悟《かくご》

一　父母《ふぼ》及《およ》び長者《ちやうしや》の指導《しどう》

前項《ぜんこう》既《すで》に數條《すうでう》に分《わか》ちて、是《こ》の項目《こうもく》に類似《るゐじ》の事《こと》も略述《ほゞの》べましたが、更《さら》に其《そ》の要點《えうてん》に就《つ》きて今《いま》一應《おう》申《まを》して置《お》きませう。

廿世紀《せいき》といふ現代《げんだい》の社會《しやくわい》に在《あ》つては、過去《くわこ》には如何程《いかほど》善《よ》いと考《かんが》へられて居《ゐ》た事《こと》でも、何《ど》うも其《それ》を其《そ》の儘《まゝ》に履行《りかう》する事《こと》は出來《でき》ますまい。是《これ》が稍《やゝ》もすれば鵺的《ぬえてき》【1】になつて繼《つ》ぎ剝《は》ぎをしたやうな結果《けつくわ》を多少《たせう》生《しやう》ずることも、已《や》むを得《え》ない次第《しだい》でありませうから、先《まづ》能《あた》ふ

【1】つかみどころがなくて得体の知れないさま。

折衷的になすは穩當ならん

べきだけ、各自《かくじ》に都合《つがふ》の可《よ》ささうな點《てん》を取《と》り、惡《わる》かりさうな所《ところ》を捨《す》てて行《ゆ》くよりしかたがありますまい。

斯様《かやう》に申《まを》して參《まゐ》りますれば、先《まづ》其《そ》の婚《こん》を求《もと》むるに當《あた》りて、是《これ》が選擇調査《せんたくてうさ》等《など》は父母《ふぼ》若《もし》くは其《それ》に代《かは》るべき長者《めうへ》の老巧《らうこう》[2]なる人《ひと》、且《かつ》我《わ》が爲《ため》に十分《ぶん》深切《しんせつ》である人《ひと》に依頼《いらい》して、着實《ちやくじつ》に執《と》り調《した》めまして然《しか》る後《のち》に自分《じぶん》も能《あた》ふべきたけ、冷靜《れいせい》なる熟考《じゆくかう》を重《かさ》ね、或《ある》ひは會見《くわいけん》するとか交際《かうさい》するとか致《いた》します。而《しか》して彌々《いよ〳〵》婚約《こんやく》が成《な》り立《た》ちましたならば、是《こゝ》に就《つ》いての形式《けいしき》や順序《じゆんじよ》も矢張《やはり》場《ば》馴《な》れた老巧《らうこう》の人《ひと》に依頼《いらい》して聞《き》くべき事《こと》であります。扨《さて》其《そ》の上《うへ》に是々《これ〳〵》の事《こと》は、自分《じぶん》には困《こま》るとか、都合《つがふ》が惡《わる》いとか云《い》ふ點《てん》だけは取《と》り除《の》けて、其等《それら》に代《かは》るべき事《こと》も矢張《やはり》一應長者《おうめうへのひと》に相談《さうだん》して其《そ》の意見《いけん》をも尋《たづ》ね、熟議《じゆくぎ》を重《かさ》ねて、然《しか》る後《のち》に行《おこな》ふが宜《よろ》しいと存《ぞん》じます、

二　血統《けつとう》の調査《てうさ》

血統遺傳に對する二説

血統《けつとう》を重《おも》んぜよ。血統《けつとう》を調査《てうさ》せよと申《まを》しますれば、從《したが》つて遺傳《ゐでん》を考査《かうさ》しなければならぬ事《こと》になりませう。扨此《さてこ》の遺傳《ゐでん》は非常《ひじやう》に恐《おそ》るべしと云《い》ふ説《せつ》と、左程《さほど》怖《おそ》れなくても可《よ》

其の重んずべ可らずとする說

いと言《い》ふ說《せつ》との二樣《やう》に分《わか》れて居《を》ります。後者《こうしや》は人間《にんげん》は他動物《たどうぶつ》とは自《おのづか》ら相違《さうゐ》する點《てん》がある。且形體《かつからだ》は遺傳《ゐでん》によつて酷《よ》く似《に》たものが出來《でき》るけれ共《ども》、精神《せいしん》は全《まつた》く別《べつ》である。見《み》よ。彼《あ》の人《ひと》は一向兩親《かうりやうしん》に似《に》ないと云《い》つても、形體《かたち》の上《うへ》から見《み》れば、眼《め》とか鼻《はな》とか口《くち》とか、乃至《ないし》脊格合《せいかつかふ》とか、皮膚《ひふ》の色《いろ》とか、孰《いづ》れかに爭《あらそ》ふ可《べ》からざる同樣《どうやう》の點《てん》を見出《みいだ》すものであるが、精神《せいしん》に於《お》いては、全《まつた》く別《べつ》で聖天子《せいてんし》[3]堯《げう》[4]の子《こ》に不肖《ふせう》なる丹朱《たんしゆ》が出來《でき》、舜《しゆん》[5]の子《こ》に商均《しやうきん》が産《うま》れ、頑迷《ぐわんめい》なる[6]顏路《ぐわんろ》の子《こ》に亞聖顏回《あせいぐわんくわい》[7]があつたと云《い》ふ事《こと》は、遠《とお》き外國《ぐわいこく》の事《こと》であるから措《さしお》くとしても、今目前《いまもくぜん》にも偉人《ゐじん》の子《こ》に痴漢《ちかん》あり、邪惡《じやあく》の人《ひと》の子《こ》に善者《ぜんしや》のある事《こと》も、更《さら》に珍《めづ》らしくは無《な》い。寧《むし》ろ其《そ》の方《はう》が多數《たすう》で善人《ぜんにん》の子《こ》に善人愚人《ぜんにんぐじん》の子《こ》に愚人《ぐじん》の出來《でき》る方《はう》が少數《せうすう》である。誰《だれ》でも大抵生《たいていうま》れ落《お》ちると直《たゞち》に、取《と》つて往《い》つて教育《けういく》すれば其《そ》の教育《けういく》の如何《いかん》によつて、後天的《こうてんてき》に善惡黑白《ぜんあくこくびやく》[8]を作《つく》りなすものだと主張《しゆちやう》して居《を》るのであります。


【2】物事によくなれて巧みなこと。

【3】聖徳の高い天子。聖帝。

【4】中国の古代説話に見える聖王、舜と並んで理想的な君主とされる。

【5】中国の古代説話に見える五帝の一人。孝を尽し善政を行った。

【6】かたくなで物の道理にくらいこと。頑固で正しい判断ができないさま。

【7】亜聖とは、聖人につぐ賢人。孔子を聖人とするのに対して、特に顔回あるいは孟子の美称に用いられる。顔回は、中国、春秋時代の儒者。孔子の第一の門弟。貧窮の生活にあったが、学、徳ともにすぐれた者とたたえられる。顔淵。（前五二一頃〜前四九〇頃）。

其の重んずべしといふ説

東洋にては殊に血統を貴べり

なる程《ほど》是《これ》も一理《り》あるやうに聞《きこ》えますけれ共《ども》、併《しか》し其《それ》は隔世遺傳《かくせいゐでん》と云《い》ふ學理上《がくりじやう》の術語《じゆつご》でもつて、解釋《かいしやく》する事《こと》が出來《でき》ます。乃《すなは》ち直《すぐ》其《そ》の子《こ》に同《おな》じ様《やう》な氣質《きしつ》の人《ひと》がよし無《な》くても二代《だい》三代否數代《だいいなすうだい》の後《のち》にも生《うま》れます。のみならず、凡《すべ》ての動物《どうぶつ》に於《お》いても、黒犬《くろいぬ》の子《こ》が必《かなら》ずしも黒犬《くろいぬ》の産《うま》れぬ事《こと》は往々《わう〳〵》ありますが、其《そ》の孫《まご》其《そ》の曾孫《ひまご》になつて、祖母又《そぼまた》は曾祖母同様《そうそぼどうやう》の黒犬《くろいぬ》が生《うま》れる事《こと》があります。‖父方《ちゝかた》の系統《けいとう》も亦同様《またどうやう》、‖然《しか》るに他《ほか》の動物《どうぶつ》は、漸々《やう〳〵》時代《じだい》の經過《けいくわ》するに從《したが》つて、其《そ》の血統《けつとう》は薄《うす》くなつてゆくと申《まを》す説《せつ》がございます。勿論人間《もちろんにんげん》も先大抵同《まづたいていおな》じ様《やう》で、形體上《かたちのうへ》から見《み》ては、他《た》の動物《どうぶつ》も殆《ほとん》ど同様《どうやう》に思《おも》はるゝのですか、精神《せいしん》の方《はう》は誠《まこと》に不思議《ふしぎ》にも、其《そ》の孫《まご》や曾孫《ひまご》や、若《も》しくは甥《をひ》などに遺傳《ゐでん》するのみならず、遠孫《ゑんそん》に至《いた》つて、ふと祖先《そせん》に酷《よ》く似《に》た、全《まつた》く祖先《そせん》と同《おな》じ型《タイプ》の俊傑《しゆんけつ》[9]の生《うま》れる事《こと》は少《すく》なくありませぬ。乃《すなは》ち、天子屋根命《あめのこやねのみこと》の後裔《こうえい》に鎌足公《かまたりこう》[10]、八幡公《まんこう》[11]の末葉《まつえふ》に新田公《にったこう》[12]が生《うま》れたなどは、實《じつ》に同型《どうけい》の俊傑《しゆんけつ》と申《まを》しても差支《さしつかひ》ありますまい。

東洋《とうやう》では昔《むかし》から殊《こと》に血統《けつとう》を貴《たうと》び遺傳《ゐでん》を重《おも》んじた事《こと》が、種々《いろ〳〵》の傳説《でんせつ》や歴史《れきし》にも殘《のこ》つて居《を》ります。八幡公《まんこう》は「我《わ》が子孫必《しそんかなら》ず此《こ》の八州《しう》の野《や》に大《おほい》に起《おこ》る者《もの》あらん」と言《い》ひ、楠公《なんこう》[13]は「七世生《せいうま》れて人間《にんげん》を待《ま》つて朝敵《てうてき》を征伐《せいばつ》せん」即《すなは》ち我《わ》が子孫《しそん》の手《て》を借《か》りて朝敵《てうてき》を伐《う》たうと申《まを》して居《を》られます。徳川家康公《とくがはいえやすこう》[14]が機知英邁《きちえいまい》[15]の資《し》は、子《こ》の秀忠《ひでたゞ》には傳《つた》はらないで孫《まご》の家光《いへみつ》に傳《つた》はりました。又漢《またかん》の于廷公《うていこう》は「我《わ》が門《もん》を廣《ひろ》くせよ。わが子孫必《しそんかなら》ず駟馬《しめ》の車《くるま》に乘《の》つて此《こ》の門《もん》を入る者《もの》あらん」【16】と言《い》はれたのは、正《まさ》に其《そ》の積徳《せきとく》の餘慶《よけい》が子孫《しそん》に及《およ》ぶ、即《すなは》ち善《よ》い子孫《しそん》が出來《でき》るといふ事《こと》を自覺《じかく》せられたのでありませう。果《はた》して子孫《しそん》には續々《ぞく〴〵》優《すぐ》れ

【8】事の是非。よしあし。

【9】才知などが常人よりすぐれていること。また、その人。

【10】藤原鎌足。飛鳥時代の中央豪族。初め、中臣鎌子、のち鎌足。中大兄皇子らと蘇我氏を滅ぼして大化改新を断行、改新政府の重鎮となり、内臣《うちつおみ》として律令体制の基礎をつくった。臨終の際、天智天皇（中大兄皇子）から大織冠の冠位と藤原の姓を賜わり、藤原氏の祖となった。推古二二～天智八年（六一四～六六九）。

【11】源義家。安後期の武将。頼義の長男。石清水八幡宮で元服したので八幡太郎と号する。天下第一の武勇の士といわれ、前九年の役に父頼義とともに奮戦し、功により出羽守となる。のち陸奥守となり後三年の役を鎮定して東国の武士の信望を得、源氏が東国に起こる基盤をつくった。長暦三～嘉承元年（一〇三九～一一〇六）。

【12】第七章注27参照。

【13】楠木正成。南北朝時代の武将。後醍醐天皇の鎌倉幕府討伐計画に参加。建武の新政府が成立すると、中央政界で活躍するとともに河内、和泉の守護となった。のち建武政権に反した足利尊氏との湊川の戦いで敗北し、弟正季とともに自刃した。大楠公。建武三年（一三三六）没。

【14】江戸幕府初代将軍。岡崎城主松平広忠の長男。はじめ、今川義元、ついで織田信長と結び、武田氏を滅ぼす。豊臣秀吉と和睦して天下統一に協力。天正一八年（一五九〇）江戸に入府。関ヶ原の戦勝後、慶長八年（一六〇三）征夷大将軍となる。天文一一～元和二年（一五四二～一六一六）。

【15】才知が非常にすぐれていること。

【16】人知れず善行を積んだ家の子孫は繁栄することのたとえ。于公高門。「于公」は前漢于定国の父。于公は裁判官として公平に裁判を処理して善行を積んでいた。（『漢書』于定国伝）

西洋にも遺傳の適例あり

た人《ひと》が出來《でき》まして駟馬《しめ》の車《くるま》に乘《の》つてその門《もん》を通《とほ》りました。

又宋《またそう》の王祐《わういう》は德高《とくたか》く行《おこな》ひの正《たゞ》しい人《ひと》でありましたから、自分《じぶん》も必《かなら》ず子孫《しそん》には立派《りつぱ》な人《ひと》が出來《でき》て、出世《しゆつせ》をするであらうと信《しん》じ、庭園《ていゑん》に三株《さんしゆ》の槐樹《くわいじゆ》を植《う》ゑさせ、「我《わ》が子孫《しそん》必《かなら》ず三公《さんこう》【17】に登《のぼ》る者《もの》あらん」と言《い》はれましたが、果《はた》して孫《まご》の王旦《わうたん》と言《い》ふ器量人《きりやうじん》が出來《でき》て、三《さん》公《こう》に登《のぼ》りましたので、これを三槐公《さんくわいこう》【18】と稱《しよう》したと申《まを》します。是等《これら》は我《わ》が東洋《とうやう》に於《お》ける例《れい》でありますが、西洋《せいやう》でも矢張同《やはりおな》じ様《やう》な事《こと》を申《まを》します。そして漸々血統尊重說遺傳調查《やう〳〵けつとうそんちようせつゐでんてうさ》必要《ひつえう》の聲《こゑ》が彼等《かれら》の間《あひだ》にも、多數《たすう》を占《し》めて來《く》ると申《まを》します。獨逸帝《どいつてい》維廉《ウィルヘルム》一世《せい》【19】の雄圖《いうと》【20】は子《こ》には傳《つた》はらずして、孫《まご》の現《げん》カイゼル【21】に傳《つた》はり、一世《せい》奈破翁《ナポレオン》【22】とシイザル【23】との英資《えいし》は、孰《いづ》れも甥《をひ》に傳《つた》はりました。

又近頃《またちかごろ》北米合衆國《ほくべいがつしゆうこく》に於《お》いて、遺傳的血統《ゐでんてきけつとう》を受《う》けた子孫《しそん》の事《こと》に就《つ》いて、斯道《しだう》の學者達《がくしやたち》が調查《てうさ》をして見《み》ました所《ところ》が、乃《すなは》ち北米開國以來有名《ほくべいかいこくいらいゝうめい》なる德行者英雄學者技術家等《とくかうしやえいゆうがくしやぎじゆつかなど》の子孫《しそん》で、猶判然《なほはんぜん》して居《を》る者《もの》に就《つ》いて調《しら》べて見《み》た結果《けつくわ》は、矢張德行者《やはりとくかうしや》の子孫《しそん》には多《おほ》くは德行者《とくかうしや》、學者《がくしや》には學者《がくしや》、技術家《ぎじゆつか》には技術家《ぎじゆつか》の後裔《こうえい》が多《おほ》く出來《でき》て、そして其《そ》の末《すゑ》が非常《ひじやう》に繁榮《はんえい》して居《を》りました。其《それ》から重刑《ぢうけい》に處《しよ》せられたり、亡命《ばうめい》したり自殺《じさつ》したりした、惡人《あくにん》の子孫《しそん》はと調《しら》べて見《み》ると、是《これ》は又驚《またおどろ》くべし其《そ》の血統《けつとう》は全《まつた》く斷絕《だんぜつ》してしまつたのが過半數《くわはんすう》で、殘《のこ》つて居《を》るのは矢張重刑《やはりぢうけい》に處《しよ》せられた事《こと》が多《おほ》く、其《それ》も漸々子孫《ぜん〳〵しそん》の消滅《せうめつ》して往《ゆ》く有樣《ありさま》は、實《じつ》に

遺傳の怖るべき例

小説《せうせつ》のやうであると言《い》ふ事《こと》でありました。

右《みぎ》の次第《しだい》でありますから醫師《いし》や學者《がくしや》や教育家《けういくか》が段々《だん〳〵》調《しら》べて見《み》ました結果《けつくわ》、各種《かくしゆ》の怖《おそ》るべき疾病《しつぺい》の遺傳《ゐでん》‖乃《すなは》ち精神病《せいしんびやう》も‖は申《まを》すまでも無《な》く、盗癖詐欺《とうへきさぎ》、白痴《はくち》、暗愚《あんぐ》、及《およ》び淫猥《いんわい》の如《ごと》きも大率遺傳《おほむねゐでん》するものであると云《い》ふ事《こと》が解《わか》りました。‖勿論是《もちろんこれ》は悉《ことごと》くとは申《まを》されませぬが‖實《じつ》に怖《おそ》ろしい事《こと》ではありませぬか。斯《か》うして見《み》ると、東洋《とうやう》の昔《むかし》の教《をし》へや、習慣《しふくわん》には却々《なか〳〵》捨《す》て難《がた》い事《こと》が澤山《たくさん》あります。

遺傳に就きての戒め

大刑《たいけい》を受《う》けた家《いへ》、又《また》は破倫《はりん》な不品行者《ふひんかうしや》を出《いだ》した家《いへ》の子女《しぢよ》を娶《めと》る勿《なか》れと言《い》ふ事《こと》は既《すで》に三千年《ねん》の昔《むかし》から戒《いまし》めてあつたのでございます。

ですから、先妻《まづゝま》を娶《めと》り婿《むこ》を定《さだ》めようとするには、第《だい》一に血統《けつとう》を能《よ》く調《しら》べなければなり

【17】中国で、天子の側にあって政務を総裁する三人の高官の総称。内容と機能とは時代により異なる。すでに周代にあったというが確かではない。

【18】『宋史』王旦伝の出世譚、「三槐汪家」。(『宋史』巻二八二)

【19】ヴィルヘルム一世（Wilhelm I., 一七九七～一八八八）。初代ドイツ帝国皇帝。しばしば意見は対立したもののビスマルクを首相として重用した。

【20】勇ましく大きなはかりごと。雄大な計画。

【21】ヴィルヘルム二世（Wilhelm II., 一八五九～一九四一）。第三代ドイツ帝国皇帝。

【22】ナポレオン・ボナパルト（Napoléon Bonaparte, 一七六九～一八二一）。フランス第一帝政皇帝。

【23】ガイウス・ユリウス・カエサル（Caius Iulius Caesay, 前約一〇〇～前四四）。共和政ローマ期の政治家。

遺傳血統にも打ち勝つ力を要す

ませぬ。‖肉體上《にくたいじやう》からも精神上《せいしんじやう》からも、‖其《それ》は善《よ》い方《はう》の血統《けつとう》をなるべく選《えら》んで、其《そ》の子孫《しそん》と縁組《えんぐみ》する事《こと》は、最《もつと》も可《よ》いでありませうが、其迄《それまで》で無《な》くても惡《わる》い血統《けつとう》だけはなるべく避《さ》けたいものであります。

併《しか》し世《よ》の中《なか》の事《こと》には、往々《わう〱》例外《れいぐわい》があります。前《まへ》にも一寸《ちよつと》申《まを》した様《やう》に、精神病《せいしんびやう》遺傳《ゐでん》の血統《けつとう》には、また大偉人《だいゐじん》を出《いだ》す事《こと》があると言《い》ふ例《れい》のあるやうに、大刑《たいけい》を受《う》けた子《こ》や淫逸《いんいつ》の親《おや》に似《に》ないで、其《そ》の子《こ》や孫《まご》に、卓絶《たくぜつ》の徳行者《とくかうしや》や、俊傑《しゆんけつ》の出來《でき》る事《こと》があります。是等《これら》は其《そ》の祖先《そせん》の不徳《ふとく》に憤《いきどほ》り其《そ》の親《おや》の不品行《ふひんかう》に恥《は》ぢて、鋭意熱心克己《えいいねつしんこつき》【24】と勉强《べんきやう》との後天的努力《こうてんてきどりよく》が、遂《つひ》に身邊《しんぺん》に纏《まつ》はる先天的不良《せんてんてきふりやう》の鐵鎖《てつさ》【25】を打《う》ち碎《くだ》いて、正義《せいぎ》の道《みち》に邁進《まいしん》した結果《けつくわ》でありませう。是《これ》が又人類《またじんるい》の他動物《たどうぶつ》に異《こと》なる貴《たつと》い所靈《ところれい》なる所《ところ》であります。

又肉體《またにくたい》の方《はう》も左様《さやう》であります。祖先《そせん》や親《おや》に遺傳的惡《ゐでんてきわる》い病《やまひ》があつたとしても、當人《たうにん》が絶倫《ぜつりん》なる强健《きやうけん》の身體《からだ》を以《も》つて居《を》るならば、是《これ》と婚《こん》するに先差支《まづさしつかひ》もありますまい。故《ゆゑ》に當人《たうにん》が卓絶《たくぜつ》の人強壯《ひときやうさう》の體《からだ》であれば、勿論例外《もちろんれいぐわい》の選定處置《せんていしよち》を取《と》るべき事《こと》は申《まを》す迄《まで》もありませぬが、通常《つうじやう》の場合《ばあひ》には能《よ》く注意《ちうい》してなるべく忌避《きひ》すべき事《こと》ではありますまいか。

又不幸《またふかう》にして血統《けつとう》の正《たゞ》しくない家《いへ》に生《うま》れたり遺傳病《ゐでんびやう》の血《ち》を受《う》けて居《ゐ》たり、或《ある》ひは又善《またよ》からぬ人《ひと》の子孫《しそん》に生《せい》を受《う》けて來《き》たならば、自《みづか》らは通常人《つうじやうにん》よりも一倍《ばい》身《み》を愼《つゝし》み行《おこなひ》を正《たゞ》しくし、心身《しん〱》の鍛練《たんれん》に鋭意努力《えいいどりよく》して、我《われ》も人《ひと》も忌《い》むべき怖《おそ》るべき血統《けつとう》をも遺傳《ゐでん》をも顧《かへり》みず、寧《むし》ろ歡迎《くわんげい》せらるる迄《まで》の、立派《りつぱ》な人《ひと》にならなければ止《や》まぬと言《い》ふ大覺悟《だいかくご》と憤勵《ふんれい》とを要《えう》します。

斯《か》くても猶《なほ》他《ひと》に忌《い》み嫌《きら》はれて婚嫁《こんか》がむづかしいと言《い》ふ樣《やう》な場合《ばあひ》であつたら宜《よろ》しく獨《どく》居自立《きよじりつ》して、世《よ》の爲道《ためみち》の爲《ため》に盡《つく》す事《こと》に潔《いさぎよ》く決心《けつしん》した方《はう》が宜《よろ》しうございます。若《も》し其《それ》が出來《でき》ないやうならば世《よ》にも人《ひと》にも歡迎優待《くわんげいいうたい》せられ、爭《あらそ》うて婚《こん》を求《もと》むるにだに一瞥《いちべつ》をも借《か》さずして、終生獨身《しうせいどくしん》に終《をは》つた美人小野小町《びじんをのゝこまち》[26]に對《たい》しても慚死《ざんし》[27]しなければなりますまい。然《しか》らざれば彼小町《かれこまち》は地下《ちか》に「何《なん》だ、文明人《ぶんめいじん》だ、開化《かいくわ》の世《よ》に生《うま》れた人《ひと》だとて一つも我《わ》が見識《けんしき》の高《たか》さに、將《は》た我《わ》が意思《いし》の固《かた》さに及《およ》ぶ者《もの》は無《な》いでは無《な》いか」と憫笑《びんせう》[28]するでありませう。

【24】自分の欲望や邪念にうちかつこと。
【25】鉄製のくさり。転じて、きびしい束縛。
【26】第二章注44参照。
【27】恥じて死ぬこと。また、その死。
【28】あわれんで笑うこと。

劣者の結婚禁止法は如何

醫師の健康證明書の事

三　相互《さうご》の體質性質等《たいしつせいしつとう》の調査《てうさ》

善種學派《ユーゼニックスは》【29】の人々《ひと〴〵》の言《げん》によれば人種《じんしゆ》を改善《かいぜん》して益々《ます〳〵》強健有爲《きやうけんいうゐ》の國民《こくみん》としようとするには、先《ま》づ嚴重《げんぢう》なる法律《はふりつ》を設《まう》けて、遺傳病《ゐでんびやう》の血統《けつとう》の人《ひと》や、身體虚弱《しんたいきよじやく》の者《もの》には結婚《けつこん》を禁止《きんし》し、最《もつと》も優良《いうりやう》なる人類《じんるゐ》の子孫《しそん》のみを繁殖《はんしよく》せしめなければならぬと申《まを》して居《を》ります。右《みぎ》はガルトン氏《し》【30】などの主張《しゆちやう》して居《を》る所《ところ》の論《ろん》で、プラトー、ワーレース兩氏《りやうし》【31】の如《ごと》きも殆《ほとん》どガ氏《し》の所説《しよせつ》に同意《どうい》して居《を》るが、唯其《たゞそれ》よりも斯《か》くの如《ごと》く極端《きよくたん》で無《な》いと言《い》ふ丈《だけ》であります。

そして獨逸《どいつ》や北米合衆國《ほくべいがつしゆうこく》では、相互婚約締結《さうごこんやくていけつ》の必須條件《ひつすでうけん》として精確《せいかく》なる醫師《いし》の健康證明書《けんかうしようめいしよ》を要《えう》する事《こと》になつて居《を》ります。

善種派《ユーゼニックスは》の學者達《がくしやたち》の説《せつ》のやうにすれば、健全優良《けんぜんいうりやう》の人《ひと》の出來《でき》る理屈《りくつ》ではありますが、其《それ》では西洋《あちら》で稱《しよう》するやうに、男女《だんぢよ》は熱烈《ねつれつ》なる相思《さうし》の間《あひだ》に於《お》いて、始《はじ》めて優良《いうりやう》なる子《こ》を得《う》べしといふ説《せつ》とは全《まつた》く正反對《せいはんたい》の結果《けつくわ》を生《しやう》じませう。のみならず、其《それ》では人類《じんるゐ》をして全然《ぜん〴〵》他《ほか》の下等動物《かとうどうぶつ》と同《どう》一視《し》する事《こと》になります。是《これ》は甚《はなは》だ道理《だうり》ある事《こと》のやうではありますが、實際《じつさい》にはかやうな極端《きよくたん》なる説《せつ》が行《おこな》はれるものでも無《な》く、又強《またし》ひて行《おこな》つて見《み》た所《ところ》で、決《けつ》して豫期《よき》したやうな好結果《かうけつくわ》を生《しやう》ずる筈《はず》がありませぬ。

從來の調査は餘りに冷淡

けれ共《ども》從來《じゆうらい》の如《ごと》く餘《あま》りに相互當人同志《さうごたうにんどうし》の健康《けんかう》に就《つ》いて冷淡《れいたん》であつた爲《ため》に、結婚以後《けつこんいご》半《はん》ヶ年立《ねんた》つか立《た》たぬに妻又《つま、た》は夫《をつと》なる人《ひと》が肺患《はいくわん》で亡《な》くなつたとか、腦病《なうびやう》で廢人同樣《はいにんどうやう》になつたとか言《い》ふ騷《さわ》ぎが起《おこ》つて、始《はじ》めて體《からだ》は丈夫《じやうぶ》だと聞《き》いて居《ゐ》たがなどと茫乎《ぼんやり》した後悔《こうくわい》の語《ご》を發《はつ》するなどは餘《あま》りに無頓着過《むとんちやくす》ぎると存《ぞん》じます。

相互の健康調査

徴兵《ちようへい》に第《だい》一の條件《でうけん》として、身體檢査《しんたいけんさ》が嚴密《げんみつ》に行《おこな》はるゝと同《おな》じ道理《だうり》で、乃《すなは》ち是《こ》の國家《こくか》の干城《かんじやう》【32】たるべき子供《こども》をも擧《あ》げなければならぬ、即《すなは》ち子孫繁榮《しそんはんえい》の基《もとゐ》を開《ひら》かうとする結婚《けつこん》條件《でうけん》に就《つ》いて、健康《けんかう》の如何《いかん》に左程重《さほどおも》きを置《お》かないと言《い》ふ事《こと》は、不注意《ふちうい》であると存《ぞん》じます。ですから今後《こんご》は希《こひねがは》くは、相互共合意《さうごともがふい》の上《うへ》で主治醫《しゆぢい》は誰々《たれ〴〵》であるから身體《からだ》の事《こと》はお聞《き》き下《くだ》さいと言《い》ふか、又《また》は互《たが》ひに然《しか》るべき醫師《いし》の診斷《しんだん》を受《う》けて然《しか》る後正式《のちせいしき》の婚約《こんやく》を致《いた》さうと言《い》ふやうに、其《そ》の他形式《たけいしき》は如何樣《いかやう》でも可《よ》いから、相互《さうご》の健康如何《けんかういかん》を、先了解《まづれうかい》し得《う》るやうに致《いた》したいものであります。

右《みぎ》は相互《さうご》の健康《けんかう》を精確《せいかく》に調查《てうさ》して、結婚《けつこん》の後《のち》になつて、なるべく悔《く》いあらしめざるやうに致《いた》したいと申《まを》しましたが、今度《こんど》は猶相互《なほさうご》の體質《たいしつ》にも十分注意《じふぶんちうい》を拂《はら》ひたいと言《い》ふ事《こと》を

【29】第一章注19参照。
【30】第一章注19参照。
【31】第一章注21・22参照。
【32】国家を防ぎ守る軍人や武士。

申《まを》したいのであります。

健康上の釣合

例之《たとへ》ば夫《をつと》たるべき人《ひと》が、非常《ひじやう》な強壯體《きやうさうたい》であると言《い》はれぬから、妻《つま》たる女子《ぢよし》はなるべく健康《けんかう》な人《ひと》を娶《めと》らせたいと言《い》ふ樣《やう》な事《こと》も必要《ひつえう》でありませうが、其《それ》も餘《あま》りに極端《きよくたん》と極端《きよくたん》とであると、先第一《まづだい》相互《さうご》の恕《おもひや》りが違《ちが》ひます。諺《ことわざ》に「同病相憐《どうびやうあひあは》れむ【33】」と申《まを》しまするが、全《まつた》く其《そ》の通《とほ》りで、若《も》しも一方《ぱう》が少《すこ》しも病氣《びやうき》した事《こと》の無《な》い人《ひと》でゝもあると一方《ぱう》が昨日《きのふ》も工合《ぐあひ》が惡《わる》かつた、今日《けふ》も頭痛《づつう》がすると眉《まゆ》を顰《ひそ》めて居《ゐ》て御覧《ごらん》なさい。屹度《きつと》一方《ぱう》で、「何《なん》だか毎日《まいにち》〳〵嫌《いや》な顏《かほ》ばかりして居《ゐ》る、病氣《びやうき》などゝ言《い》ふものは氣《き》で作《つく》るものだ」などゝ小言《こゞと》を申《まを》しませう。なる程《ほど》氣《き》から病《や》む事《こと》も無《な》いでもありますまいが、左樣《さう》かと申《まを》して全《まつた》く左樣《さう》ばかりも言《い》はれませぬのに、無病《むびやう》の人《ひと》には、先大抵《まづたいてい》病氣《びやうき》の恕《おもひや》りは少《すく》なうございます。又《また》一つには、一方《ぱう》が餘《あま》りに強壯《きやうさう》なる身體《からだ》であると、虚弱《きよじやく》の身體《からだ》が負《ま》けて生理上《せいりじやう》怖《おそ》るべき結果《けつくわ》を生《しやう》ずる事《こと》もあります。ですから、是等《これら》も老巧《らうこう》【34】なる醫師等《いしなど》に謀《はか》つて程宜《ほどよ》い程度《ていど》即《すなは》ち健康上《けんかうじやう》に於《お》けるも、好配遇《かうはいぐう》であるやうに注意《ちうい》すべきであります。

四質の特長

次《つぎ》は相互《さうご》の性質《せいしつ》であります。是亦《これまた》體質《ゝいしつ》の注意《ちうい》と同樣《どうやう》に、極《きは》めて大切《たいせつ》の事《こと》でございます。例之《たとへ》ば、一方《いつぱう》が膽液質《たんえきしつ》【35】であつて、常《つね》に言語動作《げんごどうさ》も嚴正《げんせい》で規律《きりつ》があつて意思《いし》も強《つよ》いが、從《したが》つて多少自尊心《たせうじそんしん》が勝《か》つて傲慢《がうまん》な風《ふう》があると致《いた》しませう。又《また》一方《ぱう》は多血質《たけつしつ》【36】であるから、行爲《かうゐ》は輕快《けいくわい》で技能《ぎのう》にもたけて居《を》るが物《もの》に感動《かんどう》し易《やす》く稍《やゝ》、もすれば輕佻浮華《けいてふふくわ》【37】に陷《おちい》るものと致《いた》しませう。

又《また》一方《ぽう》が神經質《しんけいしつ》【38】で憂鬱猜疑《いううつさいぎ》に傾《かたむ》き、物事《ものごと》に感《かん》じ易《やす》く何《なに》かゞ氣《き》になるから少《すこ》しも打捨《うつちや》つて置《お》く事《こと》をしないのに、一方《ぽう》は粘液質《ねんえきしつ》【39】であるため忍耐力《にんたいりよく》は強《つよ》いが、不活潑《ふくわつぱつ》で稍《や》もすれば懶惰《らいだ》【40】に傾《かたむ》き、事《こと》によると凡《すべ》てに冷淡《れいたん》で、無趣味《むしゆみ》であると言《い》ふ様《やう》に、全《まつた》く正反對《せいはんたい》の性質《せいしつ》であつたら何《ど》うでありませう。其《それ》は萬事《ばんじ》がじつくりと合《あ》ひかねて全然《ぜん/\》不可《いけな》いやうに思《おも》はれませう。

所《ところ》が事實《じじつ》は是《これ》に反《はん》してから/\して居《ゐ》る妻《つま》にむつつりとした夫《をつと》、沈着《ちんちやく》な夫《をつと》に活潑《くわつぱつ》な妻《つま》が存外《ぞんぐわい》能《よ》く折《お》り合《あ》つて行《ゆ》く事《こと》があります。すると他《ひと》からも是《これ》を許《ゆる》して彼《あれ》は丁度《ちやうど》可《よ》い、

【33】同じ病気、また同じ境遇に苦しむ者は、互いに苦痛を察しあい、同情する念が厚い。

【34】第八章注2参照。

【35】古代ギリシアの医学者ヒポクラテス以来の気質分類の一つ。情動反応が強く激しく怒りやすい性格をいう。胆液質。

【36】古代ギリシアの医学者ヒポクラテス以来の気質の分類の一つ。快活で、活動的であるが、感情が激しく、変化しやすい性格。

【37】軽佻は、落ち着きがなく、言動が軽はずみなこと。浮華は、うわべは華やかで、実質の乏しいこと。

【38】物事に感じやすく、何でも気にする性質。多血質・胆汁質《たんじゅう》・粘液質《ねんえき》と並んで人間の四つの気質の一つ。

【39】気質類型の一つ。感情的につめたく遅鈍な気質。保守的な傾向があるが、一度事をはじめると意志強く耐久力がある。

【40】なまけ怠ること。無精をすること。

兩方《りやうはう》から短所《たんしよ》は助《たす》け合《あ》はれて居《を》るなどゝ申《まを》す事《こと》があります。そして相互《さうご》全《まつた》く同《おな》じ性質《せいしつ》であり體質《たいしつ》であつて、自他共《じたとも》に不可《いけ》ない事《こと》もあります。例《たと》へば彼處《あそこ》の家《うち》は誠《まこと》に困《こま》つたものだ夫婦《ふうふ》何《ど》ちらもから〳〵浮々《うは〳〵》して居《ゐ》て、何《なん》だか締《しま》りが無《な》い。又《また》は二人《ふたり》が二人《ふたり》しんねりむつつりで何《なん》だか偶《たま》に言《い》つても、咄《はな》しも出來《でき》ぬ。などゝ言《い》ふ辭《ことば》を聞《き》く事《こと》があります。又當人《またたうにん》同士《だうし》も、同《おな》じ様《やう》に活潑《くわつぱつ》過《す》ぎて衝突《しようとつ》があつたり、憂鬱《いうゝつ》過《す》ぎて家庭《かてい》が濕《しめ》り勝《がち》であつたりする事《こと》があります。

左様《さう》かと思《おも》ふと兩方共《りやうはうとも》から〳〵して居《ゐ》て、何時《いつ》も〳〵面白《おもしろ》さうに、世《よ》の中《なか》を樂觀的《らくくわんてき》に暮《く》らして通《とほ》す人《ひと》もあり、或《ある》ひは又互《またゝが》ひに一日口《にちくち》も錄々《ろく〳〵》聞《き》か無《な》いで傍《はた》から見《み》ては、嘸氣《さぞき》も塞《ふさ》がる様《やう》であらうと思《おも》ふのに、其《それ》で居《ゐ》て當人《たうにん》は滿足《まんぞく》して居《を》る人《ひと》もあります。

然《しか》らば一體孰《たいいづ》れが是何《ぜいづ》れが非《ひ》、何《なに》が幸何《かうなに》が不幸《ふかう》かと申《まを》しましたならば、其《それ》は一寸判斷《ちよつとはんだん》がつかぬのであります。

性質の混合

が、心理學者《しんりがくしや》の言《げん》によりますると、人類《じんるゐ》の形體上《けいたいじやう》に於《お》けるも男體《だんたい》と女體《によたい》とは著《いちじる》しき差異《さい》がありますけれ共《ども》、併《しか》し男體《だんたい》にして全《まつた》く女體的形狀《によたいてきけいじやう》が毫《がう》も交《まじ》らぬ人《ひと》、女體《によたい》にして些《さ》の男體的形狀《だいたいてきけいじやう》の混《まじ》らぬ人《ひと》と言《い》ふ者《もの》は、甚《はなは》だ稀《まれ》であると同《おな》じ事《こと》で、心理狀態《しんりじやうたい》も亦斯《またか》くの如《ごと》く、男子《だんし》にも多少女性的性質《たせうによせいてきせいしつ》が混合《こんがふ》して居《を》り、女子《ぢよし》も亦同様《またどうやう》である。其《それ》が女性《によせい》にして男性的資質《だんせいてきししつ》の多量《たりやう》を混入《こんにふ》して居《を》る人《ひと》を女丈夫《ぢよじやうふ》などと唱《とな》へられて居《を》るが、是《これ》は全《まつた》く男子《だんし》

相互性質の差は不可ならず

主義の一致と反對

のする様《やう》な宏圖《くわうと》【41】を成功《せいこう》する事《こと》もある。又男性《まただんせい》にして女性的資質《によせいてきししつ》の多量《たりやう》を混入《こんにふ》して居《を》る人《ひと》は、氣質《きしつ》が女々《めめ》しく細心《さいしん》であつて、全《まつた》く婦人《ふじん》のする様《やう》に緻密《ちみつ》な技工《ぎこう》などを好《この》んでなし、且其《かつそれ》に巧《たく》みである。故《ゆゑ》に學理上膽液《がくりじやうたんえき》、多血《たけつ》、神經《しんけい》、粘液《ねんえき》など、四質《しつ》【42】に分《わ》けては居《を》る。けれ共《ども》、全《まつた》く黑《くろ》と白《しろ》と判然分《はんぜんわか》つて居《を》る様《やう》なものでは尠《すくな》い。と申《まを》して居《を》ります。

して見《み》れば、男女相互《だんぢよさうご》の性情《せいじやう》が全《まつた》く人類《じんるゐ》と他《ほか》の下等動物《かとうどうぶつ》ほどの大差《たいさ》があれば格別《かくべつ》、左《さ》も無《な》い時《とき》は、相互《さうご》の性質《せいしつ》の異《こと》なつて居《を》る夫婦《ふうふ》だからと申《まを》しても、少《すこ》しは、何處《どこ》にか似《に》た所《ところ》があるに相違《さうい》ありませぬ。若《も》し其《それ》が無《な》いとしても、性質《せいしつ》の差《さ》は寧《むし》ろ長短相補《ちやうたんあひおぎな》ひ相助《あひたす》けて、却《かへ》つて好結果《かうけつくわ》を見《み》る事《こと》になるかも知《し》れませぬ。其《それ》よりも却《かへ》つて注意《ちうい》を要《えう》すべきものは、主義《しゆぎ》の一致及《ちおよ》び反對《はんたい》の如何《いかん》であります。例之《たとへ》ば相互共同主義《さうごともどうしゆぎ》であれば誠《まこと》に好都合《かうつがふ》ですが、若《も》しも一方《ぽう》が利己主義《りこしゆぎ》で一方《ぽう》が、博愛主義《はくあいしゆぎ》であつては事々物々《じゞぶつ〳〵》に衝突《しようとつ》が起《おこ》りませう。乃《すなは》ち一方《ぽう》が自分《じぶん》は來年《らいねん》の準備《じゆんび》さへまた出來《でき》ないのに、如何《いか》に他《ひと》が氣《き》の毒《どく》だからとて、救助《きうじよ》すると言《い》ふ事《こと》が出來《でき》るものかと申《まを》しますると、一方《ぽう》では其《それ》は自分達《じぶんたち》も樂《らく》では無《な》いさ。けれ共今日《どもけふ》々〳〵に困《こま》るといふ事《こと》は無《な》いのに、彼《あ》の人《ひと》は、自分《じぶん》が此所《こゝ》で救《すく》つて遣《や》らなかつたならば、殆《ほとん》ど饑渇《きかつ》に迫《せま》つてるから、何《ど》んな悲慘《ひさん》の事《こと》になるかも知《し》れぬ。人命《じんめい》は

【41】広大な計画。大きな方針。

【42】ヒポクラテスの体液説に基づく気質の分類。

宗教の異同も亦注意を要す

趣味の相違にも亦注意を要す

重《おも》い。何物《なにもの》にも代《か》へられないぢやないかなどと申《まを》しませう。

左様《さう》言《い》ふ事《こと》が度重《たびかさ》なると、遂《つひ》に兩方《りやうはう》の間《あひだ》に溝《みぞ》が作《つく》られて來《き》て、段々《だん〴〵》其《それ》が深《ふか》くなつて行《ゆ》くものであります。但《たゞ》し是《これ》は性質《せいしつ》の相違《さうゐ》とも言《い》はれぬでもありませぬけれ共《ども》、其《それ》よりも主義《しゆぎ》の正反對《せいはんたい》といふ方《はう》の力《ちから》が強《つよ》いのであります。自分《じぶん》は斯《か》う言《い》ふ例《れい》を見《み》た事《こと》がございます。

某處《あるところ》に若《わか》き男女《だんぢよ》がありました。孰《いづ》れも先膽液質《まづたんえきしつ》【43】の人達《ひとたち》とでも申《まを》しませうか。平素《ふだん》の起居動作《たちゐふるまひ》も規律正《きりつたゞ》しく嚴格《げんかく》な質《たち》でありました。其《そ》の人達《ひとたち》の結婚《けつこん》は、丁度似合《ちやうどにあひ》の夫婦《ふうふ》であると、我《われ》も人《ひと》も信《しん》じて疑《うたが》はなかつたのであります。所《ところ》が、夫《をつと》は佛教信者《ぶつけうしんじや》であり妻《つま》は基督教信者《きりすとけうしんじや》であつたさうです。始《はじ》め婚約成立《こんやくせいりつ》の時《とき》、宗教《しうけう》は同《おな》じで無《な》いと言《い》ふ事《こと》だけは解《わか》つて居《を》りましたけれ共《ども》、當人同士《たうにんどうし》も周圍《しうゐ》の人《ひと》も左程氣《さほどき》に留《と》めなかつたのであります。然《しか》るに此《こ》の宗教《しうけう》の別様《べつやう》であると云《い》ふ事《こと》が從《したが》つて根本的主義《こんぽんてきしゆぎ》の反對《はんたい》を惹《ひ》き起《おこ》しました。例之《たとへ》ば、夫《をつと》は日曜《にちえう》の休日《きうじつ》を待《ま》つて遊《あそ》びに往《ゆ》かうとか、客《きやく》を招《まね》かうとか云《い》へば、妻《つま》は自分《わたし》は會堂《くわいどう》【44】に往《い》かなければなりませぬ。安息日《あんそくび》に御酒宴《ごしゆえん》は御免《ごめん》を蒙《かうむ》ります。と云《い》ふ騒《さわ》ぎで、段々《だん〴〵》折合《おりあひ》が惡《わる》くなり遂《つひ》に相互合意《さうごがふい》の上離婚《うへりこん》すると申《まを》す事《こと》になつたのであります。

趣味《しゆみ》の相違《さうゐ》には亦非常《またひじやう》に注意《ちうい》しなければなりませぬ。一方《ぽう》が高尚《かうしやう》なる趣味《しゆみ》を持《も》ち、一方《ぽう》は卑俗《ひぞく》な趣味《しゆみ》を喜《よろこ》んで居《ゐ》たならば、互《たが》ひに常《つね》に不愉快《ふゆかい》をのみ感《かん》じて居《ゐ》なければなりますまい。例之《たとへ》ば、夫《をつと》は高尚《かうしやう》な趣味《しゆみ》を以《も》つて居《ゐ》て、漸々《やうやう》紅葉《もみじ》の頃《ころ》になつた故《ゆゑ》、郊外《かうぐわい》の秋光《しうくわう》は又一入《またひとしほ》であらうから、次《つぎ》の休日《きうじつ》には、午後《ごゝ》より出《で》かけて往《い》つて月《つき》を蹈《ふ》んで歸《かへ》らう。さうしたならば、久《ひさ》しぶりで詩趣《ししゆ》も湧《わ》くかも知《し》れぬ。などと申《まを》しましても妻《つま》は卑俗《ひぞく》の趣味《しゆみ》しか持《も》つて居《を》りませんでしたならば、まあ嫌《いや》な事《こと》。田甫《たんぼ》や草原《くさはら》を分《わ》けて往《い》けば何《なに》があります。草臥貰《くたぶれもう》けでお負《まけ》に蛇《へび》でも出《で》ようものなら大變《たいへん》です。其《それ》よりも帝劇《ていげき》が變《かは》り目《め》ですつて、今度《こんど》は西洋劇《せいやうげき》の改作《かいさく》も本當《ほんたう》に可《よ》いと申《まを》しますから、是非《ぜひ》伴《つれ》てつて頂戴《ちやうだい》、其《それ》も物《もの》が餘計《よけい》かゝつて出來《でき》なければ、淺草《あさくさ》の活動《くわつどう》【45】でも可《よ》うございます。と言《い》ふやうでは到底互《たうていたがひ》にお咄《はな》しになりますすまい。

以上縷述致《いじやうるじゆついた》しました事《こと》に就《つ》いては、十分《じうぶん》の調査《てうさ》も注意《ちうい》も必要《ひつえう》でありますけれ共《ども》、猶《なほ》何者《なにもの》をも陶冶《たうや》し融解《ゆうかい》して、意《い》の如《ごと》き型《かた》の中《うち》に入《い》れてしまつて、作《つく》り直《なほ》す術《じゆつ》はまた外《そと》にあらうと思《おも》はれますが、また別項《べつこう》に申《まを》したい事《こと》がありますから、其《それ》が終《をは》つた後《のち》に更《さら》に卑見《ひけん》即《すなは》ち其《そ》の手段《てだて》をも述《の》べて見《み》ようと存《ぞん》じます。

【43】第八章注35参照。

【44】キリスト教徒が、礼拝、または集会をするために設けた常設の建物。教会。教堂。

【45】映画の旧称。活動写真。

四　家庭《かてい》及《およ》び親戚《しんせき》其《そ》の他《た》の調査《てうさ》

日本にては最も必要なる調査

前項《ぜんこう》には各種《かくしゆ》の點《てん》に就《つ》いて調査《てうさ》すべき事《こと》や注意《ちうい》すべき所《ところ》は略《ほゞ》申《まを》して置《お》きました。が茲《こゝ》に更《さら》に矢張《やはり》十分《ぶん》の調査《てうさ》をしなければならぬ件《けん》に就《つ》いて今少《いますこ》し申《まを》して見《み》ませう。

西洋《せいやう》の如《やう》に個人主義《こじんしゆぎ》の國《くに》で、男女《だんぢよ》は結婚《けつこん》と共《とも》に一家《か》を作《つく》りなし、其《そ》の夫婦《ふうふ》が滅却《めつきやく》する時《とき》は家《いへ》も亦滅亡《まためつばう》して差支無《さしつかひな》いと言《い》ふ風習《ふうしふ》ならば、今此《いまこ》の注意《ちうい》を呼《よ》ぶ必要《ひつえう》も尠《すくな》いでせうが、日本《にほん》の如《ごと》く家族主義《かぞくしゆぎ》を繼承《けいしよう》し、忠孝《ちうかう》を以《も》つて礎柱《そちう》【46】とする國柄《くにがら》に在《あ》つては、其《そ》の家庭及《かていおよ》び其《そ》の親戚《しんせき》の如何《いかん》も亦調査《またてうさ》と注意《ちうい》とを要《えう》します。

習慣の相違から

其嫁《そのとつ》ぐべき家庭《かてい》‖娶《めと》るべき妻《つま》、又《また》は婿《むこ》として入《はい》るべき家庭《かてい》の調査《てうさ》も、矢張必要《やはりひつえう》であります。‖の一切《さい》、家風《かふう》の如何《いかん》も存《ぞん》じて置《お》かなければなりませぬ。昔風《むかしふう》の人《ひと》は今《いま》も猶《なほ》同縣《どうけん》の人《ひと》が欲《ほ》しいとか、同族《どうぞく》の人《ひと》ならばなどと申《まを》しまするとと今様《いまやう》の人《ひと》が舊弊《きうへい》だと笑《わら》ひます。なる程生理上《ほどせいりじやう》から見《み》ても、餘《あま》りに近過《ちかすぎ》るのは可《よ》くないに違《ちが》いありませぬが、所謂《いはゆる》牛《うし》は牛連《うしづれ》【47】といふ方《はう》から申《まを》せば、先普通折合《まづふつうおりあひ》は惡《わる》く無《な》い理屈《りくつ》であります。

乃《すなは》ち斯《か》う言《い》ふ事《こと》がありました。長州《ちやうしう》【48】のある處《ところ》から出立《でた》ての家《いへ》へ、純東京《じゆんとうきやう》のある家庭《かてい》の女《むすめ》が嫁《とつ》ぎました。すると嫁《とつ》いで數週間目《すうしうかんめ》に國《くに》から干鰒《ひふぐ》を送《おく》つて來《き》たとて、其《それ》を調理《てうり》して家中《うちぢゆう》で悦《よろこ》んで食《た》べました。そして新婦《しんぷ》にも姑母《しうとめ》が薦《すゞ》めて「さあお食《た》べ〳〵」と申《まを》します。所《ところ》が、新婦《しんぷ》は鰒《ふぐ》と聞《き》いて蒼白《まつさを》になつて、「いゝえ私《わたくし》は〳〵」と言《い》つて手《て》を觸《ふ》れませぬ。と、夫《をつと》は不快《ふくわい》な顔《かほ》をして少し聲《こゑ》を荒々《あら〳〵》しくなし、「姑母《かあさま》が、あんなに被爲命《おつしやつ》て下《くだ》さるのに何故《なぜ》食《た》べぬ。少《すこ》しでも食《た》べるが可《よ》いじや無《な》いか」と睨《にら》めました。で新婦《しんぷ》は怖々《こは〴〵》少《すこ》しばかり食《た》べてやつと其《そ》の場《ば》は濟《す》ませたのであります。所《ところ》が其《そ》の夜中《よなか》に新婦《しんぷ》はうむ〳〵と伸吟《うめ》いて苦《くる》しみます。何《ど》うしたかと問《と》ふと胸《むね》が惡《わる》い腹部《おなか》が痛《いた》いと煩悶《もが》きますので、家内《かない》も皆起《みなお》きて騒《さわ》ぎましたが、一向治《かうなほ》りませぬから、醫師《いし》を呼《よ》んで診察《しんさつ》をさせましても、何處《どこ》にも異狀《いじやう》は認《みと》めぬと申《まを》しました。けれ共當人《どもたうにん》は食中《しょくあた》りのやうだと申《まを》します。翌日《よくじつ》になつても嘔吐《はき》が止《と》まらず下痢《げり》を致《いた》します。猶《なほ》一兩日《りやうじつ》立《た》つてもはか〴〵しくありませぬ所《ところ》から、生家《さと》の母《はゝ》が參《まゐ》つたりしていろ〳〵心配《しんぱい》を始《はじ》めました。其《そ》の結果新婦及《けつくわしんぷおよ》び里方《さとかた》の言《い》ひまへは、「隨分《ずゐぶん》こゝの人達《ひとたち》は殘酷《ざんこく》である。女《むすめ》が嫌《いや》がつて斷《ことは》つた鰒《ふぐ》などを無理《むり》に食《た》べさせて置《お》いて其《それ》が中《あた》つて苦《くるし》んで居《を》るのに、まだ氣《き》の毒《どく》とも思《おも》はず、我《わ》が儘《まゝ》だの神經《しんけい》だのと言《い》ふのである。此様《こん》な所《ところ》には大事《だいじ》な女《むすめ》は遣《や》つて置《お》かれぬ。本當《ほんたう》に命《いのち》あつての物種《ものだね》

【46】土台の石と柱。

【47】第三章注6参照。

【48】旧国名の一。今の山口県の北西部に相当する。長門。

だ。其《それ》も何《なに》か理屈《りくつ》のある事《こと》か馬鹿々々《ばかばか》しい。毒《どく》などを食《た》べさせられて耐《たま》つたものでは無《な》い。だから已《や》むを得《え》ぬ事《こと》ゆゑ引《ひ》き取《と》る」と申《まを》します。

然《しか》るに夫家《ふか》の方《はう》では、「人《ひと》が折角深切《せつかくしんせつ》に甘味《おいし》い物《もの》だからとて薦《すゝ》めたので、勿論家中皆《もちろんうちぢうみな》澤山《たくさん》食《た》べても何《なん》とも無《な》い物《もの》が、たつた一口二口《ひとくちふたくち》食《た》べたものに中《あた》る筈《はず》が無《な》い。何《なに》よりの證據《しようこ》、醫師《いし》が神經《しんけい》の故《せい》だと言《い》つて居《を》るぢや無《な》いか。けれ共其様《どもそん》な我儘《わがまゝ》を言《い》つて歸《かへ》りたい歸《かへ》してくれと言《い》ふなら歸《かへ》しもしようが、さも〳〵毒《どく》でも無理《むり》に食《た》べさせたやうな事《こと》を言《い》ひ懸《がか》りにされては世間體《せけんてい》が惡《わる》い。後々《あと〳〵》の爲《ため》にもならぬから、左様言《さうい》ふ事《こと》では斷《だん》じて歸《かへ》さぬ」と言《い》ひ張《は》ります。で、仲人《なかうと》は大《おほい》に困《こま》つて段々《だん〴〵》「彼《あ》の國《くに》では長《なが》い習慣上《しふくわんじやう》、鰒《ふぐ》を珍重《ちんちよう》する事《こと》は鯛以上《たひいじやう》であつて少《すこ》しも中《あた》らぬ。殊《こと》に干鰒《ひふぐ》は尚更《なほさら》の事誰《ことだれ》が食《た》べても中《あた》らぬものだ」と言《い》ふ説明《せつめい》もし、又《また》一方《ぽう》へは「貴下方《あなたがた》は勿論深切《もちろんしんせつ》でした事《こと》に相違無《さうゐな》いが、東京《とうきやう》とは習慣《しふくわん》が違《ちが》ふのだから若《わか》い者《もの》は無暗《むやみ》に神經《しんけい》を病《や》んだのであらう。是《これ》も思《おも》い違《ちが》いだから許《ゆる》してやつて下《くだ》さい」と相互《さうご》の間《あひだ》に立《た》ちて、彼方《あちら》を宥《なだ》め此方《こちら》を說《と》きして、漸々《やう〳〵》の事《こと》で和解《わかい》するやうになつたと聞《き》きました。是等《これら》は全《まつた》く家庭《かてい》の習慣《しふくわん》が違《ちが》つて居《ゐ》た爲《ため》に飛《と》んだ間違《まちが》ひを惹《ひ》き起《おこ》したのであります。

信仰と習慣との適否

又《また》一方《ぽう》の家庭《かてい》は敬神家《けいしんか》、一方《ぽう》の家庭《かてい》は一向神佛祖先《かうしんぶつそせん》にも信仰《しんかう》を持《も》たなかつた爲《ため》に、娘姑《よめしうとめ》の中《うち》に常《つね》に云々《うん〳〵》が絶《た》えず、其《それ》や是《これ》やで夫《をつと》は遂《つひ》に家庭《かてい》が面白《おもしろ》く無《な》いとて遊蕩《いうとう》を始《はじ》め

家庭の秘密に注意せよ

て、益々《ます〳〵》家内《かない》の紛擾《ふんじやう》【49】を増進《ぞうしん》せしめ、遂《つひ》に離縁沙汰《りえんさた》になつたと言《い》ふ事《こと》も聞《き》きました。

　是《これ》に反《はん》して、某家《あるいへ》では娘《よめ》を貰《もら》つた處《ところ》が、其《そ》の娘《よめ》は祖先《そせん》を大切《たいせつ》にする事《こと》が非常《ひじやう》で、毎朝々々《まいあさ〳〵》花《はな》を換《か》へたり線香《せんかう》を上《あ》げたり、そして常《つね》に佛檀《ぶつだん》を一番先《ばんさき》に奇麗《きれい》にするとて、姑母《しうとめ》にすつかり氣《き》に入《い》つてしまつた。其故《それゆゑ》、夫《をつと》が時々《とき〴〵》小言《こごと》を妻《つま》に言《い》ふと姑《しうとめ》が眞先《まづさき》に口《くち》を出《いだ》して娘《よめ》の辨解《べんかい》をするので、夫《をつと》はよく「妻《つま》は丸《まる》で母《はゝ》の實子《じつし》のやうで、自分《じぶん》は養子《やうし》のやうだ」と言《い》ひ〳〵致《いた》しました。其《それ》は姑母《しうとめ》が非常《ひじやう》に佛法信者《ぶつはふしんじや》で、佛檀《ぶつだん》の事《こと》ばかり氣《き》にして居《を》る人《ひと》でありました。斯《か》う言《い》ふ有様《ありさま》でしたから家庭《かてい》が實《じつ》に圓滿《ゑんまん》であつて、外《よそ》の見《み》る目《め》も羨《うらや》ましい様《やう》であるとの噂《うは》さでありました。是等《これら》は相互《さうご》の家庭《かてい》の主義《しゆぎ》や習慣《しふくわん》が一致《ち》して居《ゐ》た爲《ため》に、娘《よめ》は無意識《むいしき》に生家《さと》でして居《ゐ》た事《こと》をしたのが、姑母《しうとめ》の心《こゝろ》に適《かな》つたのでありませう。

　是《これ》は必《かなら》ずしも、何時《いつ》も何處《どこ》にもあると言《い》ふのではありませぬが、仲人《なかうど》の口《くち》ばかり信《しん》じたり、餘《あま》りに精細《せいさい》の調査《てうさ》をしなかつたり、又《また》は信《しん》ず可《べか》らざる人《ひと》の勸《すゝ》めに浮《うか》と乘《の》つたりした爲《ため》に、結婚後《けつこんご》に於《お》いて云々《うん〳〵》の起《おこ》る事《こと》もあります。乃《すなは》ち確《たし》かに聞《き》いて置《お》かなかつた親戚《しんせき》‖親類書《しんるゐがき》にも無論乘《むろんの》せて無《な》かつたもの‖があつて、其《それ》が存外《ぞんぐわい》夫家《ふか》に對《たい》して勢力《せいりよく》を持《も》つて居《を》り、且是《かつこれ》が却々《なか〳〵》意地《いぢ》の惡《わる》い人《ひと》だとか其《そ》の結婚《けつこん》に不同意《ふどうい》の人《ひと》であつたとか云《い》ふ様《やう》

【49】乱れもつれること。もめること。ごたごた。

な事《こと》でもありましたのですと、新入《しんにふ》の嫁《よめ》なる人《ひと》は随分遣《ずゐぶんや》り惡《にく》い事《こと》が多《おほ》いものであります。甚《はなは》だしきに至《いた》ると、初婚《しよこん》であると聞《き》いたのに、再婚《さいこん》であつて、先妻《せんさい》の生兒《せいじ》が里《さと》に預《あづ》けてあつたとか、妾腹《せふゝく》の子《こ》が内々《ない〳〵》某處《あるところ》に隠《かく》してあるとか云《い》ふやうな場合《ばあひ》には、先何《まづど》うしても一度は紛々《ごた〳〵》が起《おこ》るものであります。ですから何事《なにごと》も根本《こんぽん》からよく解《わか》るやうに調査《てうさ》して於《お》いて然《しか》る後《のち》、其《そ》の取捨《しゆしや》は致《いた》さなければなりませぬ。

周圍の注意

東京《とうきやう》とか其《そ》の他大都會《ただいとくわい》に住《す》む人《ひと》には、斯様《かやう》な心配《しんぱい》は先少《まづすく》なくありますが、狭《せま》い土地《とち》即《すなは》ち村落《そんらく》の住人《ぢうにん》は周圍《しうゐ》の人《ひと》の感情《かんじやう》と云《い》ふ事《こと》にも、餘程注意《よほどちうい》しなければなりませぬ。

多少例外《たせうれいぐわい》はありませうが、地方《ちほう》は先概《まづがい》して、總《すべ》てが質素《しつそ》であります。物《もの》が地味《ぢみ》であります。處《ところ》へ都會《とくわい》の地《ち》の好《この》み其《そ》の儘《まゝ》に華美《はで》な装《なり》をしたり、簡單《かんたん》な挨拶《あいさつ》したりしやうものなら、其《それ》こそ村中《むらぢう》の大評判《おほひやうばん》になつて、惡《わる》くすると、謀反人《むほんにん》か狂者《きちがひ》のやうに云《い》ひ囃《はや》される事《こと》さへありませう。又先方《またむかう》の詞《ことば》が解《わか》らなかつたり、此方《こちら》の詞《ことば》が通《つう》じなかつたりした爲《ため》に、飛《と》んだ誤解《ごかい》を招《まね》く事《こと》もあります。ですから、周圍《しうゐ》の人《ひと》に對《たい》する注意《ちうい》も亦忽《またゆるか》せには出來《でき》ないのであります。古語《こご》に「是《こ》の國《くに》に入《い》つては、是《こ》の國禁《こくきん》を問《と》へと」云《い》ひ諺《ことわざ》に「郷《がう》に入《い》つては郷《がう》に從《したが》へ」【50】と云《い》ふ語《ご》がありまするが、考《かんが》ふべき事《こと》でございます。故《ゆゑ》に末知《みち》の境《さかひ》に入《い》つたり他《ひと》の家庭《かてい》に入《はい》つた時《とき》は、先《まづ》一通《ひととほ》りの事《こと》の解《わか》る迄《まで》は、なるべく扣《ひか》へ目《め》にして、何事《なにごと》も先方《むかう》の指揮《さしづ》に從《したが》ひ、そして總《すべ》てが大抵了解《たいていりうかい》し得《え》て、家人《かじん》と共《とも》に行《おこな》ふにも大方覺《おほかたおぼ》束《つか》ながら出來《でき》るやうになつて、然《しか》る後《のち》ならでは、幾《いく》ら不十分《ふじふぶん》だと思《おも》ふ事《こと》があつても濫《みだ》りに改良説《かいりやうせつ》を持《も》ち出《いだ》したり、他《た》の云《い》ふ事《こと》に背《そむ》いたりしない方《はう》が宜《よろ》しいのであります。

五　當人《たうにん》の希望《きばう》及《およ》び嫌惡《けんを》

次《つぎ》に注意《ちうい》すべきは當人《たうにん》の希望《きばう》と、其《そ》の嫌惡《けんを》する所《ところ》の二點《てん》であります。其《それ》は弱年《じやくねん》の人《ひと》の希望《きばう》には、殊《こと》によると非違《ひゐ》の希望《きばう》、乃《すなは》ち空想《くうさう》を實現《じつげん》しようと企《くわだ》てたり、虚榮《きよえい》に捕《とらは》れたる非望《ひばう》を抱《いだ》いたりする事《こと》が隨分《ずゐぶん》あるものでございます。左様《さう》云《い》ふ時《とき》には、父母《ふぼ》とか嚴師《げんし》【51】とか、又《また》は其《それ》に代《かは》るべき徳望《とくばう》ある人《ひと》から懇々《こんこん》と説《と》き誨《さと》して、實社會《じつしやくわい》の山口《やまぐち》なる新家庭《しんかてい》を形作《かたちづく》らうとする第《だい》一歩《ぽ》を過《あやま》らしめなければならない事《こと》は勿論《もちろん》であります。

乃《すなは》ち弱年者《じやくねんしや》にありては、希望《きばう》も嫌惡《けんを》も稍《やゝ》もすれば、流行的熱病《りうかうてきねつびやう》のやうに一時《じ》は嚇《くわつ》とする程烈《ほどはげ》しくても、時《とき》が立《た》つとふつと忘《わす》れたやうに冷《さ》める事《こと》も少《すく》なくありませぬ。で、戀愛《れんあい》も昔《むかし》、西洋《せいやう》は「キユーピツトの射《い》る矢《や》に中《あた》るのだ」と申《まを》しましたが、今《いま》は「戀愛《れんあい》も

【50】その土地に住むにはそこの風俗・習慣に従うのが処世の術である。　【51】厳格な師。教育、しつけなどのきびしい師。

戀愛は果して黴菌か

一種《しゆ》の黴菌《ばいきん》だ。即《すなは》ち戀愛熱病菌《れんあいねつびやうきん》が感染《かんせん》するのだ」と云《い》ふ一説《せつ》さへ行《おこな》はれて居《を》る程《ほど》であります。

自分《わたくし》はまだ狂熱的戀愛《きやうねつてきれんあい》が果《はた》して病菌《びやうきん》であるか無《な》いかを斷言《だんげん》する事《こと》はよう致《いた》しませぬが、其《そ》の狀態《じやうたい》は全《まつた》く病的《びやうてき》であり、熱《ねつ》の差引《さしひ》きのやうなものであると云《い》ふ事《こと》に憚《はゞか》りませぬ。ですから、斯《こ》う云《い》ふ熱《ねつ》に青年《せいねん》のかかつた時《とき》は、宜《よろ》しく精神《せいしん》の病《やまひ》を治《ぢ》する方法《はうはふ》を講《こう》じて、早《はや》く其《そ》の遂《つひ》に救《すく》ふ可《べか》らざる迄《まで》の重患《じうくわん》にならぬ間《あひだ》に手段《しゆだん》を取《と》らなければなりませぬ。自分《わたくし》は現《げん》に其《そ》の實際《じつさい》の事《こと》に遭《あ》つた例《れい》を存《ぞん》じて居《を》るのであります。其《それ》は左《さ》の樣《やう》な事《こと》でありました。

嫌惡にも變化あり

某家《あるいへ》の息女《むすめ》が婚約前《こんやくまへ》になつて、俄《には》かに何《ど》うしても嫌《いや》だと申《まを》し出《だ》しました。其《それ》が平生《ふだん》は極《きは》めで穩順《をんじゆん》な少女《せうぢよ》で、勿論《もちろん》父母《ふぼ》の心《こゝろ》に背《そむ》いたやうな事《こと》も嘗《かつ》て無《な》かつたのであります。そして其《そ》の夫《をつと》たるべき男子《だんし》は數々《しば〳〵》では無《な》いが常《つね》に往復《わうふく》して居《ゐ》たので、互《たが》ひに略《ほゞ》氣心《きごゝろ》も行爲《おこなひ》も知《し》り合《あ》つて居《を》ります。婚約《こんやく》のつい近《ちか》く迄《まで》は、息女《むすめ》が決《けつ》して忌避《きひ》するやうな容子《ようす》は更《さら》に見《み》え無《な》かつたのでした。然《しか》るに彌々《いよ〳〵》となつてから、其《それ》は〳〵平生《ふだん》の氣質《きしつ》に似合《にあ》はず、斷乎《だんこ》として承諾《しようだく》の意《い》を發《はつ》しませぬ。で、毎日毎日《まいにち〳〵》一室《ま》に閉《と》ぢ籠《こも》つて泣《な》いてばかり居《を》ります。其故《それゆゑ》父母《ふぼ》も仲人《なかうど》も非常《ひじやう》に心配《しんぱい》して、息女《むすめ》が長《なが》く世話《せわ》になつて最《もつと》も信《しん》じて居《を》る舊師《きうし》に賴《たの》んで勸《すゝ》めて貰《もら》ひましたが、其《それ》さへ功《こう》を奏《そう》しませぬ。唯《たゞ》泣《な》いてばかり居《を》りました。所《ところ》で舊師《きうし》なる人《ひと》はふと考《かんが》へた事《こと》があります。是《これ》は何《なに》か非常《ひじやう》に腦《なう》を刺戟《しげき》したとか、又《また》は大變《たいへん》な嫌《いや》な事《こと》を他《ほか》から聞《き》かされたとかの近因《きんいん》があるのでは無《な》からうかと思《おも》ひつきました。

其所《そこ》で舊師《きうし》は時々《とき〴〵》参《まゐ》つて息女《むすめ》を慰《なぐさ》めたり、咄《はなし》をしたり致《いた》しましても、此《こ》の件《けん》に就《つ》いては一言《ごん》も言《い》はぬやうにして居《を》りました。すると一日《あるひ》息女《むすめ》が、今日《こんにち》は非常《ひじやう》に氣分《きぶん》が宜《よ》いとて、珍《めづ》らしくいろ〳〵の咄《はな》しを口輕《くちかる》く致《いた》しました序《ついで》に、其所《そこ》に在《あ》つた本《ほん》の中《なか》の、誰《だれ》かの傳記《でんき》に就《つ》いて、息女《むすめ》が「斯《か》う言《い》ふ雄々《をゝ》しい武士《ぶし》は實《じつ》に立派《りつぱ》な頼《たの》もしい人《ひと》ですねえ」と申《まを》しましたから、師《し》は「けれ共《ども》、此《こ》の武士《ぶし》は餘《あま》り妻子《さいし》に對《たい》して、冷淡《れいたん》ではありませぬか。自分《じぶん》は幾《いく》ら立派《りつぱ》な人《ひと》でも此《こん》様な無情《すげな》いやうな人《ひと》の所《ところ》へは、息女《むすめ》は遣《や》る事《こと》は嫌《いや》です」といふと息女《むすめ》は「まあ先生《せんせい》の何時《いつ》もの御詞《おことば》のやうでも無《な》い。柔《やはら》か過《すぎ》るよりも剛過《つよすぎ》る方《はう》が餘程《よつほど》可《よ》い。誰某嬢《たれがしぢやう》も何時《いつ》でも左様《さう》言《い》つて御出《おい》でです」と申《まを》しました。と、師《し》なる婦人《ふじん》は直《すぐ》に考《かんが》へつきました。婚約《こんやく》しようといふ男子《だんし》は、極《きは》めて溫和《をんわ》な柔《やさ》しい人《ひと》であるといふ事《こと》だ。そして、誰某嬢《たれがしぢやう》といふのは、一寸才子《ちよつとさいし》の人好《ひとずき》のする子《こ》であるが、極《きは》めて不器量《ぶきりやう》である。其《それ》が此《こ》の息女《むすめ》とは、大仲好《おほなかよし》である。斯《か》う考《かんが》へを辿《たど》つて見《み》ると、或《ある》ひは某嬢《それがしぢやう》が己《おの》れの仲好《なかよし》の先他《まづほか》に嫁《とつ》ぐのが、何《なん》と無《な》く自分《じぶん》は一人法師《ひとりぼつち》になるのだといふやうな悲觀《ひくわん》に添《そ》へて、淡《あわ》い嫉妬《しつと》を抱《いだ》いて、故意《こい》では無《な》くとも、爲《ため》に婚約《こんやく》の成《な》らうといふ若《わか》い男子《だんし》がをり〳〵當家《たうけ》へ來《き》ては、此《こ》の息女《むすめ》に柔《やさ》しい詞《ことば》を掛《か》けたり、懐《なつか》しみのあるやうな素張《そぶり》をするのが癪《しやく》に障《さは》つて、旦暮《あけくれ》の兩女《りやうぢよ》の對話中《たいわちゆう》にちよい〳〵と水《みづ》をさした事《こと》が息女《むすめ》の心波《しんは》を騷《さわ》がせ、其《それ》が段々《だん〴〵》廣《ひろ》がつて、こんな風《ふう》はなつたのでは無《な》いかと云《い》ふ事《こと》に思《おも》ひ至《いた》りました。で、其《そ》の師《し》の婦人《ふじん》は勿論《もちろん》、其孃《そのぢやう》にもよく信《しん》ぜられて居《ゐ》る間柄《あひだがら》ですから、其《それ》と無《な》く親友《しんいう》を苦悶《くもん》から救《すく》はねばならぬ事《こと》を咄《はな》して聞《き》かせ〳〵して、そして一方《ぽう》には此《こ》の女《むすめ》の爲《ため》にも良縁《りやうえん》を探《さが》して遣《や》りました。と、幸《さひは》ひに容貌《ようばう》は好《この》まぬから、活《はたら》きのある女子《ぢよし》が欲《ほ》しいと言《い》ふ適當《てきたう》な縁《えん》が見附《みつ》かりましたので、早速是《さつそくこれ》を其《そ》の女子《ぢよし》の家庭《かてい》へ通知《つうち》した處《ところ》が、「當家《たうけ》の息女《むすめ》は醜《みにく》いから、兎《と》ても急《きふ》に良縁《りやうえん》はあるまい」と、父母《ふぼ》も心配《しんぱい》して居《ゐ》た矢先《やさき》でしたから、大悦《おほよろこび》で直《たゞち》に咄《はな》しが搬《はこ》びました。怜悧《れいり》な彼《か》の女《ぢよ》は、自分《じぶん》が無意識《むいしき》にちよい〳〵腐《くさら》した事《こと》が、大分因《だいぶんいん》をなして親友《しんいう》の婚約《こんやく》が破《やぶ》れさうだといふ事《こと》に少《すく》なからず心《こゝろ》を惱《なやま》して、後悔《こうかい》もして參《まゐ》りましたから、師《し》と心《こゝろ》を傪《あは》せて親友《しんいう》に説《と》き勸《すゝ》めました。すると、さしも嫌《いや》がつて居《ゐ》た縁談《えんだん》も遂《つひ》にそれでは兎《と》も角《かく》も兩親《りやうしん》の意《い》に任《まか》せるといふ事《こと》になり、滯《とゞこほ》り無《な》く婚儀《こんぎ》も擧《あ》げられましたが、其《そ》の後《のち》は一向家庭《かうかてい》に風波《ふうは》も起《おこ》らず、昔《むかし》の事《こと》は忘《わす》れたやうになつて、幸福《かうふく》な境遇《きやうぐう》に見《み》えました。是《これ》は此《こ》の息女《むすめ》がうら若《わか》い心《こゝろ》に一身上《しんじやう》の大事《だいじ》に臨《のぞ》み、何《ど》うしようかと心《こゝろ》の騷《わさ》いで居《ゐ》る所《ところ》へ、水《みづ》をさゝれたので漸々《やう〳〵》疑心暗鬼《ぎしんあんき》を生《しやう》じて、未來《みらい》の夫《をつと》の行爲《おこなひ》が、如何《いか》にも雌々《めゝ》しいやうな意氣地《いくぢ》の無《な》い人《ひと》のやうに移《うつ》つて來《き》たのでありましたが、

希望にも變化あり

其《そ》のさゝれた水《みづ》が何時《いつ》の間《ま》にか溫《ぬる》んで行《ゆ》くと共《とも》に、信用深《しんようふか》き人《ひと》の手《て》に干《ほ》し乾《かわ》かされつゝ行《ゆ》きます。所《ところ》へ謀《はか》らずも親友《しんいう》の女子《ぢよし》は常《つね》に「私《わたくし》のやうな者《もの》は一生婚嫁《しやうこんか》など出來《でき》ないから、獨立《どくりつ》します。」などと申《まを》して居《を》つたのが、咄《はな》しは後《あと》から始《はじ》まつて、寧《むし》ろ先《さき》を越《こ》されさうになつたので、何《なん》だか妙《みやう》な一種《しゆ》の負《ま》けじ心《ごゝろ》も起《おこ》つて來《き》たと言《い》ふやうな次第《しだい》でありましたのかも知《し》れませぬ。

然《しか》るに、世間《せけん》には是非《ぜひ》彼女《あれ》で無《な》ければ貰《もら》はぬ。何《ど》うしても彼處《かしこ》へ嫁《ゆ》きたいと萬障《ばんしやう》を排《はい》して結《むす》んだ縁《えん》が、幾程《いくほど》も無《な》く破綻《はたん》を生《しやう》じて、遂《つひ》に離別《りべつ》の悲境《ひきやう》に陷《おちい》るやうな例《れい》は不幸《ふかう》にして却々《なか〳〵》少《すく》なくありませぬ。

終始一貫の好惡

右《みぎ》の如《ごと》く、殊《こと》に若《わか》き人《ひと》の希望《きばう》や忌避《きひ》の情《じやう》は、歳月《さいげつ》を經《ふ》るに從《したが》ひて、變化《へんくわ》し薄《うす》れて行《ゆ》く事《こと》が隨分少《ずゐぶんすく》なく無《な》いものであります。けれ共《ども》、亦是《またこれ》と反對《はんたい》に終始《しうし》一貫《くわん》して熱望《ねつばう》したり、又《また》は嫌惡《けんを》したりする人《ひと》も亦《また》あるものでございます。そして其《そ》の希望《きばう》を峻拒杜絶《しゆんきよとぜつ》した爲《ため》に、生命《せいめい》を失《うしな》ふ迄《まで》の悲慘事《ひさんじ》が行《おこな》はるゝ例《れい》もあり、又《また》は嫌惡《けんを》の情《じやう》を無理《むり》に壓抑《あつよく》した爲《ため》に、是亦前同樣《これまたまへどうやう》な不幸《ふかう》を見《み》る事《こと》もあります。

平素の修養が大切

是等《これら》は無論當人《むろんたうにん》が精神修養《せいしんしうやう》の足《た》り無《な》い結果《けつくわ》、克己心乏《こくきしんとぼ》しく、耐忍力《たいにんりよく》の弱《よわ》いから來《き》た不幸《ふかう》だと言《い》ふ責《せめ》もあるのです。其故青年《それゆゑせいねん》の子女《しぢよ》は能《あた》ふべきだけ、平生《ふだん》能《よ》く教《をし》へ能《よ》く戒《いまし》めて置《お》いて、實地《じつち》に臨《のぞ》んだ時《とき》にも十分《ぶん》反省《はんせい》の力《ちから》を有《いう》せしむるやうに、かねて用心《ようじん》して置《お》くべき事《こと》は申《まを》す迄《まで》もありませぬ。が、世間《せけん》の人《ひと》をして皆悉《みなこと〴〵》く賢《けん》なれと言《い》ふのは、其《それ》は遺憾《ゐかん》ながら言《い》ふべくして、却々《なか〳〵》爲《な》し得可《うべか》らざる難事《なんじ》であります。ですから、先《まづ》一般《ぱん》の人《ひと》に對《たい》しては普通《ふつう》のもの、地平線上《ちへいせんじやう》に平均《へいきん》する丈《だけ》のものと心得《こゝろえ》て、豫《あらかじ》め之《これ》に對《たい》する注意《ちうい》の必要《ひつえう》があるのでございます。

審査考究を要す

でありますから、結婚問題等《けっこんもんだいなど》の起《おこ》つた場合《ばあひ》には當人《たうにん》は勿論《もちろん》、責任《せきにん》を以《も》つて是《これ》に關係《くわんけい》する周圍《しうゐ》の人達《ひとたち》も能《よ》く審《つまび》らかに調査《てうさ》し研究《けんきう》して、或《ある》ひは當人《たうにん》が可《か》と云《い》ひ不可《ふか》と云《い》ふも、其《そ》の原因程度《げんいんていど》其《そ》の他《た》の事情《じじやう》を十分《ぶん》に能《よ》く考《かんが》へて然《しか》る後《のち》に定《さだ》めねばなりませぬ。

財力地位權勢との結婚

近來若《きんらいわか》い者《もの》は男女共《だんぢよとも》に兎角虚榮心《とかくきよえいしん》が強《つよ》くなりがちであつて、稍《やゝ》もすると金滿家《きんまんか》や地位《ちゐ》の高《たか》い人《ひと》に嫁《とつ》ぎたいとか、左樣《さやう》云《い》ふ家《いへ》の息女《むすめ》が貰《もら》いたいとか云《い》ふ希望《きばう》が却々《なか〳〵》盛《さか》んのやうであります。是《これ》は強《あなが》ち排斥《はいせき》すべき事《こと》ではありますまい。財力《ざいりよく》は凡《すべ》ての成功《せいこう》の基礎《きそ》であります。高《たか》き地位《ちゐ》は總《すべ》ての活動《くわつどう》の手綱《たづな》であります。是《これ》を望《のぞ》んで得《え》られ之《これ》を得《う》るに適《てき》する場合《ばあひ》ならば、勿論結構《もちろんけっこう》な事《こと》であると申《まを》さなければなりますまい。

さりながら、財力《ざいりよく》の陰《かげ》には往々《わう〳〵》醜惡《しうあく》なる鬼魅《きみ》【52】が潜《ひそ》んで居《を》り、高地位《かうちゐ》の背《うしろ》には稍《やゝ》もすれば嫉妬《しっと》の邪神《じやしん》が伺《うかゞ》うて居《を》ります。故《ゆゑ》に無理《むり》な手段《しゆだん》を取《と》つたり、不適當《ふてきたう》な配遇《はいぐう》をも忍《しの》んだりして、決《けつ》してかゝる結婚《けっこん》を敢《あへ》てしてはなりませぬ。然《しか》らざれば、單《たん》に財力《ざいりよく》と結婚《けっこん》し、地位權力《ちゐけんりよく》と結婚《けっこん》する事《こと》になります。巨萬《きよまん》の財寶《ざいほう》も一朝《てう》にして灰燼《くわいじゆん》の如《ごと》く散《ち》り失《う》せ、山《さん》

人格本位の求婚

嶽《がく》も啻《たゞ》ならぬ、高位大權《かうゐたいけん》も亦須臾《またしゆ》、【53】にして浮雲《ふうん》の如《ごと》く消《き》え果《は》つるも、人間《にんげん》の習《なら》ひでありまして、一向《かう》希有《けう》の事《こと》ではありませぬ。若《も》し左樣《さう》云《い》ふ時《とき》に、全《まつた》く財寶《ざいほう》や地位《ちゐ》權勢《けんせい》のみを目的《もくてき》として行《おこな》つた結婚《けつこん》であつたならば、何《ど》うなりませう。恐《おそ》らくは忽《たちま》ちにして紛々《ごた〳〵》が起《おこ》つて、出《だ》すの引《ひ》くのと云《い》ふ騷《さわ》ぎが出來《しゆつたい》するに相違《さうゐ》ありませぬ。ですから、財産《ざいさん》も地位《ちゐ》權勢《けんせい》も結構《けつこう》でありませうが、其《そ》の取《と》る可《べか》らざるに取《と》り、行《ゆ》く可《べか》らざるに行《い》つてはなりませぬ。又幾《またいく》ら財力其《ざいりよくそ》の他《た》が、婚約《こんやく》の條件中《でうけんちう》に算入《さんにふ》せられて居《を》つたにもせよ。其《それ》より以《い》上《じやう》に大切《たいせつ》なものが、先第《まづだい》一の目的《もくてき》に擧《あ》げられて居《を》らないならば、縱令幸《たとへさいは》ひにして其《そ》の財力權力及《ざいりよくけんりよくおよ》び高地位《かうちゐ》が長《なが》く保《たも》たれるものとしても、孰《いづ》れかに我《わ》が儘《まゝ》が出《で》たり、物云《ものい》ひが起《おこ》つたりして、到底圓滿《たうていえんまん》に愉快《ゆくわい》に永續《えいぞく》せらるゝもので無《な》いと云《い》ふ事《こと》を考《かんが》へなければなりませぬ。

是當人《これたうにん》の希望《きばう》や嫌惡《けんを》には能《よ》く注意《ちうい》して、冷淡《れいたん》に看過《くわんくわ》す可《べか》らざると同時《どうじ》に、又年若《またとしわか》くして經驗《けいけん》に乏《とぼ》しき當人達《たうにんたち》に、先輩老巧《せんぱいらうこう》の長者《ちやうじや》が深《ふか》く注意《ちうい》を與《あた》へて、指導《しだう》を過《あやま》らざるやうに致《いた》さねばならぬ條件《でうけん》であります。

其《それ》ならば當人《たうにん》が自分《じぶん》は財産《ざいさん》も要《い》らぬ、地位權力《ちゐけんりよく》も要《い》らぬが、唯強健《たゞきやうけん》にして人格《じんかく》の高《たか》い

【52】鬼とばけもの。へんげ。　【53】つかのまのもの。

人《ひと》と結婚《けつこん》したいと云《い》ふ希望《きばう》だつたらば何《ど》うでありませう。是《これ》は實《じつ》に立派《りつぱ》な希望《きばう》であり感心《かんしん》な考《かんが》へであるとして、一も二も無《な》く何人《なんびと》も同意《どうい》し賛成《さんせい》しなければならない道理《だうり》であります。如何《いか》にも右《みぎ》の如《ごと》き希望《きばう》は結構《けつこう》に相違無《さうゐな》いのですが、先第一《まづだい》幾《いく》ら求婚者《きうこんしや》其《そ》の人《ひと》も立派《りつぱ》な人格《じんかく》であり希望《きばう》も至當《したう》であるとしても、果《はた》して年齢《ねんれい》其《そ》の他《ほか》に於《お》いて、希望《きばう》通《とほ》りの人格《じんかく》の人《ひと》が得《え》られませうか。若《も》し假《かり》に得《え》られる者《もの》と致《いた》しましても、例之《たとへ》ば白夷《はくい》【54】も人格《じんかく》の高《たか》い人《ひと》、柳下惠《りうかけい》【55】も人格《じんかく》の高《たか》い人《ひと》ですが、其《そ》の遣《や》り口《くち》は正反對《せいはんたい》であります。で、活潑《くわつぱつ》にして機敏《きびん》なる底《てい》の人格《じんかく》を選《えら》ぶべきか、沈着《ちんちやく》にして堅固《けんご》なる人《ひと》を選《えら》ぶべきか、其《それ》さへ小説《せうせつ》に作《つく》り出《いだ》したやうな、色彩《しきさい》の判然《はんぜん》なる理想《りさう》の人物《じんぶつ》は實際《じつさい》には容易《ようい》に得《え》らるべきものではありませぬ。

賢者必ずしも賢者を愛せず

況《いは》んや是《これ》が又夫婦《またふうふ》の配遇《はいぐう》といふものは、必《かなら》ずしも豪《えら》い人《ひと》だから豪《えら》い人《ひと》には屹度氣《きつとき》に入《い》ると申《まを》す譯《わけ》には行《ゆ》かぬものであります。こゝに於《お》いて、俗《よ》に云《い》ふ相性《あいしやう》なる語《ご》が喧《やか》ましく云《い》ひ騒《さわ》がれる事《こと》にもなりませう。

相縁奇縁とは何もの

ある心理學者《しんりがくしや》の説《せつ》によりますると、人《ひと》は體質性質上《たいしつせいしつじやう》の合不合《がふふがふ》と云《い》ふ事《こと》も勿論《もちろん》ありませうが、今一《いまひと》つ不思議《ふしぎ》な事《こと》があります。其《それ》は男女《だんぢよ》ともに、幼兒時代《えうじじだい》一番最初《ばんさいしよ》に起《おこ》つた愛《あい》乃《すなは》ち母《はゝ》に對《たい》する愛《あい》、同胞《どうはう》に對《たい》する愛《あい》、或《ある》ひは乳母等《めのとなど》に對《たい》する等《とう》の愛《あい》の印象《いんしやう》が、成人《せいじん》の後《のち》にも、脳《なう》の根底《こんてい》に浸《し》み附《つ》いて居《ゐ》て、更《さら》に新《あら》しき情愛《じやうあい》の湧《わ》き起《おこ》つた場合《ばあひ》、自《おのづか》ら脳底《なうてい》にある處《ところ》の、最初《さいしよ》の愛《あい》を比較《ひかく》さるゝのである。そして、其《それ》が相《あひ》一致《ち》した時《とき》には、新《あた》らしき愛《あい》が非常《ひじやう》に濃《こ》い深《ふか》いものになつて、心《こゝろ》を動《うご》かし之《これ》を強《つよ》め進《すゝ》めて參《まゐ》りまするが、若《も》しも其《それ》が反對《はんたい》であつた時《とき》には、何《ど》うしても新《あた》らしいのは排除《はいじよ》されてしまふものである。例之《たとへ》ば幼兒時代《えうじじだい》に最初《さいしよ》の印象《いんしやう》を殘《のこ》す所《ところ》の母《はゝ》や乳母《めのと》の其《そ》の容貌《ようぼう》とか、其《そ》の氣質《きしつ》とか云《い》ふものゝ孰《いづ》れかに、第二《だい》の愛人《あいじん》が似《に》て居《ゐ》る所《ところ》のある時《とき》には、忽《たちま》ち其《そ》の情愛《じやうあい》が特別《とくべつ》に深《ふか》くなり、是《これ》に反《はん》すれば自《おのづか》ら何《なん》と云《い》ふ事《こと》無《な》しに嫌惡《けんを》するやうになると云《い》ふのであります。そして、其《そ》の例證《れいしよう》も是《こ》の種《しゆ》の學者《がくしや》が段々《だん〲》擧《あ》げて居《を》りまするが、なる程實地《ほどじつち》に就《つ》いて見《み》ましても、他《ほか》から見《み》ては何《なん》の缺點《けつてん》も無《な》いやうな、立派《りつぱ》な婦人《ふじん》を夫《をつと》は嫌惡《けんを》して、反對《はんたい》に何《なに》が取《と》り得《え》で彼様《あん》なつまらぬ女子《ぢよし》に心《こゝろ》を移《うつ》したものであらうと云《い》ふやうな不思議《ふしぎ》な事《こと》があります。其《それ》ならば他《ほか》から見《み》て可《よ》いと思《おも》ふ婦人《ふじん》にも、何等《なんら》か隱《かく》れたる短所《たんしよ》があるのかとも思《おも》つて見《み》る事《こと》がありまするが、其將《それは》た左様《さう》ばかりは申《まを》されませぬ。是《こ》の夫妻《ふさい》が不幸《ふかう》にして離婚《りこん》になつて、男女共《だんぢよとも》に再婚《さいこん》する事《こと》があります。そして、孰《いづ》れも始《はじ》めの方《はう》が似合《にあひ》の夫婦《ふうふ》らしかつたと、

【54】中国殷末周初の賢人。叔斉の兄。周の武王が殷の紂王を討とうとした時、叔斉とともに諫めたが聞き入れられず、周が天下を統一すると首陽山に隠れて餓死した。叔斉とともに、伯夷叔斉と並称される。生没年不詳。

【55】中国春秋時代魯の賢者。柳下（地名）に住し、恵と諡されたところからいう。正しい道を守って主君に仕えたことで知られる。生没年不詳。

他《ほか》からは考《かんが》へるにも關《かゝ》はらず、互《たが》ひに第《だい》二の配遇《はいぐう》に非常《ひじやう》に満足《まんぞく》して幸福《かうふく》な一生《しやう》を送《おく》る事《こと》もあります。是《これ》を世《よ》には稱《しよう》して相縁奇縁《あひえんきえん》【56】なる漠《ばく》としたる名《な》のもとに判定《はんてい》して居《ゐ》るのでありますが、前説《ぜんせつ》を加味《かみ》して考《かんが》へて見《み》ますると、中《あた》らざれども遠《とお》からずではあるまいかと、首肯《しゆかう》せらるゝ點《てん》もあるのでございます。

見合の事

茲《こゝ》に於《お》いてか、兎《と》に角普通行《かくふつうおこな》はれて居《ゐ》る見合《みあひ》と云《い》ふ事《こと》も採用《さいよう》する必要《ひつえう》がありませうし、又何等《またなんら》か適當《てきたう》な安全《あんぜん》な方法《はうはふ》によつて、多少當人同士交際《たせうたうにんどうしかうさい》して見《み》ると云《い》ふ事《こと》も強《あなが》ち無用《むよう》視《し》する譯《わけ》には參《まゐ》りますまい。

源氏物語の人情寫實

紫式部《むらさきしきぶ》【57】は人情《にんじやう》の機微《きび》を穿《うが》つて、源氏物語《げんじものがたり》【58】なる著書《ちよしよ》を寫《うつ》し出《いだ》しました。そして、其《そ》の中《なか》の大立者源氏《おほたてものげんじ》の君《きみ》【59】が才色兼備《さいしきけんび》で、地位《ちゐ》も名望《めいばう》も竝《なら》び無《な》い左大臣《さだいじん》の姫君葵《ひめぎみあふひ》の上《うへ》【60】を嫌《きら》つて、望《のぞ》み難《がた》い藤壺《ふじつぼ》の宮《みや》【61】を懸戀《けんれん》し、漸《やうや》く其《そ》の姪《めひ》なる紫《むらさき》の上《うへ》【62】を得《う》るに至《いた》つて、我《わ》が世《よ》と共《とも》に思《おも》ひ渡《わた》る宮《みや》に似通《にかよ》へりと云《い》ふ事《こと》が第《だい》一の條件《でうけん》となつて、非常手段《ひじやうしゆだん》を取《と》つて迄後者《までこうしや》を迎《むか》へらるゝ事《こと》が書《か》いてある。其《そ》の藤壺《ふじつぼ》の宮《みや》は源氏《げんじ》の幼《おさな》い時《とき》に亡《な》き母桐壺《はゝきりつぼ》の更衣《かうい》【63】に彼程《あれほど》酷《よ》く似《に》て居《を》らるゝ人《ひと》は、又《また》と世《よ》にあるまいと他《ひと》が言《い》つたので、先幼《まづをさな》い心地《こゝち》に宮《みや》が戀《こひ》しく慕《した》はしく思《おも》はれたと云《い》うやうに記《しる》してあります。乃《すなは》ち源氏桐壺《げんじきりつぼ》の卷《まき》【64】に、

「母《はゝ》みやす所《どころ》は影《かげ》だにおぼえ給《たま》はぬを、いと酷《よ》う似給《にたま》へりと典侍《ないしのすけ》のきこえけるを、若《わか》き御心地《みこゝち》にいとあはれと思《おも》ひ聞《きこ》え給《たま》ひて、常《つね》に參《まゐ》らまほしう、昵近《なづさ》ひ見奉《みたてまつ》らば

やとおぼえ給《たま》ふ。」【65】とありまして、又《また》同じ巻《まき》のさきに、
「心《こゝろ》のうちにはたゞ藤壺《ふじつぼ》のみありさまを類《たぐ》ひ無《な》しと思《おも》ひ聞《きこ》えて、左様《さやう》ならん人《ひと》を

【56】思いもかけない不思議な縁、めぐりあわせ。

【57】平安中期、『源氏物語』の作者。生没年不詳。父は学者・詩人の越前守藤原為時。山城守藤原宣孝と結婚、賢子（のちの大弐三位）をもうける。寛弘二年（一〇〇五）頃、一条天皇の中宮彰子に出仕した。

【58】第二章注37参照。

【59】『源氏物語』正編の主人公、光源氏。桐壺帝の第二皇子。母は桐壺の更衣。光はその美貌からの称。源氏は臣籍に下って賜わった姓。

【60】『源氏物語』の主人公光源氏の正妻。左大臣の娘、母は大宮。光源氏の恋人の一人六条御息所《ろくじょうのみやすどころ》の生霊のために苦しめられ、夕霧を産んだ後、急死する。

【61】『源氏物語』の登場人物。先帝の第四皇女。桐壺帝の女御となり、のち、中宮となる。桐壺更衣と似ているため寵愛をうけたが、光源氏との物のまぎれにより冷泉帝を産み、生涯の心痛の種となる。桐壺帝の崩御後、東宮となった冷泉帝の安泰を願い出家。物語中の理想的人物の一人。

【62】『源氏物語』正編の女主人公。藤壺に面影の通う少女として光源氏が北山で見いだし、引き取って理想的な妻となるように養育し、葵の上の没後、結婚する。以後、光源氏の最も大切な妻となるが、女三の宮の降嫁による心労が重なって病気がちになり、法華経千部の供養を営んだあと源氏に先立ち御法《みのり》の巻で没。

【63】『源氏物語』の登場人物。光源氏の母。後楯《うしろだて》のない身で桐壺帝に寵愛《ちょうあい》され、光り輝くばかりの皇子（＝光源氏）を産むが、第一皇子の母弘徽殿女御《こきでんのにょうご》をはじめとする他の女御・更衣達から恨まれ、病を得て里に下った後、三歳の光源氏を残して死去。

【64】『源氏物語』第一帖の名。光源氏誕生から一二歳まで。帝の寵愛を一身に受け光源氏を生んだ母桐壺更衣の死、源氏の臣籍降下、亡き更衣と生き写しの藤壺の入内《じゅだい》、源氏と葵の上との結婚および藤壺への深い思慕など、物語の重要な伏線が描かれる。

其の實例

こそ見《み》め。似《に》る者《もの》無《な》くも在《おは》しけるかな。大殿《おほいどの》の君《きみ》いとをかしげに傅《かしづ》かれたる人《ひと》とは見《み》ゆれど、心《こゝろ》にもつかずおぼい給《たま》ひて、幼《おさな》きほどの御單《みひと》へ心《こゝろ》にかゝりて、いと苦《くる》しきまでぞ在《おは》しける。」【66】などと記《しる》してあります。

そして、若紫《わかむらさき》の巻《まき》【67】に至《いた》りまして、紫《むらさき》の上《うへ》の幼《おさ》なだちを見《み》て、何《なん》となく藤壺《ふじつぼ》に似《に》て居《ゐ》るといふ所《ところ》に心《こゝろ》が止《とま》つて、扨調《さてしら》べて見《み》ると果《はた》して藤壺《ふじつぼ》の姪姫《めいひめ》であつたとて、非常《ひじやう》に悦《よろこ》んで、

「手《て》に摘《つ》みていつしかも見ん紫《むらさき》の根《ね》にかよひける野邊《のべ》の若草《わかくさ》」【68】といふ歌《うた》を詠《よ》まれたやうに記《しる》してあります。是《これ》は正《まさ》に式部《しきぶ》が當代《たうだい》に在《あ》つた實例《じつれい》に徴し《ちようし》て、己《おの》が著書《ちよしよ》に寫《うつ》し出《いだ》したものでありませう。

自分《わたくし》も、是《これ》に似《に》た實例《じつれい》を存《ぞん》じて居《を》ります。某氏《あるひと》が廿歳代《はたちだい》の時妻《ときつま》を迎《むか》へましたが此《こ》の婦人《ふじん》は非常《ひじやう》な美人《びじん》で、誠《まこと》に温順《をんじゆん》らしい人《ひと》でありました。所《ところ》が何《ど》う云《い》ふものが夫婦《ふうふ》の間《あひだ》が兎角冷《とかくひや》やかであります。無論夫《むろんをつと》の方《はう》からすげ無《な》い素振《そぶり》をするやうに見《み》えました。そして、常《つね》に「自分《じぶん》が年《とし》が長《い》かない間《うち》に他《ひと》が勝手《かつて》に定《き》めたのですから」といふやうな事《こと》を申《まを》して居《を》つたさうです。然《しか》るに、不幸《ふかう》にして此《こ》の美《うつく》しい薄倖《はくかう》な婦人《ふじん》は早《はや》く亡《な》くなりました。其《それ》から何《ど》う云《い》ふ手續《てつゞ》きで結婚《けつこん》したのか知《し》れませぬが、更《さら》に第《だい》二の妻《つま》が出來《でき》ました。此《こ》の婦人《ふじん》は容貌《ようばう》は前《まへ》の程《ほど》に無《な》かつたやうですが、併《しか》し一寸人好《ちよつとひとずき》のする清素《きつぱり》した人《ひと》でして、却々《なか〱》怜悧《れいり》な行届《ゆきとゞ》いた女《をんな》らしく見《み》えました。誰《たれ》も今度《こんど》のは屹度《きつと》氣《き》に入《い》るだらうと申《まを》して居《ゐ》

たさうですが、是《これ》は又前夫人《またぜんふじん》より以上《いじやう》に氣《き》に入《い》らなくて常《つね》に粉々《ごた〳〵》して居《ゐ》ると聞《き》きました。

其《それ》から幾年《いくとし》の後《のち》であつたか忘《わす》れましたが、人《ひと》の咄《はな》しに彼《あ》の立派《りつぱ》な第《だい》二の婦人《ふじん》とも折合《をりあ》ひが悪《わる》くて、遂《つひ》に離縁《りえん》になりましたのですが、今度第《こんどだい》三番目《ばんめ》に迎《むか》へられた婦人《ふじん》は、母方《はゝかた》の遠縁《とほえん》の人《ひと》で、是《これ》は再婚《さいこん》ださうです。容貌《ようばう》も善《よ》く無《な》い氣質《きだて》も餘《あま》り感心《かんしん》しないと人《ひと》の噂《うは》さに聞《き》きましたが、其《それ》は何處《どこ》とも無《な》しに亡《な》くなつた母親《はゝおや》に似《に》て居《を》ると云《い》ふ事《こと》です。相縁《あひえん》奇縁《きえん》と申《まを》しますが、實《じつ》に妙《みやう》なものであります。今度《こんど》は非常《ひじやう》に彼《あ》のむつかしい主人《あるじ》の心《こゝろ》に適《かな》つて、子供《こども》も出来《でき》たさうです。と云《い》ふ事《こと》を傳《つた》へ聞《き》いて居《を》りました。そして、某處《あるところ》で其《そ》

【65】（母御息所のことは、面影すらも覚えていらっしゃらないけれども、「まことによく似ておいでになります」と典侍が申し上げていたので、幼心にもほんとに懐かしくお思い申しあげられて、いつもおそばにまいっていたい、親しくお近づきしてお姿を拝していたいと思わずにはいらっしゃれない。）

【66】（その心の中では、ただ藤壺の御有様をこの世に唯一のお方とお慕い申し上げて、このようなお方をこそ妻にしたいものだ、またとなくすぐれていらっしゃることよ、左大臣家の姫君は、大切に育てられた、いかにも美しい人とは思われるけれども、どうも情の移らぬところがおありで、藤壺のことを幼心の一筋に思いつめて、まったく胸の痛くなるくらいに悩んでいらっしゃるのであった。）

【67】『源氏物語』第五帖の巻名。光源氏一八歳の三月から冬まで。源氏が北山で藤壺によく似た少女紫上を見いだし、紫上の祖母の死後、自邸二条院に引き取るまでを、藤壺との逢瀬、その懐妊をはさみながら描く。

【68】（手に摘んで早く見たいものよ。紫草の根につながっているのでった、あの野辺の若草を）

の夫婦《ふうふ》に會《あ》ひましたが、なる程噂《ほどうわ》さのやうな誠《まこと》に釣合《つりあ》ひの善《よ》く無《な》い夫婦《ふうふ》のやうに見受《みうけ》られたのであります。是《こ》の人《ひと》は父《ちゝ》に早《はや》く別《わか》れて母一人子一人《はゝひとりこひとり》で、互《たが》ひに愛《あい》し愛《あい》せられて居《を》つた所《ところ》が、母親《はゝおや》が子息《むすこ》の娵《よめ》を取《と》ると程無《ほどな》く沒《なくな》つたよしであります。是等《これら》も前述《ぜんじゆつ》の所説《しよせつ》に適當《てきたう》した實例《じつれい》であると考《かんが》へられます。勿論是《もちろんこれ》はある一説《せつ》で誰《だれ》も必《かなら》ずしも此《こ》の通《とほ》りであらうとは、速斷《そくだん》し難《がた》い事《こと》は申《まを》すまでもありませぬけれ共《ども》、亦以《またも》つて多少《たせう》の參考《さんかう》には供《きよう》すべき事《こと》でありませう。

六　夫婦《ふうふ》の覺悟《かくご》

男子の貞操論

東洋《とうやう》では、女子即《ぢよしすなは》ち妻《つま》に教《おし》ふる道《みち》は非常《ひじやう》に喧《やか》ましく、且坤徳《かつをんなのとく》に就《つ》いての要求《えうきう》や戒律《かいりつ》は極《きは》めて至難《むずか》しいが、男子即《だんしすなは》ち夫《をつと》に對《たい》する教《おし》へは一向説《かうと》いて無《な》く、且乾徳《かつをとこのとく》‖妻《つま》に對《たい》する方面《はうめん》に就《つ》いて‖は、更《さら》に何《なん》にも云《い》つて無《な》い。甚《はなは》だ不公平《ふこうへい》であると云《い》ふ論《ろん》を承《うけたまは》ります。なる程女子《ほどぢよし》の貞操《ていそう》を云々《うん〳〵》する事《こと》が誠《まこと》に峻嚴《しゆんげん》なるに比《くら》べて男子《だんし》の方《はう》は極《きは》めて緩慢《くわんまん》でありませう。勿論其《もちろんそ》の放蕩淫逸《はうたういんいつ》は不可《ふか》として、擯斥《ひんせき》して居《を》りましたけれ共《ども》、是《これ》とて其《そ》の程度《ていど》は女子《ぢよし》とは全《まつた》く比較《ひかく》にはなりませぬ。

日本の妻は果して人形又は奴隷

其故《それゆゑ》ある論者《ろんしや》が云《い》ふ様《やう》に「日本《にほん》の女子《ぢよし》は實《じつ》に

なるか

人形《にんぎやう》の如《やう》でもあり、又奴隷《またどれい》の樣《やう》でもある。其《そ》の證據《しようこ》には夫《をつと》が妻《つま》に對《たい》して其《そ》の德《とく》を二三にしても、妻《つま》は是《これ》を咎《とが》め立《た》てせぬのみならず、「妾側室《てかけめかけ》は男《をとこ》の働《はたら》き」などを濟《す》まして居《ゐ》る。甚《はなは》だしきに至《いた》ると妻《つま》は夫《をつと》に妾《せふ》を薦《すゝ》める事《こと》を以《も》つて、益々《ます〳〵》賢妻《けんさい》なりと褒《ほ》め、貞女《ていぢよ》なりと稱《しよう》するのである。是《これ》をしも人形《にんぎやう》と云《い》ひ奴隷《どれい》と云《い》はずして又何《またなに》をか云《い》はん」などと冷笑《れいせう》嘲罵《てうば》せらるゝのであります。

夫に對する教訓は如何

右《みぎ》の所論《しよろん》は、なる程《ほど》兎《と》に角《かく》一寸《ちよつと》最《もつと》もに聞《きこ》ゆるではありませぬか。自分《わたくし》も女性《によせい》であるから、大《おほい》に此《こ》の說《せつ》に左袒《さたん》【69】致《いた》したい事《こと》は山々《やま〳〵》であります。けれ共《ども》、物事《ものごと》は何《なに》によらず、先《まづ》其《そ》の原因《げんいん》を極《きは》めて結果《けつくわ》を知《し》り、然《しか》る後《のち》ならでは、其《そ》の是非得失《ぜひとくしつ》は定《き》められない譯《わけ》であります。ですから先前述《まづぜんじゆつ》の如《やう》な道德律《だうとくりつ》や風俗狀態《ふうぞくじやうたい》は、何故《なにゆゑ》に形《かた》ち作《つく》られたか。又何《またど》うして其《それ》が比較的圓滿《ひかくてきゑんまん》に行《おこな》はれて來《き》たか。且是《かつこれ》が一般的現象《ぱんてきげんしやう》であつたか否《いな》かと言《い》ふ事《こと》に就《つ》いても、一亘《ひとわた》り縷述致《るじゆついた》して後《のち》に、更《さら》に試《こゝろ》みに卑見《ひけん》を申《まを》して見《み》ようと思《おも》ふのでございます。

先最初《まづさいしよ》に申《まを》した東洋《とうやう》には、男子《だんし》が妻《つま》に對《たい》する訓戒《くんかい》が無《な》いと言《い》ふ事《こと》は、是《これ》はさう一概《がい》に斷言出來《だんげんでき》かねる事《こと》でありませう。吾《わ》が日本《につぽん》の幕府時代《ばくふじだい》には、若《も》しも夫《をつと》が妻子《さいし》を無情《むじやう》に取扱《とりあつか》ふやうな事《こと》が世間《せけん》に解《わか》りますると、家事不取締《かじふとりしま》りなる名《な》のもとに、其々《それ〴〵》の責罰《せきばつ》があ

【69】第六章注18参照。

りました。又支那《しな》の「寡妻《かせい》にのつとり兄弟《けいてい》にいたりつひに家邦《かほう》ををさむ」【70】なる語《ご》は即《すなは》ち克《よ》く妻《つま》を理《をさ》めて敬服《けいふく》させ其《それ》から同胞《どうはう》に及《およ》ぼし、而《しか》して其《そ》の徳《とく》を擴《ひろ》めて國家《こくか》をも克《よ》く治《をさ》むべしと言《い》ふので、言《い》ひ換《か》へれば、妻《つま》を心服《しんぷく》させる所《ところ》の心《こゝろ》を以《も》つて、國家國民《こくかこくみん》をもをさめよと申《まを》したのですから、無論妻《むろんつま》に不平《ふへい》を訴《うつた》へられたり不満《ふまん》を懐《いだ》かれたりするやうでは不可《いけ》ないので、乃《すなは》ち夫《をつと》は妻《つま》から常《つね》に感服《かんぷく》され敬愛《けいあい》されて居《を》らなければならない事《こと》を申《まを》したのでございます。

周に不睦の刑あり

又詩經《またしきやう》【71】の小雅《せうが》我行其野《がかうきや》の章《しやう》に、「舊姻《きういん》を思《おも》はずして爾《なんじ》の新特《しんとく》を求《もとむ》」とある註釋《ちうしやく》には「姻家《いんか》の好《よし》みを忘《わす》れたるを攻《せ》むるなり」。とあつて、そして猶周制《なほしうせい》の「不孝不睦不姻《ふかうふぼくふいん》不弟不任不邺《ふていふにんふじゆつ》」の刑《けい》の事《こと》が説《と》いてあります。即《すなは》ち不睦《ふぼく》とは外親《ぐわいしん》‖妻《つま》の里方《さとかた》の親戚《しんせき》に睦《むつま》じからぬ事《こと》で、是《これ》は刑《けい》に問《と》はるゝと云《い》ふ掟《おきて》があつたことを思《おも》ひますれば、夫《をつと》たる人《ひと》が家内《かない》に對《たい》する務《つと》めも却々容易《なかなかようい》で無《な》い譯《わけ》になります。併《しか》し是《こ》の掟《おきて》がどれ程《ほど》まで實際《じつさい》に行《おこな》はれて居《ゐ》たかは問題《もんだい》でありますが、東洋《とうやう》だからとて、男子《だんし》に對《たい》する制裁《せいさい》も或程度《あるていど》までは立《た》てられて居《を》つたであらうと云《い》ふ事《こと》が解《わか》りませう。

齊家の綱領

又大學《まただいがく》【72】の綱領《かうりやう》【73】は修身齊家治國平天下《しゆうしんせいかぢこくへいてんか》でありまして、齊家即《せいかすなは》ち家庭《かてい》を齊《とゝの》へなければならぬのでありまするから、妻《つま》を理《をさ》むるの道《みち》は先最初《まづさいしよ》に講《こう》ぜられてある譯《わけ》でございます。其《それ》から坤德《をんなのとく》の如何《いかん》のみを云々《うんうん》して、乾德《をとこのとく》に就《つ》いては、何《なに》も言《い》つて無《な》いといふのですが、

猿の谷渡りに似たる事

是《これ》には段々《だん〴〵》理由《わけ》があるのです。抑《そもそ》も吾《わ》が帝国《ていこく》は忠孝《ちうこう》を徳本《とくほん》としたと申《まを》す中《うち》にも、忠《ちう》を第《だい》一義《ぎ》と致《いた》しましたのです。是《これ》は左《さ》もあるべき事《こと》で、前《まへ》にも数々《しば〴〵》申《まを》しました如《やう》に、君臣《くんしん》の間《あひだ》が、世界無比特種《せかいむひとくしゅ》の御國體《みくにがら》でありますから今更《いまさら》に論《ろん》を俟《ま》たないのであります。

故《ゆゑ》に從來男子《じゆうらいだんし》は君《きみ》に對《たい》しては、絶體服従《ぜつたいふくじう》でありまして、常《つね》に犠牲《ぎせい》、献身的奉仕《けんしんてきほうし》でございました。ですから、男子即《だんしすなは》ち夫《をつと》は君《きみ》に事《つか》へて、犠牲献身是多事無《ぎせいけんしんこれたじな》しと致《いた》して居《を》り、女子即《ぢよしすなは》ち妻《つま》は夫《をつと》に對《たい》して亦《また》、犠牲《ぎせい》、獻身的《けんしんてき》に盡《つく》すものと信《しん》じて居《を》つたのであります。詳《くは》しく言《い》へば男子《だんし》は我《わ》が心《こゝろ》も身《み》も君《きみ》に捧《さゝ》げて居《を》らなければならぬのですから、是《これ》は又他《またほか》に分《わ》ける事《こと》を許《ゆる》しませぬ。で妻《つま》は君《きみ》に捧《さゝ》げたる夫《をつと》の身《み》を内《うち》に助《たす》けて常《つね》に影《かげ》の形《かた》ちに添《そ》ふやうにして居《を》りました。すると此《こ》の妻《つま》なる人《ひと》の子《こ》は、又孝道《またかうだう》【74】を履《ふ》まねばならぬのですから、母《はゝ》＝即《すなは》ち父《ちゝ》から申《まを》せば妻《つま》＝に對《たい》しては犠牲献身的《ぎせいけんしんてき》に、＝殊《こと》に女兒《ぢよじ》は尚更《なおさら》＝盡《つく》す事《こと》に組《く》み立《た》てられて居《を》りました。丁度是《てうどこれ》は猿猴《えんこう》の谷渡《たにわた》りのやうに、先達《せつだつ》なる大猿《おほさる》が勇《ゆう》を鼓《こ》し細《ほそ》い蔓《かづら》か何《なに》かに飛《と》びついて、懸岸絶壁《けんがんぜつぺき》に攀《よ》ぢ登《のぼ》りますると、後《あと》の猿猴《ゑんこう》はず

【70】『孟子』巻一・梁恵王・上。

【71】第六章注9参照。

【72】『大学』は中国の経書。四書の一つ。孔子の遺書とも子思または曾子の著作ともいう。もと『礼記』の一編（第四二）で学問の根本義を示す。朱子の校訂によって現形に固定された。

【73】物事の最も大切なところ。要点。眼目。

【74】よく父母に仕える道。孝行の道。

つと繫《つな》がつて先達《せんだつ》の腰《こし》を押《お》して遣《や》る。其又《またそ》の次《つぎ》〳〵と順々《じゆん〴〵》に前《まへ》のを〳〵と助《たす》けて遂《つひ》に大部分《だいぶぶん》が達《たつ》すれば、總《すべ》ての力《ちから》を合《あは》せて、最終《さいしう》の者《もの》の四肢《し》を取《と》つて引《ひ》つ張《ぱ》つて助《たす》けわたすやうに、社會《しやくわい》の組織《そしき》が出來《でき》て居《ゐ》たのであります。

斯《か》かる家庭《かてい》は存外圓滿《ぞんぐわいゑんまん》で、且賴《かつたの》もしい感じが漲《みなぎ》つて居《ゐ》たものであります。茲《こゝ》に一家《か》に主人《あるじ》が非常《ひじやう》の勤勉家《きんべんか》だと假定致《かていいた》しませう。其《それ》が星《ほし》を戴《いたゞ》いて出《い》で星《ほし》を戴《いたゞ》いて還《かへ》るやうにすれば、先普通妻子《まづふつうさいし》は夫《をつと》‖即《すなは》ち親《おや》‖の苦勞《くらう》を量《はか》りて偶々《たま〳〵》の在宅等《ざいたくなど》には出來《でき》る丈慰籍《だけなぐさめ》もし樂《らく》もさせたいと思《おも》ひ、且行《かつおこな》ふでありませう。其《それ》は慰《なぐさ》めらるゝ主人《あるじ》が愉快《ゆくわい》を感《かん》ずるは勿論《もちろん》でありませうが、此《こ》の慰《なぐさ》むる人《ひと》もまた不愉快《ふゆくわい》では無《な》いものであります。自分達《じぶんたち》は此《こ》の様《やう》な心配《しんぱい》したり、働《はたら》いたりして居《ゐ》るのに、幾《いく》ら主人《あるじ》だからとて何《なん》にもしないで暢氣《のんき》にぶら〳〵樂《たの》しんで居《ゐ》ると思《おも》ふのと、實《じつ》に勿體無《もつたいな》い、お氣《き》の毒《どく》な程《ほど》お忙《いそ》がしい。何卒《どうぞ》お體《からだ》に障《さは》りが無《な》ければ可《よ》いが、偶《たま》のお休《やす》みだから、何《なん》とかしてお慰《なぐさ》めしたいと思《おも》ふのとは大層《たいそう》な違《ちが》ひであります。すると、此《こ》の主人《あるじ》の方《はう》でも自然家人《しぜんかじん》の好意《かうい》に感謝《かんしや》して、益々《ます〳〵》機嫌《きげん》が可《よ》いでありませう。そして、又誰《またたれ》でも他《ひと》の機嫌《きげん》の可《よ》い顔《かほ》を見《み》るのは心地《こゝち》の可《よ》いものであります。斯《か》かる狀態《じやうたい》が即《すなは》ち從來《じゆうらい》の家々《いへ〳〵》の狀態《じやうたい》でありました。‖勿論《もちろん》、昔《むかし》でも不忠《ふちう》な男子《だんし》も隨分《ずゐぶん》ありましたから、左様云《さうい》ふ家庭《かてい》には、往々《わう〳〵》、悲慘事《ひさんじ》が行《おこな》はれましたのですが、‖是《こ》の故《ゆゑ》に、目下從來《もくかじゆうらい》の婦人《ふじん》の地位《ちゐ》は如何《いか》に憫然《あはれ》なものであつたらうと思《おも》ふ程《ほど》のものでは無《な》かつたのでございます。

つまり、力《ちから》を用《もち》ふる事多《ことおほ》ければ其《そ》の力《ちから》に對《たい》する影響《えいきやう》は、必《かなら》ず直接《ちよくせつ》ならずともあるものでございます。男子《だんし》の君《きみ》に對《たい》して盡《つく》す所《ところ》、誠《まこと》なればこれを見聞《けんもん》する女子《ぢよし》も亦自《またおのづか》ら其《そ》の感化《かんくわ》を受《う》けて、己《おの》れが尊長《そんちやう》と仰《あふ》ぐ人《ひと》に對《たい》して、亦力《またちから》を盡《つく》したのであります。恰《あた》かも父母《ふぼ》其《そ》の親《おや》に孝《かう》なれば其《そ》の子《こ》も亦其《またそ》の父母《ふぼ》を見直似《みまね》に孝行《かうかう》を致《いた》すのと同《おな》じ事《こと》であります。其《それ》が即《すなは》ちわが過去《くわこ》の家庭《かてい》の狀態《じやうたい》で、夫《をつと》が君《きみ》に忠《ちう》なるを見聞《けんもん》しつゝある所《ところ》の妻《つま》が、亦夫《またをつと》に對《たい》するに貞《てい》を以《も》つてしたのであります。

他愛主義個人主義との調査

世界の大戰により得たる教訓

要《えう》するに、從來吾《じゆうらいわ》が日本《につぽん》の風潮《ふうてう》は全《まつた》く他愛主義《たあいしゆぎ》で、其《そ》の尊長《そんちやう》に對《たい》して獻身犧牲的《けんしんぎせいてき》努力《どりよく》を以《も》つて本領《ほんりやう》とし且扶《かつたす》けとなつたのであります。其《それ》が一朝《てう》にして、西洋《せいやう》の個人主義《こじんしゆぎ》といふものを將《も》ち來《き》たして、自覺《じかく》の解剖《かいばう》のと申《まを》して見《み》た所《ところ》で、假《かり》に其《それ》が萬善萬能《ばんぜんばんのう》の道《みち》であつたとしても、何《なん》千年《ねん》の習慣《しふくわん》を一時《じ》に打破《だは》して新風潮《しんふうてう》を熟《よ》く調和《てうわ》され得《う》べきものではありませぬのに、況《ま》して今度《こんど》の世界《せかい》の大戰爭《だいせんさう》に際《さい》して苦《にが》き實地《じつち》の經驗《けいけん》に徴《ちよう》し、西洋《せいやう》の人達《ひとたち》でさへ、明《あきら》かに個人主義《こじんしゆぎ》の弊《へい》は正《まさ》に利己主義《りこしゆぎ》に陷《おちい》り易《やす》いものと悟《さと》つて、其《そ》の救濟《きうさい》に焦慮《せうりよ》しつゝある折柄《をりから》、吾人《ごじん》は餘《よ》程《ほど》能《よ》く考慮《かうりよ》を費《ついや》して他《た》の捨《す》てたる汚塵《をぢん》を拾《ひろ》はぬやうにしなければなりませぬ。

彼我の差

前《まへ》にも一寸申《ちよつとまを》しました如《やう》に、西洋《せいやう》の夫婦《ふうふ》は其《そ》の表面《へうめん》の睦《むつ》まじさうな割合《わりあひ》には裏面《りめん》には寧《むし》ろ左程《さほど》で無《な》い事《こと》があります。吾《わ》が國《くに》のは之《これ》に反《はん》して、表面《へうめん》は冷《ひや》やかさうであつても、裏面《りめん》は存外《ぞんぐわい》冷《ひや》やかで無《な》かつたのです。

夫の妻を慈みし例

で、妻《つま》が獻身的《けんしんてき》夫《をつと》に盡《つく》した例《れい》は、殆《ほとん》ど枚擧《まいきよ》するに遑《いとま》無《な》い程《ほど》澤山《たくさん》ありまするが、男子《だんし》の妻《つま》に盡《つく》した情《じやう》も亦《また》却々《なか〳〵》深《ふか》いものがありました。唯《ただ》其《そ》の形式《けいしき》に於《お》いて違《ちが》つて居《を》る點《てん》が多《おほ》い如《やう》に見《み》えるのであります。其《それ》すら中《なか》には亡妻《ぼうさい》を哀慕《あいぼ》して出家遁世《しゆつけとんせい》【75】したり、共《とも》に其《そ》の後《あと》を逐《お》うて空《むな》しくなつた男《をとこ》さへあります。

又《また》、妃弟橘媛《ひおとたちばなひめ》【76】が日本武尊《やまとたけるのみこと》【77】の爲《ため》に其《そ》の身《み》を犠牲《ぎせい》として入水《じゆすゐ》せられた貞烈《ていれつ》は、誰《だれ》も能《よ》く云《い》ふ所《ところ》でありますけれ共《ども》、尊《みこと》が平素《ふだん》如何《いか》に媛《ひめ》を深《ふか》く愛《あい》して深切《しんせつ》にされたかと申《まを》す事《こと》は餘《あま》り注意致《ちういいた》しませぬが、媛《ひめ》が最期《さいご》の際《をり》の辭世《じせい》によつて知《し》る事《こと》が出來《でき》ませう。乃《すなは》ち媛《ひめ》は、

「さぬさし相模《さがみ》の小野《をぬ》に燃《も》ゆる火《ひ》の火中《ほなか》に立《た》ちてとひし君《きみ》はも」【78】。と歌《うた》はれたのであります。此《こ》の御辭世《ごじせい》を意譯致《いやくいた》しますれば、先《まづ》此様《こん》な意味《いみ》になります。

「さぬさしは相模《さがみ》の冠辭《まくらことば》です。嘗《かつ》て相模《さがみ》の野中《のなか》で、賊《ぞく》が四方《はう》から尊《みこと》の御一行《かう》を包圍《はうゐ》して燒討《やきうち》にした時《とき》、尊《みこと》は全《まつた》く黑烟《こくえん》と猛火《まうくわ》の中《なか》に陷《おちい》られてしまつたので、一人身《ひとりみ》を逃《のが》るゝさへ容易《ようい》の事《こと》で無《な》いのに、尊《みこと》は尊貴《たつと》い御身《おんみ》を以《も》つて、御親《おんみづか》ら劍《つるぎ》を拔《ぬ》いて艸木《くさき》を切《き》り靡《なび》けつゝ九死を出《い》でゝ一生《しやう》を得《え》させ給《たも》うた刹那《せつな》にも猶我《なほわれ》‖即《すなは》ち橘媛《たちばなひめ》‖を忘《わす》れ給《たま》はず、其《そ》の安危《あんき》を問《と》ひつゝ辛《かろ》うじて一方《ほう》の血路《けつろ》を開《ひら》き我《われ》を携《たづさ》へ我《われ》を救《すく》うて戴《いたゞ》いた。其《そ》の辱《かたじけ》ない

勿體無《もつたいな》い尊《みこと》が御《ご》一大事《だいいじ》に際《さい》して今度《こんど》は己《おの》れ身《み》を獻《さゝ》げて犠牲《ぎせい》となり、やはか救《すく》ひ奉《まつ》らでやはあるべき」

と申す意《こゝろ》を、今《いま》や激浪《げきらう》の中《なか》へ投《とう》じようとする場合《ばあひ》にしも、媛《ひめ》の口《くち》をついて出《で》た至誠《しせい》の絶命辭《ぜつめいじ》であります。是《これ》を思《おも》うても如何《いか》に夫《せ》たる尊《みこと》の媛《ひめ》に對《たい》せらるゝ情愛《じやうあい》の厚《あつ》かつたかゞ解《わか》りませう。

又有名《またいうめい》な木村重成《きむらしげなり》【79】夫婦《ふうふ》にしても、瀧鶴臺《たきかくだい》【80】や梅田源次郎《うめだげんじろう》【81】の夫婦《ふうふ》にしても、實《じつ》に互《たが》ひ

【75】俗世間を逃れて仏門に入ること。隠棲して世間の煩わしさから離れること。

【76】記紀に見える日本武尊の妃。

【77】記紀伝説上の英雄。景行天皇の皇子。気性が激しいため天皇に敬遠され、熊襲《くまそ》・蝦夷討伐に遣わされたという。

【78】『古事記』中巻・「景行天皇」・弟橘比売命《おとたちばなひめのみこと》・二四。（相模の小野に燃える火の、その燃え広がる炎の中に立って、私のことを思って呼びかけてくださった君よ）

【79】安土桃山時代の武将。母が豊臣秀頼の乳母であり、重成も幼時から秀頼に仕えた。大坂冬の陣では、初陣ながら武名をあげ、和議の、誓紙交換の正使として岡山の徳川秀忠のもとに赴き、その堂々たる態度を賞賛された。夏の陣では、井伊直孝の兵と戦い、力戦のすえ壮烈な討ち死にを遂げた。行年二一歳とも二四歳とも。討ち死にを覚悟して、兜に名香をたき込め、首実検をした家康を感嘆させたという話は有名。

【80】江戸中期の儒者、儒医。長門国（山口県）萩の人。初め藩校明倫館で山県周南に徂徠学を学び、のち江戸に出て服部南郭に学ぶ。儒学のほか国史、和歌、律令、仏教にもくわしく、また古医法を修めて医術にもすぐれた。宝暦一二年（一七六二）藩主毛利重就に召されて儒官となり、藩政にも参与した。

妻の献身的守節は普通視せられき

例外も無きに非ず

名利を度外視して守節をなすものは何

に相愛《あひあい》し相敬《あひけい》した美《うつく》しい人情美《にんじやうび》を見《み》る事《こと》が出來《でき》ませう。

殊《こと》に妻《つま》が夫《をつと》に對《たい》する獻身的言行《けんしんてきげんかう》は、餘《あま》りに其《そ》の數《すう》が多《おほ》くて、一々《いち〳〵》例《れい》を擧《あ》ぐる事《こと》は出來《でき》ない程《ほど》であります。勿論中《もちろんなか》には、習慣《しふくわん》の力《ちから》や社會《しやくわい》の制裁《せいさい》に餘儀《よぎ》無《な》くせられて、泣《な》く〳〵其《そ》の夫《をつと》の爲《ため》に犧牲《ぎせい》になつたやうなのも、或《ある》ひは又斯《またか》かる惨烈《しゆんれつ》な教《をしえ》にも嚴重《げんぢう》な制裁《せいさい》にも背《そむ》いて、自我的不道《じがてきふだう》の行爲《かうゐ》をした婦人《ふじん》も勿論無《もちろんな》くはありませんでした。けれ共凡《どもおよ》そ社會《しやくわい》風潮《ふうてう》に逆行《ぎやくかう》すると云《い》ふ事《こと》は、何等《なんら》か已《や》むを得《え》ざる事情《じじやう》に餘義《よぎ》なくせらるゝか、但《たゞ》しは稀有《けう》の奸惡我慢《かんあくがまん》の婦人《ふじん》で無《な》ければ、先容易《まづようい》には出來得《できう》べき事《こと》ではありませんでした。

日本婦人《につぽんふじん》が獻身的行爲《けんしんてきかうゐ》を見聞《けんぶん》せる西洋人《せいやうじん》の心《こゝろ》ある者《もの》は實《じつ》に驚歎感激措《きやうたんかんげきお》く能《あた》はざるのであります。そして彼等《かれら》は申《まを》します。基督《キリスト》が世《よ》の人《ひと》の罪《つみ》に代《かは》つて犧牲《ぎせい》となられたと云《い》ふ事《こと》は如何《いか》に我等《われら》に無上《むじやう》の感謝《かんしや》を捧《さゝ》げしむるでありませう。然《しか》るに日本《につぽん》では夫《をつと》の爲親《ためおや》の爲將《ためは》た君《きみ》の爲《ため》に、可憐《かれん》なる女子《ぢよし》が進《すゝ》んで犧牲《ぎせい》となるのみならず、中《なか》には全《まつた》く其《そ》の目的《もくてき》の爲《ため》とし云《い》へば自己《じこ》の名《な》を捨《す》て命《いのち》を捧《さゝ》げてさへも盡《つく》す者《もの》があるに至《いた》つて、教育《けういく》や習慣《しふくわん》の力《ちから》の何《ど》れ程强《ほどつよ》いかに驚《おどろ》かざるを得《え》ない。と歎賞致《たんしやういた》します。

實《じつ》に君々《きみ〳〵》たらずとも臣《しん》は臣《しん》たり。父々《ちゝ〳〵》たらずとも子《こ》は子《こ》たり。夫々《をつと〳〵》たらずとも妻《つま》は妻《つま》たらんと、賁《ふる》つて道義《だうぎ》の爲《ため》に盡《つく》した事《こと》の如何《いか》に氣高《けだか》く美《うつく》しいかは申《まを》す迄《まで》もありませぬ。其《それ》でも猶《なほ》其《そ》の敬愛信仰《けいあいしんかう》する人《ひと》の爲《ため》に、天晴《あつぱれ》なり健氣《けなげ》なりと賞《しやう》せらるゝならば未《ま》だしも其《それ》に慰《なぐさ》めらる丶事《こと》もありませうが、是《これ》さへ義理《ぎり》に迫《せま》つて、已《おの》れ悪者《わるもの》と殊更《ことさら》に誤認《ごにん》せられて迄《まで》も、唯《たゞ》一つに其《そ》の人《ひと》の爲《ため》可《か》なれば足《た》れりとして、身《み》を殺《ころ》すが如《ごと》きに至《いた》つては、至愛《しあい》の極《きよく》至敬《しけい》の極《きよく》でありまして、是《これ》こそ天命《てんめい》を知《し》り得《え》たる高徳《かうとく》の人《ひと》で無《な》ければ出來《でき》ぬ筈《はず》でありまするのに、存外《ぞんぐわい》其《それ》が無學《むがく》の人《ひと》にも、卑賤《ひせん》の人《ひと》にも、之《これ》を多《おほ》く見出《みいだ》し得《え》たのであります。例令《たとへ》ば、天刑病《てんけいびやう》【82】や又精神病《またせいしんびやう》に罹《か》つて、彼我《ひが》の識別《みさかひ》も無《な》くなつたり、疳癖《かんぺき》が募《つの》り愚知《ぐち》に返《かへ》つて更《さら》に已《おの》れに＝即《すなは》ち妻《つま》＝對《たい》する感謝《かんしや》の心《こゝろ》も起《おこ》してくれぬ夫《をつと》に、何故《なぜ》飽《あ》く迄《まで》も盡《つく》すかとて生《う》みの親《おや》の慈愛心《じあいしん》から離婚《りこん》を迫《せま》り其《それ》を用《もち》ひぬとて、寧《むし》ろ却《かへ》つて勘氣《かんき》を蒙《かうむ》る迄《まで》も妻《つま》は猶毅然《なおきぜん》として守節《しゆせつ》の道《みち》を變《か》へず、可惜《あたら》一生《しやう》を辛苦艱難《しんくかんなん》の中《うち》に終《をは》つて毫《がう》も悔《く》ゆる色無《いろな》きが如《ごと》きは則《すなは》ち何《なん》でありませう。是《これ》は清《きよ》く高《たか》く強《つよ》き固《かた》き博愛仁慈《はくあいじんじ》の心《こゝろ》の何物《なにもの》にも比《ひ》すべき無《な》き所《ところ》あるか。然《しか》らざれば、弱者《じやくしや》に對《たい》する世間《せけん》の人情《にんじやう》が、餘《あま》りに薄《うす》く且乏《かつとぼ》しきに憤慨《ふんがい》して起《おこ》る所《ところ》の一種《しゆ》の義俠心《ぎけうしん》に外《ほか》なりませぬ。自分《わたくし》は常《つね》に日本民性《やまとみんせい》の、實《じつ》に他《ほか》に比較無《ひかくな》き強烈《きやうれつ》なる義俠的精神《ぎけうてきせいしん》の烈々赫々《れつ〳〵くわく〳〵》として男《をとこ》にも女《をんな》にも存《そん》するものある事《こと》を信《しん》じて疑《うたが》はないのであります＝併《しか》し近來《きんらい》は不幸《ふかう》にして此《こ》の光明《くわうめい》の微弱《びじやく》になつた事《こと》に就《つ》い

【81】梅田雲浜《うんぴん》の通称。幕末の儒者。若狭小浜藩士。藩を追放された後、尊皇攘夷を唱え、日米修好通商条約の勅許に反対し、幕府改造をめざして策動したが、安政の大獄で捕えられ獄死。文化一二～安政六年（一八一五～五九）。

【82】ハンセン病。

夫婦の間にも義侠的精神の存在を欲す

て少《すく》なからず、痛心《つうしん》して居《を》りまするが、まだ〳〵他邦《たはう》に比《ひ》しては決《けつ》して落膽《らくたん》すべきで無《な》いと考《かんが》へまする。‖ 其《それ》が則《すなは》ち夫婦《ふうふ》の間《あひだ》にも存《そん》して相互《さうご》の愛情以外《あいじやういぐわい》に又《また》一種何《しゆなん》とも形容《けいよう》し能《あた》はざる味《あぢは》ひを有《も》つて居《を》るのであります。

若《も》し是《これ》ありとなさば夫《をつと》が如何《いか》に落魄《おちぶ》れても、嫌《きら》ふべき病《やまひ》に罹《かゝ》つても、其《そ》の他《た》の災厄《さいやく》に遭遇《さうぐう》しても妻《つま》は必《かなら》ず克巳忍耐《こくきにんたい》を爲《な》すに相違《さうゐ》ありませぬ。併《しか》し是等《これら》は夫婦間《ふうふかん》の愛情《あいじやう》の連鎖《れんさ》が固《かた》く繋《つな》がれて居《を》りさへすれば、出來《でき》るものであるとも云《い》はれませうが、若《も》しも夫《をつと》が事業《じげふ》の失敗《しつぱい》とか、計畫《けいぐわい》の蹉跌《さてつ》【83】とかの爲《ため》に自暴自棄《やけ》になつて、苦《くる》しい家計《かけい》をも顧《かへりみ》ず、放縱《はうじゆう》な行《おこな》ひをなし、宅《うち》には一向《かう》寄《よ》りつかぬと云《い》ふやうな場合《ばあひ》、其《そ》の家庭《かてい》には老《お》いたる親《おや》あり、幼《おさな》き子《こ》あり、而《しか》して妻《つま》なる婦人《ふじん》が生家《せいか》に還《かへ》らば歸《かへ》り得《え》らるべき境遇《きやうぐう》であつたとした時《とき》に、尚且其《なおかつそ》の老幼《らうえう》を鞠育《きくいく》する者《もの》は、我《われ》を措《お》きては又誰《またたれ》かあらんと、自《みづか》ら奮《ふる》つて、孝慈《かうじ》【84】勤勉《きんべん》、能《よ》く其《そ》の道《みち》を全《まつた》うするが如《ごと》きは必《かなら》ずや一片《ぺん》の侠的義心《けうてきぎしん》あるに非《あらざ》れば、克《よ》く爲《な》す事能《ことあた》はざる所《ところ》の大難事《だいなんじ》であらうと存《ぞん》じます。

其の一例

自分《わたくし》は某片田舍《あるかたいなか》の小《さゝ》やかなる町《まち》に、此《こ》の例證《れいしよう》に引《ひ》くべき婦人《ふじん》の行爲《かうゐ》に就《つ》いて某氏《なにがし》より親《した》しく聞《き》いた事《こと》があります。其《それ》は斯《か》う云《い》ふ咄《はな》しでありました。

此《こ》の町《まち》には第《だい》一に指《ゆび》を屈《くつ》せられた金滿家《きんまんか》がありました。老主人《らうしゆじん》が病沒《びやうぼつ》して若主人《わかしゆじん》が後繼者《あととり》となり、代々《だい〳〵》の米穀商《べいこくしやう》を營《いとな》んで居《を》りましたが、當主人《たうしゆじん》は、多少才智《たせうさいち》のあつたのが、却《かへ》つて不幸《ふかう》を招《まね》く基《もと》となつたのであります。從來《じゆうらい》の商業《しやうげふ》は確《たし》かであるが、利益《りえき》が少《すく》ないと思《おも》ふ所《ところ》へ、某氏《あるひと》の勸《すゝ》めによつて、其《そ》の頃《ころ》は未《ま》だ田舎《ゐなか》には珍《めづ》らしい西洋小間物《せいやうこまもの》の店《みせ》を併置致《へいちいた》しました。其《それ》がもとで買出《かいだ》しの爲《ため》に、折々都會《をりをりとくわい》の地《ち》にも行《ゆ》き、彼是《かれこれ》と焦《あせ》つた爲《ため》に、數年《すうねん》にして大失敗《おほしつぱい》をなし、今《いま》は昔《むかし》の有様《ありさま》は夢《ゆめ》にも見《み》られない様《やう》に落魄《おちぶ》れました。

家《いへ》には老母《らうぼ》と幼兒《えうじ》と若《わか》き妻《つま》とがあります。老母《らうぼ》は子息《むすこ》の顏《かほ》さへ見《み》ると其《そ》の不心得《ふこゝろえ》を何時《いつ》も／＼責《せ》めます。債鬼《かけこひ》の督促《とくそく》と老母《らうぼ》の譴責《けんせき》とに耐《た》へかねて、自暴自棄《やけ》になつた若主人《わかしゆじん》は、目欲《めぼ》しき物《もの》を賣《う》り拂《はら》ひては某都會《あるとくわい》の町《まち》に出《で》ては遊里《いうり》【85】に流連《りうれん》【86】するやうになつたのであります。其《それ》から此《こ》の人《ひと》は何處迄《どこまで》意馬《こゝろのこま》が狂《くる》ひはてたのか又何《またなん》たる惡因縁《あくいんねん》であつたか、遂《つひ》に遊里《いうり》の如何《いか》がはしき婦人《ふじん》と共《とも》に、其所《そこ》を出《で》て家《いへ》には還《かへ》らず、某處《あるところ》に小店《こみせ》を出《だ》して二人《ふたり》で住居《すまゐ》まして、そして人《ひと》をして母《はゝ》と妻《つま》とに云《い》はしむるには、「自分《じぶん》は失敗《しつぱい》に失敗《しつぱい》を重《かさ》ねたのだから、此《こ》の儘《まゝ》には還《かへ》られぬ故《ゆゑ》、何《なに》か一つ成功《せいこう》しなければ、再《ふたゝ》び還《かへ》らぬものと諦《あきら》めてくれよ。妻《つま》は生里《さと》へ還《かへ》るなりとも孰《いづ》れなりとも隨意《ずゐい》【87】にせよ。老母《らうぼ》と幼兒《えうじ》とは、

【83】物事がうまく進まず、しくじること。挫折。失敗。

【84】子がよく親につかえることと、親がよく子をいつくしむこと。

【85】一定の区画を仕切って公認の遊女屋を多く集めてある地域。また、私娼を置いた店が集まった、いわゆる岡場所をもいう。いろざと。くるわ。遊郭。

【86】遊興にふけって家に帰るのを忘れること。また、夢中になること。

【87】自分の意志や事態の成り行きに従うさま。

貧《まづ》しくても可《よ》い。自分《じぶん》の處《ところ》に來《く》ると云《い》ふならば引《ひ》き取《と》るが小言《こゞと》は眞平《まつぴら》お斷《こと》りだ」と斯《か》う申《まを》して遣《つか》はしました。

妻《つま》の兩親《りやうしん》は烈火《れつくわ》の如《ごと》く怒《いか》つて、何《なん》でも直《すぐ》に取《と》り返《かへ》すと云《い》つて聞《き》かなかつたのですが、妻《つま》は是《こ》の時《とき》、何《ど》うしても生家《せいか》の父母《ふぼ》の勸《すゝ》めに從《したが》ひませぬ。「今《いま》に始《はじ》めぬ御慈《おいつく》みに反《そむ》きまするのは誠《まこと》に相濟《あひす》まぬ事《こと》でございますけれ共《ども》、御二人《おふたり》でさへお暮《く》らしが御不足勝《ごふそくがち》と承《うけたまは》つて居《を》ります上《うへ》に、氣心《きごゝろ》も知《し》れぬ婦人《ふじん》の手《て》へ老《お》い衰《おとろ》へて御《お》出《い》で成《な》さる母親《はゝおや》や、まだ頑《ぐわん》世《ぜ》無《な》い【88】子供《こども》を何《ど》うして委《ゆだ》ねられませう。何卒《どうぞ》不肖《ふせう》な女《むすめ》は無《な》き者《もの》と思召《おぼしめ》して御《お》打《う》ち捨《す》て置《お》き下《くだ》さい」と申《まを》しまして、何《なん》と云《い》つても聞《き》きませぬ。

其《それ》からと云《い》ふものは此《こ》の若《わか》い妻《つま》は髪《かみ》も結《ゆ》はず油《あぶら》も附《つ》けず、常《つね》にくる／＼と櫛卷《くしまき》にして朝《あさ》は暗《くら》い間《うち》から夜《よる》は夜半過《よなかすぎ》まで、洗《あら》ひ張《はり》、洗濯《せんたく》、裁縫《さいほう》と何《なん》でも彼《か》でも他《ひと》の依賴《いらい》を受《う》けて内職《ないしよく》を致《いた》します。そして、もとより家藏《いへくら》も人手《ひとで》に渡《わた》つてしまつたのですが、何《なに》かの都合《つがふ》で少《すこ》し許《ばか》りの地所《ぢしよ》の殘《のこ》つて居《ゐ》た所《ところ》へ小《ちい》さき小屋《こや》を作《つく》り是《こゝ》を三人《にん》の起臥《おきふし》と定《き》め、馴《な》れも習《なら》はぬ畑打《はたう》ち種蒔《たねま》き蔬菜《そさい》【89】の培養《ばいやう》まで、何《ど》うして彼《あ》の樣《やう》に働《はたら》けるかと、見《み》る人毎《ひとごと》に驚《おどろ》きの目《め》を見張《みは》る程《ほど》の大々的活動《だい／＼てきくわつどう》を續《つゞ》けたのであります。

其《そ》の上《うへ》老母《らうぼ》は年來《ねんらい》の心配《しんぱい》で、非常《ひじやう》に心身《しん／＼》を疲《つか》らせられたものと見《み》えまして、どつと病《やま》ひの床《とこ》に就《つ》き、遂《つひ》に三年目《ねんめ》に歿《なくな》りましたが、是《これ》も餘程《よほど》聞《き》かぬ氣《き》の婦人《ふじん》であつたと見《み》えまして、彼《あ》の様《やう》な不孝《ふかう》の子《こ》には遇《あ》ひたく無《な》い。孝行《かう〴〵》な汝《おまへ》に末期《まつご》の水《みづ》を取《と》つて貰《もら》へば其《それ》で可《よ》い、縦令《たとへ》病氣《びやうき》が重《おも》つても、決《けつ》して知《し》らせる事《こと》はならぬと申《まを》して、何《ど》うしても子息《むすこ》に知《し》らせる事《こと》を許《ゆる》しませんでしたが、最早《もはや》數日間《すうじつかん》の命《いのち》だと醫師《いし》の宣告《せんこく》を受《う》けた時《とき》、其《それ》でも夫《をつと》の居所《ゐどころ》も判《わか》つて居《を》る事《こと》だから、病人《びやうにん》には内證《ないしよう》で知《し》らせずばとて使《つかひ》を遣《や》りましたが、餘程《よほど》母子《おやこ》の縁《えん》が薄《うす》かつたかして、其《そ》の數日前《すうじつぜん》に二人《ふたり》は何《なに》か目的《もくてき》があるとて隣近所《となりきんじよ》にも行先《ゆくさき》を知《し》らせず、何處《どこ》へか參《まゐ》つたと云《い》ふので、子息《むすこ》はとう〳〵親《おや》の臨終《りんしう》には會《あ》ひませんでした。

其《そ》の後《のち》、妻《つま》は一人《ひとり》の子供《こども》を相手《あひて》に益々《ます〳〵》勞働《らうどう》を續《つゞ》けて居《を》る間《うち》に、少《すこ》しは生計《せいけい》も樂《らく》になりました。そして子供《こども》は幼《をさ》な心《ごゝろ》にも母親《はゝおや》の苦勞《くらう》が身《み》にしみたものと見《み》えて、却々《なか〳〵》年《とし》に似合《にあ》はず、能《よ》く母《はゝ》の手助《てだす》けをするやうになりました。妻《つま》は夫《をつと》と別居《べつきよ》してから十年餘《ねんあま》りになります。子供《こども》＝女兒《ぢよじ》＝は、尋常小學《じんじやうせうがく》【90】も卒《をは》りましたが、誠《まこと》に成績《せいせき》も宜《よろ》しいのですけれ共《ども》、家《いへ》は大分《だいぶ》立《た》て直《なほ》つたと申《まを》しても、まだ女學校《ぢよがくかう》へ女兒《むすめ》を上《あ》げる程《ほど》の力《ちから》はありませ

【88】幼くてまだ物事の是非・善悪がわからない。幼くてききわけがない。

【89】野菜。青物。

【90】二次世界大戦前の小学校の一種で、初等普通教育を施した学校。明治一九年（一八八六）の小学校令において、小学校を尋常小学四年、高等小学校四年とし、さらに明治四〇年（一九〇七）に尋常小学校六年、高等小学校二年とし、昭和一六年（一九四一）の国民学校令までこの制度が存続した。

ぬ。残念《ざんねん》ながら是《これ》で止《や》めさせようと決心致《けつしんいた》した所《ところ》へ、此《こ》の妻《つま》の遠縁《とほえん》に當《あた》る人《ひと》が、「自分《じぶん》は子供《こども》も無《な》いから、兎《と》に角《かく》、此《こ》の兒《こ》の教育《けういく》は任《まか》せてくれよ。樂《たの》しみ半分《はんぶん》に世話《せわ》して見《み》たい」と達《た》つて申《まを》しまするので、其《それ》は結句子供《けつくこども》の爲《ため》と、淋《さび》しさ悲《かな》んさを忍《しの》んで手放《てばな》して遣《や》りました。

其《それ》から數年《すうねん》ならずして、夫《をつと》から書翰《しよかん》が參《まゐ》りまして、長《なが》き歳月《としつき》の不心得《ふこゝろえ》を詫《わ》び、且漸《かつやうや》く多年《たねん》の努力功《どりよくこう》を奏《そう》して、先《まづ》は一家《か》を爲《な》すに至《いた》つたから、近《ちか》き將來《しやうらい》に於《お》いて手放《てはな》した地所《ぢしよ》等《など》も追々《おひ〳〵》買《か》ひ戻《もど》し、亡母《なきはゝ》の暮前祭《ぼぜんさい》も營《いとな》みたいと思《おも》ふ。就《つ》きては是迄召使《これまでめしつか》つた妾《せふ》には二人《ふたり》の子供《こども》も出來《でき》たが、兎角我《とかくわ》が儘《まゝ》で、到底《たうてい》一家《か》の主婦《しゆふ》たる資格《しかく》も無《な》く、且自身《かつじしん》にも田舎《ゐなか》の生活《せいくわつ》は何《ど》うしても嫌《いや》だと云《い》ふのである。其《そ》の上故郷《うへこきやう》の近親《きんしん》も殘《のこ》り少《すく》なくなつたから、村人《むらびと》からも還《かへ》つて來《こ》いと云《い》はれる故《ゆゑ》、同《おな》じくは女兒一人丈貰《をんなのこひとりだけもら》つて暇《ひま》を取《と》りたいとの事《こと》であるから、望《のぞ》みに任《まか》せて歸《かへ》さうかとも思《おも》ふのである。右《みぎ》の次第故是迄《しだいゆゑこれまで》の事《こと》は何卒水《どうぞみづ》に流《なが》して、もと〳〵通《どほ》り同棲《どうせい》してくれまいか」と眞心《まごゝろ》籠《こ》めた音信《おんしん》でありました。

所《ところ》が妻《つま》は之《これ》に從《したが》ひませぬ。「自分《じぶん》が父母《ふぼ》の心《こゝろ》にも反《そむ》いて當家《たうけ》に蹈《ふ》み止《とゞ》まつたのは、全《まつた》く老幼扶助《らうえうふじよ》の爲《ため》であつて、他意《たい》ありしには非《あら》ず、今同棲《いまどうせい》の婦人《ふじん》が、縦令前身《たとへぜんしん》は何《ど》うであらうとも、聞《き》けば素性《すじやう》も惡《わる》く無《な》い人《ひと》であると言《い》ひ、既《すで》に二人《ふたり》の子供迄擧《こどもまであ》げて、兎《と》まれ郎君《あなた》と共《とも》に辛酸《しんさん》を嘗《な》め、内助《ないじよ》して漸《やうや》く成功《せいこう》された今日《こんにち》、よしや少《すこ》しの我《わ》が儘《まゝ》や不足《ふそく》があつたとしても、郎君《あなた》は是非御有恕《ごいうじよ》成《な》されて、其《それ》をこそ繼室《のちぞひ》と成《な》さるべきであります。我《わ》が生兒《せいじ》は都合好《つがふよ》く幸福《かうふく》なる家《いへ》に養《やしな》はれて居《を》りますから、御異議《ごいぎ》無《な》くは女兒《をんなのこ》の事《こと》でもあり、孰《いづ》れは他家《たけ》へ嫁《ゆ》くべき身《み》ですから彼《あ》の儘遣《まゝつか》はされては如何《いかゞ》、左《さ》すれば、自分《わたくし》は幸《さいは》ひに維持《ゐぢ》し得《え》た少《すこ》しの地面《ぢめん》を御引《おひ》き濟《わた》し申《まを》して、今度《こんど》こそ御暇《おいとま》を戴《いたゞ》きます」と申《まを》します。其《そ》の頃《ころ》、妻《つま》の生家《せいか》の父母《ふぼ》は世《よ》を去《さ》つて兄弟《きやうだい》の代《よ》でありましたが、相互《さうご》の親戚《しんせき》もいろ〳〵中《なか》に立《た》つて口《くち》を聞《き》いて見《み》たが、何《なん》としても妻《つま》は初一《しよ》念《ねん》を翻《ひるがへ》しませぬ。で、せめては妻《つま》の手《て》に維持《ゐぢ》した地面丈《ぢめんだけ》でも附《つ》けてと申《まを》しましたが、其《それ》も承知致《しようちいた》しませんで、達《たつ》て離縁《りえん》を請《こ》ひ、統《すべ》てを引《ひ》き渡《わた》して飄然《へうぜん》として、此所《こゝ》を去《さ》つてしまひました。そして此《こ》の婦人《ふじん》は何時《いつ》の間《ま》に心掛《こゝろが》けて居《ゐ》たものか、其《そ》の後幾許《のちいくばく》も無《な》く看護婦《かんごふ》の試驗《しけん》を受《う》けて立派《りつぱ》に及第《きふだい》し、某市《あるし》の病院《びやうゐん》に十有餘年精勤《ゆうよねんせいきん》して好成績《かうせいせき》を擧《あ》げましたが、一朝病《てふやまひ》の爲《ため》に職《しよく》を辭《じ》し、剃髪《ていはつ》して尼《あま》と成《な》り、其所《そこ》より近《ちか》き草庵《いほり》の、殆《ほとん》ど廢滅《はいめつ》になん〳〵とするものを修繕《しうぜん》して入《い》りて庵主《あんしゆ》となり、餘世《よせい》を清《きよ》く送《おく》りつゝあると聞《き》きました。是等《これら》は全《まつた》く憐《あわれ》むべき老幼《らうえう》に對《たい》する悲憤《ひふん》の心《こゝろ》より喚《よ》び起《おこ》された義俠的道德觀念《ぎけうてきだうとくくわんねん》の結果《けつくわ》がかゝる決心《けつしん》を促《うなが》し、且成功《かつせいこう》せしめたものであらうと存《ぞん》じます。其故始《それゆゑはじ》め、「我《われ》に對《たい》する妻《つま》の愛慕《あいぼ》の情《じやう》は深刻《しんこく》であるから、終局《しうきよく》の希望《きばう》を抱《いだ》いて、出來難《できがた》い辛抱《しんばう》もして居《を》るのであらうと、多少自負《たせうじふ》して居《ゐ》た夫《をつと》も、心《こゝろ》から敬虔《けいけん》の念《ねん》を起《おこ》して遂《つひ》には後妻《ごさい》と共《とも》に、恰《あた》かも姉《あね》に對《たい》するが如《ごと》き態度《たいど》を以《も》つて、彼《か》の女《ぢよ》に

新婦の心得

男子の情は廣くして淺く女子の情は狹くして深し

男子は野心に生き女子は愛情に生く

賴《たの》むやうにして音信《おんしん》して居《ゐ》たと申《まを》す事《こと》であります。

是《これ》より人《ひと》の妻《つま》たる若《わか》い婦人《ふじん》の第《だい》一に心得《こゝろえ》ねばならぬと考《かんが》へまする事《こと》から申《まを》して見《み》ませう。抑《そもそ》も男子《だんし》の情《じやう》は先大率《まづおほむね》淺《あさ》くして廣《ひろ》く、女子《ぢよし》の情《じやう》は深《ふか》くして狹《せま》いものであります。ですから、男子《だんし》の情《じやう》は多岐《たき》に亘《わた》り易《やす》く、若《も》しも他《た》の婦人《ふじん》に心《こゝろ》を移《うつ》すやうな事《こと》があつたからとて、妻《つま》なる女子《ぢよし》を強《あなが》ちに嫌《きら》ふのではありませぬ。殊《こと》によると寧《むし》ろ氣《き》の毒《どく》だとか濟《す》まぬとか、多少良心《たせうりやうしん》に咎《とが》むる所《ところ》から、却《かへ》つて愛《あい》の深《ふか》くなる等《など》の奇妙《きみやう》な結果《けつくわ》を生《しやう》ずる事《こと》さへあるのです。是男子《これだんし》の情《じやう》は廣《ひろ》く淺《あさ》い故《ゆゑ》であります。之《これ》に反《はん》して女子《ぢよし》は全《まつた》く反對《はんたい》で、一度《ど》其《そ》の妻《つま》の心《こゝろ》が甲《かふ》を去《さ》つて乙《おつ》に移《うつ》つた時《とき》には、其《そ》の情《じやう》は根底《こんてい》から覆《くつがへ》つてしまひます。其《そ》の結《けつ》果《くわ》姦夫奸婦《かんぷかんぷ》【91】が、本夫《ほんぷ》に對《たい》する嫌惡《けんを》の情《じやう》の高《たか》まつた時《とき》、大逆《たいぎやく》の殺人罪迄《さつじんざいまで》を犯《おか》すが如《ごと》きは、男子《だんし》より寧《むし》ろ女子《ぢよし》の方《はう》が主動者《しゆどうしや》たる場合少《ばあひすく》なくないのでありますから、女子《ぢよし》は唯《たゞ》一に其《そ》の夫《をつと》の爲《ため》に貞節《ていせつ》を盡《つく》して他意《たい》無《な》きは自《おのづか》ら起《おこ》る眞理《しんり》の指定《してい》でありませう。

西語《せいご》に「男子《だんし》は野心《アムビシヨン》而《エンド》戀愛《ラヴ》であり、女子《ぢよし》は戀愛《ラヴ》而《エンド》野心《アムビシヨン》である」と申《まを》して居《を》ります。乃《すなは》ち男子《だんし》も愛情《あいじやう》の爲《ため》に身《み》を滅《ほろ》ぼす場合《ばあひ》が無《な》い事《こと》もありませぬけれ共《ども》、男子《だんし》は愛情《あいじやう》が生命《せいめい》ではないが、女子《ぢよし》は愛情《あいじやう》が生命《せいめい》であると申《まを》して居《を》ります。果《はた》して西洋人《せいやうじん》の言《げん》が至當《しとう》なりとするならば、吾《わ》が邦從來《くにじうらい》の男子《だんし》は甘《あま》んじて君國《くんこく》の爲《ため》に犧牲獻身《ぎせいけんしん》たり、女子《ぢよし》は悅《よろこ》んで其《そ》の良人《りやうじん》の爲《ため》に犧牲獻身《ぎせいけんしん》たりし事《こと》は、大《おほい》に自然的眞理《しぜんてきしんり》に適《かな》つて居《を》つたと申《まを》すべきではあ

夫の品行を正しくする方法

りますまいか。

ですから、世故《せこ》に馴《な》れぬ若《わか》き妻《つま》などが、若《も》しも不幸《ふかう》にして、夫《をつと》の品行上《ひんかうじやう》に多少《たせう》の疑惑《ぎわく》を生《しやう》すべき事柄《ことがら》の出來《でき》たなどの時《とき》にも、決《けつ》して極端《きよくたん》に悲觀《ひくわん》する必要《ひつえう》はありませぬ。其《それ》は丁度酒《ちやうどさけ》に醉《よ》うた如《ごと》きもので、時《とき》が過《すぐ》れば先大體《まづたいてい》は覺《さ》めるものであります。

斯《か》かる時《とき》に、自分《じぶん》の心《こゝろ》に引《ひ》き比《くら》べて非常《ひじやう》に悲《かな》しんだり、悔《くや》しがつたり、怒《いか》つたり恨《うら》んだりしては不可《いけま》せぬ。じつと心《こゝろ》を落《お》ち着《つ》けて能《よ》く其《そ》の原因《げんいん》と程度《ていど》とを探《さぐ》り、然《しか》る後《のち》に徐《おもむ》ろに抑止《よくし》すべき方法《はうはふ》を講《かう》じなければならぬのであります。

嫉妬の戒め

武門時代《ぶもんじだい》の婦道《ふだう》は、單《たん》に嫉妬《しつと》の抑制否全滅《よくせいいなぜんめつ》を以《も》つて女德《ぢよとく》の高《たか》きもの、妻《つま》たる道《みち》に適《かな》つたものと教《をし》へましたが、其《そ》の當時《たうじ》に於《お》いても、それは婦道《ふだう》の表通《おもてどほ》り即《すなは》ち大道的教義《だいだうてきけうぎ》であつて、矢張機《やはりき》に臨《のぞ》み變《へん》に處《しよ》する權道《けんだう》はあつたのでございますけれ共《ども》、權道《けんだう》は餘程能《よほどよ》く履行《りかう》しないと大變《たいへん》な間違《まちが》ひを生《しやう》ずるに反《はん》して、大道《だいだう》は如何《いか》に盲目痴鈍《まうもくちどん》の者《もの》が辿《たど》つて行《い》つても、先兎《まづと》やら斯《か》うやら、志《こゝろざ》す所《ところ》の彼岸《ひがん》に達《たつ》し得《え》たものですから、教《をし》へとしては「矢《や》張女《はりをんな》の妬《ねた》み無《な》きは百の拙《つたな》きをおほふ」とさへ申《まを》したのであります。

例之《たとへ》ば夫《をつと》の不品行《ふひんかう》などと言《い》ふ時《とき》に、妻《つま》が全《まつた》く狂氣《きやうき》のやうになつて、泣《な》き叫《わめ》き騷《さわ》ぎ廻《まは》つ

【91】姦夫は、他人の妻と密通するよこしまな男。奸婦は、他人の夫と密通するよこしまな女。

最善の道は嫉妬の戒めにあるか否

消極と積極との内助

たり、議論理屈詰《ぎろんりくつづめ》に責《せ》め立《た》てた場合《ばあひ》に、幾《いく》ら妻《つま》の言《い》ふ事《こと》でも、實《じつ》に至當《したう》である。正義《せいぎ》であるから、我《わ》が行《おこな》ひを早速改《さつそくあらた》めようとして、且之《かつこれ》を直《たゞ》ちに決行《けつかう》する程《ほど》の立派《りつぱ》な男子《だんし》であつたならば、先最初《まづさいしよ》から右様《みぎやう》な行爲《かうゐ》も容易《ようい》に致《いた》しますまいし、又豪《またえら》い人《ひと》であつて、品行《ひんかう》だけは兎角放縱《とかくはうじゆう》であるといふやうな人《ひと》ならば、到底右《たうていみぎ》の如《ごと》き妻《つま》の爲向《しむけ》で、早速改《さつそくあらた》むる筈《はず》はありませぬ。故《ゆゑ》に妻《つま》が夫《をつと》に對《たい》しては嫉妬《しつと》を戒《いまし》め、溫順《をんじゆん》に忍耐深《にんたいぶか》くして居《を》ると申《まを》す方《はう》が無難《ぶなん》でありませう。左《さ》すれば賢《かしこ》い夫《をつと》ならば自《みづか》ら悔悟反省《かいごはんせい》して行《おこな》ひをも直《なほ》しませうし此《こ》の大人《おとな》しき妻《つま》に謝《しや》する事《こと》もありませう。又普通《またふつう》の人《ひと》であつて、自分《じぶん》には改悛《かいしゆん》の心《こゝろ》も起《おこ》らなかつたとしても、親戚《しんせき》とか親友《しんいう》とかの中《なか》には理解《わか》つた人《ひと》が一人位《ひとりぐらゐ》はあつて、斯《か》くも柔順貞淑《じうじゆんていしゆく》なる妻《つま》の爲《ため》には、夫《をつと》に忠告《ちうこく》し矯正《けうせい》し善後策《ぜんごさく》を講《こう》じてくれる事《こと》もありませう。是從來《これじうらい》の婦道《ふだう》には、嫉妬《しつと》を戒《いまし》め、遜順《そんじゆん》を敎《をし》へた譯《わけ》で、乃《すなは》ち先其《まづそ》の大道《だいだう》【92】を指示《しじ》した次第《しだい》でありましたらう。

其《それ》ならば、妻《つま》は飽《あ》く迄《まで》も從順《じゆうじゆん》に唯々《たゞ〳〵》忍耐深《にんたいぶか》くして毫《がう》も嫉妬《しつと》の心無《こゝろな》く、善《よ》きも惡《あし》きも一《いつ》に夫《をつと》の爲《な》すが儘《まゝ》にして居《を》れば可《よ》いかと申《まを》しましたならば、其《それ》は否《いな》と申《まを》さなければなりませぬ。右《みぎ》の如《ごと》き妻《つま》は無難《むなん》の人《ひと》でありませう。婦道《ふだう》にも適《かな》つた女子《ぢよし》でありませう。けれ共《ども》、是《これ》は消極的《せうきよくてき》であります。其《そ》の夫《をつと》を内助《ないじよ》する最善《さいぜん》の道《みち》ではありませぬ。内助《ないじよ》の功《こう》を奏《そう》すべき最善《さいぜん》の法《はふ》、積極的《せききよくてき》のしかたは猶是《なほこれ》より以上《いじやう》に盡《つく》さねばならぬのであります。先《まづ》第《だい》一に、夫《をつと》が他意《たい》を抱《いだ》くと言《い》ふ事《こと》は、夫其《をつとそ》の者《もの》の品性《ひんせい》の欠陥《けつかん》、即《すなは》ち大體夫《だいたいをつと》の短所《たんしよ》だと申《まを》す事《こと》も、勿論《もちろん》でありませうけれ共《ども》、亦《また》一方《ぽう》には、妻《つま》の心得《こゝろえ》も可《よ》くない。妻《つま》の務《つと》めが足《た》らぬ。妻《つま》に不満足《ふまんぞく》であると言《い》ふ場合《ばあひ》も亦《また》あるのでございませう。ですから、妻《つま》たる人《ひと》は先《まづ》平素《へいそ》に於《お》いて、夫《をつと》の性格《せいかく》、職業《しよくげふ》、希望《きぼう》、好惡《かうを》、及《およ》び趣味《しゆみ》の如何《いかん》をも、能《よ》く〳〵注意《ちうい》して知《し》つて置《お》く必要《ひつえう》があります。そして、常《つね》に夫《をつと》の心《こゝろ》の外《ほか》に逸《そ》れぬやうに、家庭《かてい》に引《ひ》き付《つ》け置《お》く方法《はうはふ》を講《かう》じなければなりませぬ。其《それ》には知《ち》も要《い》りませう。技術藝能《ぎじゆつげいのう》も要《い》りませうが、詮《せん》ずる所《ところ》、至誠《しせい》が矢張唯《やはりゆゐ》一の羈絆《きはん》になります。何《なん》の頑世《ぐわんぜ》も無《な》い赤兒《あかご》でも母《はゝ》の慰藉《ゐしや》介抱《かいほう》に一番滿足《まんぞく》します。又《また》一番力《ばんちから》とし頼《たの》みと致《いた》します。眞正《ほんとう》に、心《こゝろ》のまこと是《これ》を求《もと》むれば中《あた》らざれども遠《とほ》からず」であります。例之《たとへ》ば太田垣蓮月《おほたかきれんげつ》【93】の如《やう》に、夫《をつと》は蓮月《れんげつ》より其《そ》の品性《ひんせい》も學識《がくしき》も遙《はる》かに劣《をと》つて居《を》りましたが蓮月《れんげつ》は此《こ》の己《おの》れより卑《いや》しき夫《をつと》に對《たい》して如何《いか》にして信頼《しんらい》を得《え》よう。何《ど》うして内助《ないじよ》しようと、先深《まづふか》く考《かんが》へたのであります。

其《そ》の頃京都《ころきやうと》には圍碁《ご》が非常《ひじやう》に流行致《りうかういた》しましたが、併《しか》し民間《みんみん》に最《もつと》も行《おこな》はるゝものは、普通《ふつう》のでは無《な》くて賭碁《かけご》でありました。賭碁《かけご》は申《まを》すまでも無《な》く一種《しゆ》の賭博《とばく》に類似《るゐじ》のもので

【92】人の行うべき正しい道。

【93】江戸末期の女流歌人。本名誠《のぶ》。京都に生まれる。夫と子に死に別れてから尼となり、手づくりの陶器に自詠の歌を書いて、生活の資とした。歌風は流麗で繊細。家集『海人の刈藻』。蓮月尼。寛政三～明治八年（一七九一～一八七五）。

夫の趣味と一致す

ありますから、蓮月《れんげつ》は是《こ》の夫《をつと》の圍碁《ご》好《この》みと言《い》ふ事《こと》に少《すく》なからず、心《こゝろ》を痛《いた》めましたのですが、先《まづ》其《そ》の不可《ふか》と言《い》ひ、且是《かつこれ》を止《や》めようとするには、自分《じぶん》が其《それ》を知《し》らなければならぬと言《い》ふ事《こと》に心《こゝろ》づきました。其《それ》は丁度《ちやうど》此《こ》の咄《はな》しと同様《どうやう》な意味《いみ》であります。某當局《ばうたうきよく》の役人《やくにん》が藤田東湖《ふぢたとうこ》【94】先生《せんせい》に賭博《とばく》の不可《ふか》を論《ろん》じて、「自分《じぶん》は根本的《こんぽんてき》に賭博者《とばくしや》を嚴罰《げつばつ》しようと考《かんが》へて居《を》る」と申《まを》すと、先生《せんせい》は自《みづか》ら賽《さい》を持《も》ち出《だ》して、「一寸勝負《ちよつとしやうぶ》をして見《み》ようでは無《な》いか」と申《まを》されましたから、役人《やくにん》は色《いろ》を變《か》へてぶる／＼と戰《ふる》ひました。と、先生《せんせい》は又呵々《またから／＼》と打《う》ち笑《わら》つて、「是《これ》は却々《なか／＼》興味《きようみ》あるものぞ。凡《およ》そ物《もの》を禁《きん》ずるには、先《まづ》其《そ》の物《もの》の如何《いかん》を知《し》らざる可《べか》らず、汝《おんみ》賭博《とばく》を知《し》らずして、何《なん》を以《も》つて其《そ》の不可《ふか》を論《ろん》じ且之《かつこれ》を禁《きん》ぜんとするぞ」とて其《そ》の迂闊《うくわつ》【95】を諷刺《ふうし》せられたと申《まを》す事《こと》があります。蓮月《れんげつ》も其《そ》の如《ごと》くに、先自《まづみづか》ら圍碁《ご》を竊《ひそ》かに他《ほか》について學《まな》びました。そして大分上達《だいぶんじやうたつ》したので、一日夫《あるひをつと》に對《むか》つて、「今日《こんにち》は餘《あま》り雨天《うてん》で御外出《おぐわいしゆつ》も御難義《ごなんぎ》でございませうから、御在宅遊《ございたくあそ》ばしては如何《いかゞ》……自分《わたくし》が不調法《ぶてうはふ》ながら圍碁《ご》の御相手《おあひて》を致《いた》したいもので」と申《まを》します。で、夫《をつと》は頗《すこぶ》る興味《きようみ》ある事《こと》に思《おも》ひ、「汝《おんみ》が……是《これ》は面白《おもしろ》い、何時《いつ》の間《ま》に覺《おぼ》えたのか」と大《おほい》に機嫌《きげん》よく、併《しか》し最初《さいしよ》は馬鹿《ばか》にして正目《せいもく》か何《なに》かで試《こゝろ》みた所《ところ》が、夫《をつと》は見事《みごと》に妻《つま》の蓮月《れんげつ》に負《ま》けました。で、躍起《やくき》となつて打《う》ちましても到底駄目《たうていだめ》でありました。遂《つひ》に段々致《だん／＼いた》して見《み》ますると、漸《やうや》く互《たが》ひ先《せん》で、夫《をつと》が白《しろ》を持《も》つ位《ぐらゐ》でありました。其《それ》からと申《まを》すものは他《た》の圍碁《ご》へ三度《ど》行《ゆ》く所《ところ》は一度《ど》となり二度《ど》の

夫の趣味を向上せしむ

所《ところ》は止《や》めると言《い》ふ事《こと》になつて、頻《しき》りに妻《つま》と碁《ご》を圍《かこ》んで興《きよう》ずるやうになり、終《しまひ》には賭碁《かけご》の爲《ため》に外出《ぐわいしゆつ》する事《こと》は無《な》くなつたと申《まを》します。是等《これら》は妻《つま》の心《こゝろ》がけによつて夫《をつと》の趣味《しゆみ》を向上《かうじやう》せしめたので、其《それ》には先《まづ》自《みづか》ら夫《をつと》と趣味《しゆみ》の一致《ち》を謀《はか》つた蓮月《れんげつ》の心《こゝろ》しらい[96]は實《じつ》に感心《かんしん》なものではありませぬか。

夫の趣味には全然一致して可いか否か

夫《をつと》の趣味《しゆみ》が幸《さいはい》ひに高尚《かうしやう》であつたならば誠《まこと》に幸福《かうふく》でありますけれ共《ども》、若《も》しも其《それ》が反對《はんたい》であつて、其《そ》の趣味《しゆみ》に一致《ち》して家庭《かてい》に於《お》いても亦是《またこれ》を行《おこな》はうとする時《とき》は、家庭《かてい》は恰《あた》かも旗亭《ちやゝ》[97]か寄席《よせ》の如《やう》になるかも知《し》れませぬ。左《さ》すれば子女《しぢよ》の教育《けういく》、婢僕《ひぼく》の躾《しつけ》も出來《でき》ない譯《わけ》ですから、宜《よろ》しく妻《つま》の誠意《せいい》と努力《どりよく》とを以《も》つて、夫《をつと》の品性《ひんせい》をも向上《かうじやう》せしめ趣味《しゆみ》の善化《ぜんくわ》をも謀《はか》らねばなりませぬ。

家庭は清く正しかるべし

そして良妻《りやうさい》の主宰《しゆさい》する家庭《かてい》は清《きよ》く正《ただ》しくして、其《そ》の閾内《しきゐのうち》に入《い》る者《もの》は自《みづか》ら襟《えり》を正《たゞ》すやうにありたいものではございませぬか。

【94】江戸末期の儒者、勤王家。常陸国水戸藩士。文政二年（一八一九）江戸に出て亀田鵬斎・太田錦城に儒学を、岡田十松（神道無念流・撃剣館）に剣術を学ぶ（斎藤弥九郎にも指導を受けている）。藩主継嗣問題に徳川斉昭を擁立、のち、斉昭を助けて、藩政改革、弘道館設立などに尽力した。幕府の忌諱《きい》にふれて幽居中、著述に専念し、尊攘思想を鼓吹した。安政二年（一八五五）の江戸大地震で圧死。文化三～安政二年（一八〇六～五五）。

【95】考えの足りないこと。

【96】心遣い、配慮。

【97】飲食店、茶屋。

臨機應變

茲《こゝ》に至《いた》つて古《ふる》い語《ご》ながら矢張《やはり》、「夫婦別《ふうふべつ》あり」の教《をしへ》も味《あぢ》はゝなければなりませぬ。又臨機應變《またりんきおうへん》と言《い》ふ語《ご》も考《かんが》へなければなりませぬ。嘗《かつ》て自分《じぶん》は故元田永孚先生《こもとだえいふせんせい》【98】の教訓中《けうくんちう》に、今《いま》も猶身《なほみ》に浸《し》みて忘《わす》れられぬ詞《ことば》を數々《しば〳〵》追囘《ついくわい》するのであります。先生《せんせい》がある時斯樣《ときかやう》な事《こと》を咄《はな》された事《こと》がございます。「古《いにしへ》の節婦貞女《せつぷていぢよ》の傳記《でんき》を閲《み》ると、如何《いか》にも健氣《けなげ》な立派《りつぱ》な事《こと》を列記《れつき》してある。なる程《ほど》、無情《むじやう》の夫《をつと》の冷遇《れいぐう》を忍《しの》んで居《ゐ》たり放蕩《はうたう》なる夫《をつと》に諫言《かんげん》したり、又《また》は夫《をつと》に背《そむ》かれても猶《なほ》一生空閨《しやうくうけい》【99】を守《まも》つて居《ゐ》たり、誠《まこと》に同情《どうじやう》に耐《た》へぬ感涙《かんるゐ》の催《もよほ》される事蹟《じせき》である。後人《こうにん》は宜《よろ》しく是《これ》に對《たい》して飽《あ》く迄《まで》も敬意《けいい》を拂《はら》ふべきである。併《しか》しながら、實《じつ》際《さい》に於《お》いて夫《をつと》を内助《ないじよ》しようと思《おも》ふ婦人《ふじん》は餘程考《よほどかんが》へねばならぬ。如何《いか》にも夫《をつと》の無情冷遇《むじやうれいぐう》を忍《しの》び、又其《またそ》の不品行《ふひんかう》を切諫《せつかん》し、又獨空閨《またひとりくうけい》を守《まも》つて他意《たい》なきが如《ごと》き、是《こ》の婦人《ふじん》の道《みち》といふ點《てん》に於《お》いては更《さら》に欠點《けつてん》はあるまいが、猶之《なほこれ》に加《くは》ふる無《な》きや否《いな》やと言《い》はば、其《それ》は然《しか》らずと申《まを》さなければなるまい。乃《すなは》ち夫《をつと》の無情《むじやう》に對《たい》して耐《た》へる事《こと》よりも、希《ねがは》くは夫《をつと》をして有情《いうじやう》ならしむべく爲向《しむ》けたいものでは無《な》いか。

爭諫よりも諷諫

夫《をつと》の非《ひ》を眞向《まつかふ》より諫《いさ》めるよりも猶諫《なほいさ》むる事《こと》無《な》からしむるやうに常《つね》に助《たす》けたいでは無《な》いか。又何《またど》うしても諫《いさ》めざる可《べ》からざる場合《ばあひ》が到來《たうらい》したとしても、夫婦《ふうふ》の間《あひだ》に顏赤《かおあか》らめあつたり、口角泡《こうかくあわ》を飛《と》ばして論《ろん》じたりするよりも、「風吹《かぜふ》けば沖《おき》つ白波立田山夜半《しらなみたつたやまよは》にや君《きみ》が獨行《ひとりゆ》くらん」【100】。と詠《よ》んで夫《をつと》をしてほろりと落涙《らくるゐ》させて、「あゝ惡《わる》かつた許《ゆる》してくれよ」と言《い》はしめたい。「風引《かぜひ》かぬ程《ほど》に召《め》しませ猪牙舟《ちよき》とやら」、と諷《ふう》して夫《をつと》をして「むゝ」と悔悟《かいご》の歎聲《たんせい》を發《はつ》せしめたい。獨空房《ひとりくうばう》に泣《な》き明《あか》さうよりも比翼《ひよく》の袖《そで》に夫《をつと》の心《こゝろ》も包《つゝ》んでしまはせたいものである。貞操《ていさう》まことに可《か》なり、節義《せつぎ》最《もつと》も貴《たつと》ぶべしではあるが、己《おの》れ正《たゞ》しき人《ひと》は稍《やゝ》もすれば、他《た》の正《たゞ》しからざるを咎《とが》むる心《こゝろ》が強《つよ》きに過《す》ぐ。己《おの》れ能《よ》く努《つと》むるものは他《た》の努《つと》めざる人《ひと》に對《たい》して、寛《くつ》ろぎが無《な》いと言《い》ふ事《こと》が、ともするとあるものだ。是《これ》は長上《めうへ》から下輩《げはい》に對《むか》つてでさへも、尚且《なほかつ》其《そ》の人《ひと》の薄徳《はくとく》を言《い》はるゝものであるのに、況《いは》んや妻《つま》が夫《をつと》に對《たい》してなれば、餘程其《よほどそれ》より以上《いじやう》に注意《ちうい》せねばならぬ事《こと》である。是《これ》はひとり夫婦間《ふうふかん》の事《こと》ばかりでは無《な》い。友人《いうじん》の中《なか》にも左様《さう》言《い》ふ事《こと》がある。彼《かれ》は正《たゞ》しい人《ひと》だ頼《たの》もしい友《とも》だ。けれども、何《ど》うも面倒《めんだう》な男《をとこ》で、一寸物《ちよつともの》が曲《ゆが》んで居《ゐ》ても眉《まゆ》を顰《ひそ》める。少《すこ》しく間違《まちが》つた事《こと》があつても、開《ひら》き直《なほ》つて懇〳〵《こん〳〵》と長時間《ちやうじかん》訓戒《くんかい》をする。實《じつ》に深切《しんせつ》な人《ひと》だが面白《おもしろ》く無《な》い男《をとこ》で、むつかしい人《ひと》である。といふのがをり〳〵あるが、斯《か》う言《い》ふ人《ひと》は兎角人《とかくひと》が親《した》しまぬ。畏敬《ゐけい》はするが親睦《しんぼく》はしない。が、是《これ》は友人《いうじん》

【98】元田永孚《ながざね》。漢学者、教育家。熊本藩士。明治天皇の侍講となり、宮中顧問官、枢密顧問官などを歴任。儒教主義の立場から「教育勅語」の草案の起草にも参画。『幼学綱要』を編纂。文政元～明治二四年（一八一八～九一）。

【99】ひとりねの淋しい寝室。空房。

【100】（風が吹くと沖の白浪がたつという名の、ものさびしい龍田山の山中を、夜半にあの方は一人行っていることでしょう。）『古今六帖』第一（雑風《ぞうのかぜ》）四三六。なお『伊勢物語』二三、『大和物語』一四九、『古今集』巻第一八　雑歌下・九九四・読人しらず、は結句は「ひとりこゆらん」とする。

妻には熱と愛とを要す

であれば一所《しよ》に談笑《だんせう》し遊戯《いうぎ》するのは困《こま》るが、何《なに》か相談事《さうだんごと》には面倒《めんだう》でも頼《たの》まうと言《い》ふ事《こと》にならうから其《それ》でも可《よ》からうが、朝夕居室《あさゆふきよしつ》を共《とも》にする妻《つま》であつては、到底女子《たうていぢよし》に比《ひ》しては、兎角《とかく》我《わ》が儘《まゝ》たるを免《まぬ》がれぬ男子《だんし》が耐《た》へ切《き》れる者《もの》で無《な》い。女子《ぢよし》は宜《よろ》しく美《うつく》しき花《はな》の如《ごと》くあらねばならぬ。妙《たへ》なる樂《がく》の様《やう》で無《な》ければならぬ。然《しか》るに、正《たゞ》しき女子《ぢよし》も、流石《さすが》に女性《によせい》の狭隘《けうあい》【101】を免《まぬ》がれぬ。自我《じが》を脱《だつ》し得《え》ぬ。で、自分《じぶん》は此《こ》の様《やう》に克《よ》く努《つと》め克《よ》く正《たゞ》しき道《みち》を守《まも》つて居《を》るのに、と言《い》ふ夫《をつと》に對《たい》する怨《うら》みも不足《ふそく》もあらう。此所《こゝ》に於《お》いて縱令妻《たとへつま》が道理《だうり》を持《も》ち、夫《をつと》が不道理《ふだうり》であつても、其《それ》は理屈《りくつ》の上《うへ》から見《み》ての曲直《きよくちよく》であつて、一向此《かうこ》の夫婦間《ふうふかん》に利《り》する所《ところ》は無《な》い。こゝを能《よ》く考《かんが》へて女子《ぢよし》は方正《はうせい》なるに加《くは》ふるに、猶圓《なほまる》く軟《やはら》かい物《もの》が無《な》くてはならず。其《そ》の上《うへ》に他《た》を溶解《ようかい》する熱《ねつ》が無《な》くてはならぬ」と申《まを》されました。何《なん》と味《あぢは》ふべき詞《ことば》ではありませぬか。

其所《そこ》で例《れい》を擧《あ》げて申《まを》して見《み》ませうならば、若《も》しも夫《をつと》が微醉機嫌《ほろよひきげん》で如何《いかゞ》はしい鼻唄《はなうた》でも謠《うた》ひながら、しだら無《な》き衣服《いふく》の裾《すそ》も露《あら》はに還《かへ》つてでも來《く》ると、妻《つま》は三つ指《ゆび》【102】で、「嫣然《にっこり》ともせずに、「お還《かへ》り遊《あそ》ばせ」と最敬禮《さいけいれい》をして居《を》る。と夫《をつと》はどろりとした眼《め》で見据《みす》えて「何《なん》だ面白《おもしろ》くも無《な》い」などゝ怒鳴《どな》りつけるでありませう。右《みぎ》は理屈《りくつ》から言《い》へば、妻《つま》が正《たゞ》しく夫《をつと》が正《たゞ》しく無《な》いのであるけれ共《ども》、現《げん》に今《いま》、夫《をつと》は濛氣《もうき》【103】に包《つゝ》まれて物《もの》の區別《あやめ》も見《み》えなくなつて居《を》る所《ところ》であります。眼《め》の見《み》えぬ者《もの》に幾《いく》ら鮮《あざ》かな色料《いろ》を見《み》せたとて何《なん》の甲斐《かひ》があ

夫の諫めやう

りませう。左様《さう》言《い》ふ場合《ばあひ》には、濛氣《もうき》に包まれて居《ゐ》ない者《もの》は、先《まづ》そつと迷《まよ》へる人《ひと》の手《て》を取《と》つて無理《むり》せぬやうに、慰《なぐさ》め／＼して、靜《しづ》かに明《あか》るい道《みち》に連《つ》れ出《だ》さなければなりませぬ。連《つ》れ出《だ》しても猶《なほ》連《つ》れ出《だ》された人《ひと》は、茫然《ぼつ》として居《を》るとか疲勞《つか》れて居《を》るとか致《いた》して居《を》りませうから、暫《しばら》く其《そ》の意識《いしき》の判然《はつきり》する迄《まで》、又《また》疲勞《つかれ》の恢復《くわいふく》する迄《まで》能《よ》く深切《しんせつ》に介抱《かいほう》して、氣《き》長《なが》く待《ま》つて居《を》らなければなりますまい。斯《か》くして然《しか》る後《のち》に其《そ》の濛氣《もうき》の恐《おそ》るべき事《こと》も、亦《また》其《そ》の時《とき》の淺間《あさま》しかつた事《こと》も徐《おもむ》ろに耳《みゝ》に入《い》れしむる時機《じき》はありませう。其《それ》すら十分《ぶん》に敬意《けいい》を拂《はら》ひ、眞心《まごゝろ》を盡《つく》して眞《しん》に先方《せんぱう》の得心《とくしん》するやうにしむけねばならぬのであります。

猶之《なほこれ》を露骨《ろこつ》に申《まを》して見《み》ませうならば、夫《をつと》が前述《ぜんじゆつ》の如《ごと》き體裁《ていさい》になつた時《とき》には、如何程《いかほど》聞《き》きづらい事《こと》があつても亦《また》何《ど》んなに無理《むり》を申《まを》しても唯諾々《たゞはい／＼》と言《い》つて居《を》つて、何《なん》でも其《そ》の心《こゝろ》に逆《さか》らはぬやうにして靜《しづ》かに眠《ねむ》りを取《と》らせ、翌朝《よくあさ》も猶平生《なほへいぜい》で無《な》いやうだつたならば、何《なに》も言《い》はず、全《まつた》くもとに復《ふく》して、そして機嫌《きげん》の可《よ》さゝうな時《とき》、他《ひと》の居《を》らぬ所《ところ》で、眞實《しんじつ》に而《し》かもそろ／＼と諷《ふう》すべきであります。夫《をつと》に對《たい》しては、理屈《りくつ》がましき事《こと》、諄《くど》き事《こと》、愚痴《ぐち》がましき事《こと》は不可《いけ》ませぬ。乃《すなは》ち言《い》ひ方《かた》と場合《ばあひ》とを見《み》なければなりませぬ。

【101】心がせまいこと。度量が小さいこと。
【102】三本の指。特に、親指・人さし指・中指の三本の指。また、その三本をかるく床につけて、ていねいに礼をすること。
【103】気持のぼんやりすること。

紫女が嫉妬観

又《また》紫式部《むらさきしきぶ》【104】は斯《か》う言《い》ふ意味《いみ》に申《まを》して居《を》ります。女《をんな》は如何《いか》に嫉妬《しつと》せぬが可《よ》いとて餘《あま》りに夫《をつと》の不品行《ふひんかう》をも知《し》らん顔《かお》ばかりして居《ゐ》ては、何《なん》だか却《かえつ》て夫《おつと》に情《じやう》が無《な》いやうでもあり、且《かつ》は夫《をつと》が善《よ》い氣《き》になつて放縦《はうじう》になつてしまふものであるから、少《すこ》しは程《ほど》よく嫉妬《しつと》もして夫《をつと》が妻《つま》に對《たい》して侮《あなど》り惡《わる》しと思《おも》ふやふにしなければ不可《いけな》い。けれ共《ども》、其《それ》は淡白《あつさり》と可愛《かあい》らしいしかたでなければならぬ。乃《すなは》ち夫《をつと》が見《み》て、可憐《かれん》だと思《おも》い濟《す》まぬ事《こと》をしたと省《かへりみ》るやうにしむくべきである。其《それ》から今《いま》一つ嫉妬《しつと》の秘訣《ひけつ》とも言《い》ふべきは、若《も》しも夫《をつと》が他《た》の婦人《ふじん》に心《こゝろ》を分《わ》けて、一寸《ちよい》〳〵其方《そちら》へ足《あし》を向《む》けるやうな事《こと》があつた時《とき》、其《そ》の夫《をつと》の情《じやう》の動《うご》き方《かた》が、まだ淺《あさ》いと思《おも》つたら、隨分《ずゐぶん》思《おも》い切《き》つて嫉妬《しつと》して夫《をつと》の心《こゝろ》を提《とら》へて引《ひ》き戻《もど》すが宜《よろ》しい。‖其《それ》も憎《にく》からぬさまに、‖けれ共《ども》、不幸《ふかう》にして其《それ》が縱令《たとへ》一時的《じてき》でも、全《まつた》く夫《をつと》の心《こゝろ》が先方《せんぱう》へずつと引《ひ》き附《つ》けられてしまつて、容易《ようい》に動《うご》かし難《にく》いやうであつたら、暫《しば》らく時機《じき》の來《く》る迄《まで》、此方《こちら》に透間《すきま》の無《な》いやうに用心《ようじん》して、克《よ》く夫《をつと》に務《つと》め、一言《ひとこと》も其《そ》の事《こと》に就《つ》いて言《い》つてはならぬ。又素振《またそぶり》にも見《み》せてはならぬ。而《し》かも引《ひ》き締《しま》つて心《こゝろ》の底《そこ》には、何《なん》と無《な》く夫《をつと》を思《おも》ふ心配《しんぱい》を包《つゝ》んで、そして其《それ》を務《つと》めて見《あらは》さぬやうに愼《つゝし》み深《ふか》い體裁《ていさい》にして居《を》るが宜《よろ》しい。乃《すなは》ち夫《をつと》の情《じやう》が他《た》に移《うつ》り方《かた》が薄《うす》い時《とき》ならば思《おも》い切《き》つて之《これ》を止《と》めてしまふ手段《しゆだん》を取《と》れ。全《まつた》く深《ふか》く移《うつ》つてしまつたならば決《けつ》して輕々《かる〴〵》しく騷《さわ》がず、自《みづか》ら己《おの》れを修《をさ》めて時《とき》を待《ま》て。眞實妻《しんじつつま》の致《いた》し方《かた》によつては、如何《いか》に男《をとこ》の情《じやう》は多岐《たき》だからとて、決《けつ》して心《こゝろ》が外《ほか》へ反《そ》れるものでは

品よき滑稽も亦必要

無《な》い。よしや多少不品行《たせうふひんかう》な氣《き》の多《おほ》い夫《をつと》でも妻《つま》のしむけ方《かた》で、收《をさ》まつてしまうべきものである」と言《い》ふやうに書《か》いてありますが【105】、却々《なか〳〵》味《あじ》はゝねばならぬ事《こと》であらうと存《ぞん》じます。

文章《ぶんしやう》を作《つく》りますにも、先其《まづそ》の骨組《ほねぐみ》の確乎《しつかり》して居《を》る事《こと》が最《もつと》も大切《たいせつ》でありまするけれ共《ども》、亦其《またそ》の上《うへ》に肉《にく》を附《つ》け光澤《くわうたく》を加《くは》へなければなりませぬのみならず。猶《なほ》をり〳〵に上品《じやうひん》なる滑稽《こつけい》を混《まじ》へる事《こと》と、時々《とき〴〵》適度《てきど》の變化《へんくわ》も亦必要《またひつえう》であります。紫式部《むらさきしきぶ》のやうな眞面目《まじめ》の人《ひと》の書《か》いた源氏物語《げんじものがたり》にも、處々に此《こ》の滑稽《こつけい》が混《まじ》つて居《を》ります。

是《これ》と同《おな》じ事《こと》で、妻《つま》が夫《をつと》に對《たい》するも亦然《またしか》りで、其《そ》の極《きは》めて眞面目《まじめ》な着實《ちやくじつ》な折目正《をりめたゞ》しい中《うち》にも、時《とき》としては、花《はな》やかに面白《おもしろ》い咄《はな》しや、上品《じやうひん》な滑稽《こつけい》の一寸加味《ちよつとかみ》せらるゝ事《こと》があらま欲《ほ》しいのであります。是《これ》は夫《をつと》にのみではありませぬ。舅姑《きうこ》に對《たい》しても亦其《またそ》の敬意禮容《けいいれいよう》に傷《きずつ》けぬ程度《ていど》に於《お》いて、極其《ごくそれ》が適當《てきたう》の場合《ばあひ》に、他《ひと》がはつと笑《わら》ふやうな事《こと》の偶《たま》にはあるが可《よ》いのでございます。けれ共《ども》、若《も》しも此《こ》の滑稽《こつけい》が野卑《やひ》に亘《わた》り不行儀《ふぎやうぎ》に流《なが》るゝが如《ごと》き事《こと》ならば、寧《むし》ろしない方《はう》が宜《よろ》しい事《こと》になりますから、其《そ》の種類《しゆるゐ》や行爲《かうゐ》や場合《ばあひ》を選《えら》む事《こと》が必要《ひつえう》であります。

適度變化を要す

佛蘭西《フランス》の巴里婦人中《パリーふじんちう》には、「人妻《ひとづま》は少《すく》くも一週間目《しゆうかんめ》には變化《へんくわ》しなければならぬ。」‖

【104】第八章注57参照。

【105】『源氏物語』帚木巻・左馬頭の弁。

すなはち妻自身《つまじゝん》の化粧《けしやう》も、室内《しつない》の装飾《さうしゆく》もそして飲食《いんしよく》は猶頻繁《なほひんぱん》に‖」と申《まを》す語《ご》があります。又上流婦人《またじやうりうふじん》が趣味《しゆみ》の中心點《ちうしんてん》になつて居《ゐ》た、平安朝時代《へいあんてうじだい》の女子《ぢよし》は極《きは》めて右《みぎ》の巴里《パリー》婦人《ふじん》に類似《るゐじ》した點《てん》を認《みと》めらるゝのであります。此《こ》の巴里婦人《パリーふじん》の爲方《しかた》は餘《あま》りに極端《きよくたん》な嫌《きら》ひがありますけれ共《ども》、亦其《またそ》の心《こゝろ》しらひは學《まな》ぶべき點《てん》があります。東洋《とうやう》の古《ふる》き教《をし》への語《ご》に「日々新又日新《ひゞにあらたにまたひにあらたならん》」【106】といふ事《こと》があります。動《うご》かない換《かは》らない水《みづ》は腐《くさ》ります。何《なん》でも適度《てきど》の時《とき》に目先《めさき》が變《かは》れば、人心《じんしん》を倦《う》ましめませぬ。況《いは》んや各自《かくじ》の家庭《かてい》は世海《よのうみ》の激浪《げきらう》を乗《の》り切《き》つて往來《わうらい》する船舶《せんぱく》の湊《みなと》であります。慰安所《ゐあんじよ》であります。湊《みなと》や慰安所《ゐあんじよ》は安全《あんぜん》にして時《とき》に變化《へんくわ》ある趣味《しゆみ》を要《えう》します。故《ゆゑ》に人《ひと》の妻《つま》たり一家《か》の主婦《しゆふ》たる女子《ぢよし》は先常《まづゝね》に室内《しつない》の装飾《さうしよく》を變化《へんくわ》せしめて、目先《めさき》を變《か》へたり、毎日《まいにち》の食品調理《しよくひんてうり》に變化《へんくわ》をせしめて味《あぢは》ひを助《たす》けるのです。そして自己《じこ》の装粧《みなり》も心《こゝろ》の色彩《しきさい》も、適度《てきど》の變化《へんくわ》‖乃《すなは》ち適當《てきたう》の新色《しんしよく》‖を添《そ》へるのです。かやうな點《てん》も紫式部《むらさきしきぶ》は却々《なか〱》細《こま》やかに記《しる》して居《を》ります。自分《じぶん》の事《こと》を書《か》いたのだとも、理想《りさう》の婦人《ふじん》を現出《げんしゆつ》したのだとも言《い》はれて居《を》る紫《むらさき》の上《うへ》【107】の事《こと》を、「昨日《きのふ》より今日《けふ》は匂《にほ》ひ加《くは》はる心地《こゝち》して」だの、「見《み》るたびに珍《めづ》らしく」だといふ意味《いみ》を申《まを》して居《を》ります。又《また》、古歌《こか》には、

「難波江《なにはえ》の蘆火《あしび》たく屋《や》は煤《すゝ》たれど、おのが妻《つま》こそどこ珍《めづ》らしき」【108】。と言《い》ふがあります。

乃《すなは》ち日夕居《あさゆうきよ》を共《とも》にして居《を》る夫《をつと》に、「己《おの》が妻《つま》こそとこ珍《めづ》らしき」と感《かん》ぜしむるが妻《つま》たる者《もの》

の手腕《しゆわん》ではありますまいか。

細事に行き届くべし

人《ひと》の妻《つま》たる者《もの》は、小細《せうさい》の事《こと》にも能《よ》く行届《ゆきとゞ》くやうで無《な》ければなりませぬ。自分《じぶん》はもとより夫《をつと》の衣服《いふく》の綻《ほころ》びにも些細《ささい》の汚點《しみ》にも氣《き》が附《つ》いて、直《すぐ》に修補《しうほ》するやうにすべきであります。假《かり》に夫《をつと》の職務《しよくむ》の相談相手《さうだんあいて》になる程《ほど》の見識《けんしき》があつても、亦其《またそ》の書翰《しよかん》の代筆《だいひつ》が出來《でき》る程《ほど》の學力《がくりよく》があつても、夫《をつと》や家人《かじん》の起居動作《ききよどうさ》の詳細《しやうさい》に就《つ》きて一向注意《かうちうい》が行届《ゆきとゞ》かなかつたり、一寸手早《ちよつとてばや》く夫《をつと》の口《くち》に合《あ》ふやうな料理《れうり》などをして薦《すゝ》める事《こと》が出來《でき》なかつたりしては、折角《せつかく》の才氣《さいき》も學問《がくもん》も存外役《ぞんぐわいやく》に立《た》ちませぬ。人《ひと》は兎角己《とかくおの》れの短所《たんしよ》に長《ちやう》じて居《を》る者《もの》を見《み》る時《とき》、非常《ひじやう》に感歎《かんたん》する習《なら》ひであります。然《しか》らば男子《だんし》の長所《ちやうしよ》は先大率宏遠大計《まづおほよそくわうゑんたいけい》の方面《はうめん》であつて、女子《ぢよし》の長所《ちやうしよ》は緻密小細《ちみつせうさい》の事《こと》に行《ゆ》き亘《わた》る點《てん》であります。ですから常《つね》に能《よ》く細心《さいしん》に不注意《ふちうい》の事《こと》の無《な》いやうにと考《かんが》へて且行《かつおこな》はなれればなりませぬ。

ものを氣にかけ過ぐるな

けれ共《ども》、人《ひと》は稍《や》もすれば自分《じぶん》が些末《さまつ》の事《こと》にも行亘《ゆきわた》る程心《ほどこゝろ》が細《こま》かく届《とゞ》く者《もの》は、他《た》の言行《げんかう》

【106】（今日の行いは昨日よりも新しくなり，明日の行いは今日よりも新しくなるように修養に心がけねばならない。）『大学』講義・伝二章。

【107】第八章注62参照。

【108】『万葉集』巻第一一　雑歌・二六五九（二六五一）　読人しらず「難波人　葦火焚く矢の　すしてあれど　己が妻こそ　常めづらしき」（難波人が　葦火を焚く家のように　煤けているが　自分の妻は　いつもかわいい。）

濫りに他に動かさるゝな

に就《つ》きても餘《あま》りに氣《き》にかけ過《す》ぎたり、世話《せわ》を燒《や》き過《す》ぎたり、又《また》は談話《はなし》が廻《まわ》りくどかつたりするものであります。ですから、自分《じぶん》は如何《いか》に細《こま》かに行屆《ゆきとゞ》いても、他《た》の不行屆《ふゆきとゞ》きは責《せ》めても氣《き》にかけ過《す》ぎたりしてはなりませぬ。又他《またた》の世話《せわ》も蒼蠅《うるさい》と思《おも》はれぬ程度《ていど》にしなければなりませぬ。要《えう》は己《おの》れは約《やく》にして、他《ひと》には簡《かん》で無《な》ければならぬのであります。

又新《またあら》たに人《ひと》の妻《つま》となつた者殊《ものこと》にまだ馴染《なじみ》も薄《うす》く子《こ》なども擧《あ》げぬ間《うち》は、尚更能《なほさらよ》く注意《ちうい》して他《ひと》に動《うご》かされぬやうに氣《き》をつけなければなりませぬ。斯《か》う申《まを》したならば、夫婦《ふうふ》の間《あひだ》を他《た》から動《うご》かされる筈《はず》は無《な》いと、一寸考《ちよつとかんが》へられるかも知《し》れませぬが、存外《ぞんぐわい》さう言《い》ふものでありませぬ。何故《なぜ》ならば若《わか》い人《ひと》は夫婦《ふうふ》の間《あひだ》には兎角嫉妬《とかくしつと》が起《おこ》り易《やす》いものであります。‖勿論嫉妬《もちろんしつと》は夫婦《ふうふ》ばかりとは限《かぎ》りませぬけれ共《ども》‖若《も》しも其《それ》が何《なに》かの動機《どうき》で、妻《つま》の心《こゝろ》に嫉妬《しつと》が萠《きざ》したり、疑惑《ぎわく》が起《おこ》つたりして居《を》る所《ところ》へ、水《みづ》をさす人《ひと》でもあらうものなら、其《それ》は他人《たにん》に對《たい》するより以上《いじやう》に夫《をつと》を疑《うたが》ひ恨《うら》み妬《ねた》み憤《いきどほ》るといふ事《こと》の、深《ふか》く且強《かつよ》い事《こと》を免《まぬ》がれないものです。一度右樣《ひとたびみぎやう》な場合《ばあひ》が到來致《たうらいいた》しますると、疑心暗鬼《ぎしんあんき》を生《しやう》じて、遂《つひ》に救《すく》ふ可《べか》らざる大隔離《だいかくり》の牆壁《しやうへき》【109】を築《きづ》かれてしまふ事《こと》が無《な》いとも限《かぎ》りませぬ。

其《それ》は單《ひと》り他人《たにん》の外嫉《をかやき》のみとは限《かぎ》らぬ。乃《すなは》ち現在《げんざい》の舅姑《しうと》‖舅《しうと》には餘程稀《よほどまれ》ですが‖小姑及《こじうとおよ》び其《そ》の他《た》の家人《かじん》の中《うち》からも起《おこ》る事《こと》があります。是《これ》も亦嫉妬《またしつと》の一つで母《はゝ》なり姉《あね》なり妹《いもうと》なりが、新婦《しんぷ》の來《こ》ぬ間《うち》は誠《まこと》に親《した》しく睦《むつま》しかつた我々《われ〳〵》の仲《なか》が、彼女《あれ》が來《き》てから疎《うと》くなつたと言《い》ふ點《てん》から生《しやう》ずるのであります。是《これ》は何《ど》うしても全然《ぜん〱》避《さ》ける事《こと》は至難《むつかし》いもので、其《それ》は如何程《いかほど》新婦《しんぷ》が注意深《ちういぶか》い人《ひと》でも、夫《をつと》は妻《つま》に對《たい》しては一番近《ばんちか》しくなるのは當然《たうぜん》の事《こと》でありますから、是《これ》を他《た》の人《ひと》に知《し》られぬと言《い》ふ事《こと》は出來《でき》よう筈《はず》がありませぬ。ですから、姑《しうとめ》や小姑《こじうと》に其《それ》を思《おも》ひやる丈《だけ》の心《こゝろ》しらひの更《さら》に無《な》い人達《ひとたち》ばかりであつたら、新婦《しんぷ》の立場《たちば》としては、何《なん》とも致《いた》し方《かた》は無《な》いのであります。故《ゆゑ》に新婦《しんぷ》は始《はじ》めから十分是《ぶんこれ》を覺悟《かくご》して自《みづか》らは寛《ひろ》き心《こゝろ》をもつて、其《そ》の嫉妬《しつと》のよつて起《おこ》る原因《げんいん》に寧《むし》ろ同情《どうじやう》し宥恕《いうじよ》して、なるべく自分《じぶん》が動《うご》かされぬやうに注意《ちうい》すべきであります。

姑《しうとめ》小姑《こじうと》が新婦《しんぷ》に嫉妬《しつと》して子息《むすこ》を動《うご》かし媳《よめ》をも動《うご》かし、稍《やゝ》もすれば此《こ》の間《あひだ》に牆《かき》を作《つく》らうとするさへ淺間《あさま》しい事《こと》でありますのに、尚其《なおそれ》のみではありませぬ。殊《こと》によると生家《せいか》の實母《じつぼ》や姉妹《しまい》さへ同樣《どうやう》な經路《けいろ》を辿《たど》る事《こと》も偶《たま》にはあります。茲《こゝ》に至《いた》つて「人間《にんげん》は嫉妬《しつと》の化神《けしん》なり」といふ語《ご》を遺憾《いかん》ながら排斥《はいせき》する譯《わけ》にはいかなくなります。其《それ》も矢張形《やはりかた》ちこそ變《かは》れ、同《おな》じく是嫉妬《これしつと》に外《ほか》なりませぬ。彼女等《かれら》が言《い》ふ所《とこ》は、「息女《むすめ》‖或《ある》ひは姉妹《しまい》‖は「餘《あま》り夫《をつと》と仲《なか》が好《よ》くて、夫家《あちら》で大事《だいじ》にばかりされるものですから、親《おや》も同胞《はらから》も振《ふ》り向《む》いても見《み》ませぬ。彼樣《あん》な冷淡《れいたん》な人《ひと》では無《な》かつたのですけれ共《ども》」などと言《い》ふのです。斯《か》う

【109】隔てるもの。へだて。

言《い》ふ人達《ひとたち》であると、女《むすめ》や同胞《はらから》に對《たい》しても其《そ》の夫《をつと》‖即《すなは》ち婿《むこ》‖の事《こと》を善《よ》く申《まを》しませぬ。稍《やゝ》もすれば其《そ》の欠點《けつてん》を探《さが》し出《だ》して水《みづ》をもさします。動《うご》かしも致《いた》します。ですから、女子《ぢよし》が一度夫《ひとたびをつと》に配《はい》したならば、夫《をつと》を以《も》つて一身同體《しんどうたい》のものと心得《こゝろえ》ねばならぬのでありますから、縱令近《たとへちか》き骨肉《こつにく》の間《あひだ》と雖《いへど》も、理由無《いはれな》き詞《ことば》に耳《みゝ》を傾《かたむ》けてはなりませぬ。況《いは》んや、心《こゝろ》を動《うご》かすが如《ごと》きは絕體《ぜつたい》に不可《いけ》ませぬ。併《しか》しながら人《ひと》によつては、全《まつた》く目前《もくぜん》の幸福《かうふく》に醉《よ》うて其《そ》の父母骨肉《ふぼこつにく》をも顧《かへり》みぬ甚《はなは》だ不埒《ふらち》な婦人《ふじん》も亦皆無《またかいむ》とは申《まを》されませぬから、彼等《かれら》の愚痴《ぐち》も亦強《またあなが》ちに根無《ねな》し草《くさ》のみなりとも退《しりぞ》けられぬ場合《ばあひ》もありませう。が、兎《と》にも角《かく》にも若《わか》き婦人《ふじん》の失敗《しつぱい》は往々心《わう〳〵こゝろ》の根抵《こんてい》が確手《しつかり》しない爲《ため》に、ふと、他《ひと》から動《うご》かされて取《と》り返《かへ》しのつかぬ不幸《ふかう》の地《ち》に陷《おちい》る事《こと》がありますから、常《つね》に深《ふか》く注意《ちうい》すべき事《こと》でございます。

以上《いじやう》は自分《じぶん》がまだ經驗無《けいけんな》き若《わか》き新婦《にひよめ》の爲《ため》に細事《さいじ》に亘《わた》つて迄《まで》、概略《がいりやく》ながら主《しゆ》として夫《をつと》に對《たい》する注意《ちうい》を申《まを》し試《こゝろ》みました。猶此《なほこ》の外《ほか》にもまだ幾《いく》らも注意《ちうい》を要《えう》する事《こと》はありませうけれ共《ども》、今度《こんど》は先是《まづこれ》に止《や》めようと存《ぞん》じますが猶《なほ》一二申《まを》したい事《こと》があります。其《それ》も既《すで》に早《はや》く誰《たれ》も承知《しようち》の事《こと》ではありまするが、一番大切《ばんたいせつ》の條目《でうもく》ですから言《い》ふも更《さら》なる事《こと》なれ共《ども》、猶《なほ》茲《こゝ》に附《つ》け加《くは》へて置《お》きます。其《それ》は何《なに》も新《あた》らしい事《こと》でも珍《めづ》らしい事《こと》でも無《な》い。妻《つま》が夫《をつと》に對《たい》する貞操問題《ていさうもんだい》であります。妻《つま》の貞操《ていさう》此様《こん》な事《こと》は今更《いまさら》言《い》ふ迄《まで》もない個條《かでう》だのにと申《まを》す人《ひと》もありませうが、何《ど》うしても是《これ》を省《はぶ》いて置《お》く譯《わけ》には參《まゐ》りませぬから矢張《やはり》記《しる》す事《こと》に致《いた》したのであります。何故《なぜ》なれば、西洋《せいやう》では處女《しよじよ》の貞操《ていさう》は却々《なか〳〵》固《かた》いと言《い》ふ事《こと》を前章《ぜんしやう》に既《すで》に申《まを》しましたが、人妻《ひとづま》の貞操《ていさう》は存外《ぞんぐわい》に疑問《ぎもん》を狭《はさ》まなければならぬものが無《な》いと言《い》はれませぬ。又《また》女子《ぢよし》の解放《かいはう》だの、覺醒《かくせい》だのと言《い》ふ流行語《りうこうご》が行《おこな》はれますので、殊《こと》によると、「男子《だんし》も勝手《かつて》な事《こと》をするならば、女子《ぢよし》も勝手《かつて》をしても可《よ》い」といふやうな亂暴《らんばう》の説《せつ》をすら立《た》てらるゝ世《よ》の中《なか》でありますから、何《ど》うしても、猶《なほ》一層強固《そうきやうこ》な覺悟《かくご》を促《うな》がして置《お》く必要《ひつえう》がありませう。

心の汚れ

なる程《ほど》、ある例外《れいぐわい》の少數婦人《せうすうふじん》を除《のぞ》いては、有夫《いうふ》の女子《ぢよし》が、其《そ》の貞操《ていさう》を守《まも》らなくても可《よ》いと考《かんが》へて、勝手《かつて》な行爲《かうゐ》をすると言《い》ふのは先餘計《まづよけい》はありますまい。又《また》あつたとすれば、如何《いか》に道徳心《だうとくしん》が低《ひく》くなつたとて、社會《しやくわい》も亦是《またこれ》を許《ゆる》しますまいけれ共《ども》、一知半解《ちはんかい》【110】の西洋志想《せいやうしさう》にかぶれて、茲《こゝ》に假《かり》に某女子《あるぢよし》が女《をんな》も女友達《をんなともだち》ばかりでは面白《おもしろ》く無《な》い、知識《ちしき》も進《すゝ》まぬから、男《をとこ》の友達《ともだち》を作《つく》つて置《お》くのだ。實際同性《じつさいどうせい》と交際《つきあ》ふよりも、異性《いせい》との方《はう》が愉快《ゆくわい》だと言《い》ふやうな説《せつ》を立《た》てゝ、生家《せいか》に在《あ》つた時《とき》には盛《さか》んに男子《だんし》に交際《かうさい》をもしたと致《いた》しませう。

そして、他《た》へ嫁《か》した後《のち》にも、矢張男《やはりをとこ》の友達《ともだち》とも交際《かうさい》して居《ゐ》ると假定《かてい》したならば、若《も》し

【110】物事の理解のしかたが中途半端なこと。なまかじりの知識。

心崩るれば形ちも亦崩る

も夫《をつと》に對《たい》しての不滿《ふまん》や不平《ふへい》が起《おこ》つた時《とき》には、勢《いきほ》ひ男子《だんし》の友達中《ともだちちう》に、自分《じぶん》が信《しん》じもし敬《けい》しもした人《ひと》があつた事《こと》ならば、「あゝ自分《じぶん》は何故《なぜ》あのやうな頼《たの》もしい人《ひと》を夫《をつと》とする事《こと》が出來《でき》無《な》かつたであらうか」と言《い》ふやうな事《こと》を考《かんが》へないとも申《まを》されませぬ。かゝる場合《ばあひ》に、ふと其《そ》の男《をとこ》の友《とも》に往《ゆ》き會《あ》つたならば、或《ある》いは思慮《しりよ》の淺《あさ》い婦人《ふじん》であつたら、夫《をつと》の不平《ふへい》を訴《うつた》へるかも知《し》れませぬ。よし其迄《それまで》では無《な》くとも心《こゝろ》の中《なか》に彼我《ひが》を比較《ひかく》して、其《そ》の一刹那《せつな》丈《だけ》は婦人《ふじん》の心《こゝろ》は彼《かれ》を去《さ》つて是《これ》に親《した》しむ等《とう》の事《こと》は絶無《ぜつむ》だとは申《まを》されますまい。幸《さいは》ひに此《こ》の位《くらゐ》の事《こと》で濟《す》んでしまへば先《まづ》可《よ》いとしても、嚴重《げんぢう》なる道徳律《だうとくりつ》から論《ろん》じたならば何《ど》うでありませう。其《それ》は釋迦《しやか》でも基督《キリスト》でも「一念既《いちねんすで》に罪惡《ざいあく》の萠《きざ》す時《とき》は、縱令《たとへ》行爲《かうゐ》には見《あらは》さずして終《をは》つたとしても、心《こゝろ》の汚《けが》れたるを否定《ひてい》する事《こと》は出來《でき》ぬ。そは則《すなは》ち法《はふ》の罪人《ざいにん》では無《な》いが徳《とく》の罪人《ざいにん》たる事《こと》は免《まぬ》がれない」といふ意味《いみ》に解《と》かれてあります。ですから儒教《じゆけう》【111】にも「其《そ》の獨《ひと》りを愼《つゝし》め」と教《おし》へられてあるのでございます。

「無《な》き名《な》ぞと人《ひと》には言《い》ひてやみぬべし心《こゝろ》の問《と》はゞいかゞ答《こた》へん」【112】といふ歌《うた》も亦其《またそ》の意味《いみ》で良心《りやうしん》の呵責《かしやく》を恐《おそ》れたのであります。

心《こゝろ》の底《そこ》に既《すで》に些少《させう》の燃料《ねんれう》が貯《たくは》へられたならば時《とき》あつて之《これ》に一點《てん》の火《ひ》を投《とう》ずれば忽《たちま》ち炎々《えん〳〵》として燃《も》え廣《ひろ》がり、殆《ほとん》ど何物《なにもの》をも燒《や》き盡《つく》してしまふやうにならぬとも限《かぎ》りますまい。

又幸《またさいは》ひに一點《てん》の火《ひ》を加《くは》ふる場合《ばあひ》が無《な》くてしまつたとしても、一度妻《ひとたびつま》の心《こゝろ》に動搖《どうえう》を生《しやう》じたならば、水《みづ》も洩《も》らさぬ筈《はず》の夫婦《ふうふ》の間《あひだ》に知《し》らず／＼溝渠《みぞ》が出來《でき》て、何時《いつ》とは無《な》しに相互《さうご》の情《じやう》も冷却《れいきやく》して行《ゆ》くものであります。

此《こ》の間《あひだ》に在《あ》つても幸《さいは》ひに妻《つま》が非常《ひじやう》に淑徳《しゆくとく》の高《たか》い人《ひと》であつたならば、「津《つ》の國《くに》のこやの蘆屋《あしや》の忍《しの》びにもいな／＼われは人《ひと》の妻《つま》なり」【113】と強《つよ》き道義《だうぎ》の觀念《くわんねん》を喚《よ》び起《おこ》して自《みづか》ら心《こゝろ》の内《うち》の燃料《ねんれう》を消却《せうきやく》し去《さ》つてもしまいませうけれ共《ども》、其《それ》は百中《ちう》の一に屬《ぞく》する頗《すこぶ》る希有《けう》の事《こと》で不幸《ふかう》にして先《まづ》は不可能《ふかのう》に屬《ぞく》する場合《ばあひ》が多《おほ》いであらうと存《ぞん》じます。

ですから、妻《つま》の夫《をつと》に對《たい》する貞操《ていさう》は極《きは》めて純潔《じゆんけつ》であらねばならぬ。强固《きやうこ》であらねばなりませぬ。故《ゆゑ》に從來《じうらい》は、其《そ》の危險《きけん》なる機會《きくわい》を作《つく》らぬやうにと、絕對的青年男女《ぜつたいてきせいねんだんぢよ》の接近《せつきん》を禁止《きんし》したのであります。勿論是《もちろんこれ》は消極的《せうきよくてき》であつたでせうが、傷《きずつ》く者《もの》を作《つく》らうよりも寧《むし》ろ其《それ》を豫防《よばう》したのは賢《かしこ》いしかたであつたと申《まを》さなければなりますまい。

とは申《まを》しましても、現今《いま》は何《ど》うしても昔《むかし》のやうに致《いた》す譯《わけ》には參《まゐ》りませぬから、男子《だんし》の

【111】孔子を祖とする古代中国に発生した教学。儒学の教え。

【112】『後撰集』巻第一一　恋三・七二五・読人しらず。『源氏物語』若菜上。「おやある女にしのびてかよひけるを、をとこもしばしは人にしられじといひ侍ければ　よみ人しらず」（ありもしないゴシップだと他人に言ってすませることもできましょう。しかし私の心が聞いたら、どのように答えればよいのでしょうか。）

【113】『古今六帖』第五・人づま・二九八〇・読人しらず「あしのやのこやのしのやのしのびにもいないなまろは人のつまなり」の類歌。

かねての注意が肝要

百の善事も一の貞操に若かず

同胞《どうほう》のある人《ひと》などは、已《や》むを得《え》ず、若《わか》き男子《だんし》と交際《つきあ》ふ場合《ばあひ》もありませうが、かゝる場合《ばあひ》には、常《つね》に自《みづか》ら能《よ》く注意《ちうい》して將來《しやうらい》の事《こと》をも考《かんが》へ、わが身《み》を守《まも》るべき牆壁《しやうへき》をも取《と》り除《のぞ》いて、更《さら》に牽束《けんそく》するものも無《な》き迄《まで》異性《いせい》の心《こゝろ》を我《われ》に接近《せつきん》せしめぬやうに注意《ちうい》し、そして一たび嫁《か》して夫《をつと》に傅《かしづ》く境遇《きやうぐう》となつたら、斷然《だんぜん》と青年男子《せいねんだんし》の交際《かうさい》は取《と》り已《や》める事《こと》が肝要《かんよう》であります。此《こ》の處置《しよち》の何時《いつ》でも出來《でき》ると言《い》ふのは、餘程從來《よほどこれまで》に清《きよ》く正《たゞ》しき交際《かうさい》であらねば故障《こしやう》を生《しやう》じます。縱令《たとへ》、自己《じこ》の良心《りやうしん》には、更《さら》に咎《とが》むるもの無《な》しとするも瓜田《くわでん》の沓《くつ》、梨下《りか》の冠《かんむり》【114】の諺《ことわざ》は、夫《をつと》有《も》つ身《み》には、十分《ぶん》用心《ようじん》して避《さ》け置《お》くべき事《こと》であります。天命即《てんめいすなは》ち「定《さだ》まり事《ごと》」といふ語《ご》も亦決《またけつ》して捨《す》て難《がた》いものであります。「駿馬痴漢《しゅんめちかん》を乘《の》せて走《はし》る」【115】の語《ご》もあり佛家《ぶつけ》に所謂因果因縁《いはゆるいんぐわいんゑん》でありませう。知《ち》も力《ちから》も、ある程度迄《ていどまで》は、薄運《はくうん》の手《て》をも免《まぬ》がれ、將《は》た幸運《かううん》を捉《とら》へる事《こと》に盡《つく》して宜《よろ》しいでせうが、「人事《じんじ》を盡《つく》して天命《てんめい》を俟《ま》た」なければなりませぬ。無理《むり》に運命《うんめい》に逆《さか》らはうとすれば、寧《むし》ろ其《それ》より以上《いじやう》の不幸《ふかう》を招《まね》く事《こと》を悟《さと》らねばなりませぬ。要《えう》するに人《ひと》の妻《つま》たる女子《ぢよし》は、百の善事《よきこと》ありとも、一《い》つの貞操無《ていさうな》ければ不可《ふか》なりと言《い》ふ事《こと》を能《よ》く／＼思《おも》はねばなりませぬ。乃《すなは》ち平素《へいそ》の精神修養《せいしんしうやう》だに克《よ》く出來《でき》て居《を》れば、大抵《たいてい》の事《こと》は平然《へいぜん》として押《お》し通《とほ》して往《ゆ》けるものであります。

自分《わたくし》は旨《むね》と同性《どうせい》の年若《としわか》き人《ひと》の爲《ため》に記《しる》したのですから、勿論婦人本位《もちろんふじんほんゐ》に書《か》いた事《こと》が多《おほ》いのですけれ共《ども》、併《しか》し標題《へうだい》が標題《へうだい》ですから、勢《いきほ》ひ男子《だんし》の方《はう》の事《こと》も多少《たせう》は申《まを》さねばなりませ

婦容といふこと

ぬ。でなるべく簡短《かんたん》に夫《をつと》たる若《わか》き青年男子《せいねんだんし》の覺悟《かくご》をも試《こゝろ》みに雜《ざつ》と述《の》べて見《み》ませう。が、今《いま》一つ妻《つま》の爲《ため》に申《まを》します。

婦容《ふよう》とは東洋《とうやう》では婦《ふ》の四行《かう》と申《まを》した古《ふる》い〳〵時代《じだい》からの大切《たいせつ》な女訓《ぢよくん》の綱目《かうもく》でありました。所《ところ》が此《こ》の古《ふる》い訓《をしへ》を今更《いまさら》、事新《ことあた》らしさうに人《ひと》は言《い》ひ囃《はや》すのであります。乃《すなは》ち「女《をんな》は美《うつく》しくなくては不可《いけ》ぬ。化粧《けしやう》が上手《じやうず》で無《な》くてはならない。少《すく》くも婦人《ひとづま》となつた以上《いじやう》、夫《をつと》をしてあゝ、我が妻《つま》は美《うつく》しい此様《こん》な佳麗《かれい》なる女《をんな》は他《ほか》に無《な》いと思《おも》はせる迄《まで》には至《いた》らずとも、せめては夫《をつと》をして見臭《みぐさ》いと厭《いと》はしく思《おも》はしめないだけの心《こゝろ》がけはあつて欲《ほ》しい」。と申《まを》します。なる程是《ほどこれ》は最《もつと》もの說《せつ》であります。が、是《これ》を年少《としせう》の女子《ぢよし》が妙《みやう》に取《と》り違《ちが》へて生徒時代通學《せいとじだいつうがく》の頃《ころ》から、白壁《しらかべ》のやうに眞白《まつしろ》に白粉《おしろい》をつけたり、華派《けば》々々しい裝《よそほひ》をしたり又婦人《またひとづま》となつたからとて、無暗《むやみ》に流行《りうかう》を逐《お》うたり、如何《いか》がはしい女《をんな》の眞似《まね》を濫《みだ》りにしたりするのは、大變《たいへん》に間違《まちが》つた考《かんが》へであります。何故《なぜ》なれば、白粉《おしろい》を無暗《むやみ》に濃《こ》くつけたり、非常《ひじやう》に華美《はで》な裝《なり》をしたからとて決《けつ》して素質以上《そしついじやう》に美人《びじん》に見《み》えるものではありませぬ。況《いは》んや如何《いか》がはしい婦人《ふじん》の眞似《まね》などを眞面目《まじめ》な家庭《かてい》の人《ひと》が致《いた》したならば、全《まつた》く見《み》られた

【114】「瓜田の沓」、「梨下（李下）の冠」とも。他人に疑われるような事はするなということ。（『古楽府』君子行）

【115】釣り合った相手に出会えないことや、世の中は思うようにいかないことをいったことば。特に、美人がつまらない男と結婚することのたとえ。（『五雑俎』）

ものでは無《な》くて寧《むし》ろ滑稽《こつけい》に類《るい》します。あゝ言《い》ふ社會《しやくわい》の人《ひと》はその社會相應《しやくわいさうおう》の化粧《けしやう》を施《ほどこ》し衣裝《いしやう》を着《き》るのであります。それを吾人《ごじん》が學《まな》びたりとて到底《たうてい》その通《とほ》りになるものではありませぬ。唯濫《たゞみだ》りに右様《みぎやう》の眞似《まね》をする人《ひと》は、他《た》から見下《みさ》げらるゝばかりが落《おち》でありませう。其《それ》ならば、婦容《ふよう》と言《い》ふ事《こと》は何《ど》うすれば可《よ》いかと申《まを》さうならば、そは先矢張昔《まづやはりむかし》の人《ひと》の訓《をし》へたやうに、朝《あさ》は早《はや》く起《お》きて他《ひと》の見《み》ない間《うち》に手早《てばや》く身化粧《みじまひ》をしてまつて、衣裝《いしやう》は常《つね》に清潔《せいけつ》に折目正《をりめたゞ》しく、少《すこ》しも亂《みだ》れ穢《よご》れたる處《ところ》の無《な》いやうにすべきであります。十分《ぶん》を申《まを》せば配色配形《はいしよくはいけい》の規則《きそく》も趣味《しゆみ》も心得《こゝろえ》て居《ゐ》て、清《きよ》らかに美《うつく》しく夫《をつと》をして妻《つま》の心《こゝろ》の美《び》に加《くは》ふるになほ形《かたち》の美《び》に至《いた》るまでも滿足《まんぞく》を感《かん》ぜしむるやうにあらまほしいものではありまするが、其《そ》の方法《はうほふ》も不十分《ふぶん》で趣味《しゆみ》も深甚《しんじん》で無《な》いのに、嫌《いや》に持《も》つて附《つ》けたやうな洒麗《しやれ》かたをするのは寧《むし》ろ見《み》る者《もの》をして嫌惡《けんを》の念《ねん》を懐《いだ》かしむる場合《ばあひ》が少《すく》くありませぬから、さる心得《こゝろえ》の十分《ぶん》ある人《ひと》は別《べつ》して普通《ふつう》は單《たん》に清潔《せいけつ》であり、手早《てばや》くする事《こと》を専《せん》一として、見臭《みぐさ》く無《な》いやうにと心《こゝろ》がくべきであります。

新郎の心得べき事

新郎《むこ》、即《すなは》ち新《あら》たに妻《つま》を迎《むか》へようとし、又《また》は迎《むか》へた所《ところ》の若《わか》き男子《だんし》の茲《こゝ》に心得《こゝろえ》て置《お》かねばならぬ事《こと》があります。

ワイニンゲル氏の二性説

ワイニンゲル氏《し》【116】は、「女性《によせい》に二種類《しゆるゐ》あり。と論《ろん》じて其《そ》の一は花《はな》なる婦人《ふじん》、一つは實《み》たる婦人《ふじん》である。‖氏《し》の詞《ことば》はもつと露骨《ろこつ》ですけれ共《ども》、自分《わたくし》は假《かり》に花實《くわじつ》と申《まを》しておきま

兩者の長短を加味したし

す。＝前者《ぜんしや》は花《はな》やかで才氣煥發《さいきくわんぱつ》で頗《すこぶ》る趣味《しゆみ》があるけれ共浮薄《どもふはく》で不經濟家《ふけいざいか》である。後者《こうしや》は着實《ちやくじつ》で、勤儉家《きんべんか》であるが、才氣《さいき》が無《な》くて趣味《しゆみ》に乏《とぼ》しく卑吝《ひりん》【117】に傾《かたむ》く。前者《ぜんしや》は夫《をつと》に對《たい》する愛情《あいじやう》は深《ふか》いが稍《やゝ》もすれば節操《せつさう》を保《たも》ち難《がた》い事《こと》がある。後者《こうしや》は子《こ》に對《たい》する慈愛《じあい》は深《ふか》いが、夫《をつと》に對《たい》しては寧《むし》ろ冷淡《れいたん》の傾《かたむ》きがある。けれ共《ども》、併《しか》し貞操《ていさう》を失《うしな》ふやうな事《こと》は無《な》い。そして英雄豪傑有爲《えいいうがうけついうゐ》の士《し》と言《い》はれる如《やう》な進取的《しんしうてき》な男子《だんし》は前者《ぜんしや》を欲《ほつ》し、地味《ぢみ》な學者肌《がくしやはだ》の人《ひと》や、退歩的《たいほてき》な人《ひと》は後者《こうしや》を好《この》む。云々《うん〳〵》」と申《まを》して居《を》ります。前《まへ》にも一寸男女性格《ちよつとだんぢよせいかく》の所《ところ》に述《の》べて置《お》いたやうに、此《こ》の二種《しゆ》の女性《にしやう》と雖《いへど》も、極端《きよくたん》に此《こ》の性格《せいかく》を混《まじ》り無《な》く持《も》つて居《を》る婦人《ふじん》は滅多《めつた》にありますまいけれ共《ども》、孰《いづ》れか類似《るゐじ》の點《てん》の多《おほ》いのは、實際《じつさい》に往々《わう〳〵》見出《みいだ》すのであります。又中《またなか》には其《そ》の兩性《りやうせい》の長所《ちやうしよ》ばかりを備《そな》へた女子《ぢよし》も、亦短所《またたんしよ》のみを備《そな》へた女子《ぢよし》も、偶《たま》にはありませうけれ共《ども》、先《まづ》は善惡《ぜんあく》ともに、極端《きよくたん》なものは少《すく》ないのであります。そして兎角若《とかくわか》き男子《だんし》の溺《おぼ》れ易《やす》いのは前者《ぜんしや》の性格《せいかく》なる女子《ぢよし》に在《あ》ります。で、婚《こん》を選《えら》ぶにも然《しか》り、婚後《こんご》の要求《えうきう》も亦然《またしか》る事《こと》もあります。が、是《これ》は能《よ》く考《かんが》へて一時《じ》の花《はな》のみを摘《つ》まうとしてはならぬのであります。若《も》しも妻《つま》が前者《ぜんしや》に傾《かたむ》いて居《ゐ》たならば、務《つと》めて後者《こうしや》の長所《ちやうしよ》を附《つ》け加《くは》へるやうにし、後者《こうしや》に屬《ぞく》して居《ゐ》たらば、なるべく前者《ぜんしや》の長所《ちやうしよ》を加味《かみ》するやうにして

【116】第七章注6参照。

【117】いやしいこと。けちなこと。

妻は果して教化し得べき乎

漸次《ぜんじ》吾が欲《ほつ》する所《ところ》の色彩《しきさい》に染《そ》めて行《ゆ》くやうにすべきであります。即《すなは》ち氣質《きしつ》の變化《へんくわ》に至《いた》るは教育《けういく》の眞意義《しんいぎ》でありまして至難《しなん》には相違無《さういな》いが不可能《ふかのう》ではありませぬ。けれ共《ども》、妻《つま》を教《おし》ふるは存外他人《ぞんぐわいたにん》を教《をし》ふるよりも亦子《またこ》を教《をし》ふるよりも至難《しなん》のものと見《み》えます。世界《せかい》の四聖《せい》と言《い》はれたソクラテス【118】でさへも、妻《つま》の剛悍《がうかん》を和《やは》げる事《こと》は出來《でき》ませんでした、又近《またちか》くはトルストイ【119】伯《はく》も、夫人《ふじん》は自己《じこ》と同化《どうくわ》する事《こと》は出來《でき》なかつたと申《まを》します。で夫《をつと》が妻《つま》を化《くわ》し得《え》たとすれば、其《それ》は夫《をつと》の力《ちから》も認《みと》めない譯《わけ》には參《まゐ》りませぬけれ共《ども》、妻《つま》にも化《くわ》され得《う》べき資質《ししつ》があつたものと申《まを》さなければなるまいと存《ぞん》じます。夫《をつと》は我《わ》が力《ちから》の能《あた》ふ限《かぎ》りを教化《けうくわ》して然《しか》る後《のち》に猶能《なほあた》はざるは所謂運命《いはゆるうんめい》と觀念《くわんねん》するより致《いた》し方《かた》はありますまい。

妻は最初に教ふべし

新郎即《しんらうすなは》ち新《あら》たに妻《つま》を迎《むか》へた若《わか》き男子《だんし》は、最初《さいしよ》は大抵物珍《たいていものめづ》らしさに、妻《つま》の足《た》らぬ所《ところ》も大目《おほめ》に見《み》、又少《またすこ》しく可《よ》い事《こと》には非常《ひじやう》に滿足《まんぞく》を表《へう》するものです。其《そ》の上《うへ》、他《た》の人手《ひとで》を勞《らう》したよりも妻《つま》に用《よう》を足《た》して貰《もら》ふ事《こと》は、甚《はなは》だ氣易《きやす》く感《かん》ずるでありませう。又妻《またつま》の方《はう》で見《み》ると、まだ何事《なにごと》にも不馴《ふなれ》であるから、先大抵愼《まづたいていつゝし》みを旨《むね》と致《いた》しませう。若《わか》き新婦《にひづま》の肅《つゝまし》やかに、物事《ものごと》に心づかいしつゝ、爲《な》す初々《うい〳〵》しさは、夫《をつと》の目《め》からは、其《そ》の眞價《しんか》よりも善《よ》くも感《かん》じませうし、又可憐《またかれん》にも思《おも》ふでありませう。

其所《そこ》で夫《をつと》は常《つね》に笑顔《えがほ》を以《も》つて妻《つま》に對《たい》して居《を》る間《うち》に、知らず〳〵妻《つま》をして心《こゝろ》の緩《ゆる》みを與《あた》

新婦に對しては壺の如くなれ

へます。斯《か》くて一度妻《ひとたびつま》の心《こゝろ》に緩《ゆる》みが出來《でき》ますと、其《それ》から夫《をつと》に狃《な》れ過《す》ぎて稍《やゝ》もすれば輕侮《けいぶ》の念《ねん》も生《しやう》じ、言行《げんかう》にも見《あらは》るゝやうになります。

左様《さう》すると夫《をつと》の最初《さいしよ》の眞《しん》の笑顔《ゑがほ》も其《そ》の次《つぎ》には苦笑《にがわらひ》となり、又其《またそ》の次《つぎ》には、澁面《じうめん》となり、終《つひ》には怒聲《どせい》を發《はつ》する事《こと》もあるやうになりませう。と、妻《つま》は忽《たちま》ち不平《ふへい》を抱《いだ》きませう。「夫《をつと》の心《こゝろ》が變《かは》つた」「夫《をつと》の素振《そぶり》が違《ちが》つた」と斯《か》う疑《うたが》ひの念《ねん》を生《しやう》じて參《まゐ》ります。左様《さう》すると、何《なに》かにつけて過去《くわこ》の圓滿《ゑんまん》なる家庭《かてい》は再《ふたゝ》び見《み》る事《こと》が出來《でき》なくなるのであります。是則《これすなは》ち夫《をつと》が先《まづ》其《そ》の初《はじ》めに於《お》いて、克《よ》く妻《つま》を教《をし》へなかつた失策《しつさく》から起《おこ》る所《ところ》のものであります。

「妻《つま》に對《たい》しは壺《つぼ》の如《ごと》くなれ」と言《い》ふ語《ご》があります。其《それ》は何《ど》う言《い》ふ意味《いみ》かと申《まを》しますれば、乃《すなは》ち新婦《しんぷ》を迎《むか》へた時《とき》には、先壺《まづつぼ》の如《やう》に口《くち》は狹《せま》く小《ちい》さく、中《なか》は廣《ひろ》く深《ふか》くあれとの義《ぎ》であります。詳《くは》しく言《い》はゞ、夫《をつと》は妻《つま》に對《たい》して、先始《まづはじ》めには無暗《むやみ》に踏《ふ》み込《こ》まれぬやうに注意《ちうい》し、そして其《そ》の氣心《きごゝろ》を知《し》るに及《およ》びて、十分《ぶん》に心《こゝろ》も打《う》ち開《ひら》いて、何《なん》でも入《はい》るやうにし情《じやう》も

【118】(Socrates, 前四七〇～前三九九)。古代ギリシャの哲学者。著作はなく、弟子のプラトンらの対話編や回想で伝わる。

【119】レフ・ニコライエヴィチ・トルストイ（Lev Nikolayevich Tolstoy, 一八二八～一九一〇)。帝政ロシアの小説家、思想家で、一九世紀ロシア文学を代表する文豪。代表作に『戦争と平和』『アンナ・カレーニナ』『復活』など。白樺派をはじめ日本の知識人にも大きな影響を与えた。

朋友の交際も亦然ることあり

男子も虚榮に捕はるゝ事無きか

妻の力に依るは非か

益々《ます〳〵》深《ふか》くあらまほしいと言《い》ふのださうです。

所《ところ》が大抵《たいてい》若《わか》き男子《だんし》の妻《つま》を娶《めと》つた時《とき》には、最初《さいしよ》には非常《ひじやう》に愛《あい》して居《ゐ》たのが、其《そ》の馴《な》るゝに從《したが》つて寧《むし》ろ冷却《れいきやく》するやうに見《み》えます。是《これ》はなる程壺《ほどつぼ》の如《ごと》き方《はう》が大丈夫《だいじやうぶ》であつて、そして妻《つま》たる人《ひと》も寧《むし》ろ其《そ》の方《はう》が滿足《まんぞく》でありませう。例之《たとへ》ば、友達《ともだち》の交際《かうさい》にした所《ところ》が、始《はじ》めは大層調子《たいそうてうし》が好《よ》くて何《なん》でも彼《か》でも相談《さうだん》もし信頼《しんらい》もし、尚且自分《なおかつじぶん》に對《たい》しては絶對《ぜつたい》に盡《つく》してくれたものが、日《ひ》を經《ふ》るに從《したが》つて、寧《むし》ろ漸々《だん〳〵》冷《つめ》たくなつた薄《うす》くなつたと言《い》ふよりも、始《はじ》めは何《なん》だか左程《さほど》でも無《な》いやうに思《おも》つたのであつたが、段々《だん〳〵》交際《つきあ》ふ程《ほど》、頼《たの》もしい所《ところ》のある人《ひと》、眞心《まごゝろ》の深《ふか》い人《ひと》で、且《かつ》能《よ》く己《おのれ》を知《し》る友《とも》であると言《い》ふ方《はう》が、屹度長續《きつとながつゞ》きもし愉快《ゆくわい》でもありませう。

世人《せじん》は女子《ぢよし》を虚榮《きよえい》の權化《ごんげ》の如《やう》に申《まを》します。なる程男子《ほどだんし》に比《くら》べたならば其《そ》の數《すう》に於《お》いて女子《ぢよし》の方《はう》が多《おほ》くあらうし、又其《またそ》の憧憬《あこが》れ方《かた》が、幼稚《えうち》で憫笑《びんせう》を招《まね》き易《やす》いのでありませうけれ共《ども》、近來男子《きんらいだんし》の求婚條件《きうこんでうけん》を見《み》ると、中《なか》には男子《だんし》も虚榮《きよえい》なる惡魔《あくま》の捕虜《とりこ》になつて居《を》るのではあるまいかと思《おも》はれる事《こと》があります。

乃《すなは》ち妻《つま》の生家《せいか》の地位《ちゐ》の高《たか》き事《こと》、權勢《けんせい》のある事《こと》、及《およ》び金滿家《きんまんか》である事《こと》が唯《ゆゐ》一の條件《でうけん》である者《もの》は、先多少《まづたせう》の虚榮心《きよえいしん》の含蓄《がんちく》して居《を》る事《こと》を考《かんが》へねばなりませぬ。‖併《しか》し人《ひと》には種々《しゆ〳〵》の事情《じゞやう》のあるものですから勿論是《もちろんこれ》は一概《がい》には申《まを》されませぬが、‖此《こ》の要求者《えうきうしや》は

先輩も是によつて成功せるあり

頼朝は結婚政略的の成功者には非ず

一寸都合《ちよつとつがふ》の好《よ》い目的《もくてき》のやうであります。妻《つま》の生家《せいか》が有力者《いうりよくしや》であれば、其《それ》を青雲《せいうん》【120】の階梯《かいてい》として十分吾《ぶんわ》が技量《ぎりやう》を延《の》ばす事《こと》が出來《でき》る。乃《すなは》ち飛躍《ひやく》の捷程《ちかみち》であると考《かんが》へられませう。古往今來《こわうこんらい》、東西共《とうざいとも》に天晴《あつぱれ》なる先輩《せんぱい》も大分此《だいぶこ》の道《みち》によつて成功《せいこう》した人《ひと》が少《すく》なく無《な》いと思《おも》ふのでありませう。

如何《いか》にも其《そ》の通《とほ》りであります。若《も》しも此《こ》の男子《だんし》が多年《たねん》の志《こゝろざし》を遂《と》げ得《え》て君國《くんこく》の爲《ため》に大功《たいこう》を奏《そう》するとか、又《また》は大事業《だいじげふ》を起《おこ》し大發明《だいはつめい》をなし、或《ある》ひは又種々《またしゆ〴〵》の有益有利《いうえきいうり》な事《こと》を企《くはだ》て、成功《せいこう》し、そして其《そ》の助《たす》けとなつた妻《つま》も、階梯《かいてい》となつた妻《つま》の生家《せいか》も、悦《よろこ》んで其《そ》の夫《をつと》其《そ》の婿《むこ》の器量《きりやう》を讃美《さんび》し其《そ》の成功《せいこう》を祝福《しゆくふく》するならば、三方《ぽう》四方圓《ほうまる》く治《おさ》まつて、めでたし〳〵の有終《いうしう》の美《び》を收《をさ》められませうけれ共《とも》、世《よ》の中《なか》の事《こと》は却々《なか〳〵》左樣《さう》ばかりは行《ゆ》かぬものであります。

幕府《ばくふ》七百年《ねん》の覇業《はげふ》を創《はじ》めて而《し》かも立派《りつぱ》な成功《せいこう》を收《をさ》めた智謀膽略《ちぼうたんりやく》、三千年《ねん》の歴世中《れきせいちう》に多《おほ》く得難《えがた》き梟雄《きやうゆう》【121】頼朝公《よりともこう》ですらも、妻《つま》の生家《せいか》の助《たす》けによつて成功《せいこう》した偉業《ゐげふ》は終《つひ》にその嘗《かつ》て助《たす》けられた手《て》によつて覆《くつが》へされ災害《わざはひ》の蕭牆《かき》【122】の下《もと》から起《おこ》つて、あはれ後無《のちな》きにいたりま

【120】立身出世して地位が高いことのたとえ。高位・高官。

【121】残忍で勇猛であること。あらあらしくて強いこと。また、そのような人。

【122】かこい。かき。君臣の会見場所に設けたかこい。転じて、一家一族。みうち。

した。

で、希《こひねがは》くは男子《だんし》の妻《つま》を求《もと》むるに當《あた》りては、なるべく、力《ちから》を妻《つま》の生家《せいか》に借《か》るの野望《やぼう》は斷《た》たしめたいものであります。勿論活社會《もちろんくわつしやくわい》の事《こと》は琴柱《ことぢ》に膠《にかは》す【123】べきではありませぬから、虚榮心《きよえいしん》に似《に》たる結婚即《けつこんすなは》ち妻《つま》の生家《せいか》の富貴《ふうき》に依《よ》らなければ何《ど》うしてもならぬ場合《ばあひ》もありませうが、其《そ》の時《とき》には少《すく》なくも前述《ぜんじゆつ》の事共《ことども》を能《よ》く考《かんが》へて、豫《あらかじ》め能《あた》ふべき丈《だけ》の注意《ちうい》してか丶らねばならないであらうと存《ぞん》じます。

美と才とを頼むべきか

其《それ》ならば、妻《つま》の生家《せいか》の富《とみ》も頼《たの》まぬ貴《たうと》きも欲《ほつ》せぬ。余《われ》は唯花《たゞはな》の如《ごと》き美人《びじん》の旦暮傍《あけくれかたは》らに侍《じ》して、さま〴〵の外《ほか》に對《たい》する苦勞《くらう》の慰《なぐさ》めとなつてくれ丶ば可《よ》いとか、或《ある》ひは又《また》は十分《ぶん》立派《りつぱ》な教育《けういく》を受《う》けて居《ゐ》て、快濶《くわいくわつ》で交際上手《かうさいじやうず》で能《よ》く夫《をつと》の助《たす》けとなつてくれるならば、其《それ》では滿足《まんぞく》であらうかと申《まを》しますると、其《それ》も亦全然《またぜん〳〵》安心《あんしん》とは申《まを》されませぬ。美人《びじん》は兎角他《とかくた》の誘惑《いうわく》にか丶り易《やす》くあります。他《た》からもて囃《はや》さる丶儘《まゝ》に知《し》らず〳〵自負驕慢心《じふけうまんしん》が起《おこ》り易《やす》くあります。且自己《かつじこ》の美《び》をして益々《ます〳〵》美《び》ならしめようと欲《ほつ》しますから、何《ど》うしても奢侈《おごり》に傾《かたむ》き易《やす》くあります。是《これ》は又夫《またをつと》たる者《もの》に取《と》つては孰《いづ》れも心安《こゝろやす》からぬ事《こと》であります。

勿論美《もちろんび》にして賢《けん》なる婦人《ふじん》も稀《まれ》にはあるのですが、是《これ》は却々少數《なか〳〵せうすう》でありますから、先《まづ》容易《ようい》には望《のぞ》み難《がた》い事《こと》でありますので、若《も》しも妻《つま》の容色《ようしよく》が優《すぐ》れて居《ゐ》たならば最初《さいしよ》より能《よ》く教《をし》へ戒《いまし》めて、美人《びじん》の通有《つういう》なる惡弊《あくへい》に陷《おちい》らぬやうに注意《ちうい》して遣《や》らなければならず、自《みづか》

心の美と形の美とを要す

らも亦《また》其《そ》の外貌《ぐわいばう》の美《び》に惑溺《わくでき》して心眼《しんがん》の曇《くも》るやうな事《こと》の無《な》いやうに注意《ちうい》すべきであります。併《しか》し幸《さいは》ひに夫《をつと》の指導宜《しどうよろ》しきを得《え》、妻《つま》の心《こゝろ》がけが美《うるは》しかつたならば、漸々《ぜん〳〵》其《そ》の婦徳《ふとく》も進《すゝ》み容貌《ようばう》の美《び》と精神《せいしん》の美《び》と二つながら、相俱《あひぐ》して立派《りつぱ》な内助《ないじよ》を得《え》たる夫《をつと》の幸福《かうふく》は此《こ》の上《うへ》も無《な》いものでありませう。

新婦の才氣を激賞すべからず

又妻《またつま》には十分教育《ぶんけういく》も受《う》けて居《を》り快濶敏捷《くわいくわつびんせう》で、交際《かうさい》に上手《じやうず》であると云《い》ふ事《こと》も亦夫《またをつと》に取《と》つては甚《はなは》だ満足《まんぞく》を感《かん》ずる譯《わけ》であります。所《ところ》が、今《いま》の所謂立派《いはゆるりつぱ》な教育《けういく》と稱《しよう》するものは、稍《やゝ》もすれば其《そ》の學力《がくりよく》をさし技藝《ぎげい》を言《い》ふに止《とゞ》まる事《こと》があります。學藝《がくげい》もとより人《ひと》としては大切《たいせつ》な事《こと》ではありませうが、學力《がくりよく》と藝術《げいじゆつ》と、必《かなら》ずしも女徳《によとく》を高《たか》めるものとは限《かぎ》りませぬ。學力《がくりよく》あるが故《ゆゑ》に、夫《をつと》や舅姑《きうこ》にも相下《あひくだ》らず、藝術《げいじゆつ》あるが故《ゆゑ》に自《みづか》ら負《お》ふ所多《ところおほ》くして寧《むし》ろ忍耐強《にんたいづよ》く無《な》いと言《い》ふ人《ひと》も往々《わう〳〵》あるものでございます。又機敏《またきびん》にして交際上手《かうさいじやうず》な婦人《ふじん》などに至《いた》つては自《みづか》ら其《そ》の才《さい》を頼《たの》んで夫《をつと》を凌《しの》ぎ他《ひと》に狃《な》れ、或《ある》ひは「女怜悧《をんなさか》しうして牛賣《うしう》り損《そこな》ふ」【124】失策《しつさく》を招《まね》く事《こと》が無《な》いとも申《まを》されませぬ。斯《か》う言《い》ふ人《ひと》は前述《ぜんじゆつ》の花《はな》に屬《ぞく》する女性《によしやう》でありまして、變《かは》り易《やす》く散《ち》り安《やす》く、先《まづ》は實《み》が無《な》いものであります。故《ゆゑ》に若《も》し妻《つま》に斯《か》くの

【123】第三章注18参照。

【124】女は、利口のようでも大局を見通す力が無く、目先の欲にとらわれて、かえって事を仕損じるというたとえ。女賢しくて牛売られぬ。

妻の才學を伸べしめよ

如《ごと》き性格《せいかく》が見《み》えたら最初《さいしよ》に餘《あま》り其《そ》の才《さい》を褒《ほ》めたり事毎《ことごと》に一任《にん》したり、他《ひと》と交際《かうさい》を盛《さか》んにさせたりしないで、十分着實《ぶんちやくじつ》なる思想《しさう》を練《ね》るべく修養《しうやう》を重《かさ》ねしめ、才《さい》が徳《とく》に勝《か》たぬやうに注意《ちうい》しなければなりませぬ。併《しか》し右様《みぎやう》の婦人《ふじん》に指導《しどう》宜《よろ》しきを得《え》て駕御中正《がぎよちうせい》【125】を得《う》れば、必《かなら》ず克《よ》く内助《ないじよ》の功《こう》を奏《そう》するやうになることもあります。

併《しか》し又若《またも》しも妻《つま》の才智學識《さいちがくしき》が夫自身《をつとじしん》よりも優《すぐ》れて居《を》ると言《い》ふやうな事《こと》があつた時《とき》には＝是《これ》は稀有《けう》の例《れい》ですけれ共《ども》＝夫《をつと》は決《けつ》して之《これ》に對《たい》して嫉妬《しつと》がましい心《こゝろ》を起《おこ》して是《これ》を壓制《あつせい》してはなりませぬ。自《みづか》らは其《そ》の身《み》の徳《とく》を修《おさ》めて妻《つま》をして、其《そ》の力《ちから》を伸《の》ばさしめて遣《や》るべきであります。

徳《とく》は學問《がくもん》から生《うま》れる事《こと》が多《おほ》く、優《すぐ》れたる技術《ぎじゆつ》からも亦生《またうま》れる事《こと》がありますが、併《しか》し其以外《それいがい》にも有徳《いうとく》の人《ひと》が隨分《ずゐぶん》あるものでございます。自分《わたくし》は佐久間象山先生《さくましやうざんせんせい》【126】の姉《あね》の夫《をつと》北山朴翁《きたやまぼくおう》の事《こと》に就《つ》いて深《ふか》く感《かん》じた事《こと》があります。なる程《ほど》、象山先生《しやうざんせんせい》の姉《あね》は立派《りつぱ》な賢婦人《けんぷじん》でありましたらう。彼《あ》の當時《たうじ》に在《あ》つて和漢《わかん》の學《がく》に通《つう》じ且蘭學《かつらんがく》をも修《をさ》め、凡《およ》そ女《ぢよ》紅《こう》【127】に於《お》いては、一つも達《たつ》せざるものなしと言《い》ふに至《いた》つては、實《じつ》に珍《めづ》らしい多能《たのう》の人《ひと》と申《まを》さなければなりませぬ。そして愚鈍淺學《ぐどんせんがく》と言《い》はれた夫《をつと》を助《たす》けて克《よ》く是《これ》をして過《あやま》ち無《な》からしめ、且其《かつそ》の家運《かうん》をして益々《ます〳〵》隆盛《りうせい》ならしめしが如《ごと》きは、即《すなは》ち此《こ》の婦人《ふじん》の徳《とく》に歸《き》すべき事《こと》は勿論《もちろん》でありまするが、聞《き》く所《ところ》によれば、婦人《ふじん》は却々《なか〳〵》氣《き》かぬ氣《き》の、意志《いし》の強《つよ》い人《ひと》で

備はるを求むる
勿れ

あつたさうです。然《しか》るに夫朴翁《をつとぼくおう》は其《そ》の本業《ほんげふ》の醫術《いじゆつ》に於《お》ける一切《いつさい》の事《こと》をさへ、一々《いち〳〵》此《こ》の賢《かしこ》い妻《つま》に謀《はか》つて致《いた》しまして敢《あへ》て自《みづか》ら專《もつぱ》らにせず、全《まつた》く妻《つま》を以《も》つて一つの益友《えきいう》の如《ごと》く見爲《みな》して居《ゐ》たと申《まを》します。ですから、誠《まこと》に家庭《かてい》は圓滿《ゑんまん》であつたと申《まを》す事《こと》であります。茲《こゝ》に於《お》いて、自分《わたくし》は此《こ》の象山先生《しやうざんせんせい》の姉《あね》を賢婦人《けんぷじん》と、稱《しよう》する事《こと》に躊躇《ちうちよ》せぬと同時《どうじ》に、世人《せじん》は淺學《せんがく》愚鈍《ぐどん》と考《かんが》へて居《ゐ》たと聞《き》く夫朴翁《をつとぼくおう》をも亦《また》、有徳《いうとく》の君子《くんし》、度量寛厚《どりやうくわんこう》の人《ひと》と申《まを》したいと存《ぞん》じます。妻《つま》は一體同體《たいどうたい》のものです。自《みづか》らの短《みじか》き所《ところ》を足《た》さするに何《なん》の遠慮《えんりよ》が要《い》りませう。宜《よろ》しく是《これ》をして己《おの》れに代《かは》つて成功《せいこう》せしめるに寛大《くわんだい》なるべきものであります。故《ゆゑ》に自分《わたくし》は朴翁《ぼくおう》も亦《また》一種の男子《だんし》に對《たい》して好範《かうはん》を示《しめ》した人《ひと》と言《い》ふに憚《はゞか》らないのでございます。

又新郎《またしんらう》は己《おの》れ自身《じしん》も未《ま》だ世故《せこ》に馴《な》れぬ所《ところ》から、新婦《しんぷ》が先相當《まづさうたう》の教育《けういく》を受《う》けて居《ゐ》た等《など》と聞《き》いて居《ゐ》ると、何《なん》でも十分《ぶん》能《よ》く出來《でき》るやうに考《かんが》へて、彼《かれ》も是《これ》もと命《めい》じます。そして其《それ》が不滿足《ふまんぞく》であれば早速《さつそく》がみ〳〵と叱《しか》つたり怒《おこ》つたりする事《こと》があるものでございます。併《しか》

【125】駕御は、人を自分の思うままに使うこと。中正は、かたよらず、公正であること。また、そのさま。中庸。

【126】江戸末期の学者で開国論者。信濃松代藩士。佐藤一斉（下田歌子と同郷の美濃岩村藩（岐阜県恵那市岩村町）の年寄（家老）の家に生まれた儒学者。林述斎に師事、昌平坂学問所・昌平黌御儒者（教授））に師事、朱子学を修め、蘭学・砲学に通じた。西洋技術を摂取し産業開発と軍備充実を唱えるも攘夷派の狼士に暗殺された。文化八～文治元年（一八一一～一八六四）。

【127】女子の仕事。

家庭の舵は夫自ら取るべし

し新婦《しんぷ》の家庭《かてい》其《そ》の他《た》にて特別《とくべつ》に注意《ちうい》して家事《かじ》を實際《じつさい》に教《をし》へ込《こ》んでゝもあれば格別《かくべつ》、到底《たうてい》高女《かうぢよ》の卒業《そつげふ》又《また》はある專門學校《せんもんがくかう》を濟《す》ませた位《ぐらゐ》では直《すぐ》に其《それ》が實地《じつち》に應用《おうよう》して立派《りつぱ》に出來《でき》るものではありませぬから＝勿論《もちろん》、新婦《しんぷ》の方《はう》では、實際《じつさい》に役《やく》に立《た》たぬのは申譯無《まをしわけな》しと考《かんが》へて、一日《にち》も早《はや》く間《ま》に合《あ》ふやうにしなければならぬのですが＝矢張夫《やはりをつと》の方《はう》にも辛抱《しんばう》して妻《つま》の實地《じつち》に馴《な》れるのを待《ま》たなければならぬと同時《どうじ》に、能《よ》く是《これ》を教《をし》へ導《みちび》き戒《いまし》め勵《はげ》ますやうにしたいものであります。且人《かつひと》には自《みづか》ら長所《ちやうしよ》と短所《たんしよ》とがあつて、却々《なか〳〵》一人《ひとり》で萬能《ばんのう》を備《そな》へて居《を》る者《もの》は先無《まづな》い筈《はず》でありますから是等《これら》もよく考《かんが》へて置《お》かなければなりますまい。

扨《さて》、家人《かじん》を滿載《まんさい》した家庭《かてい》と言《い》ふ一個《こ》の船《ふね》の舵取《かぢと》りは、何《ど》うしても先夫《まづをつと》なる人《ひと》がしなければなりませぬ。無經驗《むけいけん》にして年若《としわか》き新婦《しんぷ》の指導矯正《しだうけうせい》は申《まを》す迄《まで》も無《な》く、實父母《じつふぼ》や同胞《どうはう》や其《そ》の他《た》親戚《しんせき》との折合上《をりあひじやう》にも亦常《またつね》に注意《ちうい》して、相互《さうご》の感情《かんじやう》を融和《ゆうわ》しなければなりませぬ。勿論男子《もちろんだんし》は外《そと》に出《いで》て君國《くんこく》の爲《ため》に活動《かつどう》し辛苦《しんく》もしなければならないのですから、幾《いく》ら家庭《かてい》の折合《をりあひ》の可《よ》いやうにと思《おも》つた所《ところ》で、細《こま》かい事《こと》に迄注意《までちうい》したり、世話《せわ》を燒《や》いたりする事《こと》の出來《でき》る筈《はず》も無《な》し、又《また》しない方《はう》が寧《むし》ろ宜《よろ》しいでありませうけれ共《ども》、唯大體《たゞだいたい》に於《お》いて、其《そ》の心《こゝろ》がけさへあれば可《よ》いのであります。そして妻《つま》をして一日《にち》も早《はや》く自己《おのれ》に代《かは》つて舵取《かぢとり》の出來《でき》るやうに仕込《しこ》むが可《よ》いと存《ぞん》じます。

然《しか》るに不注意《ふちうい》な夫《をつと》は己《おの》れが外《そと》に在《あ》つて不愉快《ふゆくわい》な事《こと》であつた時《とき》には尚更《なほさら》の事《こと》、妻《つま》の不行《ふゆき》

愛と敬とを失はざれ

届《とゞ》きを其《そ》の儘《まゝ》、否笠《いなかさ》を掛《か》けてさへ、父母《ふぼ》や同胞《どうはう》に訴《うつた》へて怒《いか》つたり、或《ある》ひは又父母同胞《またふぼどうはう》の後言《かけこと》の有丈《ありたけ》を妻《つま》に咄《はな》して小言《こゞと》を申《まを》したりするのであります。これらは夫自身《をつとじしん》が申《まを》す小言《こゞと》よりも妻《つま》にはつらく感《かん》じます。子息《むすこ》が口《くち》に出任《でまか》せの訴《うつた》へよりも、親兄弟《おやきやうだい》は嫌《いや》に思《おも》ひます。斯《か》くて家庭《かてい》には漸々《ぜん〳〵》穏《おだ》やかならぬ空氣《くうき》が漂《たゞよ》うて來《く》るのであります。是《これ》は丁度舵取《ちやうどかぢとり》が、自分《じぶん》は舵《かじ》を打捨《うつちや》つて置《お》いたり舵《かぢ》を取《と》り違《ちが》へたりして置《お》いて舟子《ふなこ》の舟《ふね》の漕《こ》ぎやうが悪《わる》いとて小言《こゞと》を言《い》ふのと同《おな》じ事《こと》であります。

夫自身《をつとじゝん》が好《この》んで結婚《けつこん》した新婦《しんぷ》は言《い》ふ迄《まで》も無《な》し。縦令父母又《たとへふぼまた》は其《そ》の他《た》の人《ひと》から勸《すゝ》められた妻《つま》であつても、既《すで》に縁《えん》あつて偕老同穴《かいらうどうけつ》【128】を契《ちぎ》り、一生《いつしやう》の苦樂《くらく》を共《とも》にすべき半身《はんしん》たる妻《つま》とした以上《いじやう》、よしや氣《き》に満《み》たぬ事《こと》があらうとも、不満足《ふまんぞく》の點《てん》があらうとも、之《これ》を恕《じよ》し之《これ》を忍《しの》び我《わ》が心《こゝろ》のあらん限《かぎ》り、我《わ》が力《ちから》の及《およ》ぶ丈《だけ》を妻《つま》の爲《ため》に盡《つく》して其《そ》の足《た》らざるを補《おぎ》なうてやつて、そして猶不十分《なほふじふぶん》なるは、なるべく忍《しの》ばねばなりますまい。是《これ》が他《た》から迎《むか》へた妻《つま》と思《おも》ふから心《こゝろ》に適《かな》はぬとて離縁沙汰《りえんさた》も起《おこ》るのですけれ共《ども》、若《も》しも吾《わ》が子《こ》であつたら何《なん》といたしませう。吾《わ》が力《ちから》に矯《た》め直《なほ》して見《み》て、猶且能《なほかつあた》はざるも忍《しの》ばねばなりますまい。其《それ》を思《おも》うて耐《た》へ得《う》べき限《かぎ》りは、其《そ》の不足《ふそく》をも我慢《がまん》すべきであります。況《いは》んや左程《さほど》の缺點《けつてん》

【128】夫婦が長生きして、死後も同じ墓に葬られる意で、夫婦の契りの固いこと、むつまじく幸福な理想の結婚生活をいう。

も先無《まづな》しとしたならば、大抵《たいてい》で満足《まんぞく》しなければなりませぬ。そして、新婦《しんぷ》は何《なん》と申《まを》しても昨日迄《きのふまで》は見《み》も知《し》らぬ他《ひと》の家庭《かてい》へ一人《ひとり》入《い》つて來《き》たのですから。夫《をつと》ばかりが頼《たの》みの綱《つな》であります。故《ゆゑ》に夫《をつと》は是《こ》の頼《たよ》り無《な》き者《もの》を恕《おもひや》つて深《ふか》く厚《あつ》き愛《あい》を加《くは》へねばなりませぬ。

是《これ》と同時《どうじ》に又一方《またいつぱう》には妻《つま》は己《おの》れが目下《めした》であるとは言《い》へ、陰陽和《いんやうわ》を得《え》て萬物《ばんぶつ》資《よ》り生《しやう》じ、夫婦室《ふうふしつ》に居《を》つて始《はじ》めて子孫《しそん》の繁榮《はんえい》をも期《き》せられます。其《そ》の點《てん》から申《まを》せば夫《をつと》と稱《しよう》し妻《つま》と呼《よ》ぶも同《おな》じく是《こ》の家《いえ》の爲《ため》に大切《たいせつ》な一員《ゐん》でありますから、幾《いく》ら親《した》しき仲《なか》なりとて、矢張《やはり》一種《しゆ》の敬意《けいい》を失《うしな》つてはなりませぬ。其《それ》は强《あなが》ち夫《をつと》も妻《つま》と同様《どうやう》に尊稱《そんしよう》を以《も》つて呼《よ》べとか、丁寧《ていねい》の詞《ことば》を使《つか》へとか申《まを》すのではありませぬ。其《それ》は宜《よろ》しく普通《ふつう》一般《ぱん》の詞《ことば》を用《もち》ひ取《と》り扱《あつか》ひを致《いた》して可《よ》いのですが、心中《したした》には敬意《けいゝ》を含《ふく》まれて居《を》るやうで無《な》ければなるまいと申《まを》すのであります。人《ひと》に敬《けい》を加《くは》ふれば人亦我《ひとまたわれ》に敬《けい》を加《くは》ふ」。又《また》、「人自《ひとみづか》ら侮《あなど》つて後人《のちひと》これを侮《あなど》る」【129】の古語《こゞ》を思《おも》はねばなりませぬ。

緩嚴宜しきに適はしめよ

又妻《またつま》は唯狆《たゞちん》か猫《ねこ》を可愛《かあい》がるやうに愛《あい》しさへしたら可《よ》いかと申《まを》せば、其《それ》は決《けつ》して左様《さう》言《い》ふものではありませぬ。是《これ》は單《ひと》り夫妻《ふさい》の間《あひだ》のみでは無《な》く、主從然《しゆじうしか》り師弟然《していしか》り朋友《ほういう》も亦《また》然《しか》るもので、何時《いつ》もかも、下手《したて》に出《で》て不可《いけな》い事《こと》でも可々《よし〱》と言《い》つて居《ゐ》たり、言《い》ひたい事《こと》も言《い》はずに控《ひか》へて居《ゐ》たり、常《つね》に嫣然《にこ〱》【130】とばかりして居《を》つて、唯妻《たゞつま》の機嫌《きげん》のみを取《と》らうとして居《を》るやうな夫《をつと》に、滿腔《まんこう》の愛《あい》を捧《さゝ》げ敬《けい》を盡《つく》して満足《まんぞく》して居《を》る妻《つま》は先滅多《まづめつた》に無《な》いものであります。夫《をつと》が斯《か》う言《い》ふ風《ふう》であると妻《つま》は大抵輕侮《たいていけいぶ》の念《ねん》を生《しやう》じます。或《ある》ひは又頼《またたよ》り無《な》い物《もの》足《た》らぬやうな感《かん》じを起《おこ》します。そして寧《むし》ろ却《かへ》つて妻《つま》の心《こゝろ》は夫《をつと》から離《はな》れて行《ゆ》くものであります。孰《いづ》れかと申《まを》せば、或時《あるとき》は夫《をつと》が妻《つま》に對《たい》して峻嚴《しゆんげん》の態度《たいど》や爲向《しむ》けを致《いた》しまして、殆《ほとん》ど殘酷《ざんこく》だと思《おも》ふ程《ほど》の事《こと》があつても、夫《をつと》の心《こゝろ》に一點《てん》の誠《まこと》さへあれば、妻《つま》は寧《むし》ろ悦《よろこ》んで其《そ》の夫《をつと》に服《ふく》するものであります。人《ひと》と他《た》の下等動物《かとうどうぶつ》とは勿論比較《もちろんひかく》すべき事《こと》ではありませぬけれ共《ども》、鷄《にはとり》や犬《いぬ》や猫《ねこ》の雌雄《しいう》を見《み》ましても、或時《あるとき》は蹴《け》たり嘴突《つゝ》いたり嚙《か》んだりするやうな強《つよ》い雄《を》は必《かなら》ず雌《め》が好《この》みます。柔和《おとな》しくて何時《いつ》も遠慮《ゑんりよ》してばかり居《を》るやうな雄《を》は、大抵雌《たいていめ》に嫌《きら》はれます。乃《すなは》ち是《これ》が自然《しぜん》であつて、強《つよ》い者《もの》は何《なん》と無《な》く頼《たの》もしいやうな心持《こゝろもち》がするのでありませう。人《ひと》はもとより道德《だうとく》の力《ちから》が加《くは》はつて居《を》りますから自然《しぜん》にのみには制服《せいふく》せられませぬ。故《ゆゑ》に寧《むし》ろ弱《よわ》き柔《やはらか》き者《もの》に對《たい》しては是《これ》を助《たす》け勵《はげ》まさうと言《い》ふやうな義俠的觀念《ぎけうてきくわんねん》の起《おこ》つて來《く》る事《こと》もあるでありませう。けれ共猛《どもたけ》き雄《を》の雌《め》を服《ふく》する狀《さま》は、夫《をつと》が妻《つま》を御《ぎよ》する道《みち》に於《お》いて、思《おも》ひ半《なかば》に過《す》ぐる事《こと》がありませう。

乃《すなは》ち緩嚴宜《くわんげんよろ》しきを得《え》て、妻《つま》は夫《をつと》の一顰《びん》一笑《せう》【131】に、或《ある》ひは悦《よろこ》び或《ある》ひは愁《うれ》へ、如何《いか》にもし

【129】自分で自分を尊重せず、軽々しい言動をしたり、修養を怠ったりしていると、必ず人からも侮られるようになる。（『孟子』離婁上）

【130】にっこりほほえむさま。

【131】顔に表れるわずかな表情。また、わずかな表情の変化。（『韓非子』内儲説・上）

て夫《をつと》の一笑《せう》を得《え》たいものと希《こひねが》ふ心《こゝろ》の、常《つね》に離《はな》れぬやうにあらしむるが、夫《をつと》の眞心《まごゝろ》の結果《けつか》でもあり、夫《をつと》の手腕《しゆわん》の冴《さ》えた所《ところ》でもあります。そして妻《つま》も亦是《またこれ》に對《たい》して寧《むし》ろ満足《まんぞく》するものであります。

夫の妻に對する覺悟

要《えう》するに、夫《をつと》が妻《つま》に對《たい》にしても、矢張《やはり》妻《つま》の夫《をつと》に對《たい》するが如《ごと》く、至誠至純《しせいしじゆん》にして能《よ》く終世《しうせい》の伴侶《はんりよ》たるの固《かた》き覺悟《かくご》があらまほしいのでございます。猶《なお》その上《うへ》に、愛敬道《あいけいみち》に適《かな》ひ緩嚴宜《くわんげんよろ》しきを得《え》て、妻《つま》をして夫《をつと》が爲《ため》に力《ちから》の限《かぎ》りを致《いた》さしめ、心《こころ》の及《およ》ばん丈《だけ》を竭《つく》さしむるやうにありたいものでございます。是《これ》は夫《をつと》なる者《もの》が満足《まんぞく》を感《かん》ずべきことは勿論《もちろん》でありまして、其頓《それやが》て妻《つま》も亦愉快《またゆくわい》に覺ゆるのであります。

第九章　現今の婚禮式及び其の手續

冠婚葬祭の四大禮

人間《にんげん》の大禮《たいれい》を冠婚葬祭《くわんこんさうさい》の四つと申《まを》して非常《ひじやう》に鄭重《ていちやう》に執《と》り行《おこな》つた幕政當時《ばくせいたうじ》に在《あ》りては、婚禮《こんれい》の形式《けいしき》も公家武家《こうけぶけ》の上流《じやうりう》‖即《すなは》ち公卿《くげ》と大名《だいみやう》と‖及《およ》び士農工商《しのうこうしやう》【1】の階級《かいきふ》それ〲に極《きま》りがあつて、更《さら》に其《そ》の分限《ぶんげん》を越《こ》ゆるを許《ゆる》さなかつたと同時《どうじ》に、又極《またきは》めて嚴肅《げんしゆく》なものでありました。

嚴かなりし武家の婚禮

例之《たとへ》は武士《ぶし》即《すなは》ち士族《しぞく》‖目見《めみ》え【2】以上《いじやう》の格式《かくしき》ある者《もの》‖の式服《しきふく》は男子《だんし》は麻上下《あさがみしも》是《これ》は誰《だれ》でも所持《しよぢ》して居《を》りますが、役附《やくつき》の家《いへ》で無《な》い、今申《いままを》せば非職同様《ひしよくどうやう》な人《ひと》が而《し》かも非常《ひじやう》に

【1】武士と農民と職人と商人。四民。

【2】特に江戸時代、将軍に直接お目通りすること。また、それが許される身分。御目見以上は旗本、御目見以下は御家人を意味する。お目見え。

困窮《こんきう》でもあると、女《むすめ》を嫁《か》せしむるに搔取《かいどり》【3】‖裲襠《うちかけ》とも言《い》ふ‖を新《あら》たに作《つく》る事《こと》が出來《でき》ぬ時《とき》には、そつと親戚《しんせき》や知人《ちじん》に借用《しやくよう》してでも間《ま》に合《あは》せ、其《それ》さへ出來《でき》ぬ所《ところ》では、ちやんと内々《ない〱》で損料貸《そんようかし》をする店《みせ》から間《ま》に合《あは》せても、新婦《しんぷ》は總模様《そうもやう》の搔取《かいどり》を着《き》たものであります。又綿服令《まためんぷくれい》【4】が發《はつ》せられてからは無論結婚式《むろんけつこんしき》にも、手織木綿《ておりもめん》の總模様《そうもやう》の染附《そめつけ》に、緋《ひ》木綿《もめん》の赤裏《あかうら》で立派《りつぱ》に結婚式《けつこんしき》を擧《あ》げたものです。斯《か》う言《い》ふ手段《しゆだん》を取《と》つてさへも、禮《れい》は嚴《おごそ》かに行《おこな》はれて居《を》りました。是則《これすなは》ち夫婦室《ふうふしつ》に居《を》るの最初《さいしよ》を愼《つつし》んだもので、誠《まこと》に美《うつく》しい風俗《ふうぞく》であつたと思《おも》ふのでございます。

現今《いま》の社會《しやくわい》に於《お》いて強《あなが》ちに此《こ》の通《とほ》りにするが可《よ》いと申《まを》すのではありませぬが、如何《いか》に社會《しやくわい》の有様《ありさま》が變《かは》つたとて、婚禮《こんれい》は人間《にんげん》一生《しやう》の大事《だいじ》たるに相違《さうゐ》ありませぬのに、先是《まづこれ》を輕視《けいし》するが如《ごと》きは抑《そもそ》も亦離婚《またりこん》等《とう》をも左程重大視《さほどじうだいし》せなくなる基《もとゐ》でありませう。故《ゆゑ》に茲《こゝ》に一寸其等《ちよつとそれら》の事《こと》に就《つい》て氣附《きづき》の一端《たん》を述《の》べて見《み》たいと存《ぞん》じます。

婚儀の場所は何處が可いか

一　自宅《じたく》の婚儀《こんぎ》

先婚禮式《まづこんれいしき》を擧《あ》ぐる場所《ばしよ》は何處《どこ》にしたが一番《ばん》適當《てきたう》であらうかと申《まを》しますならば、自分《わたくし》は矢張自宅《やはりじたく》に於《お》いてするが最善《さいぜん》の方法《はうはふ》であると申《まを》したいと存《ぞん》じます。斯《か》く申《まを》したならば、其《それ》は中流以上《ちうりういじやう》の家庭《かてい》ならば勿論《もちろん》の事《こと》、少《すく》くも地方《ちはう》であつたらば何《なん》と申《まを》しても多少周圍丈《たせうしうゐだけ》ても狭《せま》く無《な》いから自宅《じたく》の婚禮《こんれい》も出來《でき》ようが、都會殊《とくわいこと》に東京《とうきやう》などで在《あ》つては中流《ちうりう》の家《いへ》と雖《いへど》も、却々婚禮式《なか〳〵こんれいしき》を擧《あ》ぐるやうな處《ところ》は先少《まづすく》ないのであるから、已《や》むを得《え》ず他《ほか》で行《おこな》はなければならぬ。且現今多數行《かついまたすうおこな》はるゝ神社《じんじや》の結婚《けつこん》は甚《はなは》だ可《よ》いでは無《な》いかと申《まを》す説《せつ》が起《おこ》りませう。なる程他《ほどた》を選《えら》ぶとすれば神社《じんじや》は至極結構《しごくけつかう》であると存《ぞん》じますが、是《これ》は次項《じこう》に譲《ゆづ》りまして先自宅《まづじたく》を可《か》とする説《せつ》から申《まを》しませう。

自宅の婚禮を可とする所以

前述《ぜんじゆつ》の如《ごと》く、如何《いか》にも都會《とくわい》の地《ち》では家《いへ》の狭《せま》いのが普通《ふつう》であります。故《ゆゐ》に一寸自宅《ちよつとじたく》で式《しき》は挙《あ》げられぬと申《まを》すのも、强《あなが》ちに無理《むり》とは申《まを》されますまい。けれ共《ども》、是《これ》は人《ひと》が皆身分不《みなみぶんふ》相應《さうおう》の虚榮《きよえい》に憧憬《あこが》るゝやうになつたから左樣思《さうおも》ふのでせう。

豊公の結婚式

豊太閤《ほうたいかふ》【5】は北政所《きたのまんどころ》【6】との結婚《けつこん》を何處《どこ》で致《いた》しましたか。矢張狭《やはりせま》い穢《きた》ない足輕長屋《あしがるながや》【7】で、

【3】打掛小袖《うちかけこそで》。

【4】綿服は綿布で仕立てた衣服。綿衣。倹約令の一環として発布された徳川幕府による衣服規制令、その内容は各藩にバラつきがあり、その時期もさまざまである。

【5】第二章注91参照。

【6】摂政関白の妻の尊称であるが、狭義には豊臣秀吉の正室おねをいう。永禄四年（一五六一）一四歳で秀吉と結婚。天正一六年（一五八八）従一位に上る。糟糠の妻として内助の功あり、秀吉生母にもよく孝養を尽くした。天文一七頃〜寛永元年（一五四八〜一六二四）。

江戸城府藩士の結婚式

縁女が夫家に入る時の覺悟

式場は如何にすべきか

從來は無形の神を拜しき

行《おこな》つたのであります。乃《すなは》ち其《そ》の當時《たうじ》の光景《くわうけい》を寫《うつ》して、破《やぶ》れたる席《むしろ》【8】、缺《か》けたる土器《かはらけ》にて盃事《さかづきごと》の式《しき》を擧《あ》げたと記《しる》してあります。

遠《とほ》き戰國時代《せんごくじだい》の例《れい》を引《ひ》く迄《まで》も無《な》く、德川幕府時代《とくがはばくふじだい》の、江戸城府在藩《えどじやうふざいはん》の士《し》は、所謂小屋《いはゆるこや》と稱《しよう》する長屋住居《ながやずまゐ》でありまして、其所《そこ》にて立派《りつぱ》に婚禮式《こんれいしき》は擧《あ》げたのであります。古語《こご》に、「居《きよ》は氣《き》を移《い》す」【9】と言《い》ふ事《こと》があります。幾《いく》ら小《ち》さくても疎末《そまつ》でも夫《をつと》の家《いへ》に入《はい》る時《とき》の縁女《えんぢよ》の感《かん》じは何《ど》うでありませう。即《すなは》ち其《そ》の閾《しきゐ》【10】を超《こ》ゆる刹那《せつな》に改《あらた》まる心《こゝろ》の底《そこ》に、えも言《い》はぬ低聲語《さゝやき》が起《おこ》るでありませう。其《そ》の時《とき》には必《かなら》ず誰《だれ》もが、今《いま》から此所《こゝ》の家《いへ》の婦人《ふじん》になるのだと言《い》ふ覺悟《かくご》が知《し》らず〳〵生《しやう》ずるに相違《さうゐ》ありませぬ。是《これ》が即《すなは》ち妻《つま》の將來《しやうらい》に取《と》つて何《ど》れ程《ほど》影響《えいきやう》を來《き》たすか解《わか》らぬのであります。

次《つぎ》に式場《しきじやう》でありますが、近來西洋《きんらいせいやう》では寺院《じゐん》に於《お》いて、神《かみ》に對《たい》して僧侶《そうりよ》が嚴《おごそ》かなる宣言《せんげん》のものとに立合人《たちあひにん》を置《お》いて、結婚《けつこん》の式《しき》を擧《あ》ぐると言《い》ふ事《こと》が、如何《いか》にも道理《だうり》ある形式《けいしき》のやうに考《かんが》へられて、遂《つひ》に今《いま》では日本《につぽん》でも盛《さか》んに神社《じんじや》の結婚式《けつこんしき》が流行致《りうかういた》して參《まゐ》りました。所《ところ》が、日本《につぽん》の古式《こしき》に先瓶子《まづへいじ》や熨斗《のし》や蓬萊《ほうらい》の臺《だい》【11】などを床《とこ》の間《ま》に供《そな》へて置《お》き、乃《すなは》ち御神酒《おみき》を取《と》り下《おろ》して、夫婦固《ふうふかた》めの盃《さかづき》を致《いた》させたものでありまするが、吾《わ》が古《ふる》き風俗《ふうぞく》には特《こと》に尊《たふと》き御神體《ごしんたい》を、並々《なみ〳〵》の家《いへ》に招《せう》ずる事《こと》は却《かへ》つて憚《はゞか》るべき事《こと》として、唯無形《たゞむけい》のものに對《たい》して禮拜《らいはい》したのであると申《まを》します。‖乃《すなは》ち偶像《ぐうぞう》を祭《まつ》らなかつたのですから、‖其《そ》の形式《けいしき》

床に神號を齊き祭る事

から考《かんが》へて見《み》れば、或《ある》ひは左様《さやう》かも知《し》れませぬ。けれ共《ども》、近頃《ちかごろ》のやうに立派《りつぱ》な證言《しようげん》や證書《しようしよ》さへ勝手《かつて》に取《と》り消《け》して、恬然《てんぜん》【12】として恥《は》づる色無《いろな》き人《ひと》すら出來《でき》て參《まゐ》りましたのですから、無形《むけい》の神《かみ》に對《むか》つて、心《こゝろ》に誓《ちか》ふなどと言《い》ふは誠《まこと》に至難《しなん》な事《こと》と存《ぞん》じます。是《これ》は却《かへ》つて或種《あるしゆ》の式《しき》に行《おこな》はるゝやうに、結婚《けつこん》の當日《たうじつ》は、天照大神《あまてらすおほみかみ》【13】‖吾《わ》が皇祖《くわうそ》の大神故《おほみかみゆゑ》‖又《また》は諾冊《いざなぎいざなみ》の二神《しん》‖陰陽《いんやう》の始《はじ》めの神《かみ》と申《まを》すから、‖或《ある》ひは大國主神《おほくにぬしのかみ》【14】‖縁結《えんむす》びの神《かみ》と申《まを》す故《ゆゑ》に、‖等《など》の御名《おんな》を記《しる》した掛物《かけもの》を嚴《おごそ》かに拔《はら》ひ清《きよ》めた床《とこ》の間《ま》に懸《か》け齊《いつ》き奉《まつ》つて、新郎新婦《しんらうしんぷ》は先其《まづそ》の御前《おんまへ》に禮拜《れいはい》し、然《しか》る後《のち》に例《れい》の如《ごと》く盃事《さかづきごと》を行《おこな》ふなどは、頗《すこぶ》る禮《れい》に適《かな》つたしかたであらうと存《ぞん》じます。

【7】足軽は、中世において出現した軽装歩兵の呼称で、戦国時代以後組織化され、近世になって武士の最下層に位置づけられた身分。長屋は、長い一棟の建物をいくつにも区切り、一区切りごとに一戸とした住宅。武家屋敷のものには下級武士や中間《ちゅうげん》などが住み、町家では多くこれを貸家とする。棟割長屋。

【8】藺《い》・竹・藁・蒲《がま》などで編んで作った敷物の総称。平安・鎌倉期は屋内用であったが、畳の普及後は屋外用となった。今はもっぱら藁筵《わらむしろ》をいう。筵薦《むしろごも》。

【9】人は住む場所、環境によって、その性質や思想もかわるの意。（『孟子』尽心・上）

【10】門戸の内外の区別のために下に敷く横木。門や家屋の入口の横木。また、敷居をもいう。

【11】蓬莱山をかたどった台上に、松竹梅、鶴亀、尉姥などを飾って、祝儀や酒宴の飾りものとしたもの。

【12】悪いとも思わないで平気でいるさま。

【13】記紀などに見える王権を保証する高天原の主神。日の神伊弉諾尊《いざなぎのみこと》の娘。

【14】第二章注6参照。

立合人仲人の列席

家《いへ》は狭《せま》くとも、少《すこ》しも差支《さしつか》へはありますまい。狭《せま》い家《いえ》に住《す》む程《ほど》の財産《ざいさん》の者《もの》が、其所《そこ》に入《い》り切《き》らぬやうな多人數《たにんずう》を招《まね》いたり、双《なら》べ切《き》れぬやうな盛饌《せいせん》【15】を供《きよう》したりするのが抑《そもそ》も間違《まちが》ひであつて、狭《せま》い家《いへ》ならば家相應《いへさうおう》の賓客《ひんきやく》を招《まね》き饗膳《きやうぜん》を用意《ようい》すれば其《それ》で十分《ぶん》ではありますまいか。

其《それ》から立合人《たちあひにん》でありまするが、一體《いつたい》わが國《くに》で從來行《じうらいおこな》ひ來《き》たつた婚禮《こんれい》に加《くは》はる仲人《なかうど》と言《い》ふ者《もの》は、即《すなは》ち夫婦結婚《ふうふけつこん》の立合人證人《たちあひにんしようにん》の役目《やくめ》を務《つと》めたのであります。正式《せいしき》にすれば、侍女郎《まちぢよらう》が大體《だいたい》の世話《せわ》などを致《いた》したものでは無《な》かつたものであります。其《それ》は婿《むこ》や縁女《えんぢよ》の細々《こま〴〵》の事《こと》をなし侍女《じぢよ》が身《み》の廻《まは》りの世話《せわ》は致《いた》したのであります。‖勿論是《もちろんこれ》は中以上《ちういじやう》の事《こと》ですが、‖即《すなは》ち仲人《なかうど》は夫婦結婚式《ふうふけつこんしき》の滞《とゞこほ》り無《な》く濟《す》む迄《まで》、見届《みとゞ》けの役《やく》であつたのでございます。そして日本《につぽん》の流儀《りうぎ》は何《なん》でも口《くち》で喋々《てふ〳〵》と演《の》べ立《た》てたり、筆《ふで》で禮々《れい〳〵》しく書《か》き双《なら》べたりする事《こと》は、極《きは》めて少《すく》なくありまして、唯緘默《たゞかんもく》【16】の間《あひだ》に禮《れい》は森肅《しんしゆく》に行《おこな》つて、心《こゝろ》に其《そ》の違《たが》はざらん事《こと》を誓《ちか》ふと言《い》ふ遣《や》り方《かた》であつたのです。けれ共現今《どもいま》の狀況《じやうきやう》は、縦令從來《たとへじゆうらい》の事《こと》が可《よ》いと言《い》つた所《ところ》で、既《すで》に人《ひと》の心《こゝろ》の趣《おもむ》きが異《かは》り、社會《しやくわい》の狀態《じやうたい》が變《かは》つて來《き》たのですから、矢張其等《やはりそれら》を斟酌《しんしやく》して行《おこな》はなければなりますまい。で、今《いま》は大抵眞《たいていしん》の媒酌人《ばいしやくにん》は、先大率相互心易《まづおほむねさうごこゝろやす》く咄《はな》しも出來《でき》、物《もの》も依頼《いらい》さるゝ程《ほど》の人《ひと》に任《まか》せて置《お》いて、そして婚禮式《こんれいしき》に列《れつ》する仲人《なかうど》は、別《べつ》になるべく身分《みぶん》あり、徳望《とくばう》ある長者《ちやうしや》に依頼《いらい》するやうになりましたが、勿論其《もちろんそれ》が宜《よろ》しか

自宅の婚禮の森嚴なる理由

らうと存《ぞん》じます。因《ちな》みにこゝに記《しる》して前條《ぜんでう》に洩《も》れたと思《おも》ふ所《ところ》のものを補《おぎな》つたのでありま す。扨《さて》この婚禮式《こんれいしき》を森嚴《しんげん》に行《おこな》はうとするには、何《ど》うしても自宅《じたく》に於《お》いて致《いた》すに越《こ》す事《こと》はありませぬ。則《すなは》ち神社等《じんじやとう》にて、其《そ》の廣前《ひろまへ》に行《おこな》ふのは、森嚴《しんげん》である筈《はず》ですけれ共《ども》、周圍《しうゐ》が何《ど》うも左樣《さう》參《まゐ》らぬのであります。何故《なぜ》なれば、斯《か》かる所《ところ》にては、一日《いちにち》の中《なか》に數組《すうくみ》行《おこな》ふ事《こと》があるものですから、後《あと》が支《さしつか》へるから早《はや》く急《いそ》げと言《い》つたり、或《ある》ひは其《そ》の邊《あた》りの者《もの》が、容貌《ようばう》の美醜衣裝《びしういしやう》の善惡《ぜんあく》や費用《ひよう》の多寡《たか》を私語《さゝや》ひたり、其《そ》の他《た》いろ／＼の事《こと》があつて、稍《やゝ》もすれば嚴肅《げんしゆく》なる禮《れい》の意義《いぎ》に欠《か》くる所《ところ》が出來《でき》て參《まゐ》ります。勿論是《もちろんこれ》は重《おも》なる役員《やくゐん》はさうではありませぬけれ共《ども》、何分末々《なにぶんすえ／＼》の者《もの》に至《いた》る迄《まで》、十分取《ぶんと》り締《しま》る譯《わけ》にゆかぬのは已《や》むを得《え》ない事情《じゞやう》と申《まを》さなければなりますまい。自宅《じたく》だからとて、下々《しも／＼》の者《もの》に至《いた》つては、同《おな》じ譯《わけ》ではありますけれ共《ども》、他《ほか》で行《おこな》ふ式《しき》は全《まつた》くすべての係《かゝ》り員《ゐん》には行路人《かうろじん》の感《かん》あり、自宅《じたく》に在《あ》つては、其《そ》の家庭《かてい》の一員《いん》として迎《むか》ふるのですから、何《なん》と申《まを》しても上下周圍《じやうかしうゐ》の人《ひと》の心持《こゝろもち》が違《ちが》ひます。是前《これすなは》ち自宅《じたく》の式《しき》の一番森嚴《ばんしんげん》を保《たも》たるゝ所以《ゆえん》であります。

【15】前途を祝して、豪勢な酒食でもてなすこと。

【16】口を閉じて何も言わないこと。押し黙ること。

二　神社《じんじや》の婚儀《こんぎ》

餘義無き事情は斟酌を要す

自宅の外には何處を選ぶべきか

自分《わたくし》は前條《ぜんでう》に於《お》いて、先自宅《まづじたく》の婚儀《こんぎ》を可《よ》いと申《まを》しました。能《あた》ふべき丈舊儀《たけきうぎ》を逐《お》うて、身分相應《みぶんさうおう》に嫁迎《よめむか》へは、各自《かくじ》の家庭《かてい》に致《いた》したいものであると希望《きばう》したのであります。

けれ共社會《どもしやくわい》の事《こと》は、如何程最善《いかほどさいぜん》と思《おも》ふ事《こと》でも、種々《しゆ〴〵》の事情《じゞやう》が纏綿致《てんめんいた》しまして決《けつ》して畫《ぐわく》一主義《しゆぎ》を執《と》る事《こと》は却々《なか〳〵》出來《でき》ないものであります。況《いは》んや是《これ》は他人同士《たにんどうし》が、而《し》かも男女《だんぢよ》の配合《はいがふ》を謀《はか》る一生《しやう》の大禮《たいれい》を行《おこな》はうと云《い》ふのですから、相互《さうご》の希望《きばう》も習慣《しふくわん》も參酌《さんしやく》しなければならないのでありますから、存外至難《ぞんぐわいむつか》しいものであります。縱令《たとへ》ば男《をとこ》がたは理性《りせい》に訴《うつた》へて、幾《いく》ら狹《せま》くとも疎末《そまつ》でも、自宅《じたく》で式《しき》を擧《あ》げるが可《よ》いと申《まを》しましても、女《をんな》がたで其《それ》でも一生《しやう》の大禮《たいれい》であるから、身動《みうご》きも出來《でき》ないやうな處《ところ》で行《おこな》はなくても可《よ》ささうなものなどゝ言《い》ふ異論《いろん》が起《おこ》りますれば、他《た》の事《こと》と違《ちが》つて何《ど》うも左樣押《さうお》し附《つ》ける譯《わけ》には參《まゐ》りますまい。折角《せつかく》の慶事《けいじ》であるからなるべく、多數《たすう》の人《ひと》の感《かん》じの可《よ》いが宜《よろ》しいではないかと言《い》ふ説《せつ》に結着致《けつちやくいた》しませう。左樣《さう》すると、自宅《じたく》の外《ほか》には何處《どこ》を選《えら》ぶべきかと申《まを》しましたならば、其《それ》は考《かんが》へる迄《まで》も無《な》く、神前《しんぜん》の儀式《ぎしき》に越《こ》す處《ところ》はありますまい。或《ある》ひは又《また》、自宅《じたく》が强《あなが》ちに狹《せま》いから疎末《そまつ》だからと申《まを》すのみで無《な》くても、何《ど》うしても、相互《さうご》の關係《くわんけい》や交際上《かうさいじやう》、比較的多數《ひかくてきたすう》の列席《れつせき》を餘義《よぎ》無《な》くせねばならぬから、矢張《やはり》他《ほか》にしなければならぬと言《い》ふやうな場合《ばあひ》もありませう。左樣《さやう》な時《とき》には無論前述《むろんぜんじゆつ》の如《ごと》く神前《しんぜん》を選《えら》ぶに勝《まさ》る所《ところ》はありますまい。

神前は人の心を嚴肅にす

乃《すなは》ち神前《しんぜん》を選《えら》ぶ所以《ゆゑん》は、如何程平素《いかほどへいそ》は敬神《けいしん》の念《ねん》の薄《うす》い人《ひと》でも、先禮服《まづれいふく》を着用《ちやうよう》して、手洗《てあら》ひ口嗽《くちすゝ》ぎ、是《これ》から終生《しゆうせい》の伴侶《はんりよ》たる妻迎《つまむか》への儀式《ぎしき》を行《おこな》はうとして、森嚴淸淨《しんげんしやうじやう》なる廣前《ひろまへ》に禮拜《らいはい》した場合《ばあひ》には、自《おのづか》ら心《こゝろ》も改《あらた》まるに相違《さうゐ》ありませぬ。

此《こ》の點《てん》は到底自宅《たうていじたく》の床《とこ》【17】に神號《しんがう》【18】を齊《いつ》き祭《まつ》りて禮拜致《れいはいいた》しましても、其《それ》は決《けつ》して及《およ》ぶ所《ところ》ではありますまい。凡《すべ》ての事《こと》は有形《いうけい》と無形《むけい》と相俟《あいま》ちて始《はじ》めて完全《くわんぜん》を得《え》る者《もの》であります。故《ゆゑ》に神《かみ》は何時何處《いつどこ》にも上《かみ》に在《おは》して、冥々《めい〳〵》に照臨《せうりん》ましますものと考《かんが》へて居《を》りましても、知《し》らず〳〵常《つね》にはつい浮《う》かりして居《を》るやうな時《とき》がありますから、神《かみ》の大廣前《おほひろまへ》に額《ぬか》づいた刹那《せつな》は、流石《さすが》に心身《しんしん》の引《ひ》き締《しま》る事《こと》を覺《おぼ》ゆるのであります。

猶神前の儀式を可とす

ですから、自宅《じたく》の式《しき》が可《よ》いとは申《まを》しましたが、凡《すべ》てに於《お》いて何《ど》うしても森嚴《しんげん》を欠《か》くと思《おも》ふ懸念《けねん》があつたならば、無論先《むろんさき》の主張《しゆちやう》も取《と》り除《のぞ》いて神前《しんぜん》の儀《ぎ》を行《おこな》ふ方《はう》が宜《よろ》しいのであ

【17】床の間。日本建築で、座敷の床を一段高くし、掛け軸・置物・花などを飾る所。

【18】その神の性質や格式を示す呼び名。本来の神名につけて呼ぶもので、稲荷大明神の「大明神」、天照皇大神の「皇大神」、天満天神の「天神」、東照大権現の「大権現」、八幡大菩薩の「大菩薩」など。

りました。唯《たゞ》前條《ぜんでふ》に申《まを》したやうな多少《たせう》の缺點《けつてん》はありますけれ共《ども》、其《それ》は萬已《まんや》むを得《え》ない事《こと》であらうと存《ぞん》じます。

吾が皇室の御儀

申《まを》すも畏《かしこ》き事《こと》でございますが、朝廷及《てうていおよ》び皇族《くわうぞく》に於《お》かせられては、必《かなら》ず賢所《かしこどころ》【19】即《すなは》ち皇祖《くわうそ》皇宗《くわうそう》の大神《おほみかみ》の大廣前《おほひろまへ》にて、御婚姻《ごこんいん》の大禮《たいれい》は擧《あ》げさせらるゝものと御治定《ごぢゞやう》になりましたのですから、神前《しんぜん》の婚儀《こんぎ》は此《こ》の點《てん》から申《まを》せば、誠《まこと》に時機《じき》に適《かなう》ひ當《たう》を得《え》たものと申《まを》さなければなりませぬ。故《ゆゑ》に吾々《われ〳〵》臣民《しんみん》も是《こ》の大御旨《おほみむね》に從《したが》ひ奉《まつ》ると云《い》ふのは、至當《したう》なことでありませう。

神社は何處と定むるか

其《それ》ならば此《こ》の婚儀《こんぎ》を擧《あ》ぐべき神社《じんじや》は如何《いか》なる神《かみ》の御前《おんまへ》に定《さだ》むべきかと申《まを》したならば、東京《とうきやう》では大抵日比谷大神宮《たいていひゞやだいじんぐう》【20】の御前《おんまへ》に行《おこな》ふ事《こと》になつて居《を》ります。これならば誠《まこと》に結構《けつこう》であります。近來《きんらい》は出雲大社《いづものおほやしろ》【21】を寫《うつ》し齊《いつ》き奉《まつ》りたる廣前《ひろまへ》にても行《おこな》はるゝ事《こと》があると申《まを》します。又地方《またちはう》ならば、村内最高《そんないさいこう》の神社又《じんじやまた》は鎭守《ちんじゆ》の社等何處《やしろなどいづこ》にても、當人達《たうにんたち》が崇敬《すうけい》の念《ねん》の深《ふか》い社《やしろ》と定《さだ》めるが可《よ》いと存《ぞん》じます。唯自分《たゞじぶん》が、皇室《くわうしつ》の御儀《おんぎ》が大廣前《おほひろまへ》で行《おこな》はせらるゝに關《か》はらず、先第一《まづだい》は自宅《じたく》を選《えら》び、そして床上《とこ》に神《かみ》を齊《いつ》き奉《まつ》りて、其《そ》の御前《おんまへ》にて式《しき》を擧《あ》げたいと申《まを》しましたのは、左《さ》の懸念《けねん》があるからでございます。

東京《とうきやう》のやうに、日比谷《ひゞや》の大神《だいじん》の廣前《ひろまへ》にて行《おこな》ふのなとは、多少込《たせうこ》み合《あ》ふ時《とき》などには、人《ひと》の心《こゝろ》が迫《せ》いたり騒立《さわぎた》つたりする嫌《きら》ひこそあれ。廣前《ひろまへ》の淸淨森嚴《しやうじやうしんげん》なるは誠《まこと》に結構《けつこう》でありまして、且無暗《かつむやみ》に周圍《しうゐ》から野次馬《やじうま》が押《お》し寄《よ》せて來《く》るやうな事《こと》もありませぬから宜《よろ》しいけれ共《ども》、地方《ちはう》の鎮守《ちんじゅ》の社《やしろ》などにて行《おこな》ふ事《こと》になりますると、餘程此等《よほどこれら》の點《てん》に注意《ちうい》して置《お》かないと、折角森嚴《せっかくしんげん》に爲《す》べき神前《しんぜん》の儀式《ぎしき》も、つまらぬ蠻風《ばんぷう》に襲《おそ》はれたり、其迄《それまで》は無《な》くとも、傍《はた》から騒《さわ》がれたりして、儀式《ぎしき》が森嚴《しんげん》に行《おこな》はれない等《など》の憾《うらみ》が無《な》いとも申《まを》されませぬ。ですから、呉々《くれぐれ》も豫《あらかじ》め此《こ》の衝《しょう》に當《あた》る人《ひと》は考《かんが》へなければならぬのであります。

【19】皇居の中で天照大神の御霊代《みたましろ》として、模造の神鏡をまつってある所。内侍所《ないしどころ》。

【20】東京都千代田区富士見に鎮座。天照皇大神、豊受大神、天之御中主神《あめのみなかぬし》、高御産巣日神《たかみむすび》、神産巣日神《かみむすび》、倭比売命《やまとひめのみこと》を祀る。伊勢の神宮司庁東京出張所として、明治初年日比谷に設けられ、明治天皇の勅裁を仰いで伊勢神宮の分霊を奉斎したのが創祀。明治一三年（一八八〇）社殿完成するも、大正一二年（一九二三）関東大震災のため社殿炎上、昭和三年（一九二八）現在地に遷座した。以後、通称飯田橋大神宮として知られる。昭和二一年（一九四六）東京大神宮となった。神宮奉賛会本院と称していた二〇世紀初頭に、教化事業として神前結婚式を創設、普及に努めた。

【21】島根県出雲市大社町にある神社。旧官幣大社。主祭神は大国主命。他に、天之御中主神《あまのみなかぬしのかみ》ほか四柱をまつる。祭祀は天穂日命《あまのほひのみこと》の子孫の出雲国造《くにのみやつこ》千家・北島両家によって受け継がれている。陰暦一〇月の神無月《かみなづき》は、全国の氏神が集まるとされ、ここでは神在月《かみありづき》という。本殿は大社造といわれ、国宝。日本最古の様式をもつ。出雲国一の宮。杵築大社《きずきのおおやしろ》。いずものおおやしろ。

各自の信仰に因れと云ふ説

僧侶の立合

佛法隆盛時代の状況

寺院の婚儀は可なるか

三　寺院《じいん》及《およ》び會堂《くわいどう》の婚儀《こんぎ》

神社即《じんじやすなは》ち神前《しんぜん》の婚儀《こんぎ》が追々《おひ〳〵》盛《さか》んになるに連《つ》れて、佛教信仰《ぶつけうしんかう》の人達《ひとたち》は、其《そ》の最《もつと》も崇拜《すうはい》尊信《そんしん》する所《ところ》の佛陀《ぶつだ》の前《まへ》、即《すなは》ち寺院《じゐん》の本堂《ほんだう》に於《お》いて婚儀《こんぎ》を行《おこな》ふが可《よ》い。要《えう》は何《なに》にても各自《かくじ》の心《こゝろ》に最《もつと》も深《ふか》く信頼崇敬《しんらいすうけい》する所《ところ》のものに誓言《せいごん》して、夫婦《ふうふ》が百年《ねん》の契《ちぎ》りを結《むす》ぶは、甚《はなは》だ當《たう》を得《え》たるものなりとの説《せつ》も起《おこ》つて參《まゐ》りました。

そして、是《これ》は極稀《ごくまれ》ではありまする。が、乃《すなは》ち尊信《そんしん》する名僧《めいそう》に立會《たちあ》つて貰《もら》つて、寺院《じいん》に於《お》いて婚儀《こんぎ》を擧行《きよかう》した人《ひと》もあるやうでございます。

吾《わ》が朝《てう》の中世紀頃《ちうせいきころ》は佛法隆盛時代《ぶつはふりうせいじだい》でありまして、人《ひと》の病難《びやうなん》其《そ》の他《た》の災厄及《さいやくおよ》び死亡《しばう》の際《さい》は申《まを》す迄《まで》も無《な》く、慶賀《けいが》の場合《ばあひ》にも或《あるひ》は先其《まづそれ》を祝福祈禱《しゆくふくきたう》し、又《また》は是《こ》の御恩報捨《ごおんはうしや》の爲《ため》にも佛陀《ぶつだ》の供養《くよう》、寺院《じゐん》の參集《さんしふ》が實《じつ》に夥《おびたゞ》しいものであつたらしいのであります。‖勿論《もちろん》、結婚式《けつこんしき》を寺院《じゐん》で擧行《きよかう》した事《こと》はありませんでしたが‖其《そ》の事《こと》を考《かんが》へますれば、己《おの》れが崇敬《すうけい》の念《ねん》を以《も》つて詣《まう》づる所《ところ》の寺院《じゐん》に於《お》いて、婚儀《こんぎ》をなすと言《い》ふ事《こと》も、亦其《またそ》の信仰《しんかう》する名僧《めいそう》に列席《れつせき》を請《こ》ふ事《こと》も一理《り》はあるであらうと存《ぞん》じます。
なる程《ほど》、現今《いま》は神葬《しんさう》も隨分行《ずゐぶんおこな》はれて、神官《しんくわん》も從來《じうらい》の僧侶《そうりよ》の如《ごと》く、人《ひと》の死亡《しばう》の席《せき》に列《れつ》

人の感じは如何

し、且是《かつこれ》を取扱《とりあつか》ふやうになつたのですから、理屈《りくつ》から申《まを》せば神社《じんじや》も寺院《じゐん》も神前《しんぜん》も佛前《ぶつぜん》も、同《おな》じ様《やう》に思《おも》はれない筈《はず》はありさうもございませんけれ共《ども》、人《ひと》の感《かん》じといふものは強《あなが》ち理屈《りくつ》ばかりでは解決《かいけつ》はつきませぬ。寺院《じゐん》と僧侶《そうりよ》、是《これ》は餘程特種《よほどとくしゆ》の人《ひと》か境遇《きやうぐう》の者《もの》で無《な》ければ、何《ど》うしても一種無情寂莫凄蒼《しゆむじやうせきばくせいさう》の感《かん》じを起《をこ》しませう。縦令相互當人及《たとへさうごたうにんおよ》び父母《ふぼ》など丈《だけ》は、是《これ》を可《か》とすると致《いた》しましても、參列者《さんれつしや》一般《ぱん》が何《なん》と無《な》く異様《いやう》に感《かん》じ寂莫《せきばく》の氣《き》に打《う》たれるやうでは、折角慶《せつかくよろこ》びの儀式《ぎしき》を擧《あ》げても何《なん》と無《な》く人《ひと》の心《こゝろ》が沈《しづ》み込《こ》んで、一種《しゆ》不可思議《ふかしぎ》な現象《げんしやう》を呈《てい》しないとは限《かぎ》りませぬ。

ですから寺院《じゐん》の婚儀《こんぎ》は餘程特種《よほどとくしゆ》の人《ひと》、特別《とくべつ》の場合《ばあひ》で無《な》ければ、先《ま》づ一般《ぱん》には強《し》ひて行《おこな》はない方《はう》が穏當《をんたう》であらうと存《ぞん》じます。

先祖の禮拜

そして、擧婚者《きよこんしや》が深《ふか》き佛教信者《ぶつけうしんじや》であつたならば、佛檀《ぶつだん》に安置《あんち》してある所《ところ》の先祖代々《せんぞだい〳〵》の位牌《ゐはい》、及《およ》び佛陀《ぶつだ》の前《まへ》に、結婚式《けつこんしき》が濟《す》むと直《たゞ》ちに夫婦《ふうふ》打《う》ち揃《そろ》うて參《まゐ》つて禮拜《れいはい》する等《とう》の方法《はうはふ》を執《と》つたら何《ど》んなものでありませう。

先祖《せんぞ》の前《まへ》に新夫婦《しんふうふ》が先禮拜《まづらいはい》する事《こと》は、東洋《とうやう》の古《ふる》き慣例《くわんれい》でありまして、是《これ》は前述《ぜんじゆつ》の自宅《じたく》の婚禮《こんれい》、神前《しんぜん》の婚儀《こんぎ》にも共《とも》に行《おこな》ひたいものであると存《ぞん》じます。

會堂の婚儀

其《それ》から、教會堂《けうくわいだう》の婚儀《こんぎ》でありまするが、是《これ》は基督教信者《きりすとけうしんじや》は先是《まづこれ》を行《おこな》ふが適當《てきたう》でありまして、自宅《じたく》でする方《はう》が稀有《けう》の事《こと》になつて居《を》りますから、其《そ》の可否《かひ》を申《まを》す必要《ひつえう》もありませ

外國風の會堂に婚儀を行ふは如何

自宅に牧師の招聘

ぬ。‖勿論《もちろん》、日本人《にっぽんじん》が内地《ないち》で行《おこな》ふ時《とき》は、信者《しんじゃ》も必《かなら》ずしも、會堂《くわいだう》に往《ゆ》かずして自宅《じたく》にても爲《な》すやうであります。‖右《みぎ》は洗禮《せんれい》を受《う》けた人達《ひとたち》に取《と》つては、通常《つうじやう》の慣例《くわんれい》でありますから、云々《うんく\》する譯《わけ》には參《まゐ》りませぬけれ共《ども》、會堂《くわいだう》の婚禮《こんれい》は如何《いか》にも西洋的儀式《せいやうてきぎしき》で、彼等《かれら》の人情風俗《にんじやうふうぞく》には相應《ふさは》しいでありませうけれ共《ども》、吾人《ごじん》には何《なん》となく十分適合《ぶんてきがふ》せぬやうな感《かん》じがあるのみならず、日本人《につぽんじん》として、一生《しやう》の大事《だいじ》を外國人《ぐわいこくじん》のする通《とほ》りの禮式《れいしき》に則《のつと》り、外國人《ぐわいこくじん》の牧師《ぼくし》を參列《さんれつ》せしめて、其《そ》の人《ひと》の前《まへ》に跪《ひざまづ》いて誓《ちか》ひを爲《な》すが如《ごと》きは、何《ど》うも面白《おもしろ》く無《な》いと存《ぞん》じますから、信者同士《しんじやどうし》の形式《けいしき》は、是非共《ぜひとも》彼《か》の儀式《ぎしき》に習《なら》はなければならぬと言《い》ふ場合《ばあひ》でも、内地《ないち》に在《あ》る日本人《につぽんじん》はせめて自宅《じたく》に牧師《ぼくし》を聘《へい》して、其《そ》の禮《れい》を執《と》る丈《だけ》にでも致《いた》したいものであります。そして、牧師其《ぼくしそ》の人《ひと》は勿論吾人《もちろんごじん》の同胞人中《どうほうじんちう》に於《お》いて選《えら》びたいものであります。

四　旗亭《ちやや》の婚儀《こんぎ》

場所選擇《ばしよせんたく》の條《でう》に於《お》いて、今一《いまひと》つ殘《のこ》つて居《を》る問題《もんだい》は旗亭《ちやや》【22】の婚儀《こんぎ》であります。是《これ》は近來《きんらい》こそ減少《げんせう》したやうでありまするが、東京《とうきやう》あたりでは、今《いま》より十年《ねん》二十年《ねん》の昔《むかし》に在《あ》りては、

已むを得ざりし當時の状況

可《か》なり身分《みぶん》のある人《ひと》でも先普通《まづふつう》の事《こと》として、盛《さか》んに行《おこな》はれたやうであります。

神社《じんじや》の結婚式《けつこんしき》も未《ま》だ行《おこな》はれなかつた當時《たうじ》に在《あ》りては、東京又《とうきやうまた》は他《た》の都會《とくわい》の地《ち》に於《お》いて配《はい》を求《もと》め、結婚式《けつこんしき》を擧《あ》ぐると直《たゞ》ちに相携《あひたづ》へて任地《にんち》に趣《おもむ》いたり、或《ある》ひは又夫《またをつと》は外國《ぐわいこく》に妻《つま》は夫《をつと》の故郷《ふるさと》とか、妻《つま》の生家《さと》とかへ殘《のこ》し止《と》めて行《ゆ》くなどの事《こと》を爲《な》すには、暫時召使《ざんじめしつかひ》の者《もの》を雇《やと》ひ入《い》れたり、親戚知人《しんせきちじん》に助手《たすけ》を頼《たの》んだりする手數《てかず》も心遣《こゝろづか》ひも無《な》くて、誠《まこと》に輕便《けいべん》に且費用《かつひよう》も多《おほ》くかゝらぬなど、いろ／＼の事《こと》が好都合《かうつがふ》に考《かんが》へられたでありませう。誠《まこと》に其《そ》の當時《たうじ》は百事舊慣《じきうくわん》を崩壞《ほうくわい》して、新事物《しんじぶつ》の混入錯雜《こんにふさくざつ》、殆《ほとん》ど捕足《ほそく》する處《ところ》を知《し》らざる有樣《ありさま》であつた時代《じだい》でありましたから、萬已《ばんや》むを得《え》ない事《こと》と申《まを》すより致《いた》し方《かた》はありますまい。

現今は既に是を行ふに及ばず

現今《いま》も猶過度時代《なほくわとじだい》に屬《ぞく》して社會萬端《しやくわいばんたん》の事《こと》が、十分其《ぶんそ》の中正《ちうせい》を得《え》、處《ところ》を得《え》て居《を》らぬとは言《い》へ。婚儀《こんぎ》の一事《じ》に於《お》いても、自宅《じたく》にては何《ど》うしても行《おこな》ひ難《がた》き場合《ばあひ》があるものと致《いた》しました所《ところ》で、東京《とうきやう》などでは神社即《じんじやすなは》ち神前《しんぜん》の婚儀《こんぎ》は、滯《とゞこほ》り無《な》く行《おこな》はれるやうな場所《ばしよ》も形式《けいしき》も備《そなは》つて居《を》りまするし、他《た》の都會《とくわい》の地《ち》と雖《いへど》も、亦少《またすこ》しく是《これ》に習《なら》ふ準備《じゆんび》を致《いた》したならば、左程面倒《さほどめんだう》も無《な》く行《おこな》はるゝ事《こと》であらうと思《おも》はれまするし、且地方《かつちほう》であれば從來《じうらい》の慣例《くわんれい》に從《したが》つて大抵《たいてい》の階級《かいきふ》に於《お》いても、自宅《じたく》の婚儀《こんぎ》が行《おこな》はれ得《う》るでありませうから、都會《とくわい》の地《ち》

【22】第八章注97参照。

程《ほど》の懸念《けねん》もありますまい。

前條《ぜんでう》にも一寸《ちよつと》申《まを》しましたと存《ぞん》じまするが、道理《だうり》の上《うへ》から申《まを》しますれば、凡《およ》そ旗亭《ちやや》の婚儀《こんぎ》程《ほど》不眞面目《ふまじめ》なものはありますまい。幾《いく》ら二階全體《かいぜんたい》を借《か》り切《き》るとか、或《ある》が室丈《はなれだけ》を占《し》めて置《お》くとか致《いた》しましても、他席《たせき》の怒聲《どせい》も笑語《せうご》も、亦甚《またはなは》だ正《たゞ》しからざる喃々《なん〳〵》の語《ご》も時《とき》には洩《も》れて參《まゐ》ります。そして、旗亭《ちやや》の女中《ぢよちう》や如何《いか》がはしき女《をんな》どもや、又是《またこれ》に混《まじ》る漂客《うかれを》などが、聞《き》けがしにする新郎新婦《しんらうしんぷ》の容貌衣裝《ようぼういしやう》の品評《ひんぴやう》などに至《いた》つては、其《それ》は前《まへ》に申《まを》しました神社《じんじや》の婚儀《こんぎ》にも、多少是《たせうこれ》に類似《るゐじ》の事《こと》がありとは言《い》へ。とても同日《どうじつ》の論《ろん》ではありますまい。斯《か》かる時《とき》に際《さい》して新郎《しんらう》は兎《と》に角《かく》、新婦《しんぷ》の心《こゝろ》を思《おも》ひ遣《や》れば、如何程極《いかほどきま》りの惡《わる》い情《なさ》けなさを感《かん》ずるかは解《わか》らぬ程《ほど》であらうと存《ぞん》じます。

森嚴ならぬ婚儀の式場

況《いは》んや旗亭《ちやや》は如何程廣《いかほどひろ》くても大《おほ》きくても、亦立派《またりつぱ》な建築《けんちく》であり裝飾《さうしよく》であつたとしても、要《えう》するに彼所《かしこ》には昨《きのふ》は平族《へいぞく》を迎《むか》へ今《けふ》は源氏《げんじ》を送り、笑《わら》つて零《こぼ》した涙《なみだ》の痕《あと》も、泣《な》いて笑《わら》つた面影《おもかげ》の餘波《なごり》も、疊《たゝみ》に漂《たゞよ》ふ酒《さけ》の香《か》にも梁《うつばり》に殘《のこ》る烟草《たばこ》の烟《けむり》にも、清淨森嚴《しやう〳〵しんげん》ならぬ氣《き》が滿《み》ち〳〵て居《を》る場所《ばしよ》ではありませぬか。縱令儀式擧行《たとへぎしききよかう》の一刹那《せつな》だけ、表面《へうめん》の裝飾《さうしよく》を嚴《おごそ》かに致《いた》しましても、是《これ》に臨《のぞ》む人《ひと》の心《こゝろ》が何《ど》うして其《そ》の根底《こんてい》より改《あらた》まる事《こと》が出來《でき》ませう。故《ゆゑ》に旗亭《ちやや》は結婚後《けつこんご》の披露《ひらう》を爲《な》す位《くらゐ》は、已《や》むを得《え》ますまいが、婚儀《こんぎ》を此所《こゝ》に擧《あ》ぐる事《こと》だけは、希《ねが》くは取《と》り止《や》めたいものではありませぬか。

其の一例

自分《わたくし》はある旗亭《ちやや》の婚儀《こんぎ》に列《れつ》した一人《ひとり》の婦人《ふじん》から、嘗《かつ》て斯《か》う言《い》ふ一例《れい》を聞《き》いた事《こと》があります。其《そ》の婿《むこ》と申《まを》す人《ひと》は立派《りつぱ》に最高學校《さいかうがくかう》を卒業《そつげふ》して、幾程《いくほど》も無《な》く某會社《ぼうくわいしや》に採用《さいよう》せられて、海外《かいぐわい》の支店詰《してんづめ》になつて往《ゆ》く事《こと》になりました。そして、かね〴〵婚約《こんやく》になつて居《を》る某地方《ぼうちはう》の素封家《そほうか》【23】の女《むすめ》を東京《とうきやう》に呼《よ》び上《のぼ》せ、其《そ》の當時流行《たうじりうかう》致《いた》して居《ゐ》た旗亭《ちやや》で結婚式《けつこんしき》を擧《あ》げ、其所《そこ》から一週間《しうかん》ばかり新婚旅行《しんこんりよかう》をして、然《しか》る後先婿《のちまづむこ》だけ先《さき》へ往《い》つて、二三月たつて一寸店《ちよつとみせ》の用《よう》で歸朝《きてう》する事《こと》になつて居《を》る。左様《さう》すれば氣候《きこう》も好《よ》くなる、方々好都合《はうばふかうつがう》であらうから、其《そ》の時同伴《ときどうはん》しよう。且《かつ》は結婚式擧行《けつこんしききよかう》が存外急《ぞんぐわいきう》になつた事故《ことゆゑ》、支度《したく》が十分《ぶん》間《ま》に合《あ》ひかねた等《など》の所《ところ》も、其《そ》の間《あひだ》に調《とゝの》へてと言《い》ふやうな事《こと》で、東京《とうきやう》の有名《いうめい》な某旗亭《あるちやや》で式《しき》を擧《あ》げる事《こと》になりました。然《しか》るに此《こ》の縁女《えんぢよ》と言《い》ふのは普通《ふつう》の容貌《ようぼう》であるけれ共《ども》、地方《ちはう》から出立《でだ》てに、急《きう》に東京風《とうきやうふう》の化粧《けしやう》をしたり、衣服《いふく》を着用《ちやくやう》したり致《いた》したのですから、素質《きぢ》よりも惡《わる》く見《み》えて、如何《いか》にも不調和《ふてうわ》な感《かん》じを他《ひと》に與《あた》へましたのに引《ひ》き變《か》へ、婿《むこ》の方《はう》は殊《こと》に眉目秀麗《びもくしうれい》な人《ひと》である上《うへ》に、東京風《とうきやうふう》の粋《すゐ》を抜《ぬ》いた装束《しやうぞく》は一際目《ひときはめ》立つて立派《りつぱ》に見《み》えたのであります。

と、其《そ》の式場《しきぢやう》は廣《ひろ》い室《しつ》の三室《みま》續《つゞ》いた二階《かい》全體《ぜんたい》を取《と》つたのでしたが、縁女《えんぢよ》が休憩室《きうけいしつ》は其《そ》の下《した》で、婿《むこ》の方《はう》と對《むか》ひ合《あは》せになつて居《を》り廊下《らうか》一つを隔《へだ》てた所《ところ》には、大分賑《だいぶにぎ》やかな取《と》り巻《ま》

【23】大金持ち。財産家。

きのある一座《ざ》の客《きやく》が陣取《じんど》つて居《を》りました。そして、都合惡《つがふわる》く此《こ》の中《なか》の一二の客《きやく》は、乃《すなは》ち此《こ》の方《はう》の式《しき》の始《はじ》まる頃《ころ》には、最早大分酩酊《もはやだいぶんめいてい》して居《を》つたものと見《み》えまして、さあ此《こ》の若《わか》い男女《だんぢよ》の出入毎《でいりごと》に、女中《ぢよちう》や何《なに》かゞ幾《いく》ら止《と》めても聞《き》かず、わつ／＼と騒《さわ》ぎ立《た》てるのみならず、非常《ひじやう》に皮肉《ひにく》を申《まを》しました。光源氏《ひかるげんじ》と鈿女命《うづめのみこと》【24】の婚禮《こんれい》だの、業平《なりひら》【25】と累《かさね》の道行《みちゆき》だのと申《まを》して、終《しまひ》には、「能《よ》く彼様顔《あんなかほ》をしてづう／＼しくあの好男子《かうだんし》の妻《つま》になるものだ」などと言《い》ひ、又誰《またたれ》からか聞《き》いたものと見《み》えて、「外國《ぐわいこく》へ彼《あ》の女《をんな》を連《つ》れて往《い》つて手《て》でも組《く》んで歩《ある》かうものなら、好《よ》いポンチ【26】の材料《ざいれう》が出來《でき》る」のと申《まを》しました。すると是《こ》の世馴《よな》れぬ年少《ねんせう》の縁女《えんぢよ》は、色直《いろなほ》し其《そ》の他《た》の儀式《ぎしき》も濟《す》んで饗宴《きやうえん》に移《うつ》らうとする頃《ころ》になつて、頭痛《づつう》がすると言《い》つて顔《かほ》を隠《かく》して隅《すみ》の方《はう》へ俯伏《うつぶ》してしまひましたので、人々《ひと〴〵》は水《みづ》よ藥《くすり》よと騒《さわ》いで容子《ようす》を見《み》ると、しく／＼と泣《な》いて居《を》ります。其《それ》から同伴《どうはん》して來《き》た母親《はゝおや》が何《なに》か譯《わけ》があらうと聞《き》いて見《み》ると、「私《わたくし》のやうな者《もの》は兎《と》ても彼《あ》の様《やう》な方《かた》の妻《つま》として外國《ぐわいこく》などへ行《ゆ》く事《こと》は出來《でき》ませぬから、何卒私《どうぞわたくし》は是《これ》から國《くに》へ連《つ》れて歸《かへ》つて下さい」と言《い》ひ出《だ》しました。其《それ》から大騒《おほさわ》ぎになつて段々調《だん〴〵しら》べて見《み》ると、全《まつた》く縁女《えんぢよ》の休憩室《きうけいしつ》が一番他《ばんた》の客《きやく》の所《ところ》と近《ちか》いので、此《こ》の醉客《すゐきやく》の惡口《わるくち》を縁女《えんぢよ》に能《よ》く洩《も》れ聞《き》えたのが原因《げんいん》したのでありました。其《それ》から仲人《なかうど》が怒《おこ》り出《だ》すやら、旗亭《ちやや》の主婦《をんなあるじ》が過《あやま》りに來《く》るやら、漸《やうや》くの事《こと》で、醉客《すゐかく》をも宥《なだ》めて外《ほか》へ席《せき》を移《うつ》させなどして、先々慶《まづ〳〵めで》たい席《せき》の事《こと》なれば、何事《なにごと》も宥恕《ゆる》してくれよ、醉客《すゐかく》の事《こと》であるからと段々《だん〴〵》

に言《い》ひ聞《き》かせて、兎《と》やら斯《か》うやら其《そ》の場《ば》は治《をさ》まりましたが、其《そ》の後《のち》も數年間《すうねんかん》兎角此《とかくこ》の婦人《ふじん》は引《ひ》き込《こ》み勝《がち》に陰鬱《いんうつ》になつて、他《ひと》の言《い》ふ事《こと》ばかり氣《き》にして困《こま》つたと云《い》ふ咄《はな》しを聞《き》きました。是等《これら》に就《つ》いても能《よ》く注意《ちうい》すべき事《こと》ではありませぬか。

五　結婚《けつこん》の儀式《ぎしき》

從來の婚儀には一定の規ありき

前條《ぜんでう》に結婚《けつこん》の式場《しきじやう》は、孰《いづ》れを選《えら》ぶべきかと言《い》ふ事《こと》に就《つ》いて、申《まを》しましたから、今度《こんど》は婚儀《こんぎ》は如何《いか》なる形式《けいしき》によつて擧行《きよかう》したが可《よ》いかと申《まを》す事《こと》に就《つ》いて述《の》べなければなりませぬ。前《まへ》にも一寸申《ちよつとまを》して置《お》きましたが、從來《じうらい》は各自《かくじ》の身分階級《みぶんかいきふ》の區別《くべつ》が大變《たいへん》に喧《やかま》しく、從《したが》つて冠婚葬祭《くわんこんさうさい》の四大體《たいれい》の如《ごと》きは、孰《いづ》れもそれ／＼嚴然《げんぜん》たる規定《きてい》がありましたから誰《だれ》も是《これ》を越《こ》ゆる事《こと》も出來《でき》ず、又省《またはぶ》く事《こと》も出來《でき》ませんでした。‖勿論貧富《もちろんひんぷう》によつて、同《おな》じ搔取《かいどり》を着《き》るとしても其《そ》の地質等《ぢしつなど》には等差《とうさ》が格段《かくだん》あつた事《こと》は申《まを》す迄《まで》もありませぬが‖

【24】記紀などに見える神。猿女《さるめ》氏の祖神。天照大神が天の岩屋戸に隠れた時、岩屋戸の前で踊った女神。天孫降臨の際、天の八衢《やちまた》に立っていた猿田彦神を懐柔して、道案内をさせた。

【25】第二章注55参照。

【26】ポンチ画のこと。風刺漫画。

現今は餘りに勝手になれり

所《ところ》が、唯今《たゞいま》は最高《さいかう》の階級《かいきふ》を除《のぞ》くの外《ほか》は、誰《だれ》でも大抵《たいてい》の事《こと》は爲《し》ようと思《おも》へは出來《でき》る所《ところ》から、却《かへ》つて身分不相應《みぶんふさうおう》に驕《おご》り過《す》ぐる人《ひと》が多《おほ》くなり、又稀《またまれ》には之《これ》に反《はん》して、身分不相應《みぶんふさうおう》に禮《れい》を疎《おろそ》かにして、卑吝《ひりん》に亘《わた》るやうな事《こと》をする人《ひと》さへあるやうになつたのでございます。

婚約

先結婚《まづけつこん》の形式《けいしき》に就《つ》いて、極雜《ごくざつ》と一亘《ひとわた》り述《の》べて見《み》ませう。縁談《えんだん》が相互《さうご》の間《あひだ》に進捗致《しんせふいた》しますると、兩方《りやうはう》の親族書《しんぞくがき》を取《と》り換《かは》します。

結納

其《それ》から黄道吉日《くわうだうきちにち》を選《えら》んで結納《ゆひなふ》の取《と》り換《かは》しに成《な》ります。乃《すなは》ち婿《むこ》の方《はう》と縁女《えんぢよ》の方《はう》と兩方《りやうはう》から使者《ししや》を以《も》つて、品物《しなもの》の贈答《ぞうたふ》を致《いた》します。品物《しなもの》は新《あた》らしき白木《しらき》の臺《だい》に載《の》せます。現今《いま》は略《りやく》して熨斗《のし》と金子《きんす》とのみにする所《ところ》もありまするが、相互《さうご》の便宜上其《びんぎじやうそれ》でも差支《さしつかへ》はありませぬ。‖或《ある》ひは單《たん》に金子《きんす》のみ‖けれ共略式《どもりやくしき》にするからとて、禮迄《れいまで》を踈《おそ》かにする事《こと》は不可《いけま》せぬ。熨斗《のし》と金子《きんす》とにするにしても、熨斗《のし》は三方《さんばう》【27】に目録《もくろく》は目録臺《もくろくだい》に載《の》せて、使者《ししや》は相互《さうご》の身分相應《みぶんさうおう》する禮服《れいふく》を着用《ちやくよう》して之等《これら》を持參《じさん》し、嚴《おごそ》かに口上《こうじやう》を述《の》べて丁寧《ていねい》に引《ひ》き渡《わた》しを爲《な》すべきであります。金子《きんす》の額《がく》は婿方《むこかた》が多《おほ》く縁女方《えんぢよかた》が寡《すくな》くするのが、近來《きんらい》の慣例《くわんれい》になつて居《を》りますから、先其《まづそれ》に從《したが》つて可《よ》くありませう。そして使者《ししや》には兩家共酒肴《りやうけともしゆかう》を薦《すゝ》めて饗應《きやうおう》し、更《さら》に目録《もくろく》‖金子《きんす》を‖進《しん》じます。但《ただ》し、是《これ》は兩家《りやうけ》の令扶《れいふ》【28】又《また》は執事《しつじ》などが務《つと》める場合《ばあひ》の事《こと》で、仲人《なかうど》などが取《と》り行《おこな》つてくるゝ時《とき》には、單《たん》に酒肴《しゆかう》だけを出《いだ》して饗應《きやうおう》し置《お》き、他日品物《たじつしなもの》を持參《じさん》して謝辭《しやじ》を述《の》べなければなりませぬ。

又正式《またせいしき》に結納《ゆひなふ》の品物《しなもの》を贈《おく》る場合《ばあひ》には、釣臺《つりだい》【29】に定紋《じやうもん》を染《そ》めた油單《ゆたん》【30】を掛《か》けるのでありますが、場合《ばあひ》により是等《これら》は略《りやく》しても差支《さしつかひ》ありませぬ。是《こ》の時《とき》には其《そ》の運搬《うんぱん》の人足《にんそく》には一々祝儀《しふぎ》の目録《もくろく》をつかはし、猶丁寧《なほていねい》にすれば、酒肴《しゆかう》を出《いだ》して勝手元《かつてもと》で饗應《きやうおう》して遣《や》るのであります。‖此《こ》の形式《けいしき》を詳記《しようき》するには、非常《ひじやう》に紙數《しすう》を要《えう》しますから茲《こゝ》には略《りやく》します。委細《ゐさい》は拙著婦人禮法《せつちよふじんれいほう》【31】に載《の》せてあります。以下準之《いかこれにじゆんず》。‖

輿入

婚姻《こんいん》の日取《ひどり》が極《きま》つて縁女《えんぢよ》が夫家《ふか》へ參《まゐ》る事《こと》を輿入《こしいれ》と申《まを》します。‖俗《よ》には嫁入《よめいり》とも、

告別式

‖乃《すなは》ち縁女《えんぢよ》の輿《こし》を夫家《ふか》へ舁《か》き入《い》るの義《ぎ》であります。前《まへ》にも申《まを》したやうに婚儀《こんぎ》の正式《せいしき》は、夫家《ふか》にて擧《あ》ぐる事《こと》になつたのですから、此《こ》の名稱《めいしよう》があるのでございます。扨縁女《さてえんぢよ》の支度《したく》が整《とゝな》うて生家《せいか》を出《で》やうとする時《とき》には父母《ふぼ》に見《まみ》え、祖先《そせん》に告別《こくべつ》して饗膳《きやうぜん》の席《せき》に就《つ》きます。

父母の訓戒

父母《ふぼ》は祝盃《しゆくはい》を擧《あ》ぐる前《まへ》に息女《むすめ》に對《たい》して、嚴《おごそ》かに且簡短《かつかんたん》に息女《むすめ》の心得《こゝろえ》を申《まを》し聞《き》かしめ、然《しか》

【27】前と左右の三方に刳形《くりかた》の穴をあけた台を方形の折敷《おしき》につけたもの。ヒノキの白木製を普通とし、神仏や貴人に物を供したり、儀式のときに物をのせたりするのに用いる。

【28】家令と家扶。身分の高い人の家務をおこなう人たち。

【29】物をのせてかついで行く台。板を台とし、両端をつり上げてふたりでかつぐ。嫁入道具などをのせて運ぶのに用いる。

【30】ひとえの布や紙などに油をしみ込ませたもの。湿気を防ぐために、唐櫃・長持などの調度や、槍・笛などの器具のおおいにしたもの。また、灯明台の敷物などにも用いられた。

【31】緒言注3参照。

介添人
侍女郎
仲人

婚禮
盃事

色直し

式後の宴

る後祝盃《のちしゆくはい》を擧《あ》げて、息女《むすめ》の前途《ぜんと》を祝福致《しゆくふくいた》します。

正式《せいしき》にすれば介添《かいぞへ》の女子《ぢよし》か縁女《えんぢよ》に侍《じ》して萬端《ばんたん》の世話《せわ》を爲《な》し、待女郎《まちぢよらう》は婿方《むこがた》とも式《しき》一切《さい》の打合《うちあは》せから、式場《しきぢやう》から縁女《えんぢよ》の居室《へや》までも検分《けんぶん》して相互《さうご》の間《あひだ》に立《た》ちて、都合好《つがふよ》きやうに取《と》り調《したゝ》めるのであります。そして仲人《なかうど》は唯結婚《たゞけつこん》の式場《しきぢやう》に臨席《りんせき》して立合人《たちあひにん》の役《やく》を務《つと》むれば可《よ》いのでございます。現今《いま》は大抵何《たいていな》も彼《か》も略《りやく》して仲人《なかうど》の婦人《ふじん》か致《いた》しますが、併《しか》し身分《みぶん》高《たか》き人《ひと》に仲人《なかうど》を依頼《いらい》した場合《ばあひ》には、介添《かいぞへ》の侍女《じぢよ》に、心《こゝろ》ききたる者《もの》を使《つか》つて、縁女《えんぢよ》の身《み》の廻《まは》りの事《こと》などは、仲人《なかうど》の手《て》を煩《わづら》はさぬやうにしなければなりませぬ。

婚儀《こんぎ》の式場《しきぢやう》の掛物《かけもの》の事《こと》は、既《すで》に申《まを》しました。式場《しきぢやう》は殊《こと》に森嚴《しんげん》を旨《むね》として、諸種《しよしよ》の用意《ようい》を整《とゝの》へ、仲人《なかうど》の立合《たちあひ》にて、新郎新婦《しんらうしんぷ》は夫婦固《ふうふかた》めの盃事《さかづきごと》を致《いた》します。是等《これら》禮式《れいしき》に關《くわん》する事《こと》は、到底茲《たうていこゝ》に述《の》べ盡《つく》されませぬから、遺憾《ゐかん》ながら前述《ぜんじゆつ》の通《とほ》り禮法《れいはふ》の書《しよ》に讓《ゆづ》つて此所《こゝ》には略《りやく》す事《こと》と致《いた》します。

婚禮《こんれい》の盃事《さかづきごと》を正式《せいしき》に新婦《しんぷ》が白裝束《しろさうぞく》にした時《とき》は、色直《いろなほ》しとて色物《いろもの》の禮服《れいふく》を着用《ちやくよう》して、更《さら》に盃事《さかづきごと》ありて親類盃《しんるゐさかづき》に移《うつ》るのですが、略《りやく》して左様《さう》しない時《とき》は同《おな》じ衣裝《いしやう》で親類盃迄濟《しんるゐさかづきまです》ませて、式後《しきご》の饗膳《きやうぜん》に移《うつ》る時《とき》に更衣《きかへ》をするのであります。が、猶略《なほりやく》しては同《おな》じ衣服《いふく》で終《しまひ》まで濟《す》ませても差支《さしつか》へはありませぬ。

式《しき》が終《おは》れば、新郎新婦《しんらうしんぷ》は暫時休憩致《ざんじきうけいいた》します。其《そ》の間《あひだ》に宴席《えんせき》を整《とゝの》へて來賓《らいひん》の着席《ちやくせき》を請《こ》ひ、新郎《しんらう》新婦《しんぷ》は再《ふたた》び出《い》でて來賓《らいひん》に會《くわい》し、共《とも》に饗膳《きやうぜん》に着《つ》きます。現今《いま》は是《こ》の時《とき》、仲人《なかうど》の挨拶《あいさつ》新郎《しんらう》新婦《しんぷ》傍《がは》からの挨拶《あいさつ》、及《およ》び來賓《らいひん》一同《いちどう》の代表者《だいへうしや》の挨拶《あいさつ》がありまして、祝盃《しゆくはい》を擧《あ》げるのが大抵《たいてい》の規定《きまり》の如《やう》になりました。此《こ》の際特《さいとく》に請《こ》うて新夫婦《しんふうふ》兩方《りやうはう》の師《し》たる人《ひと》に、將來《しやうらい》の訓辭《くんじ》を依賴《いらい》する事《こと》もあります。時機《じき》によりては、是《これ》も亦《また》可《よ》いでありませうが、凡《すべ》て斯《か》う云《い》ふ時《とき》の挨拶《あいさつ》は、極《きは》めて簡短《かんたん》にするのが禮《れい》であります。

此《こ》の式後《しきご》の宴《えん》は、正式《せいしき》にすれば無論《むろん》自宅《じたく》にてなすべきでありまするが、若《も》しも神社《じんじや》に於《お》いて婚儀《こんぎ》を擧《あ》げた時《とき》などには、大抵然《たいていしか》るべき旗亭《ちやや》に賓客《ひんかく》を招《せう》じて、新郎《しんらう》新婦《しんぷ》も其所《そこ》に會《くわい》する事《こと》になつて居《を》ります。婚禮式《こんれいしき》を旗亭《ちやや》にて爲《な》す事《こと》に比《くら》ぶれば、是《これ》は何《ど》うも都會《とくわい》の地《ち》などでは、已《や》むを得《え》ますまいから、大方《おほかた》の慣例《くわんれい》に從《したが》うて宜《よろ》しからうと存《ぞん》じます。

六　結婚《けつこん》披露《ひろう》の形式《けいしき》

從來《これまで》は、社會《しやくわい》の階級《かいきふ》が判然《はんぜん》と分《わか》れて居《ゐ》て、何事《なにごと》をするにも其《そ》の範圍《はんゐ》内《ない》に於《お》いてのみ致《いた》したのでありますから、結婚《けつこん》披露《ひろう》の宴會《えんくわい》の如《ごと》きも、幾《いく》ら丁寧《ていねい》にした所《ところ》で、其《そ》の範圍《はんゐ》が定《きま》つて居《を》りますから、費用《ひよう》の點《てん》に至《いた》りまするど、左程《さほど》でも無《な》かつたのでありまするが、現今《いま》の社會《しやくわい》のやうに、急《きふ》に交際《かうさい》の範圍《はんゐ》も廣《ひろ》がり、且《かつ》は其《そ》の制限《せいげん》も判然《はんぜん》しないのですから、少《すこ》しく世間《せけん》の見《み》えを張《は》るやうな人《ひと》になりますると、此《こ》の披露會《ひろうくわい》の爲《ため》に少《すく》なからぬ傷《いた》みを感《かん》ずる事《こと》になります。

虚飾に亘らぬやうにありたし

勿論是《もちろんこれ》も、財力《ざいりよく》が十分《ぶん》あつてする事《こと》ならば、其《それ》も可《か》なりでありませうが、彼《あ》の人《ひと》が彼《あ》の位《くらゐ》にしたから、此方《こちら》も其《これ》よりは落《おと》せないなど丶、餘計《よけい》な所《ところ》へ力瘤《ちからこぶ》を入《い》れて、無理《むり》な都合《つがふ》をして、披露《ひろう》の宴《えん》を立派《りつぱ》にするが如《ごと》きは沙汰《さた》の限《かぎ》りと申《まを》さなければなりませぬ。否《いな》猶極端《なほきよくたん》に申《まを》したならば、堅實眞面目《けんじつしんめんぼく》に行《おこな》ふべき人間一生《にんげんいつしやう》の大事《だいじ》なる結婚《けつこん》の如《ごと》きにさへも、虚僞虚飾《きよぎきよしよく》が交《まじ》るやうでは將來《しやうらい》も亦甚《またはなは》だ面白《おもしろ》く無《な》い事《こと》が起《おこ》りさうに思《おも》はれるではありませぬか。

ですから結婚《けつこん》は人間《にんげん》の大禮《たいれい》でありますゆゑ、資力《しりよく》ある者《もの》が卑吝《ひりん》に亘《わた》る程《ほど》の事《こと》をするのも宜《よろ》しくありませぬけれ共《ども》、各自能《かくじあた》ふべきたけ、冗《むだ》な費用《ひよう》は省《はぶ》いて、質實《しつじつ》な温《あたゝ》かい賀宴《がえん》を開《ひら》きて、相集《あひあつ》まる人《ひと》は皆心《みなこゝろ》から、新夫婦《しんふうふ》の將來《しやうらい》を祝福《しゆくふく》するやうにあらま欲《ほし》しいものではありませぬか。

披露會の種類及び形式

披露會《ひろうくわい》は、正式《せいしき》にすれば、自宅《じたく》にて行《おこな》ふ筈《はず》ですけれ共《とも》、現今《いま》は隨分立派《ずゐぶんりつぱ》な家《いへ》のでも、大抵《たいてい》ホテルとか倶樂部《くらぶ》とか旗亭《ちやや》とか其《そ》の他便宜《ほかべんぎ》の場所《ばしよ》で致《いた》します。是《これ》は社會《しやくわい》の状況《じやうきやう》が段々《だん〴〵》華《はな》やかになり、交際《かうさい》の範圍《はんゐ》が廣《ひろ》くなつて、且其《かつそ》の區域《くいき》が何《いづ》れも判然《はんぜん》しないのですから、邸宅《ていたく》が可《か》なり廣《ひろ》くても、先《まづ》は其《それ》より以上《いじやう》に大《おほ》きな場所《ばしよ》を選《えら》ばねばならぬやうになつたのでありませう。是《これ》は何《ど》うも時勢《じせい》の然《しか》らしむる所《ところ》で已《や》むを得《え》ませぬが、何《なに》に致《いた》しましても、身分不相應《みぶんふさうおう》に立派《りつぱ》な事《こと》をしたり驕奢《けうしや》に流《なが》れたりせぬやう、無理《むり》せぬやうに丈《だけ》は致《いた》したいものであります。

併《しか》し、餘《あま》り多人數《たにんずう》の賓客《ひんきやく》で無《な》ければ、自宅《じたく》にて食事《しよくじ》に招《まね》く事《こと》も出來《でき》ませう。が、是《これ》も多人數《たにんずう》ならば他《ほか》の廣《ひろ》い所《ところ》を選《えら》ばねばならぬ事《こと》になりませう。披露會《ひろうくわい》は丁寧《ていねい》にすれば晩餐《ばんさん》を供《きよう》し＝日本料理《にほんれうり》が本儀《ほんぎ》ですが、今《いま》は西洋料理《せいやうれうり》、稀《まれ》には支那料理等《しなれうりなど》にも致《いた》します。＝そして鄭重《ていちよう》にするには何等《なんら》か記念品《きねんひん》を呈《てい》じますが、大抵《たいてい》は左様《そん》な事《こと》は致《いた》しませぬ。又《また》、最《もつと》も鄭重《ていちよう》にせねばならぬ人《ひと》、若《も》しくは格別《かくべつ》〳〵懇《こん》の人丈《ひとだけ》を晩餐《ばんさん》に招《まね》き、更《さら》に爾餘《じよ》の人《ひと》の爲《ため》に園遊會《ゑんいうくわい》を催《もよお》したり夜會《やくわい》を催《もよお》したりも致《いた》します。又單《またたん》に披露會《ひろうくわい》は食事《しよくじ》は止《よ》して、後者《こうしや》の形式《けいしき》にも從《したが》ふ事《こと》もいたします。

披露の宴は必ず行ふべきか

右《みぎ》は大抵現今然《たいていいましか》るべき階級《かいきふ》の結婚式後《けつこんしきご》に行《おこな》はるゝ披露《ひろう》の宴會《ゑんくわい》の事《こと》に就《つ》いて略記致《りやくきいた》しました。が一體結婚式《たいけつこんしき》を擧《あ》ぐれば必《かなら》ず披露《ひろう》の宴《えん》を開《ひら》いて、他《ひと》を招待《せうたい》しなければならぬものであらうかと言《い》ふ問題《もんだい》になりましたならば、其《それ》は必《かなら》ずしも爲《し》なければならぬ、せぬのは非禮《ひれい》に亘《わた》ると言《い》ふ事《こと》は無《な》いと申《まを》したいと存《ぞん》じます。なる程第《ほどだい》一流《りう》の階級《かいきふ》の人々《ひと〴〵》に在《あ》りては、披露《ひろう》の宴《えん》を開《ひら》いて親戚故舊《しんせきこきう》其《そ》の他《た》を招待《せうたい》すべきでありませうが、其《そ》より以下《いか》の所《ところ》に至《いた》りましては、決《けつ》して是非《ぜひ》とも致《いた》さねばならぬ事《こと》は無《な》いのでございます。乃《すなは》ち婚儀《こんぎ》の當日《たうじつ》、又《また》は他日《たじつ》‖従來《じうらい》の形式《けいしき》に従《したが》つて、三日又《にちまた》は五日《か》などに‖最近親及《さいきんしんおよ》び最親友《さいしんいう》、又《また》は特別《とくべつ》の世話《せわ》になりたる人等極少數《ひとなどごくせうすう》を招《まね》きて披露《ひろ》するに止《とゞ》めて差支無《さしつかへな》い事《こと》と存《ぞん》じます。

内祝ひと廻禮

そして結婚《けつこん》に就《つ》いて祝《いわ》いの贈《おく》り物《もの》でも爲《せ》られた所《ところ》だけへは慣例《くわんれい》に従《したが》つて、赤飯又《せきはんまた》は鳥《とり》の子餅《こもち》【32】に鰹節《かつをぶし》を添《そ》へ‖略《りやく》しては添《そ》へずともよし‖などして、丁寧《ていねい》に謝辭《しやじ》を申《まを》し送《おく》れば宜《よろ》しいのであります。‖勿論丁寧《もちろんていねい》にすれば、招宴《せうえん》した人《ひと》へも内祝《うちいはひ》の品《しな》は贈《おく》りますが、‖且其《かつそ》の親疎高下《しんそこうげ》に従《したが》つて、新夫婦又《しんふうふまた》は新郎等《しんらうなど》が挨拶《あいさつ》に廻禮《くわいれい》するのであります。

披露の通信

猶其《なほそれ》にも及《およ》ばぬ程《ほど》の所《ところ》へは、單《たん》に結婚披露《けつこんひろう》の書狀《しよじやう》を送《おく》れば可《よ》いのであります。又遠方《またえんぱう》の親族知人《しんぞくちじん》へも同《おな》じく書信《しよしん》して披露《ひろう》せねばなりませぬ。

七　新婚旅行《しんこんりよかう》

次《つぎ》に今《いま》一つ新婚旅行《しんこんりよかう》の事《こと》に就《つ》いて申《まを》さなければなりませぬ。‖前條《ぜんでう》にも一寸記《ちよつとしる》して置《お》いた事《こと》もありましたが、‖是《これ》は西洋《せいやう》では然《しか》るべき身分《みぶん》の人《ひと》は、先大抵行《まづたいていおこな》ふを以《も》つて、普通《ふつう》の事《こと》と致《いた》しますが、日本《にっぽん》では必《かなら》ずしもせねばならぬものでも亦《また》すべきものでも無《な》いのであります。

新婚旅行は爲さずとも可

前條《ぜんでう》にも申《まを》した如《ごと》く、吾《わ》が國《くに》では、彼《あ》の國《くに》のやうに夫婦本位《ふうふほんゐ》で、夫婦《ふうふ》さへ都合《つがふ》が好《よ》ければ可《よ》いと申《まを》す譯《わけ》には參《まゐ》りませぬのみならず、縱令夫婦丈《たとへふうふだけ》で作《つく》つた新宅《しんたく》でも、結婚直《けつこんたゞ》ちに家《いへ》を明《あ》けて出《で》るといふ事《こと》は至難《むつかし》い場合《ばあひ》があります。以上《いじやう》の次第《しだい》でありますから、此方《こちら》では寧《むし》ろ反對《はんたい》に、普通《ふつう》はしないものと心得《こころえ》て置《お》き、何等《なんら》かの都合《つがふ》ではしても可《よ》い位《ぐらゐ》に考《かんが》へて置《お》いて然《しか》るべきではありますまいか。

家庭との折合は如何

吾《わ》が國《くに》の家庭《かてい》では、先《まづ》普通《ふつう》舅姑《きうこ》もあり、其《そ》の他《た》の係數《けいるゐ》もあるのに、結婚直《けつこんたゞ》ちに夫婦相携《ふうふあひたづさ》へて旅途《りよと》に登《のぼ》りまして、歸《かへ》つて來《き》た時《とき》には妙《みやう》なものでありませう。西洋《せいやう》のやうに、新夫婦《しんふうふ》が旅行中《りよかうちう》に家庭《かてい》を作《つく》る事《こと》に就《つ》いての相談《さうだん》なども熟《よく》して還《かへ》つて、そして其《そ》の通《とほ》りに試《こゝろ》みるならば、其《それ》も可《よ》いでありませうが、新婦《しんぷ》は新郎《しんらう》とだけ親《した》しみが就《つ》いて還《かへ》つて來《き》ても、更《さら》に家人《かじん》に親《した》しまなければならぬのでありますから、甚《はなは》だ其所《そこ》が好都合《かうつがふ》で無《な》からうと存《ぞん》じます。

有意味なる新婚旅行は可

勿論《もちろん》此《こ》の新婚旅行《しんこんりよかう》の如《ごと》きは、結婚式《けつこんしき》に附隨《ふずゐ》したる一種《しゆ》の事柄《ことがら》に過《す》ぎませぬから、各自《かくじ》

【32】鶏の卵の形をして、扁平な餅。紅白二種をつくって、祝儀に用いる。鶴の子餅。

の都合《つがふ》によつて、行《おこな》ふも行《おこな》はぬも、孰《いづ》れでも宜《よろ》しからうと存《ぞん》じます。自分《わたくし》は此所《こゝ》に一《ひと》つ、若《も》しも相互《さうご》の都合《つがふ》が可《よ》かつたならば、唯西洋《たゞせいやう》の眞似然《まねぜん》たる無意味《むいみ》の新婚旅行《しんこんりよかう》で無《な》くて、寧《むし》ろ有意味《いういみ》の旅行《りよかう》を企《くはだ》てゝ欲《ほ》しいと思《おも》ふのであります。申《まを》すも畏《かしこ》い事《こと》でありますが、我《わ》が皇室《くわうしつ》に於《お》かせられては、至尊《しそん》【33】を始《はじ》め奉《たてまつ》り皇族《くわうぞく》にも亦御同様《またごどうやう》に、御成婚後《ごせいこんご》は直《たゞ》ちに先伊勢神宮《まづいせじんぐう》【34】へ御參拜《ごさんぱい》になり、其《それ》から橿原神宮《かしはらじんぐう》【35】、先帝《せんてい》の御陵先々帝《ごりやうせん〳〵てい》の御廟等次々《ごべうなどつぎ〳〵》に御參拜《ごさんぱい》があらせらるゝ御儀《おんぎ》が定《さだ》まつて居《を》りまするのは、誠《まこと》にあらま欲《ほ》しい有難《ありがた》い事《こと》ではありませぬか。

神宮及び御陵の参拝

で、臣民《しんみん》も亦此《またこ》の御旨《みむね》に添《そ》ひ奉《たてまつ》りまして、新夫婦《しんふうふ》は儀式《ぎしき》を終《をは》りましたら、事情《じゞやう》が許《ゆる》すならば先伊勢參宮《まづいせじんぐう》を致《いた》しまして、橿原神宮《かしはらじんぐう》へ參《まゐ》るも結構《けつこう》でありませうが、桃山御陵《もゝやまごりやう》同《おな》じく東陵《とうりやう》の參拜《さんぱい》は是非致《ぜひいた》しまする事《こと》にしたいと存《ぞん》じます。如何《いか》なる人《ひと》でも結婚式《けつこんしき》を擧《あ》げての當時《たうじ》は自《おのづか》ら心《こゝろ》の改《あらた》まるものでありませうから、其《そ》の際皇祖皇宗《さいくわうそくわうそう》の大神《おほみかみ》を拜《はい》し奉《まつ》り、又《また》先帝《せんてい》の御陵《ごりやう》に參拜《さんぱい》したならば日本臣民《につぽんしんみん》として他《ほか》に比無《ひな》き國民《こくみん》としての一種《しゆ》の靈感《れいかん》が自《おのづか》らあらうと思《おも》ふのであります。

廣義《くわうぎ》に取《と》つて申《まを》しますれば、吾《わ》が皇祖《くわうそ》や先帝《せんてい》の御陵《ごりよう》を拜《はい》するのは取《と》りも直《なほ》さず現世《げんせい》に於《お》ける君《きみ》に對《たい》する忠《ちう》と同《おな》じ意味《いみ》で、且吾人《かつごじん》が祖先《そせん》の大宗《たいそう》に對《たい》する義《ぎ》でありまするし、又《また》一方《ぽう》から申《まを》せば是則《これすなは》ち大孝《たいかう》の道《みち》であるとも申《まを》されませう。して見《み》れば如何《いか》なる宗旨《しうし》

父母の許への歸省

の人《ひと》と雖《いへど》も、亦《また》一向差支無《かうさしつかひな》い譯《わけ》ではありますまいか。

今一《いまひと》つは、東京又《とうきやうまた》は他《ほか》の所《ところ》へ官吏《くわんり》として會社員《くわいしやゐん》として其《そ》の他《た》の事業《じげふ》の爲《ため》に、夫《をつと》なる人《ひと》が故郷《こきやう》の地《ち》を離《はな》れて出《で》て居《を》り、そして新《あら》たに一家《か》を成《な》す爲《ため》に結婚《けつこん》したのであると言《い》ふ樣《やう》の場合《ばあひ》、其《そ》の父母若《ふぼもし》くは祖父母《そふぼ》、家長《かちやう》なる兄《あに》などの許《もと》に歸省《きせい》して、婚儀《こんぎ》の披露《ひろう》、新婦《しんぷ》の引《ひ》き合《あは》せ等《など》を爲《な》するに、新婚旅行《しんこんりよかう》を利用《りよう》して爲《な》すと言《い》ふならば、是《これ》は又有意味《またいういみ》の行《かう》と申《まを》すべきでありませう。若《も》し左樣言《さうい》ふ場合《ばあひ》ならば新婦《しんぷ》の今少《いますこ》し新郎《しんらう》にも家庭《かてい》にも馴《な》れて後《のち》、或《ある》ひは夫《をつと》が夏季休暇《かききうか》を待《ま》つとか、然《しか》らざるも一二月たつた上《うへ》にするとか、又《また》は右《みぎ》の神宮參拜《じんぐうさんぱい》其《そ》の他《た》の旅行《りよかう》に少《すく》くも一二週間費《しうかんつひや》した後《のち》などに歸省《きせい》した方《はう》が、第《だい》一新婦《しんぷ》も良人《りやうじん》なる人《ひと》に少《すこ》しは馴《な》れて來《き》ますから、其《そ》の心遣《こゝろづか》ひも新郎《しんらう》の氣骨《きほね》の折《を》れ方《かた》も餘程少《よほどすく》なからうと思《おも》ふのであります。其《そ》の他《た》は前述《ぜんじゆつ》の如《ごと》く當人《たうにん》も家人《かじん》も能《よ》く熟議《じゆくぎ》し、折合《をりあ》うた上《うへ》ならば、旅行《りよかう》に出《で》かけるも亦敢《またあへ》て極端《きよくたん》に不可《いけな》いと主張《しゆちやう》すべき程《ほど》の事《こと》では無《な》からうと思《おも》ふ

【33】天子。天皇。

【34】三重県伊勢市にある皇大神宮（内宮）と豊受大神宮（外宮）の総称。内宮は皇祖神である天照大神をまつり、神体は三種の神器の一つである八咫鏡《やたの》。白木造りで、二〇年ごとに遷宮を伴う改築がある。伊勢大廟。伊勢大神宮。大神宮。

【35】奈良県橿原市久米町、畝傍山の東南にある神社。旧官幣大社。祭神は神武天皇、媛蹈五十鈴媛《ひめたたらいすずひめ》皇后。神武天皇が即位の式をしたと伝えられる橿原宮跡に明治二三年（一八九〇）創建。本殿、拝殿には京都御所の温明殿《うんめい》（賢所）、神嘉殿が移された。

のであります。

八　禮《れい》は森嚴《しんげん》に物《もの》は儉素《けんそ》にありたし

前《まへ》にも申《まを》しました如《やう》に現今《いま》は結婚《けつこん》に就《つ》いても、稍《やゝ》もすれば、各自《かくじ》の身分不相應《みぶんふさうおう》に、兎角費用《とかくひよう》の嵩《かさ》み過《す》ぐる感《かん》があるのでございます。支那《しな》では餘《あま》りに禮儀《れいぎ》と言《い》ふ事《こと》を上古《はやく》から喧《やか》ましく申《まを》した結果《けつくわ》、其《そ》の大切《たいせつ》な心《こゝろ》の禮《れい》は存外《ぞんぐわい》に閑却《かんきやく》されてしまひまして、寧《むし》ろ容《かたち》の禮《れい》のみが、而《し》かも遍狹《へんけふ》な風《ふう》に遺留《ゐりう》して居《を》りまするので、少《すこ》しく身分《みぶん》ある家《いへ》は、婚儀《こんぎ》か葬禮《さいれい》が續《つゞ》くと、大抵《たいてい》の身代《しんだい》は傾《かたむ》くと申《まを》す事《こと》を承《うけたまは》りまして、實《じつ》に何《なに》たるつまらぬ事《こと》があらうと申《まを》しましたが、現今《いま》の有樣《ありさま》では、吾《わ》が國《くに》でも餘《あま》り一概《がい》に他《ほか》の事《こと》は笑《わら》はれませぬ。全《まつた》く「女《むすめ》を三人《にん》持《も》てば身代《しんだい》が傾《かたむ》く」と言《い》ふ諺《ことわざ》があるさうですが、注意《ちうい》しなければならぬ事《こと》ではありませぬか。

嫁入仕度の過度

富豪《ふがう》の家《いへ》の嫁入仕度《よめいりしたく》に、數萬金《すうまんきん》を費《つひや》して、一寸《ちよつと》は入用《にふよう》も無《な》い。否《いな》一生《しやう》入用《にふよう》も無《な》ささうな品物迄《しなものまでも》持たせて遣《や》るのは、實《じつ》に無意味《むいみ》な冗《むだ》の極《きは》みではありませぬか。なる程《ほど》昔《むかし》の如《やう》に餘《あま》り社會《しやくわい》百般《ぱん》の事《こと》に變化《へんくわ》の少《すく》ない時代《じだい》であつて、そして交通《かうつう》も不便《ふべん》であり、且又《かつまた》

從來のは之に理由ありき

現今のは無意味なり

是に代るに適當の物を以てしたし

家屋敷《いへやしき》は各自存外廣《かくじぞんぐわいひろ》く取《と》つてあるのが、中以上《ちういじやう》の階級《かいきう》の人《ひと》の常《つね》であつた時《とき》ならば、母《はゝ》の嫁入仕度《よめいりしたく》に作《つく》つた物《もの》をそつくり、女《むすめ》に讓《ゆづ》る事《こと》も出來《でき》ませう。また一つ〳〵と後《あと》から送《おく》るのは不便《ふべん》だと言《い》ふやうな譯《わけ》で人夫《にんぷ》を雇《やと》ひ入《い》れた時《とき》、總《すべ》て送《おく》らねばならぬ等《など》の事情《じじやう》もあつたり、又斯《またか》かる家《いへ》であれば、大抵土藏《たいていどざう》の幾棟《いくむね》とかも持《も》つて居《ゐ》る等《など》の便宜《べんぎ》があつたでせうから、先澤山《まづたくさん》な調度《てうど》を持《も》たせて遣《や》る意味《いみ》も解《わか》つて居《ゐ》たでせうが、其《それ》すら其《そ》の當時《たうじ》に於《お》いても、識者間《しきしやかん》には段々反對《だんゞはんたい》の論《ろん》も起《おこ》つたのであります。況《いは》んや現今《いま》の如《やう》に日進月歩《につしんげつぽ》、昨變今化《さくへんこんくわ》する社會《しやくわい》では、到底親讓《たうていおやゆづ》りの品《しな》を息女《むすめ》に持《も》たする譯《わけ》には參《まゐ》りませぬのみならず、昔《むかし》の品物《しなもの》は色《いろ》にしても質《しつ》にしても、手固《てがた》かつたのですから宜《よろ》しかつたでせうが、今時《いまどき》の物《もの》は、兎《と》ても二代所《だいどころ》か、一代《だい》も耐《た》へ得《う》るものはありませぬ。且《かつ》は地方《ちはう》ならばまだしも、都會《とくわい》の地《ち》は漸次地面《ぜんじちめん》は騰貴《とうき》してまゐりまして、從《したが》つて諸税率《しよぜいりつ》も高《たか》くなつて行《ゆ》きますから、從來《じうらい》に比《くら》べては、餘程各自《よほどかくじ》の家屋敷《いへやしき》は狹《せま》くなりましたが、まだ〳〵もつと約《つま》つて行《ゆ》くことになるであらうと存《ぞん》じます。是《これ》に反《はん》して、交通《かうつう》や物品《ぶつぴん》の購求等《こうきうなど》は極《きは》めて便利《べんり》になつて參《まひ》るのですから、縁女《えんぢよ》の仕度《したく》は孰《いづ》れから申《まを》しても、一時《じ》に澤山作《たくさんつく》る必要《ひつえう》はありませぬ。況《いは》んや其《そ》の以下《いか》になつては、無理《むり》をしてまで餘計《よけい》な品物《しなもの》を作《つく》つて遣《や》るのは、甚《はなは》だつまらぬ事《こと》と存《ぞん》じます。其《それ》よりも仕度《したく》は一通《ひとゝほ》りの物《もの》としてなるべく省《はぶ》いて、是《これ》に代《かへ》るに金子《きんす》とか公債《こうさい》とか株券《かぶけん》とかを、分《わ》けて遣《や》つた方《はう》が遙《はる》かに有利《いうり》であらうと存《ぞん》じ

過ぎたるは及ばざるが如くならん

儀式其の他の注意

婚費を節して有用に使ひたし

ます。

勿論《もちろん》是《これ》も程度問題《ていどもんだい》でありまして、何《なん》でも實利《じつり》々々《〱》の一點張《てんば》りになりましては、先第《まづだい》一に舊《ふる》き慣例《くわんれい》も破壞《はくわい》し、禮容《れいよう》の森嚴《しんげん》も缺《か》き、そして趣味《しゆみ》の如《ごと》きは皆無《かいむ》になつてしまひませうから、其等《それら》も身分相應《みぶんさうおう》にし或點迄《あるてんまで》は世間並《せけんなみ》と言《い》ふ事《こと》も考《かんが》へて、正式《せいしき》の簞笥長棹《たんすながさを》其《そ》の他《ほか》の調度《てうど》も一通《ひとゝほ》りは備《そな》へて、且《かつ》なるべく冗《むだ》に亘《わた》らぬやうに致《いた》したいものであると存《ぞん》じます。又儀式《またぎしき》や式場《しきぢやう》や饗應《きやうおう》の事《こと》は一寸前《ちよつとまへ》にも申《まを》して置《お》きましたが、是亦《これまた》、禮容《れいよう》に傷《きずつ》くるやうな、又《また》は卑吝《ひりん》に亘《わた》るやうな事《こと》は、無論《むろん》不可《いけ》ませぬが、何卒身分相應《どうぞみぶんさうおう》と言《い》ふうちにも、幾分控《いくぶんひか》へ目《め》に儉素《けんそ》にして、他日家運發展《たじつかうんはつてん》の用《よう》に供《きよう》し、或《ある》ひは又其《またそ》の幾《いく》らかを割《さ》きて、慈善事業等《じぜんじげふとう》に使《つか》ふなどは最《もつと》も妙《みやう》であらうと存《ぞん》じます。要《えう》するに禮《れい》は嚴《おごそ》かにして費《ひ》は約《つゞまや》かなる事《こと》を欲したいものでございます。

九　婚姻屆《こんいんとゞけ》の諸式《しよしき》

結婚成立《けつこんせいりつ》の場合《ばあひ》には、左《さ》の諸式《しよしき》の屆《とゞけ》が要《い》ります。

婚姻届

夫　住所　族籍職業　姓名　年月日生
右父　職業　姓名
右母　名
妻　住所　族籍職業　姓名　年月日生
右父　姓名
右母　名

右婚姻候間別紙何々同意證書相添此段及御届候也

大正　年　月　日

夫　姓　名㊞
妻　姓　名㊞
證人　住所　族籍職業　姓　名㊞　年月日生

證人　住所　族籍職業
姓　名㊞
年　月　日生

何市何區戸籍吏何某殿

其の說明

（參照）戸第百二條　婚姻ノ屆書ニハ左ノ諸件ヲ記載スルコトヲ要ス

一、當事者ノ氏名出生ノ年月日及ヒ本籍地
二、父母ノ氏名職業及ヒ本籍地
三、當事者カ家族ナルトキハ戸主ノ氏名職業及ヒ本籍地
四、入夫婚姻又ハ婿養子緣組ナルトキハ其旨
五、入夫婚姻ノ場合ニ於テ入夫カ戸主トナラサルトキハ其旨
六、婚姻ニヨリテ嫡出子タル身分ヲ取得スル庶子アルトキハ其名及ヒ出生ノ年月日

當事者ノ一方カ婚家又ハ養家ヨリ更ニ婚姻ニヨリテ他家ニ入ル場合ニ於テハ前項ニ掲ケタル事項ノ外前婚家ノ戸主又ハ養親ノ氏名職業及ヒ本籍地ヲ記載スルコトヲ要ス

（戸第百三條　民法第七百四十一條第一項　第七百七十二條及ヒ第七百七十三條ノ規定ニ依リ戸主父母後見人又ハ親族會ノ同意ヲ要スル場合ニ於テハ屆出人ハ屆書ニ同意ノ

證書ヲ添ヘ又ハ同意ヲ爲シタル者ヲシテ屆書ニ同意ノ旨ヲ附記シ之レニ署名捺印セシムルコトヲ要ス

民法第七百七十五條　婚姻ハ之ヲ戸籍吏ニ屆出ツルニ因リテ其効力ヲ生ス

前項ノ屆出ハ當事者雙方及ヒ成年ノ證人二人以上ヨリ口頭ニテ又ハ署名シタル書面ヲ以テ之レヲ爲スコトヲ要ス)。

入夫婚姻屆

入夫婚姻屆

住所　戸主族籍

妻　姓名　年月日生

住所　職業

右父　姓名

右母亡　名

住所　族籍職業

夫　姓名　年月日生

右父亡　姓名

右母　　　　　　　　職　　　　　　　　　名

右入夫婚姻候間別紙何々同意證書相添此段及御届候也

大正　年　月　日

妻姓　名㊞

夫姓　名㊞

證人　　　　　住　所　　職業

姓　名㊞

年　月　日生

證人　　　　　住　所　　職業

姓　名㊞

年　月　日生

何市何區戸籍吏何某殿

（參照）前項《ぜんかう》と同《おな》じやうなれば略《りやく》します

第十章　離婚

章《しやう》を重《かさ》ねて、結婚《けつこん》に關《くわん》する事柄《ことがら》の一通《とほ》りは先雜《まづざつ》と述《の》べ了《をは》りましたから、勢《いきほ》ひ不幸《ふかう》にして離婚《りこん》に就《つ》きてのことも申《まを》さなければならぬ譯《わけ》であります。因《よ》つて是《これ》より其《その》概略《がいりやく》を述《の》べる事《こと》と致《いた》しませう。

一　離婚の原因及理由

離婚の原因は不明瞭なるもの多し

相互合意《さうごがふい》の上《うへ》で、先《まづ》大抵《たいてい》行《おこな》はれた男女《だんぢよ》の結婚後《けつこんご》、如何《いか》なる理由《りいう》、何《ど》う言《い》ふ原因《げんいん》によつて、折角《せつかく》配遇《はいぐう》となつた者《もの》が、又《また》離《はな》れ〳〵にならなければならぬ様《やう》になるのかと考《かんが》へて見《み》ますると、誠《まこと》に悲《かな》しき事《こと》、つまらぬ事《こと》ではありませぬか。然《しか》るに茲《こゝ》に甚《はなは》だ不可思議《ふかしぎ》なるは、凡《およ》そ世《よ》の中《なか》に離婚《りこん》の原因程《げんいんほど》、是非不判然《ぜひふはんぜん》な不明瞭《ふめいれう》なものは無《な》いのであります。如何《いか》なる事物《じぶつ》と雖《いへど》も、其《それ》が破裂瓦解《はれつぐわかい》【1】する時《とき》は、何《いづ》れが是《ぜ》だとか非《ひ》だとか大體《だいたい》に於《お》いて區別《くべつ》が附《つ》くものでありまするのに、離婚沙汰《りこんさた》ばかりは是非《ぜひ》の判別《はんべつ》が附《つ》き惡《にく》い場合《ばあひ》が小《すく》なく無《な》いのであります。

勿論《もちろん》、其《そ》の原因《げんいん》が稀《まれ》には判然《はんぜん》して居《ゐ》て、夫《をつと》が妻《つま》に對《たい》して扶養《ふやう》の責任《せきにん》を盡《つく》さなかつたとか、非常《ひじやう》な逆待《ぎやくたい》をしたとか、又《また》は夫或《をつとある》ひは妻《つま》に破倫不義《はりんふぎ》の行《おこな》ひがあつたとか言《い》ふ事《こと》に因《よ》つて、離別《りべつ》となると言《い》ふ場合《ばあひ》も無《な》いではありませぬが、其《そ》の數《かず》から申《まを》すと斯《か》かる事項《じこう》は餘《あま》り澤山《たくさん》ある事《こと》では無《な》くて、寧《むし》ろ離婚《りこん》の原因《げんいん》が甚《はなは》だ不明瞭《ふめいりよう》なもの丶方《はう》が非常《ひじやう》に多《おほ》くあるのでございます。但《たゞ》し中流以下《ちうりういか》に在《あ》りては、明《あき》らかに生活難《せいくわつなん》から離婚《りこん》の餘義無《よぎな》きに至《いた》るものも少《すく》なくありませぬ。是等《これら》は深《ふか》く同情《どうじやう》すべき類《たぐ》ひに屬《ぞく》するものであります。不明瞭《ふめいれう》なる離婚沙汰《りこんさた》は、無教育《むけういく》なる下等社會《かとうしやくわい》に在《あ》つては已《や》むを得《え》ぬ事《こと》でありまするが、驚《おどろ》くべし、中流及《ちうりうおよ》び其《そ》の以上《いじやう》の階級《かいきふ》に於《お》いても且他《かつほか》の事《こと》には立派《りつぱ》に議論《ぎろん》も立《た》ち、理非《りひ》も解《わか》る人《ひと》達《たち》にすら其《それ》がありますので、何《ど》うも門外漢《もんぐわいかん》からは、何故離婚問題迄《なにゆゑりこんもんだいまで》を惹《ひ》き起《おこ》したのであらうと怪《あや》しむやうな事《こと》が原因《げんいん》になつて居《ゐ》たり、或《ある》ひは又相互《またさうご》の言《い》ひまへを聞《き》いて見《み》ると、兩方共《りやうはうとも》に一理《り》あり一無理《むり》あるやうに思《おも》はれて、孰《いづ》れにも團扇《うちは》のあげ惡《にく》い【2】場合《ばあひ》が多《おほ》いのであります。是《これ》は一體《たい》何故《なにゆゑ》でありませうか。

一寸《ちよつと》斯《か》う考《かんが》へて見《み》ますると、其《そ》の原因《げんいん》は甚《はなは》だ解《かい》し難《がた》いやうですけれ共《ども》、先《まづ》ば左《さ》の如《ごと》き理由《りいう》でありませう。第《だい》一家庭《かてい》の事《こと》は甚《はなは》だ微細《びさい》に亘《わた》る點《てん》が多《おほ》く且《かつ》存外《ぞんぐわい》に複離《ふくざつ》なものであるゆゑに、何事《なにごと》も無《な》くすら〳〵と往《い》つて居《ゐ》る時《とき》は、誠《まこと》に譯《わけ》も無《な》いのですけれ共《ども》、一端《たん》其《それ》が結《むす》ぼれて來《く》ると、丁度《ちやうど》細《ほそ》い絲《いと》のもつれ合《あ》つたやうなもので、何處《どこ》から解《と》いて可《よ》いか解《わか》らず、次第《しだい》〳〵に固《かた》まつてしまつて、遂《つひ》には切《き》り斷《た》つより爲方《しかた》が無《な》くなるのと同様《どうやう》の結果《けつくわ》を來《き》たすのでありませう。

原因の第二

第《だい》二は是《これ》が撤頭《てつとう》撤尾《てつび》人情《にんじやう》に基《もと》づいて起《おこ》るものですから、存外《ぞんぐわい》理性《りせい》の力《ちから》が弱《よわ》く唯《たゞ》無暗《むやみ》に感情《かんじやう》に支配《しはい》されると言《い》ふ事《こと》も亦《また》其《そ》の原因《げんいん》であらうと存《ぞん》じます。

判然たる離婚の原因其の一

又《また》判然《はんぜん》たる離婚《りこん》の理由《りいう》が、夫婦《ふうふ》共《とも》に生活難《せいくわつなん》の壓迫《あつぱく》に耐《た》へず、比較的《ひかくてき》妻《つま》の生家《せいか》の方《はう》が増《まし》であるから、夫婦《ふうふ》別《わか》れをして歸《かへ》す、歸《かへ》ると言《い》ふ場合《ばあひ》か、又《また》は相互《さうご》相談《さうだん》の上《うへ》別《わか》れ〳〵になつて、奉公《ほうこう》をするとか職《しよく》に就《つ》くとか言《い》ふ時《とき》、但《たゞ》し是等《これら》は概《がい》して先《まづ》中流《ちうりう》以下《いか》の事《こと》に屬《ぞく》します。

【1】組織的な物事の一部分がこわれて、それによって全体がこわれること。

【2】軍配団扇をあげる、すなわちどちらが正しいか裁定することが難しいということ。

其の二

第一の原因の理由

前《まへ》にも一寸申《ちよつとまを》したやうに、妻《つま》が不品行《ふひんかう》の確證《かくしよう》を得《え》た時《とき》は其《そ》の離婚《りこん》すべき理由《りいう》が判然《はつきり》して居《を》りますから、是《これ》は何《なん》の調査《てうさ》も議論《ぎろん》も無《な》い譯《わけ》でありまするが、若《も》しも夫《をつと》が不品行《ふひんかう》に耐《た》へられぬからとて其《それ》は其丈《それだけ》の原因《げんいん》では離別《りべつ》を請求《せいきう》して可《よ》いと言《い》ふ事《こと》は出來《でき》ませぬ。是《これ》は單《ひと》り吾《わ》が國《くに》のみならず、西洋《せいやう》でさへも尚夫《なほをつと》が妻《つま》に温情《おんじやう》が無《な》くて、其《そ》の上扶養《うへふやう》の道《みち》を盡《つく》さぬとか、明《あきら》かに妻《つま》を逆待《ぎやくたい》した證跡《しようせき》があるとか言《い》ふ場合《ばあひ》で無《な》ければ、離婚請求《りこんせいきう》は成《な》り立《た》たぬ事《こと》になつて居《を》ります。女權擴張論者《ぢよけんくわくちやうろんしや》は、是則《これすなは》ち男子《だんし》に厚《あつ》く女子《ぢよし》に薄《うす》き片手落《かたておち》の法律《はふりつ》だと申《まを》しますけれ共《ども》、果《はた》して其《それ》が正當《せいたう》として行《おこな》はるゝ時《とき》があるか無《な》いかは問題《もんだい》であります。そは恐《おそろ》くは至難《しなん》の事《こと》でありませう。

第《だい》一の原因《げんいん》たる家庭《かてい》の複雑及《ふくざつおよ》び相互《さうご》の色彩《しきさい》の餘《あま》りに懸隔《けんかく》して居る所《ところ》から、種々《いろ〳〵》の誤解《ごかい》等《など》が原因《げんいん》となつて起《おこ》る離婚問題《りこんもんだい》を詳細《こまか》に調《しら》べて見《み》ますると、全《まつた》く誤解《ごかい》と意思《いし》の不徹底《ふてつてい》とに基《もとづ》く事《こと》が多《おほ》いのであります。乃《すなは》ち家庭《かてい》には何處《どこ》でも老人《らうじん》あり子供《こども》あり壯者《さうしや》あり少年《せうねん》ありて、思想《しさう》も教育《けういく》も一樣《やう》で無《な》い爲《ため》に面倒《めんだう》が起《おこ》り易《やす》いのであります。其《それ》には當人《たうにん》‖夫《をつと》か妻《つま》‖が分別《ふんべつ》のある人《ひと》とか、忍耐力《にんたいりよく》の強《つよ》い人《ひと》とかであれば、大抵《たいてい》の事《こと》は治《をさ》まつてしまいます。又左樣《またさう》で無《な》くても家人《かじん》【3】の中《うち》の一人《ひとり》、若《も》しくは親戚仲人等《しんせきなかうどなど》に信望《しんぼう》ある人《ひと》がありますれば、少《すこ》しく火《ひ》の手《て》が起《おこ》つても、大火《たいくわ》にならぬ先《さき》に揉《も》み消《け》されますが、左《さ》も無《な》いと遂《つひ》に救《すく》ふ可《べか》らざる事《こと》になるのであります。

第二原因の理由

嫉妬心の發作

第《だい》二の原因《げんいん》を調《しら》べて見《み》ますると、是《これ》は全《まつた》く感情《かんじやう》の衝突《しようとつ》か、事《こと》の行違《ゆきちが》ひから起《おこ》ります。是《これ》は最《もつと》も多《おほ》いものであります。先夫《まづをつと》が妻《つま》に對《たい》して、妻《つま》が夫《をつと》に對《たい》しての感情上《かんじやうじやう》、或《ある》ひは舅姑《しうと》と妻《つま》、小姑《こじうと》と妻《つま》、又《また》は親戚知友等《しんせきちいうなど》と妻《つま》との感情《かんじやう》の行違《ゆきちが》ひや衝突《しようとつ》さへも、‖上流《じやうりう》の所《ところ》になると稀《まれ》には召使《めしつかひ》との云々《うん〳〵》からさへも、‖離婚《りこん》の原因《げんいん》となる事《こと》があります。何故《なぜ》一身同體《しんどうたい》となつて一生《しやう》の苦樂《くらく》を共《とも》にすべき夫婦《ふうふ》が、親兄弟《おやきやうだい》ならまたしも親戚《しんせき》や朋友迄《ほういうまで》の云々《うん〳〵》からさへも左様《さう》言《い》ふ事《こと》になるのか、其《それ》は餘《あま》りに不思議不可解《ふしぎふかかい》の事《こと》では無《な》いかと思《おも》はれるのでございます。

是《これ》が則《すなは》ち感情上《かんじやうじやう》の事《こと》だからであります。誠《まこと》に世《よ》の中《なか》の事《こと》は、全《まつた》く「疑心暗鬼《ぎしんあんき》を生《しやう》じ」ます。そして前《まへ》にも申《まを》した如《やう》に、夫婦《ふうふ》の間《あひだ》は極《きは》めて親密《しんみつ》なる筈《はず》ですけれ共《ども》、通常人《つうじやうじん》に在《あ》つてば、何《ど》うしても嫉妬《しつと》の起《おこ》り易《やす》いもので、是《これ》は君臣親子兄弟朋友《くんしんおやこきやうだいほういう》の間柄《あひだがら》よりも、一層情愛《そうじやうあい》も深《ふか》い丈《だけ》に、更《さら》に嫉妬《しつと》の念《ねん》も強《つよ》くなるので‖嫉妬《しつと》は愛情《あいじやう》の變體《へんたい》ですから‖事實《じじつ》を針小棒大《しんせうぼうだい》【4】に思《おも》ひますのみならず、柄《え》の無《な》い物《もの》にまで柄《え》をすげて、とう〳〵事《こと》を大《おほ》きくしてしまふ場合《ばあひ》が多いのであります。

其故離婚問題《それゆゑりこんもんだい》が起《おこ》つても、其《それ》が取《と》り止《と》められて圓滿《えんまん》に解決《かいけつ》せられた時《とき》は、其《そ》の中《なか》に入《い》

【3】家族の中で、主人以外の人。家の者。

【4】針ほどの小さいことを棒ほどに大きく言いたてること。物事をおおげさにするさま。

和解者の注意

つた者《もの》は全《まつた》く狐《きつね》につまゝれた如《やう》な感《かんじ》を抱《いだ》く事《こと》があります。乃《すなは》ち昨日《きのふ》は讐敵《しうてき》の如《やう》に罵《ののし》り合《あ》つた夫婦《ふうふ》が、今日《けふ》は惘然《けろり》として既往《きわう》の事《こと》は忘《わす》れた如《やう》にして居《を》る事《こと》があるのでございます。若《も》しも其《それ》が感情上《かんじやうじやう》からで無《な》くて理知《りち》の上《うへ》に起《おこ》つた事《こと》ならば、何《ど》うしても是《これ》が左樣急《さうきふ》に、而《し》かも拭《ぬぐ》つた如《やう》に治《おさ》まる譯《わけ》が無《な》いのではありませぬか。故《ゆゑ》に斯《か》かる事柄《ことがら》に關與《くわんよ》せねばならぬ時《とき》には、餘程是等《よほどこれら》の點《てん》を能《よ》く心得置《こころえお》きて處斷《しよだん》しないと、全《まつた》く妙《みやう》な結果《けつくわ》を來《き》たす事《こと》があるものであります。

家風に合はぬと言ふ事

以上《いじやう》の原因理由《げんいんりいう》の複雜《ふくざつ》せる、他《ほか》の事《こと》の如《やう》に到底《たうてい》一言《ごん》にしては盡《つく》されぬものでありますから、從來《じうらい》「家風《かふう》に合《あ》はぬ」と言《い》ふ極簡單《ごくかんたん》な甚《はなは》だ曖昧《あいまい》な言辭《ことば》のもとに離婚《りこん》したのであります。‖ 最《もつと》も是《これ》は夫《をつと》の方《はう》から妻《つま》を去《さ》る場合《ばあひ》 ‖ 斯《か》かる不明瞭《ふめいれう》な言《げん》を以《も》つて、女子《ぢよし》の一生《しやう》を葬《ほうむ》り去《さ》る等《など》は怪《け》しからぬと言《い》ふ說《せつ》もあります。なる程其《ほどそ》の通《とほ》りではありまするが、何《ど》うしても離《はな》れねばならぬ場合《ばあひ》に立《た》ち至《いた》つた事《こと》ならば已《や》むを得《え》ませぬ。寧《むし》ろいろ〳〵聞《き》き苦《ぐる》しい事《こと》を並《なら》べたてるよりも、却《かへ》つて簡短《かんたん》で美《うつく》しくはありますまいか。‖ 猶離婚《なほりこん》の處置《しよち》は別《べつ》に申《まを》します。‖

辛抱が出來ぬと云ふ事

又妻《またつま》の方《はう》からも左樣《さう》でありまして、現今《いま》は、隨分女子方《ずゐぶんぢよしがた》より離婚《りこん》を請求《せいきう》する事《こと》も少《すく》なからぬ如《やう》ですが、其《そ》の時《とき》の口實《こうじつ》は先大抵《まづたいてい》、「私《わたくし》には兎《と》ても務《つと》まりませぬ」と申《まを》します。是《これ》も同樣《どうやう》で何故《なぜ》其《そ》の樣《やう》な曖昧《あいまい》な事《こと》を言《い》ふのか、もつと判然《はつきり》言《い》つたが可《よ》からうと申《まを》すのですけれども、是亦到底見込《これまたとうていみこみ》の無《な》いものならば、其《それ》が大人《おとな》しくはありますまいか。要《えう》するに是等《これら》は既《すで》に末《すゑ》の咄《はな》しで希《こいねがは》くは斯《か》かる問題《もんだい》の起《おこ》らぬやうにと、先《まづ》十分《ぶん》工夫《くふう》を爲《な》し、若《も》し已《や》むを得《え》ずして起《おこ》つた場合《ばあひ》には、情理《じやうり》にかなつた處置《しよち》があらまほしいと存《ぞん》じます。

二　離婚《りこん》の形式《けいしき》及《およ》び處置《しよち》

男子《だんし》の方《はう》にしても、女子《ぢよし》の方《はう》にしても最早《もはや》何《ど》うしても、同棲《どうせい》は不可能《ふかのう》である。一日《にち》も早《はや》く離別《りべつ》を望《のぞ》むと言《い》ふ場合《ばあひ》には、先《まづ》最近親《さいきんしん》に相談《さうだん》し仲人《なかうど》に其《そ》の處置《しよち》を依頼致《いらいいた》すのであります。其《それ》から當人及《たうにんおよ》び相互《さうご》の親戚合意《しんせきがふい》の上《うへ》にて、離婚届《りこんとゞけ》を致《いた》します。其所《そこ》で、妻《つま》の籍《せき》が生家《さと》に復《ふく》するのであります。右《みぎ》は何事《なにごと》も無《な》くすら／＼と濟《す》む場合《ばあひ》の事《こと》であります。乃《すなは》ち届書《とゞけしよ》は左《さ》の如《ごと》き形式《けいしき》であります。

相互合意の形式

離婚届

離婚届

夫
住所　戸主族籍職業
姓　名

右父　姓　名　年　月　日生
右母　名
妻　名
年　月　日生
住　所　戸主族籍職業
妻何某カ復籍スヘキ家兄
姓　名
妻父　姓　名
同母　名

右何年何月婚姻候處今般協議ノ上離婚候間別紙何々同意證書
相添此段及御届候也

大正　年　月　日

夫姓　名㊞
妻　名㊞

證人
住　所　職業
姓　名㊞
年　月　日生
住　所　職業

證人　　姓　名㊞
年　月　日生
何市何區戸籍吏何某殿

其の説明

（參照）戸第百九條　離婚ニハ左ノ事項ヲ記載スルコトヲ要ス
一、當事者ノ氏名職業及ヒ本籍地
二、父母ノ氏名職業及ヒ本籍地
三、當事者カ家族ナルトキハ戸主ノ氏名
四、婚姻ノ年月日
五、離婚カ協議又ハ裁判ニ因ルコト
六、當事者カ復籍家ナルトキハ其事由

（戸第百十條　民法第八百九條ノ規定ニ依リ父母後見人又ハ親族會ノ同意ヲ要スル場合ニ於テハ屆出人ハ屆書ニ同意ノ證書ヲ添ヘ又ハ同意ヲ爲シタル者ヲシテ屆出ニ同意ノ旨ヲ附記シ之レニ署名捺印スルコトヲ要ス民第八百十條第七百七十四條及ヒ第七百七十五條ノ規定ハ協議ノ上離婚ニ之レヲ準用ス）とあります。

離別の訴訟

所《ところ》が若《も》しも夫《をつと》の方《はう》では妻《つま》を離別《りべつ》しようとしても妻《つま》の方《はう》で離別《りべつ》さるゝ、理由《りいう》が無《な》いとて承《しよう》諾《だく》しないとか、妻《つま》が離別《りべつ》を申込《まをしこ》んでも夫《をつと》が承知《しようち》しないとか言《い》ふ場合《ばあひ》には已《や》むを得《え》ずして

離婚の妻に對する適法

訴訟《そしよう》を起《おこ》さねばなりませぬ。と、相互然《さうごしか》るべき辯護士《べんごし》に依頼《いらい》して有《あり》の儘《まゝ》に事件《じけん》の内容《ないよう》を談《かた》り能《よ》く順序《じゆんじよ》を立《た》てゝ其《そ》の理由《りいう》を地方裁判所《ちはうさいばんしよ》の民事部《みんじぶ》へ具申《ぐしん》し、そして是非曲直《ぜひきよくちよく》は法官《はふくわん》の手《て》に委《ゆだ》ねると言《い》ふ事《こと》になるのであります。西洋《せいやう》では親子《おやこ》の財産争《ざいさんあらそ》ひや夫婦《ふうふ》の離婚《りこん》沙汰《さた》が縺《もつ》れて、訴訟《そしよう》を起《おこ》す事《こと》は珍《めづ》らしくはありませぬ。又吾《またわ》が國《くに》でも近來《きんらい》は段〳〵《だん〳〵》斯《か》う言《い》ふ事《こと》も耳《みみ》にするやうになりました。是《これ》も時勢《じせい》の然《しか》らしむる所《ところ》である場所《ばしよ》には自己《じこ》の權利《けんり》を主張《しゆちやう》しなければなりますまいから、萬已《ばんや》むを得《え》ないのでありませうけれ共《ども》、昨日迄《きのふまで》も今日迄《けふまで》も終生《しうせい》の苦樂《くらく》を共《とも》にすべく偕老《かいらう》【5】を契《ちぎ》つた夫婦《ふうふ》が、互《たが》ひに眼《め》を怒《いか》らし顏《かほ》を赤《あか》らめ合《あ》つて、衆人稠坐《しゆうじんちうざ》の法廷《はふてい》で銘々《めい〳〵》の理非曲直《りひきよくちよく》を争《あらそ》ふが如《ごと》きは孰《いづ》れも家庭夫婦《かていふうふ》の間《あひだ》に於《お》ける、些末《さまつ》の紛擾《ごた〳〵》【6】及《およ》び隱微《いんび》に亘《わた》る情愛等《じやうあいなど》の事《こと》に關《くわん》するのでありますから、如何《いか》にも淺間《あさま》しい感《かん》じが致《いた》します。據《よんどこ》ろ無《な》く縁《えん》を斷《た》たなければならぬ場合《ばあひ》に立《た》ち至《いた》りましても、希《こいねがは》くは内々《うち〳〵》にて穩《おだ》やかに事《こと》を處理《しより》してしまふやうにあらま欲《ほ》しいものでございます。夫婦《ふうふ》の情誼《じやうぎ》【7】が破《やぶ》れて離婚《りこん》を決行《けつかう》する事《こと》になりまするると、何《ど》うしても互《たが》ひに惡感情《あくかんじやう》を抱《いだ》くものであります。斯《か》かる場合《ばあひ》には餘程胸《よほどむね》の廣《ひろ》い冷靜《れいせい》な人《ひと》で無《な》いと、事實以上《じじついじやう》に當人《たうにん》の非《ひ》を考《かんが》へたり咄《はな》したりするものであります。然《しか》るに男子《だんし》に在《あ》りては、子供《こども》でも無《な》ければ尚更《なほさら》の事《こと》、再婚《さいこん》は左程《さほど》の苦痛《くつう》にもなりませぬが、女子《ぢよし》に取《と》りては殆《ほとん》ど彼《あ》の女《ぢよ》が運《うん》の致命傷《ちめいしやう》であります。ですから其《そ》の離婚《りこん》の原因《げんいん》が妻《つま》の虚弱不治《きよじやくふぢ》の病氣等《びやうきなど》の時《とき》は尚更《なほさら》の事《こと》、

男子の推量

舅姑《しうと》との折合《をりあひ》が惡《わる》かつたとか、夫婦《ふうふ》の感情《かんじやう》が一致《ち》せずして常《つね》に家庭《かてい》の平和《へいわ》を缺《か》いたとか、又《また》は虚榮心《きよえいしん》が強過《つよすぎ》るとか、我《わ》が儘《まゝ》で困《こま》るとかいろ〳〵の理由《りいう》があつて、所謂《いはゆる》「家風《かふう》に合《あ》はぬ」等《など》の名《な》のもとに夫《をつと》の方《はう》から達《た》つて離縁《りえん》する時《とき》には、離別《りべつ》の妻《つま》の爲《ため》に身分相應《みぶんさうおう》の金子《きんす》を一時《いちじ》に贈《おく》るか、然《しか》らざれば彼《か》の女《をんな》が獨立《どくりつ》の生計《せいけい》を立《た》て得《う》る迄《まで》、乃《すなは》ち其《そ》の準備《じゆんび》等《など》を爲《な》す間《あひだ》、又《また》は再婚《さいこん》する迄等《までなど》、月々《つき〳〵》或《ある》ひは年々《ねん〳〵》若干《じやくかん》の費用《ひよう》を送《おく》るとか言《い》ふ様《やう》な方法《はうはふ》を、夫《をつと》の方《はう》から好意的《かういてき》につけて遣《や》る様《やう》な事《こと》に致《いたし》たいものであります。

自分《わたくし》は妻《つま》の不徳《ふとく》の行爲《かうゐ》が顯著《あらは》であつて、其《そ》の生家《さと》の方《はう》からさへ申《まを》し譯《わけ》が無《な》いから速《すみ》やかに引《ひ》き取《と》りたい。默《だま》つて唯歸《たゞかへ》して下《くだ》されば有難《ありがた》いと恐縮《きようしゆく》して引《ひ》き取《と》る場合《ばあひ》に於《お》いても、雅量《がりやう》【8】ある夫《をつと》は是《これ》に對《たい》して其《そ》の妻《つま》の父母《ふぼ》へ「自分《じぶん》も家事不取締《かじふとりしま》りの責《せめ》は負《お》はなければなりませぬ。息女《そくぢよ》の過失《くわしつ》を被護《ひご》し能《あた》はずして事茲《ことこゝ》に及《およ》び御年寄《おとしよ》られた御兩親《ごりやうしん》に御心配《ごしんぱい》を懸《か》けたる段《だん》如何《いか》にも汗顔《かん〳〵》の至《いたり》【9】であります。就《つ》きては、彼《か》の女《ぢよ》が後來《こうらい》に幸《さいは》ひに過去《くわこ》の過《あやま》ちを恕《ゆる》して娶《めと》る人《ひと》あらば、自分《じぶん》も望外《ばうぐわい》の歡《よろこ》びであるが、左《さ》も無《な》い時《とき》は、家人《かじん》の厄介《やつかい》になる事《こと》が如何《いか》にも憫然《びんぜん》【10】に存《ぞん》じますから、聊《いさゝ》かながら金子若干《きんすじやくかん》を贈《おく》ります。貴下《あなた》の手《て》か

【5】夫婦が年をとるまで仲よく一緒に暮らすこと。
【6】乱れもつれること。もめること。
【7】誠意をもって人とつきあおうとつとめる気持。つきあいの上の真情。
【8】度量が大きく、人をよくうけいれる心。
【9】顔に汗をかくほど恥ずかしく感じること。赤面。

ら彼《か》の女《ぢよ》が小遣《こづか》ひの中《うち》にでも御加《おくは》へ下《くだ》さい」とて相當《さうたう》の金子《きんす》を送《おく》りましたので、老夫婦《らうふうふ》も泣《な》き、是《これ》を傳《つた》へ聞《き》いた彼《か》の女《ぢよ》は、始《はじ》めて惡夢《あくむ》から覺《さ》めたやうに且悲《かつかな》しみ且恥《かつは》ぢまして、「自分《じぶん》は是程立派《これほどりつぱ》な夫《をつと》を持《も》つ幸福《しあはせ》を得《え》ながら、淺間《あさま》しい心得違《こゝろえちが》ひを致《いた》しましたのは、全《まつた》く良心《りやうしん》を惡魔《あくま》に食《く》はれたのであります。其《それ》だのに去《さ》られて歸《かへ》る時《とき》にも、夫《をつと》は今《いま》一度《ど》此《こ》の不届《ふとゞ》きな私《わたくし》を呼《よ》んで、懇々《こん〳〵》と將來《しやうらい》を戒《いまし》め過去《くわこ》は致《いた》し方無《かたな》し。是《これ》に懲《こ》りて是《これ》からは生《うま》れ變《かは》つたやうになつて幸福《しあはせ》になるやうにと、さま〴〵の訓戒《くんかい》を與《あた》へられましたのさへ、蒼蠅《うるさ》い未練《みれん》らしい人《ひと》だ位《くらゐ》に思《おも》ひ違《ちが》ひをして、碌々《ろく〳〵》御禮《おれい》も言《い》はずに別《わか》れて參《まゐ》りましたのが、如何《いか》にも心殘《こゝろのこ》りでありますから、今《いま》たつた一度《ど》で宜《よろ》しい、先非《ぜんぴ》を後悔《こうくわい》して是《これ》からは屹度改《きつとあらた》めませうと誓《ちか》ひ、身《み》に餘《あま》る數々《かず〳〵》の慈《いつくし》みの御禮《おれい》だけが申《まを》したいから、何卒《なにとぞ》其《そ》の事《こと》の許《ゆる》しを受《う》けて下《くだ》さい」と申《まを》し出《で》ました。兩親《りやうしん》も悅《よろこ》びまして、男子《をとこ》の方《はう》へ申《まを》し通《つう》じて賴《たの》みました所《ところ》が、「最早彼《もはやか》の女《ぢよ》に訓戒《くんかい》すべき事《こと》は十分申《ぶんまを》して置《お》いた。殊《こと》に彼《かれ》から直接《ちよくせつ》に禮《れい》を受《う》くる事《こと》は欲《ほつ》しませぬ。今更顏《いまさらかほ》を合《あは》すは互《たがひ》に何《なん》の益《えき》もない事《こと》なればお斷《ことは》り申《まを》す。其《そ》の心《こゝろ》だに附《つ》かば將來《しやうらい》も後《うし》ろ安《やす》し。忘《わす》れぬやうにせられよと御傳《おつた》へ下《くだ》され」と言《い》つて幾囘賴《いくゝわいたの》んでも再《ふた》び會《あ》はなかつたと申《まを》して、妻《つま》の方《はう》の親類達《しんるゐたち》も仲人《なかうど》も非常《ひじやう》に感心《かんしん》して居《ゐ》た事《こと》があります。是等《これら》は天晴雅量《あつぱれがりやう》ある男子《だんし》として適當《てきたう》の處置《しよち》であると存《ぞん》じます。

況《いは》んや女子《ぢよし》として終生《しうせい》の死處《ししよ》とすべき夫家《ふか》を去《さ》らるゝやうな悲境《ひきやう》に陷《おちい》りましたなら

離別の夫に對する妻の態度

ば、縦令《たとへ》如何程《いかほど》自己《じこ》に道理《だうり》があり、夫《をつと》の方《はう》が不道理《ふだうり》であり、亦《また》つまらぬ事《こと》が澤山《たくさん》あつたにしても、一旦其所《いつたんそこ》を去《さ》つて出《で》た以上《いじやう》は、吾《わ》が身《み》に痛痒《つうしやう》を感する譯《わけ》も無《な》く、又先方《またせんぱう》で自分《じぶん》を惡《あ》しざまに言《い》はるゝやうな事《こと》があつても、其《そ》の辯解《べんかい》や是《これ》に對《たい》する防禦《ばうぎよ》は兩親或《りやうしんある》ひは是《これ》に代《かは》る人《ひと》、仲人等《なかうどなど》に任《まか》せて容易《ようい》に自《みづか》ら口《くち》にしてはなりませぬ。自分《じぶん》を善《よ》き者《もの》にして先方《せんぱう》を惡《あ》しき者《もの》に言《い》ひなせば言《い》ひなす程《ほど》、自己《じこ》の恥《はぢ》を暴露《ばくろ》する事《こと》になるのであります。古《いにしへ》の人《ひと》は朋友《ほういう》との交際上《かうさいじやう》に於《お》いてすらも「君子交《くんしまじは》りを斷《た》てども惡聲《あくせい》を出《い》ださず」【11】と申《まを》しました。況《いは》んや一旦偕老《たんかいらう》を契《ちぎ》つた夫《をつと》の事《こと》は決《けつ》して罵《の》しり嘲《あざけ》るべきものではありませぬ。

自分《わたし》は某夫人《あるふじん》の家風《かふう》に合《あ》はぬと云《い》ふ名《な》のもとに、‖乃《すなは》ち其《それ》は夫家《ふか》が非常《ひじやう》に質素《しつそ》である所《ところ》へ、非常《ひじやう》に華奢《はで》な家《いへ》から嫁《とつ》いたのでした。‖とう〳〵離婚《りこん》になつたのを存《ぞん》じて居《を》ります。下馬評《げばひやう》【12】には夫人《ふじん》も餘《あま》り使《つか》ひ過《すぐ》る方《はう》ではあつたらうが、彼所《あしこ》の家《うち》のやうに卑吝《けち》では兎《と》ても彼《あれ》に合《あ》はせて氣《き》に入《い》るやうに出來《でき》るものでは無《な》い。と噂《うわさ》して居《を》りましたが、此《こ》の離別《りべつ》の女子《ぢよし》に他《ひと》が何《なに》と言《い》つても、決《けつ》して其《それ》に乘《の》つて夫家《ふか》の惡口《あくこう》を申《まを》しませんでした。「いゝえ私《わたくし》が惡《わる》かつたのです」とのみ言《い》はれました。其《それ》が實父母《じつふぼ》や親友《しんいう》にでさへも、餘《あま》

【10】かわいそうなさま。あわれむべきさま。

【11】君子は交際が絶えても相手の欠点などを言いふらさない。(『史記』楽毅伝)

【12】責任のないところで種々の評をすること。また、その評判。世間の取りざた。

りに宅《うち》で可愛《かあい》がられて居《ゐ》ましたので、つい氣《き》が緩《ゆる》んで居《ゐ》ました。顧《かへりみ》ればあゝ不可《いけな》い事《こと》をしたと言《い》ふ事《こと》ばかりです。もう何卒《どうぞ》其の話《はなし》は許《ゆる》して下《くだ》さい」と涙《なみだ》を零《こぼ》しました。其《それ》が爲《ため》に皆《みな》が此《こ》の人《ひと》に同情《どうじやう》して居《ゐ》たさうですが、數年《すうねん》の後《のち》其《そ》の家《いへ》へ復歸《ふくき》して、非常《ひじやう》に幸福《かうふく》になられたと言《い》ふ咄《はな》しを後《あと》に傳《つた》へ聞《き》いた事《こと》があります。耐《た》へ難《がた》きに堪《た》へて舊《もと》の夫家《ふか》の事《こと》を誹《そし》らぬ彼《か》の女《ぢよ》の行爲《おこなひ》の、如何《いか》に奥床《おくゆか》しくあつたかは今更《いまさら》に目《め》に浮《うか》ぶやうであります。殊《こと》に注意《ちうい》すべき事《こと》ではございませぬか。

三　離婚《りこん》を減少《げんせう》し得《う》べき道《みち》無《な》き乎《か》

吾が國最近の離婚數

以上《いじやう》、離婚《りこん》に就《つ》きて注意《ちうい》すべき事《こと》の概略《がいりやく》は申《まを》しました。そして吾《わ》が國近來《くにきんらい》の狀況《じやうきやう》を檢《み》ますると、其《そ》の結婚數《けつこんすう》の增加《ぞうか》に伴《ともな》ふ離婚數《りこんすう》の多《おほ》い事《こと》は實《じつ》に寒心《かんしん》すべきものがあります。勿論西洋《もちろんせいやう》でも離婚數《りこんすう》は逐年漸々《ちくねんぜん〲》多《おほ》くなる傾向《けいこう》であるとて、識者《しきしや》は非常《ひじやう》に心配《しんぱい》して居《を》ると申《まを》します。則《すなは》ち我《わ》が國《くに》の最近統計《さいきんとうけい》に顯《あらは》れたものを擧《あ》げて見《み》ますれば左《さ》のやうな事《こと》になります。

	結	離
四十四年	四三四、五三八	五八、三〇二
四十三年	四四二、四九八	五九、六八一
四十二年	四三八、七七一	五九、一一八
四十一年	四六一、九四〇	六〇、三七六
四十年	四三三、五二七	六一、一九三
（四十五年大正元年）		
結婚總數　四三〇、四二二	離婚總數	五九、一四三
内裁判上ノ離婚數　四一九	協議上ノ離婚數	五八、七二四

此《こ》の離婚《りこん》の理由《りいう》は、矢張生活難《やはりせいくわつなん》から起《おこ》るのが多數《たすう》で、其《そ》の他《ほか》に不折合《ふをりあひ》に因《いん》するもの、次《つぎ》は許《ゆる》し難《がた》き各種《かくしゅ》の過失罪惡《くわしつざいあく》といふやうな場合《ばあひ》であるらしいのであります。併《しか》し前述《ぜんじゅつ》の如《ごと》く夫婦間《ふうふかん》の事《こと》は、存外複雜《ぞんぐわいふくざつ》して居《を》るもので單純《たんじゅん》なのは少《すく》なくありますから、先雜《まづざつ》と右《みぎ》

に申《まをし》たやうな順序《じゆんじよ》ですが、是《これ》には猶《なほ》まだ〳〵いろ〳〵の事柄《ことがら》が混《まじ》つて居《ゐ》るものと見《み》なければなりますまい。そして此《こ》の離婚《りこん》の數《すう》は毎年減少《まいとしげんせう》はしないで増加《ぞうか》して行《ゆ》く傾向《けいこう》であると申《まを》します。

離婚數は如何にせば減少し得べきか

然《しか》らば人生《じんせい》の一大不幸《いちだいふかう》なる離婚《りこん》を防止《ばうし》してなるべく其《そ》の數《すう》を減少《げんせう》せしめやうとするには如何《いか》なる方法《はうはふ》を講《かう》じたら可《よ》いでありませうか。是《これ》は却々《なか〳〵》容易《ようい》な事《こと》ではありますまいけれ共《ども》、併《しか》し至難《むつかし》いから成行《なりゆ》きに任《まか》せて置《お》くといふのも餘《あま》りに不本意《ふほんい》でありますから、茲《ここ》に先試《まづこゝろ》みに卑見《ひけん》の一端《いつたん》を述《の》べて見《み》ませう。

離婚防止の方法

先第一《まづだい》に求婚《きうこん》の際能《さいあた》ふべき丈精密《だけせいみつ》の調査《てうさ》をする事《こと》、第二《だい》に既婚《きこん》の後《のち》は互《たが》ひに其《そ》の運命《うんめい》に觀念《くわんねん》して濫《みだ》りに輕擧盲動《けいきよまうどう》せぬ事《こと》、第三《だい》は先成婚《まづせいこん》の際親戚朋友仲人等《さいしんせきほういうなこうどなど》の中《なか》にて、信望《しんばう》ありて且相互《かつさうご》の感情好《かんじやうよ》き人に、新夫婦《しんふうふ》が將來《しやうらい》の指導《しだう》を依頼《いらい》し置《お》き、何等《なにら》か事件《じけん》の勃發《ぼつぱつ》した時《とき》には、先同人《まづどうにん》に謀《はか》りて其《そ》の敎《をし》へを受《う》くる等《など》の方法《はうはふ》を立《た》て置《お》く等《など》にて、次《つぎ》は何《ど》うしても子供《こども》は夫婦《ふうふ》の鎹《かすがひ》でありますから、妻《つま》の身體《しんたい》の常《つね》に健康《けんかう》なるやうに注意《ちうい》し、夫《をつと》も亦《また》不品行不養生《ふひんかうふやうじやう》を愼《つゝし》みて早《はや》く愛兒《あいじ》を擧《あ》げるやうにあらま欲《ほ》しい事《こと》、そして社會一般所謂《しやくわいいつぱんいはゆる》世間舅姑《せけんしうと》、各自《かくじ》に直接利害《ちよくせつりがい》を感《かん》ぜざる事《こと》に餘計《よけい》な口《くち》を出《だ》したり輕々《かる〴〵》しく他《ひと》の噂《うわ》さをしたりして平地《へいち》に波《なみ》を起《おこ》さぬやうに互《たが》ひ〳〵に注意《ちうい》したいものであります。此《こ》の點《てん》は殘《ざん》念《ねん》ながら西洋《せいやう》の風俗習慣《ふうぞくしふくわん》に一等《とう》を輸《ゆ》さなければなりませぬ。彼方《あちら》では自己《じこ》の利害如何《りがいいかん》と言《い》ふ事《こと》に對《たい》して非常《ひじやう》に熱心《ねつしん》なると同時《どうじ》に、他《ひと》の事《こと》に至《いた》りては、餘程《よほど》平氣《へいき》で寧《むし》ろ冷淡《れいたん》だと思《おも》ふ位《くらゐ》であります。其《それ》ならばこそ二階《かい》なり三階《かい》なりに、一室《ま》若《もし》くは二三室《ま》と室借住《まがりすま》ひの夫婦兄弟《ふうふきやうだい》が戸《と》を双《なら》べて住《す》んで居《ゐ》ても、存外《ぞんぐわい》に相互《さうご》の間《あひだ》に紛擾《ごたごた》の起《おこ》る事《こと》も少《すく》なく、且《かつ》隣近所《となりきんじよ》の噂《うわ》さの穂《ほ》に穂《ほ》が咲《さ》いて、飛《と》んだ騒《さわ》ぎを惹《ひ》き起《おこ》す等《など》の事《こと》が少《すく》ないのでありませう。而《さう》して今《いま》は昔《むかし》の如《やう》には行《ゆ》かぬ事情《じゞやう》があるとは云《い》へ、女《むすめ》には未婚《みこん》の中《うち》に耐忍力《たいにんりよく》を十分《ぶん》養《やしな》はしめて置《お》く事《こと》と、餘《あま》り小《ちい》さい事《こと》に怐々《びく〱》しない様《やう》に胸襟《きやうきん》を寛《くつ》ろげて養成《やうせい》して置《お》く事《こと》が大切《たいせつ》であります。

四　離《り》居《きよ》

夫婦の離居の今昔

離婚《りこん》の外《ほか》に今一《いまひと》つ夫婦《ふうふ》の離居《りきよ》、即《すなは》ち二人《ふたり》が別々《べつ〲》に離《はな》れ住《す》む形式《けいしき》があります。是《これ》は、吾《わ》が國《くに》では中古鎌倉幕府創立《ちうこかまくらばくふさうりつ》の頃《ころ》までは、男女《だんぢよ》が結婚《けつこん》して後《のち》も當人同士《たうにんどうし》の意志《いし》で同棲《どうせい》も別居《べつきよ》もしたと云《い》ふ中《うち》にも、寧《むし》ろ別々《べつ〲》に離《はな》れて住《す》んで居《ゐ》た場合《ばあひ》が割合《わりあひ》に多《おほ》かつたのでありますが、武門政治《ぶもんせいぢ》になつてから、風紀森肅《ふうきしんしゆく》の主旨《しゆし》からして、所謂結婚《いはゆるけつこん》には嫁入《よめいり》の語《ご》を使用《しやう》する事《こと》になつたのですから、無論夫婦別居《むろんふうふべつきよ》の習慣《しふくわん》は廢《すた》り、妻《つま》は夫《をつと》の家《いへ》に至《いた》つて婚儀《こんぎ》を擧《あ》ぐる事《こと》となりました。

然《しか》るに西洋《せいやう》では離婚《りこん》をなるべく防止《ばうし》しようとして、是《これ》に對《たい》する法律規定《はふりつきてい》を嚴重《げんぢう》にした爲《ため》に‖勿論近來《もちろんきんらい》は少《すこ》しづつ緩《ゆる》くなつて來《き》ましたやうですが‖夫婦《ふうふ》が不折合《ふをりあひ》であつて、何《ど》うしても圓滿《ゑんまん》を欠く事《こと》になつた時《とき》には、已《や》むを得《え》ず離居《りきよ》して住《すま》ふ風俗《ふうぞく》が漸《やうや》く多《おほ》く行《おこな》はれて來《き》ました。是《これ》は妻《つま》に私産《しさん》があれば勿論《もちろん》の事《こと》ですが、無《な》くても夫婦合意《ふうふがふい》の上《うへ》なれば、夫《をつと》から妻《つま》へ其《そ》の生活費《せいくわつひ》を送《おく》る事《こと》になるのです。で離居《りきよ》は無慘《むざん》の離婚《りこん》よりは增《まし》でありますが、其《そ》の代《かは》り、名實丈《めいじつだけ》は猶夫婦《なほふうふ》である事《こと》になつて居《を》る爲《ため》に、男子《だんし》も女子《ぢよし》も無論再婚《むろんさいこん》する譯《わけ》には行《ゆ》かないのであります。で、離居《りきよ》の可否如何《かひいかん》と云《い》ふならば其《それ》は孰《いづ》れとも申《まを》されませぬ。もと〳〵天地《てんち》に配《はい》すべき夫婦《ふうふ》の心《こゝろ》が離れ〴〵になると言《い》ふのが、抑《そもそ》も變體《へんたい》であつて、嘉《よ》みすべき事《こと》でありませぬから、何等《なにら》かの事情《じじやう》のために離婚《りこん》は出來《でき》ないから離居《りきよ》するのであれば、自分《わたくし》は唯已《たゞや》むを得《え》ないと申《まを》すより外《ほか》は無《な》からうと思《おも》ふのであります。

離居の可否

唯離居《たゞりきよ》が離婚《りこん》に比《ひ》して稍可《やゝか》なりと思《おも》ふ點《てん》は正式《せいしき》の離婚《りこん》では籍《せき》も送《おく》り還《かへ》してしまうてあるのですから、萬一覆水《まんふくすゐ》の盆《ぼん》にかへる樣《やう》な事情《じじやう》に都合《つがふ》よく搬《はこ》んで來《き》ても、一寸手續《ちよつとてつゞ》きが面倒《めんだう》でありますけれ共《ども》、離居《りきよ》ならば誠《まこと》に容易《ようい》であつて、世間《せけん》にも餘《あま》り目立《めだ》たず、凡《すべ》てに就《つ》いて好都合《かうつがふ》でありませう。そして離居《りきよ》の夫婦《ふうふ》は離婚《りこん》の男女《だんぢよ》に比《ひ》してまだ幾分情《いくぶんじやう》の點《てん》にも復舊《ふくきう》の望《のぞ》みがある理窟《りくつ》であります。其故《それゆゑ》なるべく離婚《りこん》を防止《ばうし》したいと希《ねが》ふ方《はう》から申《まを》せ

復舊の爲には多少有望ならん

ば、まだしも離居《りきょ》の方《はう》が可《よ》いとも言《い》はれるでありませう。

第十一章　再婚

離婚《りこん》の事《こと》に就《つ》いて略《ほゞ》申《まを》し述《の》べましたから、今度《こんど》は何《ど》うしても、再婚《さいこん》の事《こと》をも一應研究《おうけんきう》しなければなりますまい。そして此《こ》の再婚問題《さいこんもんだい》は近來却々《きんらいなか／＼》喧《やか》ましいやうでありますから、自分《わたくし》は茲《こゝ》にまづ再婚《さいこん》は不可《ふか》なりと言《い》ふ事《こと》の喧《やか》ましくなつたのは何時頃《いつごろ》からであつたかと、吾《わ》が國《くに》の歴史《れきし》に溯《さかのぼ》つて其《そ》の概略《がいりやく》を申《まを》して見《み》たいと存《ぞん》じます。何故《なぜ》なれば、徳川《とくがは》幕府時代《ばくふじだい》に於《お》いては、再婚《さいこん》は殆《ほとん》ど一つの恥辱視《ちゞよくし》せられて居《を》つた事《こと》もありましたから、其《そ》の習慣上人《しふくわんじやうひと》が兎角極端《とかくきよくたん》に考《かんが》へるやうであります。で、一寸是《ちよつとこれ》に就《つ》いて一應調《おうしら》べて見《み》る事《こと》と致《いた》しませう。

一　再婚禁止《さいこんきんし》の風《ふう》は何時頃《いつごろ》より始《はじ》まり且何《かつなに》に起因《きいん》せし乎

吾《わ》が國《くに》の婚姻狀態《こんゐんじやうたい》を歴史的《れきしてき》に調《しら》べて見《み》ますれば、太古《たいこ》は勿論中古時代《もちろんちうこじだい》に至《いた》る迄《まで》も、道徳上《どうたくじやう》からして一夫《ぷ》の爲《ため》に貞操《ていさう》を守《まも》り、獨居《どくきよ》して一生《しやう》を送《おく》つた婦人《ふじん》を賞揚《しやうやう》したには相違《さうゐ》ありませぬが、事情《じゞやう》によつては必《かなら》ずしも再婚《さいこん》を不可《ふか》とはしなかつたのであります。これを甚《はなは》だしく不可《ふか》とせしは幕政以降《ばくせいいかう》の事《こと》です。まだ鎌倉幕府時代《かまくらばくふじだい》には再嫁《さいか》は盛《さか》んに行《おこな》はれたのであります。さうなればこそ彼《あ》の有名《いうめい》な曾我兄弟《そがきやうだい》【1】の生母《せいぼ》も再嫁《さいか》した人《ひと》で其《そ》の再嫁《さいか》したが爲《ため》に、彼《か》の女《ぢよ》の賢母《けんぼ》たる事《こと》に誰《だれ》も非難《ひなん》は致《いた》しませんでした。

其《それ》から足利幕府《あしかゞばくふ》【2】の暗國時代《あんこくじだい》を通《つう》じて、戰國時代《せんこくじだい》にはどうであつたかと申《まを》せば、前條《ぜんでう》にも申《まを》した如《やう》に、彼《あ》の時代《じだい》は殊《こと》に政略的結婚掠奪的結婚《せいりやくてきけつこんりやくだつてきけつこん》さへ行《おこな》はれた頃《ころ》でありましたから、當人《たうにん》の意思《いし》に反《はん》した再婚再々婚《さいこんさい〳〵こん》さへ盛《さか》んに行《おこな》はれたのであります。然《しか》らば再婚《さいこん》禁止的風俗《きんしてきふうぞく》の隆盛《りうせい》であつたのは何時代《どのじだい》かと申《まを》せば、言《い》ふ迄《まで》も無《な》く徳川幕府時代《とくがはばくふじだい》の事《こと》であります。當時儒教《たうじじゆけう》【3】の盛《さか》んなるに伴《ともな》ふ‖平安朝時代《へいあんてうじだい》の儒教《じゆけう》は形式的《けいしきてき》で、たゞ花《はな》を翫《もてはや》したやうなものであり、徳川時代《とくがはじだい》は兎《と》まれ精神的《せいしんてき》になつて實《み》を收《をさ》めようと努《つと》めたから＝女訓《ぢよくん》【4】の主義方針《しゆぎはうしん》も、大率儒教《おほむねじゆけう》によりましたので「貞女両夫《ていぢよりやうふ》にまみえず」【5】の教《をし》へは「忠臣《ちうくん》二君《くん》につかへず」【6】の語《ご》と相待《あひま》つて之《これ》を勵行《れいかう》せしめたのであります。勿論是《もちろんこれ》は其《そ》の社會《しやくわい》の中堅《ちうけん》となつて居《ゐ》た、武士《ぶし》の社會《しやくわい》に行《おこな》はれたもので、そして庶民《しよみん》も此《こ》の風《ふう》に多少習《たせうなら》つたのでございます。乃《すなは》ち夫《をつと》なる男子《だんし》が君《きみ》に對《たい》して純《じゆん》なる忠節《ちうせつ》を盡《つく》すと同時《どうじ》に、妻《つま》なる女子《ぢよし》をしても、純《じゆん》なる貞節《ていせつ》を夫《をつと》に致《いた》さしめようとして、其《そ》の心《こゝろ》を一ならしめんが爲《ため》に、再婚《さいこん》の不可《ふか》を唱《とな》ふる事《こと》が益々《ます〳〵》嚴《おごそか》になつて參《まゐ》つたやうでありますが、單《たん》に其《それ》のみではありませぬ。嫡子《ちやくし》を生《う》んだ母《はゝ》は其父《そのちゝ》に＝乃ち夫《すなはをつと》＝代《かは》つて其《そ》の子《こ》の爲《ため》に内部《ないぶ》の後見保護《こうけんほご》をする必要《ひつえう》があります。又當時《またゝうじ》の母《はゝ》の權威《けんゐ》は非常《ひじやう》に強《つよ》かつたのですから、其《そ》の未亡人《みばうじん》なる母《はゝ》は暫時《ざんじ》の辛苦《しんく》を忍《しの》べば、嫡子《ちやくし》の母《はゝ》として終身尊敬《しうしんそんけい》を受《う》け、安樂《あんらく》に

再婚せざりし各種の原因

【1】鎌倉初期の武士。兄祐成《すけなり》と弟時致《ときむね》。父は伊豆の豪族河津祐泰。兄弟が幼少の時に、父は工藤祐経に殺され、母の再嫁によって曾我氏を称した兄弟は、建久四年（一一九三）富士野の狩場で父の仇を討ちとったが、兄は仁田忠常に討たれ弟は五郎丸に生捕りにされ殺された。この仇討ちについては、『吾妻鏡』『曾我物語』に記され、謡曲、幸若舞、浄瑠璃、歌舞伎などの素材となって後世に伝えられた。

【2】第二章注75参照。

【3】第八章注111参照。

【4】女子としてのいましめ。女子に対する教訓。

【5】貞女は夫が死んだあとも、再婚することはない。貞女は二夫《じふ》を並べず。

【6】忠臣は、いったん主君を定めたのちは、他の人に仕えることはない。（『史記』田単伝）

餘生《よせい》を送《おく》る等《とう》の便宜《べんぎ》もありましたし、よし實子《じつし》なく、或《ある》ひはあつても君家《くんか》の都合《つがふ》、又《また》は自分《じぶん》の便宜上《べんぎじやう》にも、其《そ》の藩主《はんしゆ》の奥向《おくむき》【7】に事《つか》へる事《こと》が當人《たうにん》の名譽《めいよ》でもあり、主家《しゆか》の便宜《べんぎ》でもありました場合《ばあひ》には憖《なまじ》ひに再婚《さいこん》するよりも、一生奉公《しやうほうこう》をしたい。將《は》たせしめたいとの希望上再婚《きばうじやうさいこん》しなかつたむきも少《すく》なくありませんでした。

又《また》一方《ぱう》戰國時代《せんごくじだい》に餘《あま》りに不自然《ふしぜん》なる離婚再婚再々婚《りこんさいこんさい〳〵こん》の行《おこな》はれた結果《けつか》、當時《たうじ》は家庭《かてい》に席《せき》暖《あた》まるに遑無《いとまな》かつたから、其様《そのやう》な風《ふう》の當否《たうひ》も考《かんが》へませんでしたらうが、漸々《やう〳〵》世《よ》は泰平《たいへい》になり家庭《かてい》の歡樂《くわんらく》を味《あぢは》ふやうになつた而《し》かも上流《じやうりう》の家等《いへなど》で、異父異母《いふいぼ》の親子兄弟《おやこきやうだい》が雜《ざつ》然《ぜん》たる家庭骨肉間《かていこつにくかん》の如何《いか》に淺間《あさま》しくも侘《わび》しくも感《かん》じ始《はじ》めた事《こと》でありませう。其處《そこ》へ殆《ほとん》ど窮屈《きうくつ》なるまで嚴重《げんぢう》な儒教《じゆけう》の力《ちから》が社會《しやくわい》の基礎《きそ》を作《つく》りなして來《き》た、其《そ》の勢《いきほひ》に押《お》され、且《かつ》は誠《まこと》に立派《りつぱ》な道義《だうぎ》【8】でもありましたから、扨《さて》こそ再嫁《さいか》は貞節《ていせつ》なる婦人《ふじん》の爲《な》すべき道《みち》でない。高潔《かうけつ》なる家庭《かてい》に納《い》る可《べか》らざるものであると言《い》ふ様《やう》な嚴重《げんぢう》な風俗《ふうぞく》を形作《かたちづく》つたものと見《み》えます。

けれ共《ども》、斯《か》かる時代《じだい》に在《あ》つては、一夫《いつぷ》の爲《ため》に孤節《こせつ》を全《まつた》うする【9】婦人《ふじん》は深《ふか》く賞賛《しやうさん》しましたし又有夫姦《またいうふかん》の破倫《はりん》の行《おこな》ひをした女子《ぢよし》は斬罪《ざんざい》に處《しよ》する程嚴刑《ほどげんけい》に當《あ》てたけれ共《ども》、正式《せいしき》の再婚《さいこん》に對《たい》しては禁止《きんし》の法律《はふりつ》などがあるではなく、且事情《かつじじやう》によつては隨分之《ずゐぶんこれ》に同情《どうじやう》して、親戚朋友《しんせきほういう》からも勸《すゝ》めた例《れい》さへありますが、何《ど》うしても當時《たうじ》の空氣《くうき》が無暗《むやみ》に再婚《さいこん》を卑《いやし》んだものですから、當人《たうにん》は其《それ》を望《のぞ》んで居《を》らなくても無理《むり》にも再嫁《さいか》を辭《じ》さなければならない様《やう》な結果《けつくわ》を生《しやう》じたのであります。勿論以上《もちろんいじやう》は重《おも》に士《し》たる階級《かいきふ》の事《こと》でありまして庶民《しよみん》はもつと／＼自由《じゆう》でありました。

二　内外再婚《ないぐわいさいこん》の異同《いどう》

過去の印度に於ける再婚の峻拒

婦人《ふじん》の再婚《さいこん》に就《つ》いては、今古東西大分《こんことうざいだいぶ》其《そ》の規《き》を異《こと》にして居《を》る事《こと》が少《すく》なくありませぬ。先其《まづそ》の再婚《さいこん》を否定《ひてい》して、爲《な》す可《べ》からざる者《もの》とし、萬《まん》一にも之《これ》を爲《な》さん事《こと》を恐《おそ》るゝの極《きよく》、夫《をつと》に後《おく》れたる妻《つま》は目《もく》して前世《ぜんせ》の罪深《つみぶか》き者《もの》とした。一種《しゆ》の宗教上《しうけうじやう》の迷信《めいしん》から焼《や》き殺《ころ》すに至《いた》つたのは、過去《くわこ》の印度《いんど》の或部分《あるぶゝん》であります‖。勿論如斯殘忍無智《もちろんかくのごときざんにんむち》の法《はふ》は、現今《げんこん》は最早無《もはやな》くなつたと申《まを》しますが、‖けれ共《ども》、支那《しな》に於《お》いて後室《こうしつ》を未亡人《みばうじん》と記《しる》すに至《いた》つたのは、即《すなは》ち妻《つま》は夫《をつと》に殉《じゆん》ずるを至當《したう》と考《かんが》へた所《ところ》から、彼《か》の女《ぢよ》を呼《よ》ぶに「未《いま》だ死《し》なざるの人《ひと》

【7】幕府や藩で、家政に関する所。また、その方面の仕事。
【8】人のふまなければならない道。道徳。道理。
【9】貞操を守りとおすこと。

としたのでせうから」甚《はなは》だ笑止《せうし》な譯《わけ》でありますが、其《そ》の熟字《じゆくじ》や語路《ごろ》が佳《よ》い爲《ため》に、吾々《われ〳〵》も之《これ》をつい使用《しよう》して居《ゐ》る事《こと》があるのでございます。

支那に於ける節婦旌表の弊

是《これ》は單《ひと》り、其《そ》の文字《もんじ》の笑止《せうし》なるのみならず、從來支那《じうらいしな》に於《お》いては、一家親族《いつけしんぞく》が、家門《かもん》の名譽《めいよ》を希《ねが》ふ餘《あま》りに、未亡人《みばうじん》に誣《し》ゆる【10】に殉死《じゆんし》の功德《くどく》を以《も》つてし、强《し》ひて彼《か》の女《ぢよ》が自殺《じさつ》を促《うなが》したり、猶甚《なほはなは》だしきに至《いた》りては、孝女節婦《かうぢよせつぷ》のある每《ごと》に、其《そ》の閭門《りよもん》【11】に旌表《せいへう》する【12】慣例《くわんれい》があつて、是《こ》の數《かず》の多《おほ》きに上《のぼ》る時《とき》は、其《そ》の知縣等《ちけんなど》の、治民化育《じみんくわいく》の佳良《かりやう》なる結果《けつくわ》と認《みと》められ、彼等俗吏《かれらぞくり》が榮達《えいたつ》の階梯《かいてい》となるを以《も》つて、貧民《ひんみん》の妻《つま》などが、夫《をつと》を失《うしな》ふ等《など》の事《こと》ある時《とき》は、遺族《ゐぞく》を誘《さそ》ふに利《り》を以《も》つてして、憫《あは》れなる妻《つま》を强《し》ひて自盡《じじん》せしめ、而《そ》して其《そ》の閭門《りよもん》に旌表《せいへう》する等《など》の事《こと》もあると聞《き》くに至《いた》りて、老子《らうし》が「大道廢《だいだうすた》れて仁義《じんぎ》あり」【13】の歎辭《たんじ》も强《あなが》ちに退《しりぞ》けられない如《やう》な感《かん》じも起《おこ》つて參《まゐ》ります。

西洋の再婚風俗

西洋各國《せいやうかくこく》は全《まつた》く是《これ》に反《はん》して、女子《ぢよし》の再婚《さいこん》は公然《こうぜん》として行《おこな》はれ來《き》たつて居《を》りまするが、併《しか》し宗敎上《しうけうじやう》より出《い》でたる規定《きてい》として、夫婦《ふうふ》は神《かみ》の命《めい》じて相結合《あひけつがふ》したものであるから、孰《いづ》れも死別《しべつ》で無《な》ければ生別離《せいべつり》を敢《あへ》てして、再婚《さいこん》すべきもので無《な》いと言《い》ふことになつて居《を》りました。故《ゆゑ》に夫《をつと》に死別《しべつ》せる若《わか》き寡婦《かふ》の如《ごと》きは、殆《ほとん》ど吾《わ》が國《くに》の處女《しよぢよ》が婿選《むこえら》みの如《ごと》く、自《みづか》ら進《す》んで第《だい》二の夫《をつと》を求《もと》め、又男子《またゞんし》も爭《あらそ》うて之《これ》に求婚《きうこん》する等《など》、一寸目馴《ちよつとめな》れぬ者《もの》からでは、頗《すこぶ》る不思議《ふしぎ》の感《かん》じをする程《ほど》であります。右《みぎ》は無理《むり》の少《すく》ない點《てん》から申《まを》せば、一番人情《ばんにんじやう》の自然《しぜん》に近《ちか》い様《やう》で、先穩當《まづおんたう》らしく思《おも》はれまするが、其《それ》には又其《またそれ》で矢張《やはり》弊《へい》は伴《ともな》ふものであります。

吾が國再嫁の形狀

乃《すなは》ち善《よ》からぬ婦人《ふじん》は、死別《しべつ》で無《な》ければ、現在《げんざい》の夫《をつと》に別《わか》れる事《こと》が至難《むづか》しいとか、是非《ぜひ》第《だい》二の意中《いちう》の人《ひと》に嫁《か》したいとか熱望《ねつばう》する時《とき》には、遂《つひ》に大罪《だいざい》を犯《をか》すが如《ごと》き悲慘事《ひさんじ》さへも出來《しゆつたい》する。是等《これら》の弊害《へいがい》に徴してか、現今《いま》は生別《せいべつ》であつても、離婚《りこん》の理由《りいう》さへ判然《はつきり》して居《を》れば、先大抵《まづたいてい》は再婚《さいこん》も出來《でき》る事《こと》になつたと申《まを》します。

吾《わ》が國《くに》に於《お》いては、女子《ぢよし》の再婚《さいこん》には何等《なんら》の定《き》まつた形式《けいしき》はありませぬ。死別生別共《しべつせいべつとも》に再嫁《さいか》する場合《ばあひ》には、差支《さしつか》へ無《な》い事《こと》に昔《むかし》からなつて居《を》りました。以上《いじやう》は内外女子《ないぐわいぢよし》が再嫁《さいか》の狀態《じやうたい》を略述《りやくじゆつ》致《いた》しましたから、是《これ》より其《そ》の可否《かひ》に就《つ》いて述《の》べて見《み》ませう。


【10】強いること。

【11】村里の入り口の門。

【12】人の善行をほめて、広く世に示すこと。

【13】大道が自然に行なわれていた太古は、特に仁義を説く必要はなかったが、後世道徳がすたれてきて、仁義が必要になり提唱されるに至った。仁義が必要なのは、大道が失われたからであるとの語。(『老子』一八)

非とする説

三　婦人再嫁《ふじんさいか》の是非《ぜひ》

婦人《ふじん》が夫《をつと》に死別《しべつ》し、又《また》は離別《りべつ》して、獨身《どくしん》になつた場合《ばあひ》、再婚《さいこん》すべきかす可《べか》らざるかと言《い》ふ事《こと》に就《つ》いては、今猶大分種々《いまなほだいぶいろ〳〵》の議論《ぎろん》がありまして、理論《りろん》としてまだ贊否孰《さんぴいづ》れとも判然《はつきり》しない程《ほど》であります。

先其《まづそ》の再嫁《さいか》を不可《ふか》とする方《はう》の主張《しゆちやう》から申《まを》しますると、「其《それ》は既《すで》に善《よ》いだの惡《わる》いだのと言《い》ふ迄《まで》の事《こと》では無《な》い。無論《むろん》、女子《ぢよし》が一度生家《ひとたびせいか》を出《いで》て夫家《ふか》に入輿《こしいれ》すれば、最早再《もはやふたた》び其所《そこ》を去《さ》つて往《ゆ》くべき處《ところ》は無《な》い筈《はず》だ。故《ゆゑ》に女子《ぢよし》の嫁《か》するを歸家《きか》と言《い》つて、己《おの》れが眞《まこと》の家《いへ》に歸《かへ》るのだと言《い》ふ事《こと》を意味《いみ》して居《を》る程《ほど》では無《な》いか、然《しか》らば若《も》し不幸《ふかう》にして、夫《をつと》の死別《しべつ》に遭《あ》ふ時《とき》は申《まを》す迄《まで》も無《な》し。夫家《ふか》を去《さ》られて生家《せいか》に歸《かへ》さるゝやうな事《こと》があつた場合《ばあひ》には、自己《じこ》の不徳《ふとく》を恐懼《きようく》し其《そ》の運命《うんめい》に安《やす》んじ、不幸《ふかう》にして生家《せいか》にも己《おの》れを養《やしな》ひくるゝ餘裕無《よゆうな》くば、何業《なにわざ》をしてなりとも自活《じくわつ》の道《みち》を立《た》つべく、其《それ》も出來《でき》ないならば寧《むし》ろ節《せつ》に死《す》する迄《まで》の覺悟《かくご》あるべし。一體現今《たいいいま》の女子《ぢよし》に示《しめ》すに、再嫁《さいか》の道《みち》ある等《など》の事《こと》を以《も》つてする故《ゆゑ》に、彼等《かれら》には始《はじ》めから、夫家《ふか》の困難《こんなん》に耐《た》へる心無《こゝろな》く、少《すこ》しく姑《しうと》が小言《こごと》を言《い》つたり夫《をつと》の歸《かへ》りが遲《おそ》くなつたりしてさへも、早出《はやで》るの引《ひ》くのと言《い》つて騷《さわ》ぎ立《た》てる。況《いは》んや夫《をつと》の失敗家産《しつぱいかさん》の傾頽《けいたい》

是とする說

等《など》に至《いた》れば、さつ／＼と自《みづか》ら離婚《りこん》を請求《せいきう》して生家《せいか》に逃《にげ》げ還《かへ》り、更《さら》に其《それ》より勝《すぐ》れる好配《かうはい》を尋《たづ》ね廻《まは》るのである。是始《これはじ》めから再嫁再々婚《さいかさい／＼こん》をも恬《てん》として耻《は》ぢざる心《こゝろ》を持《も》たせて遣《や》るからでは無《な》いか。此《こ》の的《まと》を射《い》る者《もの》は、二本《ほん》の矢《や》を携《たづさ》ふることを許《ゆる》さず、一矢《し》をのみ持《も》たしむるは、射手《いて》をして唯一筋《たゞひとすぢ》に誠心《せいしん》を籠《こ》めしむる爲《ため》である。故《ゆゑ》に女子《ぢよし》の再嫁《さいか》は絕體的不可《ぜつたいてきふか》とすべし」と言《い》ふので、全然《ぜん／＼》從來《じゆうらい》の女訓《ぢよくん》を固守《こしゆ》せしめようとするのであります。是《これ》は誠《まこと》に立派《りつぱ》な事《こと》には相違《さうい》ありますまい。

又再嫁《またさいか》を是《ぜ》とする現代的《げんだいてき》の人《ひと》の言《い》ふ所《ところ》によれば、「女子《ぢよし》の再嫁《さいか》を善《よ》いの惡《わる》いのと言《い》ふのは、丁度獸肉類《ちやうどじうにくるゐ》を食《しよく》するの可否《かひ》を論《ろん》ずる如《やう》なもので、其《そ》の程度《ていど》とか方法《はうはふ》とかは猶講《なほこう》ずべき餘地《よち》があらうが、可否《かひ》の論《ろん》は既《すで》に過去《くわこ》に屬《ぞく》した事《こと》であるのに、迂闊頑固《うくわつがんこ》も亦　甚《またはなはだ》しいものである。離婚《りこん》も亦左樣《またさう》で從來《これまで》の如《やう》に、夫《をつと》や舅姑《きうこ》などが餘《あま》りに無理《むり》を並《なら》べたらば、宜《よろ》しく妻《つま》たるもの〻地位《ちゐ》から一家《か》の主婦《しゆふ》たる權利《けんり》を主張《しゆちやう》して、容易《ようい》に己《おの》れが範圍《はんゐ》を犯《をか》されないやうにし、其《それ》が行《おこな》はれずば自《みづか》ら身《み》を退《しりぞ》くるも可《か》なり。又斯《またか》かる場合《ばあひ》には尚更《なほさら》の事《こと》、以前《いぜん》に倍《ばい》する良緣《りやうえん》を求《もと》めて再嫁《さいか》し、十分婦人《ぶんふじん》たるの技量《ぎりやう》を示《しめ》し、家庭《かてい》にも社會《しやくわい》にも貢獻《こうけん》すべきである。

又夫《またをつと》の死別後《しべつご》の妻《つま》の處置《しよち》も同樣《どうやう》であつて、子供《こども》などの後見《こうけん》として之《これ》を敎養《けうやう》すべき場合《ばあひ》、且其《かつそ》の資力《しりよく》にも差支《さしつか》へ無《な》い家庭《かてい》ならば兎《と》も角《かく》も、左無《さな》くば遺兒《ゐじ》の爲《ため》にすら寧《むし》ろ再嫁《さいか》す

時勢の變遷に伴ふ説

守節の婦人に對する敬意

國家社會の立場より見ては如何

るを得策《とくさく》とする場合《ばあひ》さへある。故《ゆゑ》に寡婦《くわふ》たる女子《ぢよし》は先《まづ》普通《ふつう》再婚《さいこん》を爲《な》すべきものと定《さだ》めて置《お》いて、取《と》り除《の》けの場合《ばあひ》にのみ獨居《どくきよ》すべきである。」と申《まを》すのであります。けれ共《ども》まだ是《これ》が全然《ぜん〳〵》至當《したう》なりと云《い》ふ定義《ていぎ》も下《くだ》しかねますが、併《しか》し時勢《じせい》の變遷《へんせん》が百般《はん》の事《こと》に舊狀《きうじやう》を其《そ》の儘《まゝ》持續《ぢぞく》するを許《ゆる》さない今日《こんにち》に在《あ》つては、寧《むし》ろ時勢《じせい》に適應《てきおう》した進取的《しんしゆてき》な理論《りろん》のやうにも考《かんが》へられます。猶今《なほいま》一應《おう》仔細《しさい》に考究《かうきう》して、若《わか》き女子《ぢよし》の爲《ため》に其《そ》の方針《はうしん》を過《あやま》らしめないやうに致《いた》したいのであります。

なる程《ほど》、忠臣《ちうしん》が君《きみ》に仕《つか》へて純誠盡忠《じゆんせいじゆんちう》【14】、君《きみ》死《し》すれば之《これ》に殉《じゆん》ずると言《い》ふ事《こと》は、如何《いか》に否定論者《ひていろんしや》をして言《い》はしめても、健氣《けなげ》な事天晴《ことあつぱれ》の事《こと》と言《い》はざるを得《え》ないでありませう。是《これ》と同時《どうじ》に女子《ぢよし》が夫《をつと》に後《おく》れて終生獨居苦節《しうせいどつきよくせつ》を守《まも》り得《え》た人《ひと》に對《たい》しては、宜《よろ》しく滿腔《まんこう》の同情《どうじやう》を寄《よ》せ敬意《けいい》を拂《はら》ふべきは申《まを》すまでもありませぬ。が、併《しか》しながら、重《おも》に是《これ》は孤節《こせつ》を守《まも》つた婦人《ふじん》其《そ》の人《ひと》に對《たい》して敬意《けいい》を拂《はら》ひ感心《かんしん》するのであります。‖勿論《もちろん》、一人節《にんせつ》を守《まも》つて範《はん》を億萬《おくまん》の人《ひと》に示《しめ》す場合《ばあひ》もあるのでせうが‖若《も》しも是《これ》を國家《こくか》と言《い》ふ大《おほ》きい物《もの》の立場《たちば》から見《み》て何《ど》うでありませう。

茲《こゝ》に年齢《ねんれい》も若《わか》く體格《たいかく》も強《つよ》く性質《せいしつ》も善《よ》く、十分《ぶん》活《はたら》きのある女子《ぢよし》が寡婦《くわふ》となつたが爲《ため》に、一生日蔭者《しやうひかげもの》として埋沒《まいぼつ》してしまふと言《い》ふ事《こと》は、大活眼《だいくわつがん》を以《も》つて見《み》たならば、甚《はなは》だ損失《そんしつ》の多《おほ》い事《こと》で、毫《がう》も利益《りえき》の存在《そんざい》を認《みと》めぬではありませぬか。斯《か》かる人《ひと》は宜《よろ》しく勸告《くわんこく》を試《こゝろ》

眞情から出たる獨居

みても、立派《りつぱ》な第二《だい》の家庭《かてい》を作《つく》らせて、家庭《かてい》及《およ》び社會《しやくわい》の爲《ため》に貢献《こうけん》せしめ。天晴《あつぱれ》なる子孫《しそん》を後世《こうせい》迄《まで》殘《のこ》したいもので、是《これ》は則《すなは》ち善種學《ユーゼニツク》派等《はなど》の人《ひと》から申《まを》せば、屹度《きつと》是《これ》に左袒《さたん》【15】する事《こと》であらうと存《ぞん》じます。否《いな》、斯《か》くの如《ごと》き優越《いうゑつ》した女子《ぢよし》で無《な》くても不完全《ふくわんぜん》の人《ひと》で無《な》い以上《いじやう》は、再婚《さいこん》せしめて更《さら》に無用《むよう》の人《ひと》たらしめない方《はう》が、國家全體《こくかぜんたい》の上《うへ》から見《み》れば遙《はる》かに利益《りえき》であらうと存《ぞん》じます。けれ共《ども》、若《も》しも其《それ》が反對《はんたい》に、或《ある》一婦人《ふじん》が寡婦《くわふ》となつたが、其《そ》の人《ひと》は夫《をつと》や子《こ》や家庭《かてい》の係累《けいるゐ》無《な》しに、或事業《あるじげふ》に向《むか》つて活《はたら》いた方《はう》が斯道《しだう》の爲《ため》にも當人《たうにん》の爲《ため》にも、遙《はる》かに利益《りえき》である。幸福《しあはせ》であると言《い》ふ場合《ばあひ》は無論別《むろんべつ》の事《こと》でありますが、併《しか》し是《これ》は是非《ぜひ》とも寡婦《くわふ》は獨居《どつきよ》すべきものであると言《い》ふ定義《ていぎ》から申《まを》すのでは無《な》い事《こと》になる譯《わけ》でございます。

又或《またある》一婦人《ふじん》がその伉儷《かうれい》甚《はなは》だ睦《むつ》まじくあつた爲《ため》に、如何《いか》に其《そ》の夫《をつと》が亡《な》くなつたからとて、更《さら》に再《ふたた》び他人《たにん》に嫁《か》して、眞心《まごころ》を盡《つく》す事《こと》は出來《でき》ぬ。世《よ》と共《とも》に亡《な》き人《ひと》を忍《しの》ぶを、せめてもの思《おも》ひ出種《でぐさ》にするのだと言《い》ふならば、其《それ》は無論《むろん》の事《こと》、決《けつ》して他《ほか》から再婚《さいこん》を勸《す》める餘地《よち》はありませぬ。是《これ》は君臣《くんしん》にしても朋友間《ほういうかん》にしてもある事《こと》、即《すなは》ち千歳《さい》の一遇《ぐう》とも言《い》ふべく、所謂意氣相投合《いはゆるいきあひとうがふ》したものですから、宜《よろ》しく彼《か》の女《ぢよ》の任意《にんい》にして、毫《がう》【16】も他《た》から強《し》ふべき者《もの》ではありませぬ。是《これ》は單《ひと》り女子《ぢよし》のみでは無《な》く、極稀《ごくまれ》には男子《だんし》にさへもある事《こと》でござい

【14】純粋な誠を忠義のために尽すこと。
【15】第六章注18参照。
【16】ほんの少しも。

ます。是等《これら》は誠《まこと》に悼《いた》ましい事優《ことやさ》しい事《こと》でありますから、是亦周圍《これまたしうゐ》の者《もの》も能《あた》ふべき丈慰藉《だけゐしや》して、靜《しづ》かに淸《きよ》い餘生《よせい》を送《おく》らせたいものではありませぬか。

東洋的守節の寡居

又今一《またいまひと》つは、東洋的守節《とうやうてきしゆせつ》の觀念《くわんねん》が非常《ひじやう》に强《つよ》い婦人《ふじん》であつて、幾《いく》ら辛苦《しんく》を重《かさ》ねても、何《ど》うしても自己《じこ》の信念《しんねん》に裏切《うらぎ》りする事《こと》は出來《でき》無《な》いと言《い》ふ意思《いし》の强烈《きやうれつ》なる婦人《ひと》であつたならば、是《これ》は又獨身《またどくしん》の生涯《しやうがい》を經《ふ》るに何《なん》の躊躇《ちうちよ》も無《な》い譯《わけ》であります。

月下の白萩

自分《わたくし》は斯《か》う言《い》ふやうな寡婦《かふ》の獨住《ひとりずみ》して、掻《か》き籠《こも》つて居《を》る有様《ありさま》は白萩《しらはぎ》の露《つゆ》と共《とも》に雫《こぼ》れる山里《やまざと》の秋《あき》の末《すゑ》つ方《かた》に、鳴《な》き弱《よは》る蟲《むし》の音《ね》の片割月《かたわれづき》の影《かげ》に澄《す》み渡《わた》つた如《やう》な景色《けしき》を聯想《れんさう》して、我《われ》さへ自《おのづか》ら涙《なみだ》の催《もよほ》されるやうな、頗《すこぶ》る閑寂《かんじやく》なる詩趣《ししゆ》を促《うなが》される心地《こゝち》が致《いた》します。けれ共《ども》、是《これ》は小說的《せうせつてき》に趣《おもむ》きある懷《なつか》しい事柄《ことがら》であつて、人其《ひとそ》の人《ひと》には幸福《かうふく》でなく、將《は》た國家社會《こくかしやくわい》の上《うへ》から見《み》ては、尚更誠《なほさらまこと》に可惜《あたら》しき事勿體《こともつたいな》無い事《こと》なのではありますまいか。

堅固なる守節の狀態

而《しか》して斯《か》う言《い》ふ事《こと》は他《た》から强《し》ひたのでは駄目《だめ》であります。又無理《またむり》に自《みづか》ら情《じやう》を矯《た》めた【17】のでも猶不十分《なほふじふぶん》であります。是《これ》は眞《しん》に天性《てんせい》の至情《しじやう》から出《で》て、自然的《しぜんてき》に往《い》つたので無《な》ければなりませぬ。否猶《いななほ》今一歩《ぽ》を進《すゝ》めて人《ひと》が强制的《きやうせいてき》に抑止《よくし》しようが、其《それ》が爲《ため》に利《り》も失《うしな》ひ、又假《またかり》に名《な》も廢《すた》るものとしても、尚且生命《なほかつせいめい》を失《うしな》つても、矢張我《やはりわ》が取《と》る道《みち》は是《これ》より外《ほか》に無《な》いと言《い》ふに至《いた》つて、始《はじ》めて此《こ》の行爲《かうゐ》を一貫《くわん》し得《う》べく、又能《またよ》く安心立命的《あんしんりつめいてき》に世《よ》を盡《つく》し得《う》べきものであります。

人心の動搖變化は速かなり

從來は寡居を爲すに易し

然《しか》るに、人心《じんしん》の動搖變化《どうえうへんくわ》は存外《ぞんぐわい》烈《はげ》しいもので、始《はじ》め夫《をつと》を失《うしな》つて悲觀《ひくわん》にくれた當時《たうじ》の寡婦《かふ》は、何等《なんら》一點《てん》の他意《たい》ある無《な》く、是非共萬難《ぜひともばんなん》を排《はい》しても、一生獨居《しやうどくきよ》を續《つゞ》けよう。亡夫《なきをつと》の爲《ため》に節義《せつぎ》を守《まも》り果《おほ》せようと決心《けつしん》した場合《ばあひ》には、眞《しん》に自分《じぶん》の利益《ため》を思《おも》うて再婚《さいこん》せよと勸《す》める父母《ふぼ》や親友《しんいう》さへ恨《うら》めしく、憎《にく》い迄《まで》に覺《おぼ》えて、此樣《こん》なに蒼蠅《うるさ》いならば、いつそ夫《をつと》の後《あと》を逐《お》うて死《し》んでしまはうかと迄《まで》、眞面目《まじめ》に思《おも》ひ詰《つ》めた者《もの》でも、誠《まこと》に去《さ》る者《もの》は日《ひゞ》に疎《うと》しの諺《ことわざ》の如《ごと》く、一年《ねん》立《た》ち二年《ねん》立《た》つて往《ゆ》けば、再婚《さいこん》の勸誘《くわんいう》も最初程《さいしよほど》は腹《はら》が立《た》たなくなり、遂《つい》には實《じつ》に深切《しんせつ》な人達《ひとたち》であると感心《かんしん》して、其《そ》の意《い》に從《したが》ふ樣《やう》な結果《けつくわ》になる例《れい》も決《けつ》して少《すく》なくありませぬ。

況《いは》んや最初《さいしよ》より其《そ》の決心《けつしん》も十分堅固《ぶんけんご》で無《な》い人《ひと》の如《ごと》きは、其《そ》の餘《あま》りに移《うつ》り變《かは》りの早《はや》いのに驚《おどろ》く程《ほど》の事《こと》もあるものでございます。是《こ》の故《ゆゑ》に昔《むかし》から苦節《くせつ》を守《まも》る事《こと》十年《ねん》一日《にち》の如《ごと》き婦人《ふじん》を非常《ひじやう》に尊敬《そんけい》もし感服《かんぷく》もした譯《わけ》ではありますまいか。

然《しか》るに、新《あた》らしい論者《ろんしや》の言《げん》を借《か》るのでは無《な》いが、昔《むかし》の寡婦《かふ》に再嫁《さいか》の少《すく》なかつた事《こと》、且《かつ》是《これ》をなるべく禁《とゞ》めて獨身《どくしん》に終《をは》らしむる事《こと》に努《つと》めた武士《ぶし》の家《いへ》にては、先《さき》にも申《まを》した如《やう》に、是《これ》に伴《ともな》ふ報酬《ほうしう》がありました。乃《すなは》ち斯《か》かる境遇《きやうぐう》を經過《けいくわ》した婦人《ふじん》は、其《そ》の子孫《しそん》からは勿論《もちろん》、

【17】改め正しくする。

現代の寡居は至難なり

親戚《しんせき》からも朋友《ほういう》からも尚且社會《なほかつしやくわい》一般《ぱん》からも尊敬《そんけい》を拂《はら》はれ、且物質《かつぶつしつ》に於《お》いては勿論毫《もちろんがう》も顧慮《こりよ》する必要《ひつえう》がありませんでした。故《ゆゑ》に寡居《かきよ》を全《まつた》うすれば名利《めいり》二つながら全《まつた》うするを得《え》たのであります。又何等《またなんら》かの事情《じゞやう》あつて生家《せいか》に歸《か》へり養《やしな》はるゝとしても、先《まづ》は類似《るゐじ》の境遇《きやうぐう》に居《を》られました。況《いはん》や其《そ》の寡婦《かふ》の操行《さうこう》を嘉《よ》みせられて拔擢《ばつてき》せられ、主君《しゆくん》へ奉仕《ほうし》の身分《みぶん》にでもならう者《もの》なら、其《それ》こそ親戚《しんせき》の長者《めうへ》に迄頭《までかしら》を下《さ》げらるゝことにもなるのであります。

然《しか》るに現今《いま》は是《これ》とは反對《はんたい》で、苟《いやし》くも獨身生活《どくしんせいくわつ》を立派《りつぱ》に爲《な》しおほせ得《う》べき特別《とくべつ》の技量《ぎりやう》あるか、資産《しさん》の豐富《ほうふ》なる婦人《ふじん》は別《べつ》として、普通《ふつう》の女子《ぢよし》にあつては、自分《じぶん》は是非《ぜひ》とも獨身《どくしん》で終《おは》りたいと、深《ふか》く篤《あつ》く考《かんが》へても、世錄《せろく》【18】無《な》き家庭《かてい》に、まだうら若《わか》い寡婦《かふ》を養《やしな》ふを至難《しなん》とせられ、又生家《またせいか》はと顧《かへり》みても、亦同樣《またどうやう》であるとすれば、斯《か》くも生活難《せいくわつなん》の叫《さけ》びの日《ひゞ》に益々高《ます〳〵たか》きを加《くは》ふる今日《こんにち》に在《あ》つては、餘程格別《よほどかくべつ》の家庭《かてい》で無《な》い以上《いじやう》は、抑《そもそ》も周圍《しうゐ》の者《もの》が先《まづ》非常《ひじやう》に困却《こんきやく》して苦情《くじやう》を並《なら》べ立《た》てるでありませう。左《さ》すれば、其《そ》の中《なか》に立《た》ちて何《なに》と考《かんが》へても、身《み》を心《こゝろ》にも任《まか》せぬ場合《ばあひ》が少《すく》なくあるまいと存《ぞん》じます。

前《まへ》にも申《まを》しました如《やう》に、人心《じんしん》の浮動變遷《ふどうへんせん》は、實《じつ》に迅速強烈《じんそくきやうれつ》なものでありますのに、況《いは》んや感情《かんじやう》は大抵常《たいていつね》に周圍《しうゐ》の映射音響《えいしやおんきやう》が、其《そ》の耳目鼻口《じもくびこう》より入《い》る事《こと》によりて動《うご》き起《おこ》るものでありますから、斯《か》くの如《ごと》き劇烈《げきれつ》に動搖《どうえう》する世海《せいかい》の渦《うづ》が、如何《いか》に現代人《げんだいじん》の精神《せいしん》を擾《か》き

現代は寡婦が獨居は頗る至難なり

不自然なる寡居を強ふるよりも寧ろ再嫁に組せん

立《た》て、居《を》るかは想像《さうぞう》に餘《あま》りある次第《しだい》であります。

で、寡婦《かふ》が最初《さいしよ》の決心《けつしん》も、往々《わう〱》動《うご》き變《かは》つて甚《はなは》しき間違《まちがひ》を惹《ひ》き起《おこ》すやうな事《こと》さへあるのは世間《せけん》に少《すく》なく無《な》い例《れい》であります。是《これ》を思《おも》へば尚更《なほさら》の事《こと》、寧《むし》ろ然《しか》るべき時期《じき》に於《お》いて正式《せいしき》に再嫁《さいか》した方《はう》が何《ど》の位《ぐらゐ》可《よ》いか知《し》れませぬ。

又昔《またむかし》の如《やう》に、男女《だんぢよ》の交際《かうさい》も嚴然《げんぜん》と區畫《くぐわく》せられて、上流《じやうりう》は勿論中流社會迄《もちろんちうりうしやくわいまで》は瓜田《くわでん》の沓《くつ》梨下《りか》の冠的《かんむりてき》【19】の他《た》の疑惑《ぎわく》を幾《いく》らでも避《さ》くるに容易《ようい》な時代《じだい》ならば、是亦甚《これまたはなは》だ寡居《かきよ》を守《まも》るにも易《やす》いのですけれ共《ども》、若《も》しも寡婦《かふ》も或事業《あるじげふ》に從《したが》ふ等《など》の境遇《きやうぐう》では尚《なほ》の事《こと》、よし左樣《さう》で無《な》くても現今《いま》の時勢《じせい》にありては、絶體《ぜつたい》に此《こ》の疑惑《ぎわく》の眼《め》を避《さ》け得《う》る道《みち》を踏《ふ》まうとするは、餘《よ》程至難《ほどしなん》であります。不幸《ふかう》にしてさる場合《ばあひ》が到來《たうらい》して、稍《やゝ》もすれば毛《け》を吹《ふ》いて疵《きず》を求《もと》むる、京童《きやうわらんべ》の口《くち》の端《は》にかゝるやうな事《こと》があるとしたならば何《ど》うでありませう。餘程當人《よほどたうにん》の精《せい》神《しん》が確乎不拔《かくこふばつ》で非常《ひじやう》に胸襟《きやうきん》の寛《ひろ》い人《ひと》であるとか、左《さ》も無《な》ければ其《そ》の寃《むじつ》を辯明《べんめい》し、眞僞《しんぎ》を識別《しきべつ》し慰藉《ゐしや》し且力《かつちから》を添《そ》へてくるゝ頼《たの》もしい人《ひと》が、親戚知己《しんせきちき》に在《あ》る等《など》の場合《ばあひ》で無《な》ければ、却々女性《なか〱によしやう》の身《み》にては、容易《ようい》に耐《た》へ得《え》らるゝものではありませぬ。此《こ》の悲慘《ひさん》な境遇《きやうぐう》を考《かんが》へ

【18】代々受け継がれてきた、その家の収入。

【19】「李下に冠を正さず」の言葉のように、自分の行動は常に用心深くし、疑われるようなことはしてはならない。(『古楽府』君子行)

運命には逆ふ可らず

女子の徳を一にせしむるは平素の教に在り

ますと、自分《わたくし》は後進《こうしん》の可憐《かれん》なる若《わか》き同胞《はらから》【20】の爲《ため》に、斯《か》かる涙《なみだ》の淵《ふち》に沈淪《ちんりん》させたく無《な》い事《こと》を浸々《しみ〴〵》思《おも》ふのでございます。

併《しか》しながら、普通《ふつう》の人《ひと》は運命《うんめい》には逆《さから》ふ事《こと》は出來《でき》ぬものであります。如何《いか》に不自然《ふしぜん》なる守節《しゆせつ》は不得策《ふとくさく》だからとて、運命《うんめい》の支配《しはい》が何《ど》うしても、然《しか》せざる可《べか》らざる場合《ばあひ》であつたならば、宜《よろ》しく天《てん》の命《めい》ずる所《ところ》に服從《ふくじゆう》して、靜《しづ》かに清《きよ》い餘生《よせい》を終《おは》る覺悟《かくご》をしなければならぬ事《こと》は勿論《もちろん》であります。獨居《どくきよ》も斯《か》くの如《ごと》く又再婚《またさいこん》も斯《か》くの如《ごと》くでありまして、希《こいねがは》くは天意《てんい》のある處《ところ》に服從《ふくじゆう》し安神《あんしん》あらまほしいものであります。其《それ》ならば運命《うんめい》と言《い》ふものは、何《ど》んなもので、何《なん》によつて判然知得《はつきりちとく》する事《こと》を得《う》るかと言《い》はれたならば、是《これ》は一寸《ちよつと》一朝《てう》にして誰《だれ》にでも解《わか》る様《やう》に説明《せつめい》は不可能《ふかのう》でありませうけれ共《ども》、先《まづ》一言《げん》にして申《まを》さうならば、不自然《ふしぜん》で無《な》い事《こと》、無理《むり》をしない事《こと》で、苟《いやし》くも善《ぜん》であり正《せい》である道《みち》に從《したが》へば宜《よろ》しからうと存《ぞん》じます。是《これ》に反《はん》して、譎詐奸策《きつそかんさく》【21】不義不善《ふぎふぜん》等《とう》は總《す》べて不自然《ふしぜん》であり非理《ひり》でありますから、先自然的運命《まづしぜんてきうんめい》では無《な》いと心得《こゝろえ》て宜《よろ》しからうと存《ぞん》じます。

以上《いじやう》の如《やう》に申《まを》しましたならば或《ある》ひは、無垢《むく》な少女《せいぢよ》に教《おし》ふるに、既《すで》に初婚《しよこん》の時《とき》に於《お》いて、早《はや》く二心《ふたごゝろ》を懐《いだ》かしむるかの疑《うたが》ひが起《おこ》るかも知《し》れませぬが、其《それ》は何卒《どうぞ》誤解《ごかい》なからん事《こと》を熱望致《ねつぼういた》します。且《かつ》もとより其《そ》の女《むすめ》が入輿《こしいれ》の門出《かどで》の時《とき》に、從來《じうらい》の如《ごと》く夫家《ふか》を以《も》つて天《てん》の命《めい》ずる所《ところ》の、吾《わ》が家《いへ》と心得《こゝろえ》て、毫《がう》も他意《たい》ある事無《ことな》く、唯《たゞ》一に其《そ》の室家《しつか》に宜《よろ》しからん事《こと》を教諭訓戒《けうゆくんかい》し、固《かた》く強《つよ》き決心《けつしん》を定《さだ》めしむる事《こと》が勿論大切《もちろんたいせつ》でありますが、併《しか》し平素《へいそ》に於《お》いて、女《むすめ》に教《をし》ふるに如何《いか》なる場合《ばあひ》にも、人《ひと》は濫《みだ》りに死《し》を急《いそ》いだり、逃《に》げ隠《かく》れたりする様《やう》な事《こと》を致《いた》してはならぬ。其《それ》は極《きは》めて卑竟《ひきやう》な事《こと》であり淺慮《あさはか》の極《きは》みである。無謀《むばう》の死《し》は寧《むし》ろ其《そ》の不幸《ふかう》が一身《しん》に止《とゞ》まるのみならず、引《ひ》いては父母親戚及《ふぼしんせきおよ》び家名《かめい》をしも汚《けが》して、憫笑嘲罵《びんせうてうば》を社會《しやくわい》から受《う》くる事《こと》になるのだと言《い》ふ譯《わけ》を、呉々《くれ〴〵》も申《まを》し聞《き》かせ置《お》き、そして何等《なんら》か事《こと》の起《おこ》つた時《とき》にも必《かなら》ず當人《たうにん》が信頼《しんらい》し安心《あんしん》して相談《さうだん》すべき人物《じんぶつ》は、呉々《くれ〴〵》もかねてより、其《そ》の親《おや》又《また》は其《それ》に代《かは》るべき人々《ひと〴〵》が考《かんが》へもし、依頼《いらい》もして置《お》くべき事《こと》であると存《ぞん》じます。

【20】同じ国士に生まれた人々。ここでは著者と同性である女性のこと。

【21】譎詐は、いつわり。うそ。奸策は、人を陥れるためのはかりごと。わるだくみ。

第十二章　結《けつ》論《ろん》

婚姻の大義と目的

内外婚姻の沿革異同

一　全篇《ぜんぺん》の概括《がいくわつ》

以上《いじやう》十一章《しやう》に亘《わた》りて縷述致《るじゆついた》しました結婚《けつこん》の事《こと》に就《つ》いて、猶其《なほそ》の概略《がいりやく》を摘《つ》んで茲《こゝ》に掲《かゝ》げまして、讀者《どくしや》の便《べん》に供《きよう》しませう。

乃《すなは》ち第《だい》一章《しやう》には婚姻《こんいん》の大義《たいぎ》を述《の》べて、人類《じんるゐ》が他《た》の生物《せいぶつ》と異《こと》なる所以《ゆえん》、及《およ》び吾《わ》が國初《こくしよ》の婚姻《こんいん》が、義理整然《ぎりせいぜん》たりし事《こと》、並《なら》びに夫婦《ふうふ》の徳《とく》は天地《てんち》に配《はい》して、高《たか》く清《きよ》く厚《あつ》く正《たゞ》しかるべき事《こと》を申《まを》しまして、尚且婚姻《なほかつこんいん》の目的《もくてき》は如何《いか》なるものかと言《い》ふ事《こと》より、人々個々各種《じん〴〵こゝかくしゆ》の各様《かくやう》なる點《てん》を述べました。

第《だい》二章《しやう》には、先吾《まづわ》が國初《こくしよ》より現代《げんだい》に至《いた》る迄《まで》の沿革《えんかく》を述《の》べて、猶外國《なほぐわいこく》のも雑《ざつ》と申《まを》し添《そ》へ

彼我の國家社會状態の相違より結婚に及ぼす事

婚約の當否

適當なる配偶の選擇法

血族結婚と異人種結婚との可ならざる點其の他

現代の折衷的結婚の形式と一夫一婦制の美

最も適當なる結婚の方法と堅實なる夫妻の覺悟

まして、三章《しやう》より以下《いか》の參考《さんかう》に資《し》する事《こと》と致《いた》しました。

第《だい》三章《しやう》には、吾《わ》が國《くに》にては、家《いへ》に嫁《か》し西洋《せいやう》にては人《ひと》に婚《こん》したる理由《りいう》より、義《ぎ》と情《じやう》との結合《けつがふ》の差異《さい》、彼我《ひが》【1】年齢《ねんれい》の相違《さうゐ》、希望《きばう》の異同等《いどうとう》も皆其々《みなそれ〳〵》國體《こくたい》及《およ》び社會状態《しやかいじやうたい》の異《こと》なるに因《よ》る事多《ことおほ》きと、其《そ》の長短《ちやうたん》とを述《の》べたのであります。

第《だい》四章《しやう》は彼我《ひが》及《およ》び今古婚約《こんここんやく》の異同《いどう》と形式《けいしき》と其當否《そのたうひ》を述《の》べました。

第《だい》五章《しやう》には配遇《はいぐう》の選擇法《せんたくはふ》に就《つ》いて、三様《やう》に大別《たいべつ》さるゝ事《こと》、及《およ》び父母《ふぼ》に一任《にん》するか當《たう》人《にん》に一任《にん》するか、父母《ふぼ》及《およ》び當人共議共力《たうにんきようぎきようりよく》して選擇《せんたく》するかを述《の》べて、先《まづ》は後者《こうしや》に從《したが》ふの穏當《をんたう》なるべきを申《まを》したのであります。

第《だい》六章《しやう》には血族結婚《けつぞくけつこん》は、或少數《あるせうすう》の例外《れいぐわい》を除《のぞ》いては、先其《まづそ》の不可《ふか》なる例證《れいしよう》を擧《あ》げ、そして甚《はなは》だしく相違《さうゐ》した異人種《いじんしゆ》の結婚《けつこん》も、先《まづ》は宜《よろ》しからざる事《こと》を記《しる》しましたが、是亦《これまた》除外例《ぢよぐわいれい》は別段《べつだん》の事《こと》であります。

次《つぎ》の第《だい》七章《しやう》には、現代《げんだい》に行《おこな》はれつゝある結婚《けつこん》の三様式《さんやうしき》と及《およ》び先折衷的結婚《まづせつちうてきけつこん》を可《か》とし、而《しか》して是《これ》が餘《あま》りに雜然混然鵺的《ざつぜんこんぜんぬえてき》になつて、眞率《しんそつ》【2】を失《うしな》はないやうにあらま欲《ほ》しいと言《い》ふ事《こと》と、猶《なほ》一夫《ぷ》一婦《ぷ》の制《せい》の健在《けんざい》を述《の》べました。

第《だい》八章《しやう》には、猶進《なほすゝ》んで特《とく》に適當《てきたう》なりと信《しん》ずる結婚《けつこん》の方法《はうはふ》と、夫妻《ふさい》の覺悟《かくご》に就《つ》いては、少《すこ》しく詳細《しやうさい》に亘《わた》つて述《の》べ試《こゝろ》みたのであります。

現代の結婚式及び禮は森嚴にして奢侈に流れざる事

第《だい》九章《しやう》には、各種各様《かくしゆかくやう》なる現代《げんだい》の結婚《けつこん》の形式《けいしき》を述《の》べ、禮《れい》は森嚴《しんげん》にして物《もの》は奢侈《しやし》に流《なが》れぬやうにあらま欲《ほ》しい事《こと》、及《およ》び無意味《むいみ》なる新婚旅行《しんこんりよかう》は不賛成《ふさんせい》である事等《ことなど》を述《の》べました。

離婚の減少希望

猶《なほ》第《だい》十章《しやう》には、離婚《りこん》は已《や》むを得《え》ざるに出《い》づるものとするも、現今《いま》の離婚數《りこんすう》が其《そ》の餘《あま》りに夥多《くわた》なるを悲《かな》しみ、なるべく結婚《けつこん》を輕々《かる〲》しくせずして、離婚數《りこんすう》を減《げん》じたいとの希望《きばう》と卑見《ひけん》とを申《まを》しました。

守節は感賞すべく再嫁は萬已むを得ず

次《つぎ》の十一章には、最《もつと》も議論《ぎろん》のある再婚《さいこん》の事《こと》に就《つ》いて、一夫《ぷ》の爲《ため》にする守節《しゆせつ》の婦《つま》の大《おほい》に賞讃尊敬《しやうさんそんけい》すべきと同時《どうじ》に、現代《げんだい》の時勢《じせい》が甚《はなは》だ寡婦《かふ》の獨居《どつきよ》に不利《ふり》なるが故《ゆゑ》に、再嫁《さいか》も強《あなが》ちに否定《ひてい》しない方《はう》が宜《よろ》しからうと申《まを》したのであります。

二　全篇《ぜんぺん》の主要《しゆえう》

求婚の大切

全篇《ぜんぺん》に亘《わた》つて述《の》べ來《き》たりました事《こと》も、要《えう》は結婚當局者《けつこんたうきよくしや》は、先其《まづそ》の求婚《きうこん》の時《とき》に於《お》いて、十分の精査《せいさ》を爲《な》し、そして正當《せいたう》の仲人《なかうど》を介《かい》して婚約《こんやく》し、彌々《いよ〲》結婚《けつこん》の式《しき》を行《おこな》うた以上《いじやう》は、

【1】かれと、われ。ここでは西洋と日本のこと。　【2】正直でかざりけのないこと。まっすぐで一途なさま。

夫婦相互の寛裕

天縁を思ふべし

夫婦の覺悟

圓滿なる家庭を期す

相互豫期《さうごよご》に反《はん》する、不滿不平《ふまんふへい》があらふとも、苟《いやし》くも破倫《はりん》の行爲大罪《かうゐたいざい》の事實《じじつ》無《な》きに於《お》いては、先大抵《まづたいてい》の事《こと》は互《たが》ひに耐忍《たいにん》して熏陶感化《くんたうかんか》に努《つと》め、なるべく破鏡《はきやう》の悲《かな》みに遇《あ》はぬやうにありたい。其《それ》にはひとり夫《をつと》が妻《つま》を熏陶《くんたう》すべきのみならず、妻《つま》も亦夫《またをつと》を感化《かんくわ》し得《う》べきものであつて、要《えう》するに其《そ》の徳《とく》の勝《まさ》つて居《を》る方《はう》から、劣《おと》つて居《を》る方《はう》を化《くわ》して行《ゆ》かなければならぬのであります。則《すなは》ち夫妻《ふさい》の結合《けつがふ》は、宗教家《しうけうか》の言《げん》では無《な》いが、實《じつ》に天縁《てんえん》でありますから、夫妻《ふさい》たる人《ひと》は、茲《こゝ》に十分《ぶん》の覺悟《かくご》を以《も》つて圓滿《ゑんまん》なる家庭《かてい》を作《つく》られたいと言《い》ふ意味《いみ》を、反覆述《はんぷくの》べた積《つも》りでありますが、繁忙中《はんばうちう》の禿筆《とくひつ》【3】到底素志《たうていそし》【4】の十が一も盡《つく》し得《え》なかつた事《こと》を頗《すこぶ》る遺憾《ゐかん》と致《いた》します。

【3】自分の文・筆跡をへりくだっていう。

【4】平素の志。ふだんからいだいている願い。本意。

解説

久保 貴子（下田歌子記念女性総合研究所専任研究員）

ここに「新編下田歌子著作集」の『婦人常識訓』『女子のつとめ』『女子の心得』に続く一冊として『結婚要訣』を刊行し、およそ一世紀の歳月を隔てた現代の読者に供する。底本は、大正五（一九二六）年一一月、三育社から出版されている。縹色の鮮やかな紙表紙にはつがいの鶴二羽と青海波文様がデザインされ、結婚という慶事に相応しいものとなっている。背表紙には金文字で書名と著者名が刻字された美しい装丁の四六判一冊である。扉題には、「従三位下田歌子著」と記されることで、著者下田歌子の当時置かれていた立場と矜恃を示す。

周知のとおり下田歌子は、近代女子教育の先駆者であり、明治期屈指の才女の一人であった。教育者としての顔以外にも、歌人、学者としての顔や社会福祉事業者としての顔なども持ち合わせ、その活動範囲は実に多岐にわたっている。西村絢子氏は、この教育活動について、その時期を二期に分けている（「近代女子教育の開拓者　下田歌子」『別冊歴史読本　明治・大正を生きた一五人の女たち』新人物往来社、昭和五五・一九八〇年四月）。つまり、当時の上流階級の女子のための教育活動期（明治一四・一八八一年頃から明治四〇・一九〇七年までの二六年間）を前半、大衆女子のための教育活動期（明治三一・一八九八年から昭和七・一九三二年頃までの約三四年間）を後半とし、中間に相互に重なる期間がほぼ一〇年あるとしている。この時代区分によれば、『結婚要訣』が出版されたのは、下田歌子が、その活動範囲を大衆、一般女子のための教育活動へと拡大し活発な活動を行っていた後半の時期である。

『結婚要訣』表紙

下田は、その生涯において『和文教科書』（明治一八・一八八五年）などの教科書類、『泰西婦女風俗』（明治三二・一八九九年）などの修養書類、『家庭文庫』（明治三〇・一八九七年〜明治三四・一九〇一年、全一二編）などの文庫類、『信越紀行』（明治三三・一九〇〇年）などの和歌紀行類を世に問うている。同時期に活躍した、特に女性の書き手によるものと比較しても、この残された著作の数は群を抜いている。また多様な領域の著作を世に問うているが、いずれも力のこもった、質的にばらつきがないものとなっており、この多才な活躍には瞠目するほかないだろう。以下に、本書と関わりがある、主な修養書類を列記する。

1 『泰西婦女風俗』（明治三二・一八九九年、大日本女学会）
2 『女子の修養』（明治三九・一九〇六年、弘道館。「増補版」大正三・一九一四年、小川尚栄堂。他）
3 『衛生経済　家事実習法』（明治四一・一九〇八年、育成社）
4 『婦人常識の養成』（明治四三・一九一〇年、実業之日本社）
5 『ポケット女大学（校注）』（明治四三・一九一〇年、誠文館出版部）
6 『三体　女子消息文』（明治四四・一九一一年、精美堂）
7 『婦人礼法』（明治四四・一九一一年、実業之日本社）
8 『日本の女性』（大正二・一九一三年、実業之日本社）
9 『礼法家事　婦人修養十講』（大正三・一九一四年、国民書院）
10 『家庭』（大正四・一九一五年、実業之日本社）
11 『女子の礼法』（大正五・一九一六年、国民書院）
12 『結婚要訣』（大正五・一九一六年、三育社）↑本書

先にあげた、教科書類や『家庭文庫』『少女文庫』などの文庫類、和歌紀行類の著述はごく一部を除いて、ほぼ明治期に終了し、大正期に入ってからは、本書のような修養書の著述に没頭しているかのようである。これは、出版物を通してより広い層に「女子」さらには結婚後の「主婦」「母」に自らの信じる考えを示し

たいという下田の思いのあらわれであろうし、下田の著述の需要が高まった結果とみることも出来よう（雑誌『主婦之友』が創刊されたのは大正六・一九一七年である）。それは大正期に勃興した、都市部を中心とする中間層の子女達の動向と密接に関わってもいよう。女性をめぐる言説が多様性を増し、西洋の進歩的な傾向をも内包していく中でこそ、下田はおのれの立場を強固にする必要性を感じ、そこから教育者としての集大成へと向かったと考えられる。

「緒言」によると、「此の書は余の知人が、近來結婚問題の世間に喧ましくなるに連れ、且は實際にも娘持てる親は、そも如何にせば、適當なる良縁を得らるべきか。將た又是が形式其の他の事も餘りに多種多様なるからに、惑ひ易く定め難ければそれらの方針も差示されたしと申されます。」とあり、知人からの相談が寄せられたとしている。さらに、「余も多くのをしへ子に親炙し來りし事なれば、時としては其の親々より相談を懸けらるゝ事もあり、又禮式や仕度に就いての質問も受くる事もありました。其の節には、已むを得ず、卑見も述べ、助言を致した事も、尠なくは無かつたでありませう。其故、是等を記して世に公けにする事を承諾せよと云はるれば、無下に否とも拒みかねますけれ共、懇意の中での咄しと、一班にするのとは、大分其の趣きも異なる譯でありますからと、一應も二應も達て斷つて見ましたが、又一方から考へますると、斯う云ふ問題は、却々理論ばかりでは解決のつきかねる事が多く、從つて兎まれ經驗を積んだ人に聞き合せると云ふ事は、從來の慣例でもあり、又便利でもありませう」と述べる。教え子の親からの結婚に関する相談や、礼式、仕度の質問を受けており、それに対する考えを述べたり助言したりしていた。またこれを公にすることを勧められ、断ってみたものの、理論ばかりではなく、経験者の助言も有益と考えて本書を著した、というのである。卒業式で下田が、「ご父兄の方々からお預かりしたお嬢さま方を自らの子供として手塩にかけて愛しんで育ててあげてきたので、胸をはってご父兄の方々へお返しいたします。あなた方の子供であっても、私の子供でもあるので、今後どうぞどうぞ大切に教え導いてください。」と述べたという証言（元実践女子学園理事、戸野原須賀子氏）は下田の卒業生への強い愛情を示すエピソードであるが、下田の姿勢から、教え子の将来の結婚に強い関心を持ち、場合によっては直接関わることも辞さなかったことは容易に推察されるところだろう。本書のような著作が書かれるのは女子教育に責任を持つ者として、まさに必然であった。

一方で明治三七・一九〇四年一月には女性が生きていく上で大切な知識を集めた生活事典である『婦人宝典』（大日本女学会編纂、吉川弘文館）が出版されるなど、女子の修身、礼法や家庭教育に関する指南書出版の機運は高まって来ていた。下田歌子も本書に先駆けて『婦人礼法』（明治四四・一九一一年七月、実業之日本社）、半年ほど前には『女子の礼法』（大正五・一九一六年四月、国民書院）を著しており、さらに「結婚」に特化した著作が本書であると言って良い。これは、それだけ「結婚」に関する要望が高かったためと推測されるのである。

近代の結婚式は、皇室における婚礼式をその範とすることに始まるとされる。つまり、明治三三・一九〇〇年五月一〇日の明治天皇第三皇子明宮嘉仁親王（大正天皇）と九條節子（貞明皇后）とのご結婚の儀がそれである。これは、同年四月二五日に公布された皇室婚嫁令に基づくものであった。しかしながら、それに先立つ明治三二・一八九九年二月に出版された、華族女学校校長細川潤次郎著『新撰婚礼式』に下田は序文を寄せている（明治三一・一八九八年一二月末）。

貴著は今の世態時勢に合せて偏ならず迂ならず簡短卑近にして何人も能く理解し且つ能く實践することを得べく（中略）若し幸ひに此書の世に普く行はるゝに至らば爲に必ず大いに裨益すること多かるべしとて（後略）

時勢に合わせてより簡便な結婚の礼法を工夫し確立しなくてはならないという問題意識が、下田やその周辺にあった。その刊行の一年後に大正天皇のご成婚が執り行われたことは、結婚の礼式に対する世間の関心をより高め、下田らの先見の明を証し立てている。

さらに明治三四・一九〇一年三月三日、日比谷大神宮（神宮奉斎会）にて模擬結婚式（国礼修業式）が行われ、華族女学校の生徒百有余名も出席しているが、下田は来賓として講話を述べている（「祖国」第一九号）。また同五月二四日に同じく日比谷大神宮にて模擬結婚式（礼法講習会）が行われた際にも、下田は演説し、擬婚礼式には、実践女学校の約二〇名が協力し、聟《むこ》、嫁、媒酌人など諸役を分担している（「祖国」第二二号。この資料については、奥島尚樹氏のご教示を得た）。このようなことから、近代の結婚式について下田歌子はその礼式に通じた権威者と認められていたことがわかる。現代でも我が国に限らず、皇族や王族の結婚は国民に多くの影響を与え、規範とされるものであり、明治天皇の皇后に親近し、華族学校で教鞭をとっていたという前歴はそのような下田の権威と関わっていただろう。

本書は日本・中国・西洋に到るまで多くの実例を挙げながら結婚の諸相を記している。日本の歴史や古典文学にまで言及し、自らの言説を補強している。時代を往還する、国文、国史の縦横無尽な博覧強記ぶりは下田歌子の著作の特長である。もちろん本書のいう「結婚」は多分に時代的な制約があり、ここでいう「結婚」は「我が国は家に嫁す」と言い、反対に「西洋は人に嫁す」と言い（第三章）、西洋の自由恋愛には厳しい姿勢で臨むなど、その伝統を重んじる言説は結果的に国家体制を補完し強化するイデオロギーに回収されることは否めないところであろう。西洋の優生学的な思想が紹介されているのも（第一章など）、やはり時代の雰囲気を色濃く反映している。一方で、例えば再婚を繰りかえした男が最後に母方の遠縁で母と似た、前妻に比べ美しくもなく人柄も冴えない女性に落ち着いたという下田が目の当たりにした実例を挙げて、光源氏に準えて男性の心理を述べているところ（第八章）など、興味深い言説、実見した実例が本書には横溢している。夫婦の考え方や趣味趣向の違いが夫婦間の決定的な亀裂となることや、さらには夫を妻に向き合わせるための、いわば操縦法に類することなど、夫婦関係を円滑にするための現実的な対処法、いわば夫婦生活の智恵が具体的に記されてもいる。その評価は別にして、下田が西洋の「情」の結婚よりも（「情」の結婚を完全に否定するものではないが）、日本の「義」の結婚を上に置くのは（第三章）、現代の見合い結婚を推奨する言説と通底する点が認められるだろう。また「種族の繁栄」という点では早婚がよいだろうが、むしろ晩婚者の子のほうが賢いという説を掲げて参考の一端とすると述べているのは（第二章）、少年を戦地に送るために世界中の政府が奨めていた早婚の風潮に全面的に同調してはいない下田の姿勢が認められるのではないだろうか。また親がいくら子によかれと思っても、子の同意を得ない結婚を無理強いすることは、結果的に不幸な結末を将来することを例を挙げて述べていて（第八章）、当事者の感情にも配慮した、理念先行ではない柔軟さもうかがえる。

以上は、浩瀚な書のほんのわずかな部分を紹介したにすぎない。九星による男女の相性占い、婚礼式の手続きや婚姻届の書き方、新婚旅行、さらには離婚、再婚まで、至れり尽くせりの内容は「結婚」をめぐる百科事典としての性格も持っている。現代の同趣の書籍、雑誌に繋がるものも見出せよう。

何よりも本書を貫く、明晰にして活き活きとした語りの文体は眼前に下田の肉声を聞く思いがする。一つの時代の「結婚」をめぐる言説として、文化史として、さらには現代の「結婚」を照らし出す鏡として、新たな眼で読み直してみる価値があるように思われる。

著者紹介

下田歌子［しもだ・うたこ］

1854（安政元）年、美濃国恵那郡岩村（現・岐阜県恵那市岩村町）に生まれる。幼名鉐（せき）。16歳で上京し、翌年から宮中に出仕。その歌才を愛でられ、皇后より「歌子」の名を賜る。1879（明治12）年に結婚のために宮中を辞した後は、華族女学校（現・学習院女子中・高等科）開設時に中心的役割を果たすなど、女子教育者として活躍。1893（明治26）年から2年間欧米各国の女子教育を視察、帰国後の1899（明治32）年、広く一般女子にも教育を授けることをめざして、現在の実践女子学園の前身にあたる実践女学校および女子工芸学校を設立。女子教育の振興・推進に生涯尽力し続けた。1936（昭和11）年没。

校注者紹介

久保貴子［くぼ・たかこ］

実践女子大学下田歌子記念女性総合研究所専任研究員（専任講師）。1963年生まれ。実践女子大学大学院文学研究科国文学専攻博士課程単位取得満期退学。主な論文に、「下田歌子の『和文教科書』考「六之巻　更科日記」を中心に」（『女性と文化』第1号、2015・3）、「下田歌子の和歌教育―人生と和歌―」（『女性と文化』第2号、2016・3）ほか。

新編 下田歌子著作集

結婚要訣《けっこんようけつ》

著者　下田歌子　© Utako Shimoda 2019

発行日　二〇一九年三月三一日　初版第一刷発行

発行所　株式会社 三元社

東京都文京区本郷1―28―36　鳳明ビル1階

電話 03-5803-4155　ファックス 03-5803-4156

印刷所　シナノ印刷 株式会社

製本所　鶴亀製本 株式会社

コード　ISBN978-4-88303-478-9

［新編］下田歌子著作集〈第一期〉 監修／実践女子大学下田歌子記念女性総合研究所

既刊

婦人常識訓 校注／伊藤由希子

娘、妻、母そして一個の人として、ほんとうの幸せを得るための心得。

本体四五〇〇円＋税

女子のつとめ【現代語訳】 訳／伊藤由希子

自分と周囲が円満となる、女性のライフステージごとの賢き振る舞い方。

本体三二〇〇円＋税

女子の心得 校注／湯浅茂雄

今も日々の生活に役立つ心の整え方と、その実践のための作法を懇切に示す。

本体一九〇〇円＋税

結婚要訣 校注／久保貴子

時代ごとの変遷をたどりながら、婚姻の理念と実用的な話題を豊富に伝える。

本体三四〇〇円＋税

続刊予定

良妻と賢母